Friedrich Schiller

Wallenstein

HERAUSGEGEBEN VON
KURT ROTHMANN

PHILIPP RECLAM JUN. STUTTGART

Schillers »Wallenstein« liegt unter Nr. 41, Wallenstein I *Wallensteins Lager. Die Piccolomini* und Nr. 42, Wallenstein II *Wallensteins Tod* in Reclams Universal-Bibliothek vor. Diese Ausgaben folgen der Säkular-Ausgabe der Sämtlichen Werke, 5. Band, herausgegeben von Jakob Minor, Stuttgart und Berlin, J. G. Cotta.

Verweise innerhalb der Trilogie sind mit L (= Wallensteins Lager), P (= Die Piccolomini) und W (= Wallensteins Tod) und folgender Verszahl gekennzeichnet.

Der Kommentar ist der umfangreichen Schiller-Literatur verpflichtet; oft gleichzeitig auch Nachschlagewerken wie dem Deutschen Wörterbuch von Grimm und dem von Wahrig, Meyers Konversationslexikon, Brockhaus usw., so daß es schwer gewesen wäre, alle Quellen jedesmal zu nennen.

Universal-Bibliothek Nr. 8136[3]

Karte: Theodor Schwarz, Urbach
Gesamtherstellung: Reclam, Ditzingen. Printed in Germany 1989

ISBN 3-15-008136-X

I. Wort- und Sacherklärungen

1. Prolog

Schaubühne in Weimar: Das von dem Stuttgarter Hofbaumeister N. F. Thouret umgebaute Weimarer Theater wurde am 12. Oktober 1798 wiedereröffnet. Zuerst spielte man »Die Corsen« von August von Kotzebue (1761 bis 1819), danach begann die Uraufführung des »Lagers«. Den nur wenige Tage zuvor entstandenen Prolog sprach der als Kürassier auftretende Schauspieler Vohs.

1 *Maske:* Auf dem frühen griech. Theater trugen die Schauspieler Masken. Die scherzende Maske Thalia, die Muse der Komödie, regiert das heitere Spiel des »Lagers«. »Die Piccolomini« und »Wallensteins Tod« stehen dann im Zeichen Melpomenes, der ernsten Muse der Tragödie.

8 *edeln Säulenordnung:* Den Zuschauerraum des klassizistischen Theaters umgaben dorische Säulen.

15 *Ein edler Meister:* Friedrich Ludwig Schröder (1744 bis 1816), der in Weimar gastiert hatte und nach Schillers Brief vom 20. Februar 1798 bereit war, den Wallenstein zu spielen.

17 *Schöpfergenius:* von lat. genius, eigtl. ›Personifikation der Zeugungskraft‹, spätlat. ›Schöpfergeist‹; seit Mitte 18. Jh. durch die frz. Form ›Genie‹ abgelöst. Vgl. Genieperiode für den Sturm und Drang und die Bedeutungsgleichheit in L-210: *Aber sein Genie, ich meine sein Geist.*

19–22 *Die Würdigsten ... eine große Hoffnung ... Ein großes Muster:* Man hoffte, den berühmten Schauspieler August Wilhelm Iffland (1759–1814) in Weimar zu sehen. Mit Bedacht wird aber von den Würdigsten im Plural gesprochen. Nach seinem Brief vom 6. Oktober 1798 hat Goethe an den Versen 10 bis 21 einiges geändert, »daß von unseren Schauspielern etwas mehr, von Iffland etwas weniger gesprochen würde, daß irgendeine Stelle auf Schrödern gedeutet werden könne«.

23 *höhere Gesetze:* strengere Gesetze.

32 *des Mimen Kunst:* griech. mimos, ›Schauspieler‹, urspr. der Possenreißer, der ohne Maske (vgl. Anm. zu Pro-

log V. 1) und ohne Kothurn, den hochsohligen Bühnenschuh, auftrat; hier allgemeiner ohne Abwertung gebraucht.

33 *an dem Sinn vorüber:* an den Sinnen vorüber.

42 *geizen:* gut ausnutzen.

48 f. *Denn wer ... für alle Zeiten:* Beispiel für Schillers sentenzhaften Stil. (Lat. sententia, ›Meinung‹, nennt man die treffend formulierte Erkenntnis, die auf Grund ihrer Einprägsamkeit und Allgemeinverständlichkeit schnell verallgemeinert wird.)

50 *Die neue Ära:* spätlat. aera, ›Zeitalter‹. – Inhaltlich wenden sich die nächsten 10 Verse gegen die damaligen Theaterspielpläne, die den seichten bürgerlichen Schauspielen Kotzebues und Ifflands zu viel Raum gaben. (Siehe den Theaterzettel in Kap. V, 1.) In Hamburg beklagte man sich bereits über die häufigen Wiederholungen der Ifflandschen Stücke, und Schiller schrieb am 31. August 1798 an Goethe: »Wenn dies einen analogischen Schluß auf andere Städte erlaubt, so würde mein Wallenstein einen günstigen Moment treffen. Unwahrscheinlich ist es nicht, daß das Publikum sich selbst nicht mehr sehen mag, es fühlt sich in gar zu schlechter Gesellschaft.«
Kunst Thaliens: Thalia, die Muse der Komödie; vgl. Anm. zu *Maske*, Prolog V. 1.

53 f. *aus des Bürgerlebens engem Kreis / Auf einen höhern Schauplatz:* Hier klingt auch der Gegensatz der alten Unterscheidung zwischen Tragödie als Haupt- und Staatsaktion und Komödie als Bauernschwank oder bürgerlichem Lustspiel an. (Vgl. »Lager« und »Wallensteins Tod«.)

55 f. *des erhabenen Moments / Der Zeit:* der Augenblick der Theatereinweihung.

60 *Zwecken:* Zielen, von ahd. zwec, ›Holznagel, bes. der im Mittelpunkt einer Zielscheibe befindliche‹, daraus seit dem 15. Jh. ›Ziel des Scheibenschießens‹, fig. ›Ziel einer Bemühung‹ (Wahrig).

61–69 *Und jetzt ... beschämen:* Die Verse dieses Abschnitts spielen auf das Schicksal des frz. Generals Charles François Dumouriez (1739–1823) an. Goethe, der diesem Feldherrn bei der Kanonade von Valmy am 20. September 1792 gegenübergestanden hatte, zieht den Vergleich zwischen ihm und Wallenstein im Brief vom 6. Juni 1797 an

Meyer. – Das heutige Publikum denkt hier meist an Napoleon (1769–1821).

67 *Schattenbühne:* Hinter dem Wort steht Schillers Auffassung der Kunst als ›schöner Schein‹. (Vgl. *Täuschung* und *Schein* in den Versen Prolog 135 und 136.)

72 *willkommner Friede:* der 1648 in Münster und Osnabrück geschlossene Westfälische Friede, in dem am Ende des Dreißigjährigen Krieges der Augsburger Religionsfriede von 1555 bestätigt wurde: Anerkennung der Protestanten durch das Reich und Bestimmung der Konfession durch die Landesherren nach dem Prinzip »cuius regio, eius religio«.

79 *jenes Krieges Mitte:* Die Handlung spielt im Jahre 1634.

84 *Tummelplatz:* von ahd., mhd. tumelen, Nebenform von ›taumeln‹.

85 *Magdeburg:* Die Stadt Magdeburg hatte ein Bündnis mit Gustav Adolf geschlossen und wurde darauf vom Herbst 1630 an von Tillys Armee belagert. Gustav Adolf konnte die Stadt nicht entsetzen, sie fiel am 20. Mai 1631 und wurde durch Brand verwüstet.

89 *rohe Horden:* wilde Menge, ungeordnete Schar. Seit 15. Jh., zunächst »umherziehender Tatarenstamm«, durch Vermittlung balkan. Sprachen, türk. ordu, ›Heer‹, tatar. urdu, ›Lager‹ (Wahrig). Vgl. auch P-496.

90 *verheerten Boden:* von mhd. verhern, ahd. farherion, ›mit einer Heeresmacht überziehen, verwüsten, verderben‹ (Wahrig).

91 *Zeitgrund:* geschichtlichen Hintergrund.

92 *Unternehmen kühnen Übermuts:* kühn, wagemutig, beherzt, verwegen, von ahd. kuoni, ›mutig, stark‹, und Übermut in der alten Bedeutung von Überheblichkeit, Anmaßung, Dünkel, aus mhd. übermuot, ›stolzer, hochfahrender Sinn‹; die Worte müssen wohl abgewogen werden, weil sie Einführung und Urteil sind.

94 *Schöpfer kühner Heere:* Wallenstein übernahm nicht ein Heer des Kaisers, sondern warb in des Kaisers Namen aus eigenen Mitteln Soldaten an.

95 *Des Lagers Abgott:* der falsche Gott oder Götze der in seinem Feldlager vereinigten Soldaten, der übermäßig Verehrte.

der Länder Geißel: Die Geißel war eigtl. eine Peitsche,

vorzüglich zur Selbstkasteiung, dann im übertragenen Sinne soviel wie Heimsuchung, Plage, Strafe. Da Wallensteins Heer die Länder auszehrte, die es beschützen sollte, konnte Wallenstein als Geißel empfunden werden.

99 *Staffel:* Stufe, Leitersprosse von ahd. staffal, staphal, ›Grundlage, Schritt‹, urspr. ›erhöhter Tritt‹; nddt. stapel; verwandt mit ›Stapfe‹ und ›Stufe‹ (Wahrig).

101 *Der unbezähmten Ehrsucht:* Als der unbezähmten Ehrsucht; in Anlehnung an die klassischen Sprachen und aus metrischen Gründen wurde die Partikel ›als‹ ausgelassen. Vgl. auch P-551 [Als] *Ein Fremdling ...*

102 f. *Von der Parteien ... in der Geschichte:* Der frühe katholische Geschichtsschreiber Sarasin verurteilte Wallenstein als Verräter, während die protestantischen Autoren Murr und Pufendorf Wallenstein wohlwollender beurteilen. Vgl. Schillers Quellen Kap. III, 4.

108 *des Lebens Drang:* in der Doppelbedeutung von ›Druck, Bedrängung‹ und übertragen ›Trieb, Sehnsucht, Wunsch‹.

109 f. *Und wälzt ... Gestirnen zu:* »Diese oft zitierten Worte werden also von der Kunst gesagt, die menschliche Schuld in schicksalhafter Verkettung sieht und darin eine Entlastung findet. Auf keinen Fall haben wir hier ein Programmwort für die Behandlung der Astrologie im Drama; mit ihren Problemen hat Schiller noch Monate später schwer gerungen« (NA VIII, 474). Vgl. auch Kap. IV, 9.

130 *Des Tanzes freie Göttin und Gesangs:* Terpsichore ist die Muse des Tanzes, Polyhymnia die der Musik; beides, Gesang und Tanz, waren Ausdrucksformen des frühen griech. Theaters.

131 *Ihr altes deutsches Recht, des Reimes Spiel:* Die klassische griech. Dichtung kennt den Endreim nicht. Das »Lager« ist in Knittelversen geschrieben, vierhebigen Versen mit unregelmäßiger Senkungsfüllung und Paarreim. Der Knittelvers stammt aus dem 16. Jh. und war im Sturm und Drang, nicht zuletzt durch den jungen Goethe, wiederbelebt worden, der Paarreim geht bis auf Otfried von Weißenburg (9. Jh.) zurück.

135 *die Täuschung:* »Indem die Dichtung ihre Aussage in die Kunstform von Rhythmus und Reim erhebt, bezeugt sie selbst, daß sie nicht Wirklichkeit, sondern ›Täuschung‹,

schönen Schein hervorbringen will, den Schiller freilich als ›aufrichtigen Schein‹ von der bloßen Illusion weit abrückt und zur Erscheinungsmöglichkeit des eigentlich Idealen und Wahren erhebt (vgl. ›Über die ästhetische Erziehung des Menschengeschlechts‹)« (SW II, 1237).

2. *Wallensteins Lager*

Personen

Wachtmeister: der dem Feldwebel entsprechende Dienstgrad bei der Kavallerie, d. h. oberste Rangstufe der Unteroffiziere. Er besorgt den Befehlsempfang, das Schreib- und Rechnungswesen der Kompanie und ist Organ des Hauptmanns für die Regelung des Dienstes. Er überwacht ferner den inneren Dienst, speziell auch das persönliche Verhalten der Unteroffiziere in wie außer Dienst (Meyer).

Trompeter: Militärmusiker der Kavallerie im Unteroffiziersrang, damals wichtig wegen der Trompetensignale zur Lenkung der Heeresgruppen.

Terzkyschen: Vgl. *Graf Terzky* im Personenverzeichnis zu »Piccolomini«.

Karabinier-Regiment: Der Karabiner, von frz. carabine, war eine für bequemen Gebrauch der Kavallerie erleichterte, um 25–30 cm verkürzte, nach dem System des betreffenden Armeegewehrs gebaute, die gleiche Munition verwendende Handfeuerwaffe. – Karabiniere waren urspr. soviel wie berittene Arkebusiere (s. u.). – Regiment, von spätlat. regimentum, ›Leitung, Oberbefehl‹, bedeutete bei den Landsknechten die Befehlshaberschaft über die verschiedenen Truppengattungen (Reisige, Fußvolk, Artillerie), später die höchste administrative Einheit im Truppenverband. Ein Kavallerieregiment zählte 3 bis 10 Eskadrons (Schwadron, oder bei der Infanterie Kompanie, 100 bis 250 Mann).

Konstabler: Büchsenmeister, Geschützmeister (Feuerwerker) im Rang eines Unteroffiziers; von lat. comes stabuli, ›Stallgraf‹ (Wahrig), oder lat. constabularius, ›Zeltbruder‹ (Meyer).

Scharfschützen: zu der Zeit, wo die Masse der Infanterie

noch mit glatten Gewehren bewaffnet war, Name der mit gezogenen Büchsen bewaffneten Schützen (Meyer).

Holkische reitende Jäger: Jäger nannte man die aus Gebirgs- und Waldgegenden geworbenen Scharfschützen, die vorzugsweise auf die feindlichen Offiziere schießen sollten. Berühmt waren die reitenden Jäger Wallensteins unter General Holk (1599–1633) und die Jäger Landgraf Wilhelms von Hessen. – Das Kürassierregiment der »Holkschen Reiter« bestand seit 1632.

Buttlerische Dragoner: Vgl. *Buttler* im Personenverzeichnis zu »Piccolomini«. Dragoner, von frz. dragon, ›Drache‹, als ihrem ehemaligen Feldzeichen, waren urspr. berittenes Fußvolk, das im schnellen Fortkommen, Absitzen und Herstellen der Schlachtordnung geübt war. Sie wurden wie die Husaren als leichte Reiter verwendet (Meyer).

Arkebusiere vom Regiment Tiefenbach: Vgl. *Tiefenbach* im Personenverzeichnis zu »Piccolomini«. – Arkebuse, von ndl. haakbus, ›Hakenbüchse‹, eine 100–130 cm lange Handfeuerwaffe, die beim Schießen in einen Haken, den Karabinerhaken, gehängt wurde; damit ausgerüstet der Arkebusier.

Kürassier: Reiter mit Küraß, dem Harnisch oder Brustpanzer. Nachdem es die von Kopf bis Fuß gepanzerten Lanzenreiter des Mittelalters nicht mehr gab, blieben die Kürassiere als eigentlich schwere Reiterei.

wallonischen Regiment: aus Wallonen, frz. sprechenden Südbelgiern, zusammengesetztes Regiment.

lombardischen Regiment: ein Regiment aus der Lombardei, einer Landschaft Oberitaliens, die nach den im 6. Jh. n. Chr. eingewanderten Langobarden genannt ist.

Kroaten: Südslawen aus Kroatien, einem Teil des heutigen Jugoslawien.

Ulanen: leichte polnische Lanzenreiter. Die Bezeichnung Ulanen von türk. oghlan, ›junger Mann‹, gaben die Polen ihrer Reiterei, mit der sie Tatareneinfälle abwehrten. Name und Uniform der Ulanen (Tschapka und kurzschößiger Rock mit zwei Reihen Knöpfen und Ärmelaufschlägen) wurde später von anderen europäischen Heeren übernommen.

Rekrut: frz. recrue, ›Nachwuchs‹, ein neu eingetretener Soldat bis zur Einreihung in die geschlossene Truppe.

Kapuziner: Capucini ordinis fratrum minorum, ein Zweig

des Franziskanerordens, der unter allen Kongregationen die strengste Regel hat. Die Kapuziner tragen braune, wollene Kutten mit langen, spitzen Kapuzen (daher ihr Name) und Sandalen an den bloßen Füßen. Die Mitglieder des 1525 von Pater Matteo di Bassi in Urbino gestifteten Bettelordens galten als das Proletariat unter den Mönchen. Sie waren seit 1593 in Deutschland anzutreffen (Meyer).

Soldatenschulmeister: Lehrer der Soldatenkinder im Lager. Vgl. Anm. zu *Feldschule* L-162.

Marketenderin: zu ital. mercatare, ›Handel treiben‹. Marketender waren Kaufleute, die die Truppe mit Marketender- oder Kantinenwagen ins Feld begleiteten, um dort Nahrungs- und Genußmittel zu verkaufen, welche die Militärverwaltung nicht lieferte. Die Marketender erhielten zum Teil Sold und Rationen und standen unter der Disziplinargewalt des Truppenbefehlshabers. Die Stelle des Gehilfen durfte von der Frau des Marketenders versehen werden (Meyer).

Aufwärterin: Kellnerin, Dienerin.

Hoboisten: Oboisten, von frz. haut-bois, ›Hochholz‹, d. h. bis zu hohen Tönen reichendes Holzblasinstrument; Militärmusiker im Unteroffiziersrang.

Pilsen: Stadt in Böhmen, im Tal des Beraun. Dorthin hatte Wallenstein seine Befehlshaber für den 11. bis 13. Januar 1634 beordert, um sie zu bedingungsloser Treue zu verpflichten.

Erster Auftritt

Kram- und Trödelbude: ahd. cram, ›Marktbude‹, mhd. kram, ›ausgespanntes Tuch, Zeltdecke zur Bedeckung eines Kramstandes, Handelsware, Geld‹ usw.; vgl. Anm. zu *einen Kram und Laden* L-405. – Trödel, d. h. wertloses Zeug.

Farben und Feldzeichen: die Unterscheidungszeichen für ganze Heere oder wie hier einzelner Heeresteile, zum Beispiel Armbinden, Kokarden, Fahnen und Standarten, mitunter stellvertretend für die bezeichnete Gruppe; vgl. Anm. zu *Buttlerische Dragoner* (L-Personenverzeichnis), *Grünröck'* (L-120), *Tressen* (L-122), *Kriegspanieren* (L-347).

würfeln auf einer Trommel: Die ebene, federnde Fläche

des umrandeten Trommelfells eignet sich sehr gut, um darauf zu würfeln.

im Zelt wird gesungen: Urspr. begann das »Lager« mit einem Soldatenlied. Vgl. Kap. II, 3.

3 *trotzige Kameraden:* kämpferische, kriegerische Soldaten; von mhd. tratz, trutz, ›Widersetzlichkeit‹.

7 *Völker:* in der alten Bedeutung: Kriegsscharen; von ahd. folc, ›Haufe, Kriegsschar, Volk‹.

9 *rarsten Sachen:* von lat. rarus, ›selten‹, kostbar, begehrt.

11 *Hauptmann:* Offizier, der selbständig Soldaten anwarb und sog. Fähnlein (bis zu 400 Mann) befehligte.

12 *Ließ mir ein paar glückliche Würfel nach:* vererbte, vermachte mir ›glückliche Würfel‹, Würfel zum betrügerischen Spiel, bei denen an einer bestimmten Stelle in dem knöchernen Kubus Blei eingelassen war, so daß das gestörte Gleichgewicht dem Würfel eine starke Tendenz gab, immer dieselbe Augenzahl zu zeigen. – Vgl. *falsche Würfel* L-647.

19 *in Scheffeln:* in großen Mengen. Scheffel von ahd. sceffil; zu ahd. scaf, ›Gefäß für Flüssigkeiten, Kornmaß‹, ein altes Hohlmaß von landschaftlich sehr verschiedener Größe, 23 bis 223 l.

24 *von des Bauern Felle:* auf Kosten der Bauern, die das Heer ernähren mußten.

27 *Aue:* feuchtes, oft mit Laubwald bestandenes Flußtal, Niederung, Wiesengrund, von ahd. auwia, ouwa, ›Land am Wasser, nasse Wiese, Insel‹ (Wahrig).

28 *Feder . . . Klaue:* Geflügel . . . Schlachtvieh. In der Redefigur des Bauern bezeichnet ein Teil je das Ganze, wie in der Wendung: sie zählt siebzehn Lenze (= 17 Jahre). Die rhetorische Figur heißt darum pars pro toto.

29 *schier:* oberdt. fast, beinahe von mhd. schier(e), ›schnell‹.

32 *der Sachs noch im Lande:* Nach der Schlacht bei Breitenfeld (1631) hatten die Sachsen unter Arnim (bei Schiller: Arnheim) auf Gustav Adolfs Veranlassung Böhmen besetzt.

37 *Terschkas:* Terschka oder Teschka ist die böhmisch-volkstüml. Aussprache für Terzky; vgl. Personenverzeichnis zu »Piccolomini«.

38 *Quartieren:* Truppenunterkünften, von mhd. quartier, ›Viertel‹, aus lat. quartarius.

39 *just:* poet., eben, gerade, von lat. iuste, ›mit Recht, gehörig‹; vgl. engl. just.
40 *Spreizen sich:* tun sich wichtig, stelzen geziert einher.
48 *führen Batzen:* haben Geld. Der Batzen war eine alte silberne Scheidemünze, die angeblich gegen Ende des 15. Jh.s zuerst in Bern mit dem Bilde des Bären (Bätz) geschlagen wurde. In der Schweiz war ein Batzen 10 Rappen, in Deutschland 4 Kreuzer.

Zweiter Auftritt

49 *Halunk:* Gauner, Betrüger; Schlingel, von tschech. holomek ›nackter Bettler‹ (Wahrig).
57 *herein:* in das Lager; vgl. P-269 u. 40 *außen.*
58 *fürstlichen Fräulein:* Thekla, Prinzessin von Friedland; vgl. Personenverzeichnis zu »Piccolomini«; keine historische Figur, sondern Erfindung des Dichters. – Den schnellen Rednerwechsel mitten im Vers nennt man Hemistichomythie; vgl. auch L-638 ff., P-72, 77 f., 587 ff. u. ö.
61 *an uns locken:* abwerben.
66 *Generäle und Kommendanten:* General ist die höchste Offiziersrangklasse; das Wort von lat. generalis, ›allgemein‹, ist in der militär. Bedeutung seit dem 15. Jh. gebräuchl. Der Kommandant, von frz. commandant, ›Befehlshaber‹, hat den Oberbefehl über eine Festung, ein Schiff oder hier das Lager.
67 *geheuer:* nur verneinend gebraucht, unheimlich, von mhd. gehiure, ›sanft, behaglich‹, urspr. ›der gleichen Siedlung angehörig‹, dann ›traut, lieb‹ (Wahrig).
70 *Geschicke:* das Hin- und Herschicken (der Boten).
71 *die alte Perücke:* Kriegsrat von Questenberg, kaiserl. Gesandter aus Wien, vgl. Personenverzeichnis zu »Piccolomini«. Die Perücke als Ausdruck der höfischen Mode steht hier stellvertretend für den Mann; dieselbe Redefigur (pars pro toto) wie in L-28.
73 *guldenen Gnadenkette:* goldene Halskette, die fürstliche Personen vor dem Aufkommen der Orden an Leute von Verdienst oder auch bloß als Zeichen ihrer Huld zu verleihen pflegten; solche Ketten waren öfter mit Münzen oder Medaillen mit dem Bildnis des Spenders verziert. Vgl. W-2172 u. 3251.
76 *Herzog:* Wallenstein, Herzog von Friedland. Der Titel

kommt von ahd. herizoho, herizogo aus ›Heer‹ und ›ziehen‹. Der ehemalige Heerführer wurde später zum königl. Beamten mit den Rechten eines Grafen, aber größerem Amtsbereich.

78 *des Friedländers heimlich Gesicht:* Gesicht in der Bedeutung Vision; Wallensteins vermeintliche Fähigkeit, die Zukunft voraussehen zu können.

85 *resoluteste Korps:* beherzteste Truppe; von frz. résolu, ›entschlossen, beherzt‹, und lat. corpus, ›Körper‹ bzw. frz. corps, ›Körperschaft‹.

Dritter Auftritt

92 *Terzerolen:* kleine Taschenpistolen mit zwei Läufen, ital. terzeruolo (Wahrig).

95 *Glücksrad:* ein Rad, das bei Lotterien und Verlosungen die Gewinnzahlen anzeigt; urspr. mittelalterliches Symbol für den Wechsel des Glücks im menschlichen Leben.

96 *zum höchsten Staat:* ›Staat‹ in der figürlichen, umgspr. Bedeutung ›Aufwand, Pracht, Prunk‹ usw.

97 *Granat:* Halbedelstein, hauptsächlich aus Kieselsäure bestehendes kristallines Mineral wechselnder Zusammensetzung mit vielen bunten Abarten; von großer Härte.

101 *prellt:* betrügt. »Insbesondere wurde ›prellen‹ gebraucht für das Emporschnellen eines Menschen auf einem straff gespannten Tuche, wie es früher als Bestrafung oder Fopperei üblich war. [. . .] Im 17. und 18. Jh. war es eine beliebte Belustigung, so einen gefangenen Fuchs in die Höhe zu schleudern. Danach wurde das Hänseln der studentischen Füchse als ›prellen‹ bezeichnet, das zum Teil darin bestand, daß sie für die älteren Studenten die Zeche bezahlen mußten. So ist ›prellen‹ zunächst in der Studentensprache zu der Bedeutung ›sich einer Zahlung entziehen, um etwas betrügen‹ gelangt« (Paul/Betz).

102 *Halbpart:* Halbpart machen, sich mit gleichen Anteilen den Gewinn teilen; von lat. pars, ›Teil‹.

Vierter Auftritt

109 *praktikabel:* brauchbar, benutzbar, von mlat. practicabilis, ›tunlich, ausführbar‹. Die unbefestigten Wege waren nur im Sommer oder bei Frost befahrbar.

112 *Regenspurg sei genommen:* Bernhard von Weimar zwang Regensburg am 14. November 1633 zur Kapitulation. Die augenblickliche Handlung spielt etwa am 20. Februar 1634. Vgl. P-1071, den Rückblick auf dieses Ereignis.
113 *aufsitzen:* aufs Pferd steigen, reiten.
114 f. *dem Bayer ... Der dem Fürsten so unfreund ist:* Der Kurfürst Maximilian von Bayern hatte auf dem Kurfürstentag in Regensburg im August 1630 die Absetzung Wallensteins mit Eifer betrieben.

Fünfter Auftritt

119 *lustige Kompanie:* lustige Gesellschaft, von mlat. companium, ›Brotgenossenschaft‹.
120 *Grünröck':* Uniform der Jäger. Vgl. Anm. zu *Farben und Feldzeichen* (Regieanweisung zu »Lager« 1. Auftritt). Welche Rolle das Uniformkleid als Statussymbol spielt, zeigen unter anderem die Verse L-200 f., 402, 416 f., 429 f. und 943 f.
122 *Holkische Jäger:* Vgl. Anm. zum Personenverzeichnis zum »Lager«.
Tressen: Besatz, Borte an der Uniform als Rangabzeichen, meist aus Gold- oder Silberfäden; von frz. tresse, ›Schnur, Borte‹. Vgl. *Farben und Feldzeichen* in der Regieanweisung zum »Lager« 1. Auftritt.
123 *Holten sie sich ... Leipziger Messen:* haben sie sich nicht gekauft, sondern durch Tapferkeit erworben; viell. auch Anspielung auf die Brandschatzung Leipzigs durch die Holkschen Reiter.
124 *Blitz!:* oft als Fluch oder wie hier als Ausruf des Erstaunens gebraucht; vgl. auch L-212 *Wetter auch!*
125 *Gustel aus Blasewitz:* Anspielung auf Johanna Justine Segedin, Wirtstochter aus dem Dresdner Vorort Blasewitz, wo Schiller öfter zu Gast war.
126 *Mußjö:* Gustels Eindeutschung des frz. monsieur aus monseigneur, ›mein Herr‹.
127 *Itzehö:* Itzehoe, kleine Stadt in Holstein; reimt sich richtig ausgesprochen nicht auf *Mußjö.*
130 *Glücksstadt:* Glückstadt in Holstein an der Unterelbe.
134 *Herr Vetter:* Ahd. fetiro, mhd. veter, ›Vaterbruder‹, diente bald auch zur Bezeichnung des Bruders der Mut-

ter, dann eines jeden männlichen Verwandten, schließlich wurde daraus eine allgemeine männliche Anrede. Vgl. *Gevatter* L-660, *Gevatterin* L-1003, oder auch die Verwendung des Wortes *Bruder* L-105 u. *Muhme* L-171.

138 *Das stellt sich dar:* Das ist klar; das versteht sich; das sieht man ihr an.

139 *Temeswar:* spr. Temeschwar, Stadt im Banat. Nach der Schlacht an der Dessauer Elbbrücke am 25. April 1626 verfolgte Wallenstein den Grafen von Mansfeld bis nach Ungarn.

140 *mit dem Bagagewagen:* mit dem Gepäckwagen, mit dem Troß.

141 *Mansfelder:* Peter Ernst II., Graf von Mansfeld (1580 bis 1626), der am 25. April 1626 Wallenstein in seinem Winterlager an der Elbbrücke in Dessau angriff und völlig geschlagen wurde.

142 *Stralsund:* Wallenstein belagerte 1628 Stralsund, das wegen der Unterstützung durch die Schweden von der Seeseite her als einzige Festung im Ostseebereich für Wallenstein uneinnehmbar blieb. Vgl. die Stellen L-604 ff. und W-225 ff.

144 *Sukkurs:* Hilfe, Unterstützung, Beistand, von spätlat. succursus, succurrere, ›zu Hilfe eilen‹.
Mantua: Der Kaiser griff 1631 mit einem Hilfskorps in den mantuanischen Erbfolgekrieg ein.

145 *Feria:* Gomez Suarez de Figueroa, Gouverneur von Mailand, der später, zum General ernannt, dem Kardinal-Infanten Don Fernando den Weg nach den Niederlanden bahnen sollte; vgl. P-1226.

147 *Gent:* belg. Hafenstadt, Hauptstadt von Ostflandern, an der Schelde- und Lysmündung.

155 *Spitzbub:* Dieb, Gauner, Betrüger, zu ›spitz‹ in der Bedeutung von ›schlau‹.

158 *Schlingel:* Tunichtgut, freches Kerlchen, zu ›schlingen‹ in der Bedeutung ›schlendern‹; seit dem 16. Jh.

162 *Feldschule:* Schiller schreibt darüber in seiner »Geschichte des Dreißigjährigen Kriegs« (1790–92): »Für die junge Generation, welche dies Lager zum Vaterland hatte, waren ordentliche Feldschulen errichtet und eine treffliche Zucht von Kriegern daraus gezogen, daß die Armeen bei einem langwierigen Kriege sich durch sich selbst rekrutieren konnten.«

164 *Base:* Ahd. basa, ›Schwester des Vaters‹, vermutl. Koseform für badar-, fadarsweo, ›Vaterschwester‹ bezeichnete bald die Kusine, Tochter des Onkels oder der Tante, und wurde dann weiter verallgemeinert zu ›Gevatterin, Nachbarin‹. Vgl. Anm. zu *Herr Vetter* L-134.
166 *aus dem Reich:* nicht aus Böhmen oder aus des Kaisers Landen, sondern aus Deutschland. Vgl. Anm. zu L-181.
168 *artiges Kind:* ›Artig‹ war ein Modewort des 18. Jh.s in vielseitiger Verwendung; hier soviel wie ›hübsch, nett‹. ›Kind‹ in der älteren, weiteren Bedeutung ›junger Mensch‹.
171 *Muhme:* Ahd. muoma, urspr. ›Mutterschwester‹, mhd. muome, ›weibliche Verwandte‹ bezeichnete die Tante oder ältere Verwandte und wurde wie ›Gevatterin‹ allgemeine weibliche Anrede. Vgl. Anm. zu *Herr Vetter* L-134.
173 *Lärvchen:* hübsches Gesicht; pars pro toto wie L-28 u. 71; die Marketenderin in jüngeren Jahren.

Sechster Auftritt

181 *Feindes Land:* Gemeint sind die von protest. Kräften beherrschten Gebiete, bes. Sachsen, vgl. *Saalkreis* und *Meißen* in V. 184 und *Voigtland* in V. 227, ferner Oberfranken und Westfalen. In Böhmen dagegen war Wallenstein selbst zu Hause.
183 *galant:* elegant.
184 *Saalkreis . . . Meißen:* Gegend um Halle und Dresden; Sachsen.
188 *Nachles':* Nachernte beim Plündern.
189 *Spitzen:* nach ihrer Zackenform benannte durchbrochene Verzierung am Kragen, die im 16. Jh. zuerst in Italien Mode wurde.
207 *Lektion:* Lehrstunde, von lat. lectio, ›das Lesen, Vorlesung‹.
210 *Genie:* Vgl. Anm. zu *Schöpfergenius* Prol. 17.
211 *Wachparade:* Besichtigung der für die nächsten 24 Stunden aufziehenden Wachtmannschaft (Meyer).
219 *Sündflut:* volksetymologische Umdeutung von ›Sintflut‹, ahd., mhd. sin(t) vluot, Vorsilbe ahd. sin(a), mhd. sin(e), ›immerwährend, gewaltig‹; verwandt mit lat. semper.
225 *sennigten Armen:* sehnigen, starken Armen.

234 *Schick:* Eleganz, von mnddt. schick, ›was sich schickt, richtige Ordnung‹; zu schicken, ›etwas in Ordnung bringen‹, seit 1850 beeinflußt und verdrängt von frz. chic, ›Eleganz, verfeinerte Lebensart; Geschick‹ (im 16. Jh. aus dem Dt. entlehnt) (Wahrig).

236 *Fratzen:* Possen, albernes Gerede; im 16. Jh. aus ital. frasca, ›Laubast, wie er vor allem als Schankzeichen ausgesteckt wird‹, dann ›ausgelassenes Treiben, Possen‹. Ebenso P-2231.

239 *Fron:* Fronde, dem Lehnsherrn zu leistende Arbeit, Arbeit des Leibeigenen; fig. ›unbeliebte, erzwungene Arbeit‹, von mhd. vron, ›heilig; herrschaftlich; den Herrn betreffend‹; zu ahd. fro, ›Herr‹; verwandt mit ›Frau‹ und ›frönen‹ (Wahrig).

Galeere: sprichwörtl. für harte Arbeit. Die Galeere, bis ins 17. Jh. meist ›Galee‹ genannt, war ein im Mittelmeer gebräuchliches Kriegsschiff (navis longa), dessen zahlreiche Ruder von Sklaven und Sträflingen, die mit Ketten an die Ruderbänke angeschmiedet waren, bewegt wurden.

250 *Der dritte Mann soll verloren sein:* auch wenn jeder Dritte fallen müßte.

253 *inkommodieren:* bemühen, belästigen, von lat. incommodare, ›beschwerlich fallen‹.

255 *Wams:* bis zum 14. Jh. unter der Rüstung getragener Männerrock, im 17. Jh. enganliegende Männerjacke mit Schoß; von mhd. wambels, ›Kleidungsstück unter dem Panzer‹, aus mlat. wambasium, griech. bambax, ›Baumwolle‹.

257 *Gustav dem Schweden:* Gustav II. Adolf, König von Schweden (vgl. Abb. und Kap. III, 5), war bis zu seinem Tode in der Schlacht bei Lützen am 16. November 1632 Wallensteins prominentester Gegner. Über seine Leistungen spricht Schiller mit Hochachtung in der »Geschichte des Dreißigjährigen Kriegs«: »Ganz Deutschland hat die Mannszucht bewundert, durch welche sich die schwedischen Heere auf deutschem Boden in den ersten Zeiten so rühmlich unterschieden.« – Im Gegensatz zu Wallenstein, dem die Konfession seiner Söldner gleichgültig war, fühlte Gustav Adolf durchaus eine religiöse Sendung und Verantwortlichkeit.

260 *Reveille ... Zapfenstreich:* Morgenruf und Signal zum Schlafengehen; frz. réveil, ›das Erwachen, Wecken‹; der

Zapfenstreich war urspr. der Schlag auf den Zapfen, durch den das Faß geschlossen und den Soldaten das Ende des Trinkgelages angezeigt wurde.

262 *kanzelt':* abkanzeln, von der Kanzel herunter tadeln, zurechtweisen.

264 *ließ er gar nicht passieren:* ließ er nicht zu; vgl. auch L-276.

265 *zur Kirche führen:* heiraten.

268 *Ligisten:* Vertreter der Liga, des durch Maximilian I., Herzog und Kurfürst von Bayern, am 10. Juli 1609 gegründeten katholischen Fürstenbundes, der Gegenorganisation zur protestantischen Union.

269 *Magdeburg:* Vgl. Anm. zu Prol. 85.

272 *Soff:* Nebenform zu ›Suff‹ (im Ablaut zu ›saufen‹).

274 *Tilly:* Johann Tilly, Graf von Tserclaes, (1559–1632) war seit 1610 Feldherr der katholischen Liga. Vgl. Kap. III, 5 und die Anm. zu P-113.

276 *ließ er vieles passieren:* ließ er vieles durchgehen.

279 *stet:* stetig, von mhd. staete, ahd. stati, ›fest(stehend), beständig‹.

280 *Leipziger Fatalität:* Am 17. September 1631 wurde Tilly bei Breitenfeld (nördl. von Leipzig) von den Schweden geschlagen. Während der Verteidigung des Lechübergangs bei Rain am 5. April 1632 zerschmetterte ihm eine Falkonettkugel den rechten Schenkel, woraufhin er starb. – Fatalität, von frz. fatalité, ›Verhängnis, Schicksalsfügung‹.

281 *flecken:* vorangehen, vom Fleck kommen.

287 *Handgeld:* das Angeld, das der Rekrut auf die Hand gezählt bekam und mit dem die Werbung des Soldaten abgeschlossen wurde.
Sachsen: Obgleich Johann Georg I., Kurfürst von Sachsen, (1585–1656) protestantisch war, kämpften seine Soldaten im böhm.-pfälz. Krieg auf der Seite des Kaisers, weil dieser dem Sachsen dafür die Lausitz versprochen hatte.

290 *böhmischen Beute:* Nach dem entscheidenden Sieg der kaiserl. und ligistischen Heere über Christian von Anhalt, den General Friedrichs V. von der Pfalz (vgl. Anm. zu P-2058), in der Schlacht am Weißen Berge vor Prag am 8. November 1620 war Böhmen wieder ganz im Besitz des Kaisers.

292 *Durften nicht recht als Feinde walten:* Der Kurfürst

von Sachsen hatte Böhmen seinen Truppen zur Plünderung freigegeben, aber mit der Einschränkung, alles kaiserliche Eigentum zu schonen.

294 *Komplimente:* Höflichkeitsbezeigungen, Verbeugungen, Schmeicheleien; lat. complementum, ›Ergänzung, Anhang‹, nämlich der alten Moralbücher, weil dort von der Höflichkeit gehandelt wurde.

299 *für:* vor, vgl. L-318, 419 u. ö.

302 *Der Friedländer hätte werben lassen:* Nach seiner Wiedereinsetzung warb Wallenstein 1632 dem Kaiser zum zweiten Mal ein Heer auf eigene Kosten.

305 *Entlaufen:* Die Soldaten desertierten oft zum anderen Lager; vgl. L-266, 268, 287, 302.

308 *großen Schnitt:* großen Zuschnitt, großen Stil, großzügig.

310 *Windesweben:* Windeswehen. Das dichterische Wort ›weben‹ statt ›wehen‹ ist abgeleitet von ahd. weban, mhd. weben, ›weben, sich vor dem Webstuhl hin und her bewegen‹.

316 *Klinge:* der schneidende, stechende Teil der Waffe, dann der Degen, das Schwert selbst; zu mhd. klingen, ›hell tönen, erschallen‹, nämlich der Waffen beim Kampf.

318 *Ordre:* frz., Befehl; heutige Schreibung Order.
fürwitzig: vorwitzig; vgl. ›für‹ statt ›vor‹ L-299; ahd. wizzi, mhd. witze bedeutete ›Wissen, Verstand, Klugheit, Weisheit‹; daraus frühnhd. witzig, ›klug reden‹, und nhd. vorwitzig, ›vorlaut‹.

320 *Da fragt niemand, was einer glaubt:* »Auf das Bekenntnis kam unter Wallenstein nichts an« (Ranke). Wohingegen die Liga nur Katholiken und Gustav Adolf nur Protestanten im Heere haben wollten.

323 *der Fahne ... verpflicht':* der militärischen, allenfalls der politischen, aber nicht der religiösen Partei.

325 *Reitersknecht:* Knecht hier noch näher der alten Bedeutung ›Krieger, Ritter‹; vgl. engl. knight.

326 *nicht wie ein Amt:* d. h. als Autokrat, als Selbstherrscher; ahd. ambaht(i), ›Dienst, Amt‹.

329 *Gewinst:* alte Form für Gewinn.

331 *Schirm:* in seiner alten Bedeutung, ahd. skirm, skerm, ›Schutz(wehr), Schild‹.

334 *Sich ... unterwinden:* sich einer Sache unterwinden, sie übernehmen.

341 *urkundlich:* Die bestätigende Quelle für das Zitat ist uns nicht bekannt.

347 *Kriegspanieren:* Das Panier oder Banner war eine Fahne, die an einer mit dem Fahnenschaft verbundenen Querstange befestigt war und als Feldzeichen diente; vgl. Anm. zu *Farben und Feldzeichen* (Regieanweisung zu ›Lager‹ 1. Auftritt). – Das Wort ist eine Entlehnung von altfrz. bannière, ›Heerfahne‹, das mhd. zu ›banier(e)‹ und später zu ›Banner‹ wurde; durch Neuentlehnung im 15. Jh. entstand die Nebenform ›Panier‹.

348 *viktorisieren:* siegen, von lat. victoria, ›Sieg‹.

354 *im Solde:* im Lohn, im Dienst, von mhd. solt, ›Vergütung für geleistete Kriegsdienste‹, zu lat. (nummus) solidus, ›gediegene Münze‹.

355 *fest:* kugelfest, durch Zauber vor Kugeln geschützt.

356 *Affär' bei Lützen:* Schlacht bei Lützen nahe Leipzig am 16. November 1632, in der Gustav Adolf von drei Kugeln getroffen fiel. Schiller schreibt in der »Geschichte des Dreißigjährigen Kriegs«: »In der kaiserlichen Armee herrschte zu dieser Zeit beim gemeinen Mann das Vorurteil [= der Aberglaube], sich fest und unverwundbar zu machen, und die Offiziere stärkten ihn im unvernünftigen Wahn.«

360 *Koller:* Brustharnisch, mhd. koller, ›Halsbekleidung an der Rüstung‹ von lat. collum, ›Hals‹, vgl. engl. collar, ›Kragen‹.

361 *Ballen:* Kugeln, zu Balliste, antike Wurfmaschine von griech. ballein, ›werfen‹; vgl. heute noch Ballistik, Lehre von den Flugbahnen geworfener oder geschossener Körper.

365 *Elendshaut:* Elchleder. Elen ist ein anderes Wort für Elch. Das feste Elchleder war für Geschosse der ersten Handfeuerwaffen beinahe undurchdringlich.

367 *Hexenkraut:* Hypericum perforatum, 60 cm hohes Kraut, das balsamisch riecht und bitter-herb schmeckt; wurde eigtl. als Schutzmittel gegen Hexen und Gespenster benutzt; bes. der violette Saft aus den Blütenknospen galt als Zaubermittel.

373 *graues Männlein:* Wallensteins Leibastrologe Giovanni Baptista Seni (1600–56; vgl. Personenverzeichnis zu »Piccolomini«).

Frist: Zeitraum; ahd. frist, urspr. ›Schonung, Schutz‹, verwandt mit ›Friede‹ und ›frei‹.

375 *Schildwachen:* Wachposten mit der Waffe in der Hand, die urspr. die vor dem Wachlokal aufgehängten Schilde zu bewachen hatten.

Siebenter Auftritt

397 *Kumpan:* Geselle, Genosse; eigtl. ›Brotgenosse‹ von lat. cum + panis; vgl. Kumpanei und Kumpel.

405 *einen Kram und Laden:* Der Krämer war der Kleinhändler oder Detaillist im Gegensatz zum Großhändler oder Grossisten, der in früherer Zeit allein auf das Prädikat ›Kaufmann‹ Anspruch machen konnte (Meyer). Vgl. Anm. zu *Kram- und Trödelbude* (Regieanweisung zu »Lager« 1. Auftritt).

406 *Schwefelfaden:* durch geschmolzenen Schwefel gezogenes Baumwollgarn, diente früher als Feuerzeug.

408 *Stückfaß:* altes Weinmaß, 10–12 hl.

415 *gravitätisch:* würdevoll, von lat. gravitas, ›Schwere, würdevolles Wesen‹.

Er: Die Anrede in der dritten Person (pronomen reverentiae) kam, ital. und frz. Mode folgend, im 17. Jh. auf. Zunächst stand das Pronomen in Verbindung mit dem Anredewort (appellativum) ›Herr‹; zum Beispiel: »Ich weisz nicht, herr schwehrvater, warumb er alles so widersinns anstellt« (Grimmelshausen, Simplicissimus). Als sich die Redeweise eingebürgert hatte, konnte das Pronomen allein stehen: »Dieweil er ein junger frischer soldat ist, will ich ihm ein fähnlein geben, wann er will« (Grimmelshausen, Simplicissimus). – Schiller wird in den Briefen seines Vaters noch mit ›er‹, in den Briefen seiner Mutter wechselnd mit ›er‹ und ›du‹ angeredet. Dann kam die ältere Anrede ›ihr‹ zu neuer Geltung; der Wert des Singulars ›er‹ sank. Diese Form machte dem Plural ›sie‹ Platz. – So bestanden im 18. Jh. vier Stufen der Anrede. Die aufsteigende Reihe: du, ihr, er (bzw. sie, Singular) und sie (Plural) ermöglichte eine außerordentlich mannigfach und fein abgeschattete Form der Höflichkeit. (Nach Grimm.)

417 *Wehrgehäng':* Das Wehrgehenk ist der Leibgurt zum Befestigen der Waffen.

421 *Fortuna:* lat., ›Glück‹, altitalische Glücks- und Schicksalsgöttin, dargestellt meist mit Füllhorn und auf einer Kugel schwebend.
426 *des Färbers Gaul:* Die Waschräder, die das einzufärbende Zeug in den Färbebädern umwälzten, wurden durch ein im Kreis gehendes Pferd angetrieben. Vgl. das Bild der Tretmühle.
428 *Losung:* das Kennwort, von mhd. lozunge, ›das Losewerfen, Teilung‹.
430 *des Kaisers Stock:* des Kaisers Schwert.
433 f. *das Zepter ... ein Stock:* Das Zepter, von lat. sceptrum, griech. skeptron, ›Stab‹, zu skeptein, ›stützen‹, war urspr. ein langer, mannshoher Stab. Erheblich verkürzt und aus kostbarem Material gefertigt, wurde das Zepter Sinnbild kaiserlicher oder königlicher Macht und Würde. Vgl. das Zepter mit den Fasces, lat., ›Ruten‹, der römischen Konsuln und Kaiser, mit dem Marschallstab oder dem aus einem gewöhnlichen Gehstock verlängerten Krummstab der Bischöfe. Der Wachtmeister setzt das Schwert, das eigtl. nur Instrument der Exekutive ist, diesen Insignien der Herrschermacht gleich.
435 *Korporal:* niedrigster Unteroffiziersgrad, von ital. caporale, ›Hauptmann‹, beeinflußt von frz. corps, ›Körper, Körperschaft‹.
442 *Buttler:* Vgl. Personenverzeichnis und Anm. zu »Piccolomini«. Buttler trägt hier Züge Gordons, des Kommandanten von Eger, von dem berichtet wird, daß er vom Gemeinen zum Oberst aufgestiegen sei. Vgl. P-2006 ff. Über Buttlers Beförderung zum Generalmajor vgl. P-45 f. u. W-1159–61; für Octavio ist Buttler nur Regimentskommandeur, vgl. die Anrede ›Oberst‹ W-1138.
Gemeine: Der Ausdruck Gemeiner stammt von der Gemeine der Landsknechte her und bedeutete Angehöriger dieser Gemeine. Der Landsknecht ohne Befehlshabergrad hieß urspr. gemeiner Knecht. So entstand daraus die dienstliche Sammelbezeichnung für den gewöhnlichen Soldaten aller Waffengattungen. Die Gemeinen der Infanterie sind die Grenadiere, Füsiliere, Jäger usw., die der Kavallerie sind die Husaren, Ulanen, Dragoner, Kürassiere usw.
444 *Generalmajor:* vorletzte Rangstufe vor dem General, der höchsten Offiziersrangklasse.

445 *baß:* (alemannisches Adverb) besser, von ahd. baz, der Grundstufe zu ›besser‹; verwandt mit ›Buße‹.

455 *ermißt:* Das heute nur in seiner übertragenen Bedeutung gebrauchte Wort für ›begreifen, in seiner Ausdehnung erfassen‹ ist hier konkret zu verstehen.

458 *Altdorf:* Wallenstein besuchte vom August 1599 bis Anfang 1600 die lutherische Universität Altdorf bei Nürnberg, »wo er ein Andenken unbezähmbarer Heftigkeit hinterlassen hat – nur aus Rücksicht auf seine hohen Verwandten in Böhmen ist ihm die förmliche Relegation erspart worden« (Ranke). Über die nachfolgende Episode vgl. Robert Boxberger, »Zur Quellenforschung über Schillers Wallenstein und Geschichte des dreißigjährigen Krieges«; in »Archiv für Litteratur-Geschichte« Bd. 2, S. 175 f.

459 *Permiß:* Erlaubnis, von lat. permittere, ›erlauben‹.

460 *purschikos:* aus der Studentensprache, soviel wie ›flott‹, zu Pursche, Bursche, ›Student‹ mit griech. Endung.

461 *Famulus:* Gehilfe eines Gelehrten (vgl. Wagner in Goethes »Faust«, I, 518), lat., ›Sklave, Diener‹; zu ›familia‹.

463 *ins Karzer:* heute maskulinum, ein Raum für Arreststrafen in Schulen und Hochschulen; lat. carcer, ›Gefängnis, Kerker‹; dasselbe Wort ist ›Kerker‹.

472 *laß' Er das unterwegen:* die ahd. Form ›unterweg(en)‹ zu ›unter‹ und ›Weg‹; eigtl. ›unterwegs‹, hier in der Bedeutung ›unterdessen‹.

474 *Dirn':* noch zu Schillers Zeit das gebräuchliche Wort für ›junges Mädchen‹; ahd. thiorna, ›Jungfrau‹.

476 *bei Troste:* bei Sinnen; die Herkunft der um 1780 auftauchenden Redensart ist unklar.

477 *Apartes:* Besonderes, Eigenes, von frz. à part, ›beiseite, getrennt‹; vgl. L-868.

482 *Händel:* Streithandel, Rauferei, Schlägerei; Plural der Rückbildung Handel, von handeln, ›mit den Händen verrichten‹.

Achter Auftritt

Bergknappen: Bergleute, von ahd. knappo, Nebenform zu knabo, ›Knabe‹.

484 *Kapuziner:* Die folgende Kapuzinerpredigt hat Schiller erst sehr spät auf Anregung Goethes eingefügt. Die Vor-

lage war Abraham a Santa Claras Schrift »Auff, auff ihr Christen, das ist: ein bewögliche Anfrischung der Christlichen Waffen wider den Türkischen Blutegel usw.«, aus dem Sammelwerk »Reimb dich oder Ich liß dich, das ist: Allerley Materien, Discurs, Concept und Predigten etc.«, Luzern 1687. Der Wiener Prediger Abraham a Santa Clara (Ordensname für Johann Ulrich Megerle, 1644 bis 1709) war berühmt wegen seiner Wortspiele und Kalauer. Goethe hatte den Band aus der Weimarer Bibliothek entliehen und am 5. Oktober 1798 an Schiller geschickt. Drei Tage später antwortete Schiller: »Hier erhalten Sie meine Capuzinerpredigt, so wie sie unter den Zerstreuungen dieser lezten Tage, die von Besuchen wimmelten, hat zu Stand kommen können. Da sie nur für ein paar Vorstellungen in Weimar bestimmt ist, und ich mir zu einer andern, die ordentlich gelten soll, noch Zeit nehmen werde, so habe ich kein Bedenken getragen, mein würdiges Vorbild in vielen Stellen bloß zu übersetzen und in andern zu copieren. Den Geist glaube ich so ziemlich getroffen zu haben.« Einen Tag danach schreibt Schiller an Goethe: »Hätte ich gedacht daß die Capuzinerpredigt Morgen früh nicht zu spät kommen würde, so hätte sie noch besser ausfallen müssen. Im Grund macht es mir große Lust, auf diese Fratze noch etwas zu verwenden; denn dieser Pater Abraham ist ein prächtiges Original, vor dem man Respekt bekommen muß, und es ist eine interessante und keineswegs leichte Aufgabe, es ihm zugleich in der Tollheit und in der Gescheidigkeit nach- oder gar vorzuthun.«

487 *Türken:* für den Kapuziner soviel wie Heiden. Abraham: »... thut euch in vielen Dingen an den Türcken spiegeln.«
Antibaptisten: Anabaptisten, Wiedertäufer, christliche Sekte, welche die Einwilligung des gläubigen Täuflings zur Vorbedingung der Taufe macht, daher die Kindertaufe verwirft und bei den ihr Beitretenden die Taufhandlung wiederholt. Im Zeitalter der Reformation fand sich in der gemeinsamen Opposition gegen die Kindertaufe alles zusammen, was radikaler als die Reformatoren zu Werke zu gehen unternahm (Meyer). – Abraham: »Hart haben verfolgt die Christlichen Kirchen mit ihren verruchten Secten die Anabaptisten ...« In Schillers *Anti-*

baptisten klingt die Bedeutung von Antipapisten (Papstgegner) mit.

488 *Sonntag:* Tanz und wildes lautes Leben am Sonntag ziemen sich nicht für den Christen.

490 *Chiragra:* Gicht in den Handgelenken, zu griech. cheir, ›Hand‹, und agra, ›Fang‹; Abraham: »Lebt man doch allerseits, als hätte der Allmächtige Gott das Chiragra, und könne nicht mehr darein schlagen.«

491 *Saufgelagen:* Gelage, von legen, eigtl. ›das Zusammengelegte‹.

492 *Banketten:* Festmahl, von ital. banchetto; zu nhd. Bank.

493 *Quid hic statis otiosi?:* Was steht ihr hier müßig? (Matth. 20, 6.) Bei Abraham: »... nicht weniger wird erfordert von euch, daß ihr gleichmäßig die Händ nicht solt in den Sack schieben, nicht stehen wie jene Faullentzer, denen ist Filtzweiß gesagt worden: quid hic statis tota die otiosi.«

495 *Kriegsfuri:* von lat. Furiae, ›die Furien, Rachegöttinnen‹; zu furia, ›Wut, Raserei‹.

496 *Bollwerk:* mhd. bolewerc, ›Befestigung aus Bohlen‹.

497 *Regenspurg:* Vgl. Anm. zu *Regenspurg sei genommen* L-112.

500 *Krug ... Krieg:* aus Abrahams Predigt »Soldaten-Glory«: »Soldaten, die lieber haben Krüg als Krieg, seynd nichts nutz.«

501 *Schnabel ... Sabel:* Abraham: »... zu schimpffen seynd alle die jenige Soldaten, die lieber mit der Sabinl als mit dem Säbel umbspringen.«

503 *Oxenstirn:* Axel Graf Oxenstierna (1583–1654), schwed. Reichskanzler, großer Staatsmann, der nach Gustav Adolfs Tod (1632) die Leitung der schwed. Politik übernahm.

504 *in Sack und Asche:* Büßer trugen ein ›härenes Gewand‹ oder ein Kleid aus grobem Sackleinen und streuten sich Asche auf den Kopf; vgl. Aschermittwoch.

507 *Zeichen und Wunder:* Abraham: »Man hat auch schon offt fewrige Schwerdter, gewaffnete Männer, erbitterte Schlachten, abgetruckte Pfeil, entblöste Säbel, und dergleichen mehr andere Wunder am Himmel gesehen, so allemahl ein Vigil [Vorzeichen] des Kriegs gewest.«

510 *Kometen:* Man beobachtete um die Mitte des Dreißig-

jährigen Krieges einen Kometen und deutete diese Erscheinung in verschiedener Weise als Unheilsdrohung. Abraham (später): »Der gar grosse und erschröckliche Comet mag woll ein Ruthen gewest seyn, die uns Gott in diß grosse Fenster gesteckt hat, womit er uns einen harten Streich trohet.«

513 *Arche der Kirche:* Abraham: »Die Archen der Catholischen Kirchen.«

514–522 *das römische Reich ... römisch Arm, ... Rheinstrom ... Peinstrom ... Länder ... Elender:* Abraham: »Von vielen Jahren hero ist das Römische Reich schier Römisch Arm worden durch stäte Krieg; ... der Rheinstrohm ist ein Pein-Strohm worden durch lauter Krieg, und andere Länder in Elender kehrt worden.«

524 *Das schreibt sich her von:* das kommt von ...; Abraham: »... aber wer verursacht so langwürige, klägliche, schmertzliche, schädliche Kriegs-Empörungen, wer? der [Mars]? Nein, die, die Sünd.«

527 f. *die Sünd' ... herein:* Abraham: »Die Sünd ist der Magnet, welcher das scharpffe Eysen und Kriegs-Schwerdt in unsere Länder ziehet.«

531 *Hinter dem U ... das Weh:* Abraham: »Wer hat den Türcken, diesen Erbfeind gezogen in Asiam, in Europam, in Hungarn? Niemand anderer als die Sünd, nach dem S im ABC folgt das T, nach der Sünd folgt der Türck.«

533 f. *Ubi erit ... Deus:* Wo wird die Siegeshoffnung sein, wenn Gott beleidigt wird? Abraham: »O wie mehr soll man den Christlichen Soldaten, welche bereits gantz hertzhafft mit Wöhr und Waffen wider den Türckischen Erbfeind außziehen, diese kurtze Predigt halten: Et ubi erit victoria, si Deus offenditur: Wo wird dann ein Hoffnung seyn zum Sieg und Victori wider diesen grösten Feind, wann Gott beleydiget wird?«

535 *schwänzt:* schwänzen, Pflichten absichtlich nicht nachkommen, von mhd. swenzen, ›schwenken; putzen, zieren‹, und rotwelsch schwentzen, ›herumschlendern‹ (16. Jh.).

537–543 *Die Frau ... finden:* Abraham: »Das Weib in dem Evangelio hat den verlohrnen Groschen gesucht, und gefunden; der Saul hat die Esel gesucht, und gefunden; der Joseph hat seine saubere Brüder gesucht, und gefunden; der aber Zucht und Ehrbarkeit bey theils Soldaten sucht, wird nicht viel finden.«

545–557 *Zu dem Prediger ... Löhnung:* Abraham: »Zu dem H. Joanni dem Tauffer seynd underschiedliche Stands-Personen getretten ... sprechend: ›Was solten dann wir thun?‹ Worauff Joannes geantwortet: ›Thut niemand Uberlast, noch Gewalt: Contenti estote stipendiis vestris, und seyet mit eurem Sold zufriden.‹« Die anderen lat. Zitate hat Schiller wörtlich der Vulgata entnommen und je im Vers übersetzt.

559–578 *Es ist ein Gebot ... Sackerlot:* Abraham: »Last aber sehen ihr Christliche Soldaten, wie halt ihr die Gebott? Ich will nur dero etliche beybringen. Es ist ein Gebott, du sollest den Nahmen Gottes nicht eytel nennen; wer ist, der mehrer flucht und schwört als ihr? ... Wann euch solte von einem jeden Flucher ein Härlein außgehen, so würde euch in einem Monath der Schedel so glat, und so er auch des Absolons Strobel gleich wäre, als wie ein gesottener Kalbskopff ... So man zu allen Wetteren, welche euer Fluch-Zung außbrütet, müste die Glocken leutten, man köndte gleichsamb nicht Meßner gnug herbey schaffen ... David war auch ein Soldat, ... doch hat dieser streittbare Kriegs-Fürst keinem viel tausend Teuffel auff den Rucken geladen, ich vermeine ja nicht, daß man das Maul muß weiter auffsperren zu diesem Spruch: Gott helff dir, als der Teuffel holl dich.«

561 *blasphemieren:* eine Blasphemie aussprechen, Gott lästern, von griech. blasphemia, ›Lästerung‹.

564 *losbrennt:* Hinter dem Ausdruck steht das Bild einer Kanone, deren Schuß durch eine Lunte, brennende Hanfschnur, ausgelöst wird.

566 *Mesner:* Kirchendiener, Küster, dem es oblag, die Glocken zu läuten; von mlat. ma(n)sionarius, ›Haushüter‹, über ahd. mesinari.

571 *Absalons Zopf:* Absalom (hebr., ›Vater des Friedens‹) war der dritte Sohn Davids, ein schöner, aber herrschsüchtiger Mann, der seinen Vater vom Thron vertrieb und später im Wald Ephraim auf der Flucht von Joab erstochen wurde (2. Sam. 13–18), nachdem er mit seinen langen Haaren an einer Terebinthe hängengeblieben war.

572 *Josua:* der Sohn Nuns vom Stamm Ephraim, nach dem Tode des Moses Führer der Israeliten.

578 *Sackerlot:* auch sapperlot, Ausruf der Überraschung

oder des Zorns, von frz. sacre lot, ›verfluchtes‹ eigtl. ›heiliges Schicksal‹.

579 f. *wessen das Gefäß ... überquillt:* in Anlehnung an das Sprichwort: Wes das Herz voll ist, des geht der Mund über. Luther wählte dieses Wort zur Übersetzung von Matth. 12, 34 (Luk. 6, 45); vgl. seinen »Sendbrief vom Dolmetschen« vom 3. September 1530.

581 *Du sollst nicht stehlen:* Abraham: »Es ist mehrmahlen ein Gebott: Du solst nit stehlen.«

586 f. *Ist das Geld ... Kuh:* Abraham: »Und vor euch nicht sicher ist das Gelt in der Truhen, die Truhen in dem Hauß, das Hauß in dem Dorff ... dann wann sie allda ein Kuhe stehlen, so nemmen sie das Kalb für ein Zuwag.«

589 *Contenti estote:* Abraham: »Ob ihnen schon der H. Johannes der Tauffer geprediget, sie sollen mit ihrem Sold zu friden seyn.«

590 *Kommißbrote:* Kommiß, von lat. commissum, ›anvertrautes Gut‹, ist die vom Staat gelieferte Ausrüstung und der Unterhalt des Soldaten; daher umgangssprachl. soviel wie Militär.

595 *Pfaff:* Pfaffe, urspr. ›Weltgeistlicher‹, heute abschätzig ›Geistlicher‹ aus ahd. pfaffo, griech. papas, ›geringer Geistlicher‹, verwandt mit ›Pope‹.

597 *Ne custodias gregem meam:* nicht sollst du meine Herde bewachen.

598 *Ahab und Jerobeam:* Kriegskönige, Abraham: »Under der Regierung des Jüdischen Königs Jerobeam ist ein immerwehrender Krieg gewest: Wie Nahab den Scepter in Israel führte, ist ein stäter Krieg gewest.«

602 *Bramarbas:* Prahler, Großsprecher. Name eines Großsprechers in der anonymen Satire »Cartell des Bramarbas an Don Quixote« (1710); zu span. bramar, ›schreien, heulen‹, ahd. breman, ›schreien‹; vgl. brummen. Bei Abraham: »ein erschröcklicher Eysenfresser und Hader-Katz«.

605 *Er müsse haben die Stadt Stralsund:* Schiller fand diesen angeblichen Ausspruch Wallensteins bei Herchenhahn (vgl. Schillers Quellen in Kap. III, 4a): »Wäre auch die Festung mit eisernen Ketten an den Himmel gebunden, sie müßte vom Himmel herab.« Vgl. Anm. zu L-142.

609 *Saul:* Apostel Paulus vor seiner Bekehrung; vgl. Apg. 13, 9.

610 *Jehu:* israelit. Feldherr, der 814 v. Chr. unter den Baalspriestern wütete.
Holofernes: assyr. Feldherr, von der Israelitin Judith ermordet.

611 f. *Verleugnet wie Petrus ... hören krähn:* Matth. 26, 69 bis 75. Wallensteins Lärmempfindlichkeit beschreibt Murr in seinen »Beiträgen«, vgl. die von Murr mitgeteilten Epitaphia: »Gar zart war ihm sein böhmisch Hirn, / Konnt nicht leiden der Sporen Klirrn. / Hahnen, Hennen, Hund er bandisirt / Aller Orten, wo er logirt.« – »Qui galli cantus, Lybici de more leonis, horruit.« (Vgl. V. 632 f.)

614 *Herodes:* Name mehrerer jüd. Könige idumäischer Abstammung, die unter röm. Oberhoheit regierten. Herodes der Große (37–4 v. Chr.), der verschwenderische und tyrannische Herrscher, dem Matth. 2, 1–18 den bethlehemitischen Kindermord zuschreibt, und Herodes Antipas, (4 v. bis 37 n. Chr.), Sohn Herodes' des Großen, Landesherr Jesu (Luk. 23, 7). Herodes Agrippa I., König von Judäa, setzte 44 Jakobus und Petrus gefangen.

618 *Nebukadnezer:* Nebukadnezar II., König von Babylon (605–562 v. Chr.), Begründer des neubabylonischen Weltreichs; zerstörte 586 Jerusalem und führte die Juden ins Exil.

Neunter Auftritt

637 *Schelm:* in der früheren Bedeutung ›ehrloser, aus der Gesellschaft ausgestoßener Mensch‹, mhd. schelme, ›Bösewicht, Verführer, durchtriebener Mensch‹, ahd. skelmo, ›Todeswürdiger‹; zu scalmo, ›Tod, Pest, Viehseuche‹.

642 *Straßenläufer:* Landstreicher (Landstörzer).

Zehnter Auftritt

649 *baumeln:* erhängt werden an einem Baum.
Profoß: Stockmeister, Feldrichter, Ankläger und Vollstrecker des Urteils in Landsknechts- und Söldnerheeren; von altfrz. provost, lat. propositus, ›vorgesetzt‹.

650 *Mandat:* meist behördlicher oder juristischer Auftrag

zur Ausführung einer Angelegenheit; von lat. mandare, ›übergeben, anvertrauen‹.

653 *Desperation:* Verzweiflung; lat. desperatio; vgl. den dem Spanischen entlehnten Ausdruck Desperado für einen zu Verzweiflungstaten bereiten Banditen oder Umstürzler.

656 *red't ihm das Wort:* verteidigt ihn, tretet für ihn ein.

660 *Gevatter:* eigtl. Pate, fig. Freund, Nachbar (bes. als Anrede); mhd. gevater(e), ›Taufpate, Onkel, Freund der Familie‹; Lehnübersetzung von kirchenlat. (8. Jh.) compater, ›Mitvater (in geistl. Verantwortung), Taufpate‹.

661 *Garnison zu Brieg:* Garnison heißt Quartier oder Standort einer Truppe, auch die Truppe selbst, von frz. garnir, ›mit etwas versehen‹. Brieg ist eine Stadt an der Oder, nördl. von Breslau, Hauptstadt des gleichnamigen Herzogtums.

Eilfter Auftritt

Eilfter: Die Wortform ›eilf‹ war bis ins 18. Jh. gebräuchlich; aus ahd. einlif, ein + lif; der Bestandteil ›lif‹ geht auf die idg. Wurzel *liku, ›übrig sein‹, zurück. Eigtl. heißt elf also ›eins darüber‹ (über zehn).

666 *ausgezogen:* fig., ausgeplündert, ganz und gar betrogen.

668 *blamieren:* bloßstellen, zum Gespött machen, von frz. blâmer, ›tadeln‹.

671 *resolut:* beherzt, tatkräftig, entschlossen, frz. résolu.

674 *Wallon':* Wallonen sind frz. sprechende Bewohner Süd-Belgiens. Wallenstein hatte 1620 ein wallonisches Kürassierregiment geworben. Das Regiment stand unter der Führung Pappenheims. Die Wahl Max Piccolominis zum Oberst des Wallonenregiments ist Schillers Erfindung.

675 *Pappenheims:* Gottfried Heinrich Graf von Pappenheim (1594–1632) war ligistischer Generalwachtmeister, dann kaiserlicher Feldmarschall. Er fiel in der Schlacht bei Lützen.

678 *Oberst:* früher Obrist, Feldoberst, Generalfeldoberst, bis ins 17. Jh. selbständiger Führer einer von ihm selbst geworbenen Heeresabteilung.

Lützner Schlacht: Vgl. *Affär' bei Lützen*, L-356.

682 *Strauß:* Kampf, Gefecht, Streit; mhd. strūz, dazu striuzen, ›sträuben‹, ags. strūtian, ›streiten‹.

686 *Ich hab's ... Munde:* Der Oberst ist nicht der V. 676 ff. erwähnte Max Piccolomini, vielmehr ist V. 685 *Ist's auch gewiß? Wer bracht' es aus?* die Rückfrage auf eine offenbar geflüsterte Mitteilung des herangetretenen 2. Kürassiers, evtl. des Inhalts von V. 691.

691 *Sie wollen uns in die Niederland' leihen:* Vgl. P-1226 bis 1231.

698 *Schwadronen:* Schwadron, die unterste taktische Einheit der Kavallerie, von ital. squadrone, ›großes Viereck‹; zu ital. squadra, ›Geschwader‹.

700 f. *Den Infanten ... Den Pfaffen:* Kardinal-Infant von Spanien, Don Fernando, Bruder Philipps IV., betraut mit der Verwaltung der span. Niederlande, damals Statthalter des span. verwalteten Mailands.

705 *Knauser:* knauseriger Mensch, Geizhals, Knicker, zu frühnhd. knaus, ›hochfahrend‹, mhd. knuz, ›keck, waghalsig, hochfahrend‹.

709 *hispanischen:* lat. für ›spanischen‹.
roten Hut: Kardinalshut, ein rotseidener Hut mit breiter Krempe, der rechts und links mit je 15 seidenen ineinander geflochtenen Quasten behängt ist und 1245 den Kardinälen von Papst Innozenz IV. verliehen wurde.

710 *Kredit:* Vertrauenswürdigkeit, von lat. creditum, ›das auf Treu und Glauben Anvertraute, Darlehen‹, Part. Perf. von credere, ›glauben, vertrauen‹.

713 *Ferdinand:* Ferdinand III. (1608–57), dtsch. Kaiser von 1637 bis 1657, Sohn Ferdinands II., 1626 König von Ungarn, 1627 König von Böhmen, Gegner Wallensteins.

714 *formieren:* Truppen aufstellen; vgl. Formation, Aufstellung.

722 *Melnecker:* Wein von Melnik in Böhmen.

736 *Gefreiter:* Soldat von der Rangklasse der Gemeinen, der, gut ausgebildet, als Stubenältester, Korporalschaftsführer, Wachhabender sowie als Führer von Patrouillen und kleinen Kommandos verwendet wird. Der Gefreite ist auch Vorgesetzter anderer Soldaten für die Zeit des besonderen Dienstes. Die Bezeichnung kommt schon vor dem Dreißigjährigen Krieg für Leute vor, die als bes. zuverlässig Schildwachen aufzuführen und Arrestanten zu begleiten hatten und deshalb vom Schildwachstehen ›frei‹ waren.

742 *Kolletter:* Kollett, ›Wams, Reiterweste; breiter Um-

hängekragen‹, von frz. collette, ›Halskragen, Halskrause‹; zu lat. collum, ›Hals‹. Vgl. Anm. zu *Koller* L-360.

743 *Potz:* entstellt aus ›Gottes‹, seit dem 15. Jh. in Flüchen.

745 *Knittel:* Knittel oder Knüttel von frühnhd. knüttel, ›das unordentlich Geknüpfte‹ (zu Knoten), geläufig in ›Knittelvers‹ als Übersetzung des lat. versus rhopalicus, wörtl. ›Keulenvers‹ (der Vers des »Lagers«, vgl. Anm. zu Prolog V. 131); hier gleichgesetzt mit Knüppel, kurzer, dicker Stock, von ostmdt. im 15. Jh. für mhd. knüpfel, eigtl. ›Knotenstock‹; zu ›Knopf‹ in seiner Bedeutung ›Knorren an Gewächsen‹.

748–756 *im Ganzen ... Wallensteiner:* Vgl. die Darstellung der Truppenwerbung Wallensteins in der »Geschichte des Dreißigjährigen Kriegs« in Kap. III, 5.

750 *vor acht – neun Jahren:* Sommer 1625, Wallensteins erstes Generalat. Vgl. Kap. III, 5 Wallensteins Truppenwerbung.

770 *schwillt ... der Kamm:* wird übermütig.

771 *Wiener Kanzlei:* am Hof in Wien; vgl. die Abneigung der Soldaten gegenüber den Hofbeamten in den ersten Szenen der »Piccolomini« (z. B. P-161 ff.); Kanzlei heißt die dem Staatsoberhaupt unmittelbar unterstehende Verwaltungsbehörde; mhd. kanzelie, urspr. ›der mit Schranken eingehegte Raum einer Behörde, bes. eines Gerichtshofes‹; zu lat. cancelli, ›Schranken‹.

775 *Feldhauptmann:* den General, Wallenstein.

776 *grün:* wohlgesinnt, gewogen; nach der Farbe des Frühlings und des Wachstums in der Natur.

778 *Wer hilft uns ... zu unserm Geld?:* Wallenstein warb nicht nur auf eigene Kosten, sondern streckte auch den Sold vor, sofern sich die Soldaten durch die Kriegsbeute nicht selbst bezahlt machten.

779 *Kontrakte:* Verträge, Abmachungen, von lat. contractus, ›zustande gebracht, abgeschlossen‹, eigtl. ›zusammengezogen‹.

781 *Witz:* Gescheitheit, Findigkeit, Schlauheit, entsprechend dem mhd. witzec, ›kundig, verständig, klug‹, ahd. wizzig, ›verständig, klug‹.

786 *Hibernien:* Irland.

788 *Welscher:* aus Welschland, d. h. Italien, Spanien oder Frankreich stammend, von mhd. wälhisch, wel(hi)sch,

›romanisch, französisch, italienisch‹, von ahd. wal(a)hisc, ›romanisch‹.

792 *Buchau am Federsee:* zwischen Biberach und Saulgau in Schwaben.

795 *Wismar:* Hansestadt in Mecklenburg.

800 *aus einem Span:* aus gleichem Holz.

803 *Mühlwerk:* Räderwerk aus Zahn- und Kammrädern.

815 *Komplott:* Verschwörung, von frz. complot, ›Anschlag, Verschwörung‹.

818 *bankerott:* zahlungsunfähig, von ital. bancarotta, ›zerbrochene Bank, zerbrochener Tisch des Wechslers‹.

821 *Regimenter:* Truppeneinheiten aus zwei bis vier Bataillonen unter einem Obersten oder Oberstleutnant; in Deutschland erstmals bei den Landsknechten, die Befehlshaberschaft über die verschiedenen Truppengattungen (Reisige, Fußvolk, Artillerie), später die höchste administrative Einheit im Truppenverband; hier eintausend Mann (zu errechnen aus den Versen W-2682 und 2756). Das Wort kommt von spätlat. regimentum, ›Leitung, Oberbefehl‹; zu regere, ›regieren‹.

828 *Graf Isolani, der böse Zahler:* General der Kroaten, vgl. Anm. zum Personenverzeichnis »Piccolomini« und P-60-66.

829 *Restiert:* schuldet, von ›restieren‹, im Rückstand sein, von ital., lat. restare, ›zurückstehen‹.

Taler: seit 1517 Münze aus dem in St. Joachimsthal in Böhmen geförderten Silber. Der Reichstaler hatte 24 Groschen zu je 12 Pfennig und stand seit 1623 in einem festen Verhältnis zum Gulden; danach galt ein Taler soviel wie 1 1/2 Gulden, das waren 90 Kreuzer. Vgl. *Batzen* L-48, *Deut* P-1157, *Scheidemünze* P-2016, *Pistolen* P-2257.

834 *ordenanzen:* befehlen, anordnen, von ›Ordonnanz‹, Befehl.

847 *sein Beding und Pakt:* Als Wallenstein im Frühjahr 1632 zum zweitenmal das Generalat übernahm, hat er sich alleinige Befehlsgewalt ausbedungen. Vgl. Kap. III, 5 Die Bedingungen, unter denen Wallenstein die Heerführung übernimmt.

850 *konfiszieren:* beschlagnahmen, einziehen, von lat. confiscare, ›mit Beschlag belegen‹; zu fiscus, ›Staatskasse‹.

851 *henken ... und pardonieren:* erhängen und freispre-

chen; Wallenstein hatte sich oberste Gerichtshoheit ausbedungen. ›Pardonieren‹ von frz. pardonner, ›Pardon gewähren, begnadigen‹.

852 *Offiziere ... und Obersten machen:* Wallenstein hatte das Recht, Offizierspatente auszustellen, die nicht erst durch die Bestätigung des Kaisers gültig wurden. Diese Patente verkaufte Wallenstein seinen Befehlshabern, die damit das ius praedae, das Recht auf Kriegsbeute, bekamen.

857 *des Kaisers Knecht:* ›Knecht‹ hier in der alten Bedeutung ›Diener, Dienstmann‹; vgl. dazu die ahd. Bedeutungen zu kneht, ›Knabe, Jüngling, Bursche, Kerl, Junggeselle, Diener, Knappe, Edelknappe, Krieger, Soldat, Held‹ usw. wie engl. knight, ›Ritter‹.

859 *ein unmittelbarer und freier:* ›reichsunmittelbar‹, d. h. dem Kaiser unterstehend ohne dazwischenliegende Gerichtsbarkeit waren im alten Deutschen Reich die Reichsfürsten, -grafen, -freiherren, -ritter und -städte.

862 *Brandeis:* Stadt in Südböhmen.

863 f. *der Kaiser ... Haupt:* Der Historiker Herchenhahn (I, 226) berichtet: »Bei der Tafel wartete Friedland dem Kaiser auf, und Ferdinand hieß ihn als einen regierenden Herzog von Mecklenburg das Haupt bedecken« (nach NA VIII, 479).

865 f. *Das war ... Pfand:* Wallenstein hatte in Böhmen zahlreiche Waffenfabriken. Das Kriegsgerät, das er dort produzierte, übernahm sein Heer. Die Kosten stellte Wallenstein dem Kaiser in Rechnung. Auf diese Weise war Wallenstein der beste Kriegsgewinnler seiner eigenen Feldzüge. Für seine großen Vorschüsse an den Kaiser hatte Wallenstein Mecklenburg zum Pfand bekommen und war damit Reichsfürst geworden.

872 *Wallensteiner:* Der Historiker Murr schreibt, daß Wallenstein Münzen mit seinem Bild prägen ließ, sog. ›Wallensteiner‹.

877 *Durchlauchtigkeit:* Durchlaucht war der Titel eines Fürsten, von mhd. durchliuhten, ›durchstrahlen‹, Lehnübersetzung von lat. perillustris, ›sehr angesehen‹.

879 *disputiert:* bestreitet; von lat. disputare, ›erörtern, abhandeln‹; hier in gelehrter Rechthaberei.
niemand nicht: alter Gebrauch doppelter Verneinung als Verstärkung; vgl. auch W-1985 f. *Nirgends Kein Richter.*

893 *Schranzen:* liebedienernde Höflinge, zu ›Schranz‹, ›Riß, geschlitztes Gewand‹, daraus dann ›Geck‹, weil er solche Kleidung trug.

898 *Potentaten:* Machthaber, regierender Fürst, von lat. potentatus, ›Macht, Oberherrschaft‹; zu potens, ›mächtig‹.

901 *Joch:* Über Stirn und Nacken der Zugtiere getragenes Geschirrteil; hier in übertragenem Sinne.

909 *hudeln:* schlecht behandeln, plagen, hänseln, zu ›Hudel‹, ›Lappen, Lumpen‹; abgelautete Form von mhd. hadel = hader, ›zerrissenes Stück Zeug‹. Vgl. *Gehudel* L-956.

942 *Jesuiter:* Mitglied der 1534 von Ignatius von Loyola gegründeten Gesellschaft Jesu (lat. Societas Jesu, abgekürzt: S. J.).

962 *Das Schwert ist nicht bei der Waage mehr:* Bezogen auf die Darstellung der Justitia, die Göttin der Gerechtigkeit, ist jetzt die Macht (das Schwert) nicht mehr beim Recht (der Waage).

968 *Nährstand:* Gesamtheit der in der Land-, Forst- und Gartenwirtschaft Beschäftigten, die Bauern, im Unterschied zum Lehr- und Wehrstand (vgl. L-1048 f.).

994 *Der Soldat zäumt ab:* nimmt dem Pferd den Zaum ab, das Riemenzeug am Kopf und im Maul zum Lenken des Pferdes; von mhd. zoum, zom, zam, ›Zügel‹; ahd. zoum, ›Seil, Riemen, Zügel‹; zu ziehen.

997 *Heft:* Griff an einem Gerät, allgem. gebräuchlich nur als Griff eines Schwertes oder einer ähnlichen Waffe; daher ›das Heft in der Hand haben‹: die Gewalt haben.

999 *den Brotkorb höher hängen:* Im Pferdestall wurden Futterkörbe oder Krippen höher gehängt, um das Temperament übermütiger Tiere zu dämpfen, doch auch in Bauernhäusern wurde früher das frische Brot in einem von der Decke herabhängenden Korb aufbewahrt, aus dem sich jeder bedienen konnte und der zur Strafe oder aus erzieherischen Maßnahmen gegenüber den Kindern mitunter höher gehängt wurde (Röhrich).

1006 *Sozietät:* Gesellschaft, zu lat. societas, ›Gemeinschaft, Bündnis‹.

1008 *Seifensieder:* Arbeiter in der Seifenherstellung; die Seifensieder galten urspr. als von schlichter Denkart.

1021 *Lombard':* Einwohner der Lombardei, einer oberital. Landschaft, die nach den im 6. Jh. n. Chr. eingewanderten Langobarden genannt ist.

1030 *Pro memoria:* Denkschrift (aide mémoire); wiedererwähnt W-127. In Schillers Quellen heißt es, daß die Soldaten den ersten Revers der Offiziere mit unterschrieben hätten (SA V, 384). Die Entstehung der Denkschrift wird aber nicht weiter verfolgt, da Schiller das »Lager« als ganz und gar selbständiges Vorspiel ansah, in dem die Haupthandlung noch nicht aufgenommen werden sollte. Vgl. Punkt 2 in Schillers Brief an Goethe vom 18. September 1798, Kap. IV, 7.

1035 *Devotion:* Ergebenheit, von lat. devotio, ›Weihung, Aufopferung, das Geloben‹.

1039 *Hat ... Stein im Brett:* bildlich für ›steht in Gunst‹, von den beim Brettspiel verwendeten geformten Steinen.

1046 *aufs Kerbholz:* auf das Schuldkonto; das Kerbholz war ein längs gespaltener Stock, von dem jeder der beiden Geschäftspartner eine Hälfte bekam, in die Kerben als Merkzeichen für Zahlungen geschnitten wurden.

1052–1107 *Wohl auf ... gewonnen sein:* Franz Seraph von Destouches (1772–1844), den Schiller um eine Vertonung der Verse gebeten hatte, komponierte die Melodie zu diesem Lied nach einem Rhythmus, den Herder zufällig gegen eine Fensterscheibe trommelte, als er einmal auf Destouches wartete (nach Julius Petersen, Schillers Persönlichkeit, Bd. 3, Weimar 1909, S. 384 f.).

1078 *Fröner:* Arbeiter im Frondienst; vgl. *Fron* L-239.

3. *Die Piccolomini*

Personen

Generalissimus: der historisch belegte amtliche Titel des Feldherrn und Titularherzogs von Friedland; das Wort selbst bedeutet selbständiger Oberbefehlshaber, es ist der neulat. Superlativ zu lat. generalis, ›Oberhaupt‹. Zu den Befugnissen des Herzogs vgl. Kap. III, 5 Die Bedingungen, unter denen Wallenstein die Heerführung übernimmt.

Octavio Piccolomini: Der historische Octavio Piccolomini stammte aus Toscana. Er wurde am 11. November 1599 geboren, trat 1625 als Oberstleutnant in das Pappenheimische Kürassierregiment und wurde 1628, als Wallenstein dieses Regiment inkorporierte, zum Obersten ernannt. Nachdem sich Octavio Piccolomini 1632 in der Schlacht bei Lützen durch bes. Tapferkeit hervorgetan hatte, wurde er zum General der Kavallerie befördert. (Das entspricht dem Rang eines heutigen Generalmajors.) Nach Wallensteins Tod 1634 wurde Octavio Piccolomini Generalfeldmarschall. Er war nicht, wie hier dargestellt, *Generalleutnant* und damit Stellvertreter des Generalissimus Wallenstein. Wallensteins Vertreter war General Graf Gallas. Vgl. Anm. zu P-1776.

Max Piccolomini: Eine Erfindung des Dichters; vgl. Kap. IV, 8. Auf den beiden Pilsner Reversen (vgl. Anm. zu P-1928) erscheint nur der Name des Neffen Silvio Piccolomini. Wallenstein hatte einen Vetter namens Max. Die übrigen Generale sind historisch.

Graf Terzky: Adam Erdmann Trčka, Terzka, oder wie L-37 volkstümlich böhm. *Terschka* von der Lipa (1599 bis 1634). Vgl. Kap. III, 4b Murr, »Beiträge«.

Illo: Christian Freiherr von Ilow (1585–1634); vgl. Murr, »Beiträge«: »Er hieß auch Ilowsky ... und war ein Pole.«

Isolani: Johann Ludwig Hektor Graf von Isolani (1586 bis 1640), kaiserl. Oberst, General der Kavallerie.

Buttler: Buttlers Rolle bei Schiller ist nicht historisch. Der historische Oberst Walter Buttler entstammte einem irischen Rittergeschlecht und war kein Günstling Wallensteins. Hier wird Buttler als Generalmajor vorgestellt, aber vor Octavio erscheint er als Oberst, vgl. P-45 und W-1138, auch die Anm. zu L-442. Eine Aufwertung Buttlers kam auch durch Schillers Bearbeitung der Mordvorbereitungen am Schluß von »Wallensteins Tod«, vgl. den Brief an Goethe vom 7. März 1799, Kap. IV, 10.

Tiefenbach: Rudolf Freiherr von Tiefenbach (Teuffenbach) zuletzt kaiserl. Feldmarschall.

Don Maradas: Don Balthasar Graf Maradas, ein vornehmer Spanier, war Wallenstein feindlich gesonnen. Sein Schloß in Frauenberg, Südböhmen, war der Mittelpunkt der großen Militärverschwörung gegen Wallenstein. Er starb 1638. Nur der historischen Bedeutung wegen ist die stumme Rolle im Personenverzeichnis aufgenommen worden.

Götz: Johann Graf von Götz, urspr. Protestant, wurde nach dem Tode Wallensteins Feldmarschall; er starb 1645.

Colalto: Graf von Colalto, ein Italiener, war bereits 1630 gestorben.

Rittmeister Neumann: Dr. Heinrich Niemann, herzoglich-mecklenburg. Rat und Vizekanzler, Sekretär Wallensteins.

Questenberg: Gerhard Freiherr von Questenberg, kaiserl. Hofkriegsrat.

Seni: Giovanni Baptista Seni (1600–56), berühmter Astrolog, in Wallensteins Diensten, vgl. das ›graue Männlein‹ L-373, die Erwähnung bei Murr in den »Beiträgen« Kap. III, 4b; vgl. auch Kap. IV, 9 Das astrologische Motiv.

Herzogin von Friedland: Wallensteins zweite Frau. Die erste Gattin, Lucretia Nekesch von Landeck, war eine bejahrte Witwe, die bei ihrem Tode 1614 Wallenstein ansehnliche Güter in Mähren hinterließ. Durch die Heirat Isabella Katharinas von Harrach, 1623, Tochter des Grafen Carl, Schwester Leonhard Harrachs, kam Wallenstein »in die nächste Verwandtschaft mit den beiden Familien, die den Hof und die Ratschläge des Königs beherrschten« (Ranke). Hier im Drama heißt die Herzogin Marie Elisabeth, wie Wallensteins Tochter.

Thekla: Die Tochter des historischen Wallenstein hieß Marie Elisabeth, wie hier, im Drama, die Mutter (historisch Isabella). Marie Elisabeth war erst 14 Jahre alt und blieb den Ereignissen fern. Der Name Thekla soll einem Moderoman, »Gräfin Thekla von Thurn« von Benedikte Naubert entnommen sein (Hermann Schneider, NA VIII, 479). Vgl. Kap. IV, 8 Die Liebesszenen und Kap. II, 3 »Thekla, eine Geisterstimme«.

Gräfin Terzky: Die Gräfin Terzky war in Pilsen und Eger anwesend, vgl. Murrs »Beiträge«, doch ihre politische Aktivität ist unhistorisch und geht eher auf die Rolle der Lady Macbeth bei Shakespeare zurück. Vgl. Anm. zu W-448.

Kornet: Fähnrich einer Reiterabteilung, von frz. cornette, ›Fähnlein, Standarte‹, eigtl. ›Hörnchen‹, zu lat. cornu, ›Horn‹.

Pagen: frz., Edelknaben, junge Adlige in fürstlichen Diensten.

Der Schauplatz, hier nicht angegeben, ist Pilsen. Das Stück spielt am selben Tag wie das »Lager«.

Erster Aufzug

Der erste und der zweite Aufzug waren bei der Uraufführung zusammen der erste Aufzug, vgl. Kap. V, 7 Akt- und Szeneneinteilung der Weimarer Uraufführung. Über diesen Teil schreibt Schiller am 1. Dezember 1797 an Goethe: »Da mein erster Act mehr statistisch oder statisch ist, den Zustand welcher ist, darstellt, aber ihn noch nicht eigentlich verändert, so habe ich diesen ruhigen Anfang dazu benutzt, die Welt und das Allgemeine, worauf sich die Handlung bezieht, zu meinem eigentlichen Gegenstand zu machen. So erweitert sich der Geist und das Gemüth des Zuhörers, und der Schwung, in den man dadurch gleich anfangs versetzt wird, soll wie ich hoffe die ganze Handlung in der Höhe erhalten.«

Erster Auftritt

4 *Donauwerth:* Donauwörth, zwischen Ulm und Ingolstadt.

18 *Hinnersam:* bei Murr in den »Beiträgen« erwähnt; spielt hier keine Rolle.

21 *Gallas:* Matthias Freiherr, dann Graf von Gallas, Herzog von Lucera (1584–1647), ligistischer Oberst, dann kaiserl. Generalwachtmeister, nach Holks Tod von Wallenstein zum Generalleutnant und seinem Stellvertreter im Reich ernannt, Schwager Aldringens. Gallas kam im Gegensatz zu dieser Bemerkung hier doch nach Pilsen und spielte dort die Rolle Octavios.
Altringer: Johann Graf von Aldringen (1588–1634), kaiserl. Generalwachtmeister, später Feldmarschall, Schwager von Gallas, blieb der Pilsner Versammlung fern.

25 *Dessau:* Bei der Schlacht gegen Mansfeld (vgl. L-141) am 25. April 1626 war Octavio Piccolomini nicht zugegen.

34 *hieher:* hie: urspr. mhd. Form mit Abfall des -r, das nur erhalten blieb, wenn sich ein vokalisch anlautendes Adverb anschloß (z. B. hierinne). Aus solchen Verbindungen wird ›hier‹ im Nhd. wieder allgem. übernommen.

37 *Batterien:* Batterie hieß die aus mehreren Geschützen und zugehöriger Bedienungsmannschaft bestehende kleinste Artillerieeinheit, von frz. battre, ›schlagen‹.
Attacken: Angriffe mit der blanken Waffe, Reiterangriff, von frz. attaquer, ›angreifen‹.

43 *Verbindlichkeit:* Vgl. L-442–444, die Anm. dazu und zum Personenverzeichnis. Bei Herchenhahn heißt es von Wallenstein: »Er machte Generale nach seinem Belieben, und nicht einmal ihre Bestätigung holte er vom Hofe ein.«

61 *Kreditoren kontentieren:* Gläubiger befriedigen, von ital. creditore, ›Gläubiger‹, und lat. contentus, ›sich begnügen‹. Vgl. L-828 *Graf Isolani, der böse Zahler.* Bei Herchenhahn II, 16 wird berichtet: »Wallenstein zahlte ihm ... 2000 Thaler aus, und den folgenden Tag wieder andre 2000 Thaler, weil Isolani schon am ersten Abend die erste Summe im Spiel verlor« (nach NA VIII, 480).

62 *Kassier:* süddt. Form für ›Kassierer‹.

72 *Questenberger:* in Wirklichkeit Wallensteins Gönner; Wallenstein »verlangte vom Kaiser das Absenden des Hofkriegsrats Questenberg ins Hauptquartier. Diesem wollte er die Bewegungsgründe enthüllen, und sie durch ihn vor dem Kaiser bringen« (Herchenhahn III, 163, zitiert nach NA VIII, 480).

Zweiter Auftritt

93 *Heldenreihen:* ›Reihen‹ ist eine andere Form für Reigen, gesprungener, bäuerlicher Rundtanz (seit dem 10. Jh.), in übertragenem Gebrauch soviel wie ›Reihe‹. Vgl. P-1817.

n. 95 *präsentierend:* militärisch grüßend.

98 *Kammerherrn:* Hofbeamte für den Ehrendienst beim Fürsten. Diese zeremonielle Vorstellung Questenbergs geht auf einen Vorschlag Goethes zurück, der den Wiener diplomatischen Ton zu treffen wünschte. (Vgl. Schiller an Goethe vom 9. 11. 1798.)

100 *Patron:* Gönner, von lat. patronus, ›Schutzherr‹. Man nennt diese Verbindung von synonymen Substantiven, *Gönner und Patron*, Hendiadyoin (griech., ›eins durch zwei‹); diese barocke Stilfigur dient der Ausdrucksverstärkung.

106 *Znaym:* Vgl. Kap. III, 5 Wallensteins Verhandlung mit dem Hof in Wien. Hier wird die ganze Auseinandersetzung auf Questenberg und die Begegnung in Pilsen konzentriert.

113 *Am Lech:* Die Schlacht am Lech war am 15. April 1632. Tilly, vgl. L-274, der die Schlacht gegen Gustav Adolf verloren hatte, starb am 30. April in Ingolstadt an seinen Verletzungen.

116 *Werdenberg:* Bei Herchenhahn und in Schillers »Geschichte des Dreißigjährigen Kriegs« führt Eggenberg die Verhandlungen, bei Murr in den »Beiträgen« sind Werdenberg und Questenberg die Unterhändler.

146 *Blutigel:* Blutegel, Ringelwürmer, die zum Blutschröpfen verwendet werden; Blutsauger im übertragenen Sinne.

151 *der Slawata und der Martinitz:* Wilhelm Graf von Slavata (1572–1652), kaiserl. Geheimer Rat, Oberstkanzler von Böhmen, Vetter Wallensteins, und Graf Jaroslav Bořita von Martinitz (1582–1649), Oberstlandkämmerer von Böhmen, zwei kaiserl. Handlanger, die bei der böhm. Revolte am 23. Mai 1618 in Prag aus dem Fenster gestürzt wurden. Dieser Fenstersturz gilt in der Geschichtsschreibung als Beginn des Dreißigjährigen Krieges. Vgl. P-2108–10.

163 *Benefizen:* Benefizium, hier: zur Nutzung überlassenes erbliches Land, Lehen, Pfründe, von frz. bénéfice, ›Vorteil, Nutzen‹.

167 *Remonte:* Auffrischung des Pferdebestandes berittener Truppen.

169 *Antecamera:* Vorzimmer; vgl. antichambrieren, im Vorzimmer warten, im übertragenen Sinne: um Gunst betteln; von lat. ante, ›vor‹, und camera, ›(gewölbter) Raum‹.

195 *Stand:* »durch gemeinsame Berufsinteressen, auch durch Geburt, gemeinsame Sitten oder Gebräuche verbundene Menschengruppe einer staatlichen Gemeinschaft von bestimmtem Ansehen; häufig mit eigener Auffassung in Sachen der Standesehre verbunden« (Knaur). Der Ständestaat ist ein korporativer Staat, der sich auf Berufsverbänden statt territorialer Einheiten aufbaut. Das mittelalterliche Ständewesen kannte die Erbstände des Adels, den Stand der Geistlichkeit, der Bürger usw. Vgl. L-968 *Nährstand* und L-1048 *Wehrstand.*

208 *Das Kind:* Gemeint ist König Ferdinand von Ungarn (geb. 1608), der Sohn des Kaisers; vgl. aber auch L-700 f. *Den Infanten* und P-1226–31.

211 *kantonieren:* im Quartier liegen, von frz. cantonner, ›einquartieren, unterbringen‹.

229 f. *Doppeladler ... Löwen ... Lilien:* Die Hoheitszeichen von Österreich, Schweden und Frankreich.

235 *Wetterstange:* Blitzableiter; ein Anachronismus; der Blitzableiter wurde erst 1732 von Benjamin Franklin erfunden.

237 *Belt:* Meeresengen der westl. Ostsee.

238 *Etsch:* Fluß in Südtirol.

263–267 *Die Kühnheit ... Prag:* in den Quellen nicht belegt.

268 *salutieren ... Signal:* militärisch grüßen, von lat. salutare, ›grüßen, begrüßen‹; Horn- und Trompetensignale waren zur weitreichenden Kommunikation nicht nur in der Schlacht üblich, vgl. die Trompeter und Hoboisten im Personenverzeichnis zum »Lager«.

Dritter Auftritt

321 *Der Reichsfeind:* die Türken.

324 *schwürig:* schwierig, schwer zu behandeln, vom nhd. Sprachgefühl als verwandt mit ›schwer‹ empfunden, noch 17. Jh. ›schwirig‹, ›eitrig‹ von mhd. swiric, sweric, mnddt. swerich, ›voll Schwären‹, seit 16. Jh. auch ›aufsässig‹, 1800 ›schwer zu behandeln‹ (Wahrig).

347 f. *gleisnerische Gefälligkeit:* ein Gleisner ist ein Heuchler, der durch Schein trügt, blendet, von mhd. glisnere, gelichsenaere; zu gelichesen, ›es jemandem gleichtun, sich verstellen, heucheln‹ (Wahrig).

363 *ein böser Traum:* Die Traumerzählung ist eine Erfindung Schillers, die erst spät eingefügt wurde (Schneider, NA VIII, 480, weist auf Schillers Brief an Goethe vom 9. 11. 1798). Diese Stelle korrespondiert mit W-897 bis 947 *Es gibt im Menschenleben ... kein Wort mehr!*, wo Wallenstein sich seinerseits auf dieses Ereignis bezieht. Zur *Lützner Schlacht* vgl. Anm. zu *Affär' bei Lützen* L-356.

Vierter Auftritt

423 *Frommt:* nützt, von ahd. frummen, ›fördern, vollbringen‹; zu fruma, ›Nutzen‹.
523 *peinlichen:* in der alten Bedeutung von ›schmerzlichen, quälenden‹.
539 *Mit grünen Maien:* mit grünen Birkenzweigen, mit denen man bei Frühlingsfesten oder zu Pfingsten das Haus schmückte, von spätmhd. meie, ›Mai‹.
541 *Petarde:* »ein mit Sprengstoff gefüllter Metallkörper, der an Festungsmauern angebracht wurde, um sie zu sprengen«, von frz. pétard, ›Sprengbüchse, Sprengschuß‹ (Wahrig).
545 *Vesper:* von lat. vespera, ›Abendzeit‹; urspr. Bezeichnung für das vorletzte kirchliche Stundengebet des Tages, danach allgem. für die Zeit um zwei oder sechs Uhr nachmittags; im übertragenen Sinn soviel wie Feierabend.
570 *Hufen Landes:* Hufe oder oberdt. Hube ist ein altes Feldmaß; es war der dem Bedarf einer Familie entsprechende Anteil des Bauern an der Gemeindeflur, 15 bis 60 Morgen; von ahd. huoba, ›Stück Land von gewisser Größe‹; das Wort steht hier mit dem partitiven Genitiv ›Landes‹.

Fünfter Auftritt

593 *pressiert:* hastig, von ›pressieren‹, ›eilen‹, zu frz. presser, ›pressen, drängen‹.
Zu ihr!: Octavio ahnt, daß Max etwas an Thekla bindet, und sucht in der Beobachtung die Bestätigung zu finden.
604 *Audienz:* feierlicher, offizieller Empfang, Unterredung mit hohen Würdenträgern, von lat. audientia, ›Aufmerksamkeit, Gehör‹. Herchenhahn III, 193: »Wallenstein hatte ohne Vorwissen des Kaisers alle Befehlshaber nach Pilsen beschieden, die meisten waren gekommen, und nun überlegte er mit Tersika und Illo die beste Art, sie unauflöslich mit seinem Interesse zu verwinden« (nach NA VIII, 481).

Zweiter Aufzug. Erster Auftritt

Seni ... wie ein italienischer Doktor ... etwas phantastisch: Der Dottore war eine komische Figur in der ital. Stegreifkomödie; Seni wird hier noch der ersten Konzeption entsprechend als eine gauklerische Gestalt beschrieben. Später, unter Goethes Einfluß, bekam das astrologische Motiv (vgl. Kap. IV, 9) eine ernstere Bedeutung. Daher warnt Schiller in seinem Brief vom 24. Dezember 1798 Iffland in Berlin: »Was den Seni betrifft, so wird es nicht zu wagen seyn, ihn in gar zu karrikaturistische Hände zu geben, weil er im dritten Stück, bei einem sehr pathetischen Anlaß erscheint, und die Rührung von Wallensteins letzter Scene leicht verderben könnte.«

613 *scheren:* zum Narren halten, von spätmhd. schern, ›schnell weglaufen‹; ahd. sceron, ›ausgelassen sein‹.

615 *Gravität:* Würde, von lat. gravitas, ›Schwere, würdevolles Wesen‹.

620 *Eilf! Eine böse Zahl:* Ein Teil der Zahlenmystik geht auf den griech. Philosophen Pythagoras (um 580 bis 500 v. Chr.) zurück, von dem man wenig weiß (der pythagoreische Lehrsatz ist kaum von Pythagoras selbst). Zu *Eilf* vgl. die Anm. zu »Lager« 11. Auftritt.

629 *Die erste ... Ungerade:* aus 2 + 3, weil in der Zahlenmystik die 1 nicht als Zahl gilt.

Zweiter Auftritt

634 *Königin von Ungarn:* Maria Anna, Schwester des span. Königs Philipp IV., vermählt mit des regierenden Kaisers Ferdinand II. Sohn, dem späteren Kaiser Ferdinand III., der schon 1625 zum König von Ungarn gekrönt worden war.

645 *lutherischen Herrn:* Vgl. Wallensteins Pläne W-1512 f. Wallenstein dachte in diesem Punkt machtpolitisch, nicht orthodox.

660 *Graf Harrachs edle Tochter:* Vgl. Anm. zu *Herzogin von Friedland* im Personenverzeichnis zu »Piccolomini«.

675 *Urlaub:* hier in der alten, im Mhd. verengten Bedeutung ›Erlaubnis, sich zu entfernen‹, die ein Höherstehender oder eine Dame dem niedriger Stehenden gibt.

680 *Eggenberg:* In Schillers »Geschichte des Dreißigjährigen

Kriegs« heißt es, daß Eggenberg »Wallensteins standhafter Freund und Verfechter« war. Vgl. Anm. zu *Werdenberg* P-116.

682 *Conte Ambassador:* nach Schneiders Vermutung (NA VIII, 481) Graf Ognate (nach Murr) oder aber der span. Gesandte Don Navarro, von dem es bei Herchenhahn heißt: »Navarro warf sich izt am kaiserlichen Hofe zu des Generalissimus eifrigsten Lobredner auf.«

689 *Pater Lamormain:* Pater Wilhelm Lamormani (1570 bis 1648), Jesuit, seit 1624 einflußreicher Beichtvater Ferdinands II. Die Jesuiten sind politische Gegner Wallensteins, vgl. Anm. zu L-942.

694 *der Bayern stolzer Herzog:* Maximilian I., Herzog und Kurfürst von Bayern (1573–1651), der 1630 auf dem Kurfürstentag in Regensburg Wallensteins Absetzung betrieben hatte. Nachdem Wallenstein die Kriegführung wieder übernommen hatte, mußte Maximilian notgedrungen mit Wallenstein zu Felde ziehen, dabei ließ Wallenstein ihn im Stich. Vgl. Anm. zu P-1060–82.

698 *Regenspurg:* Vgl. P-1165 und Anm. dazu.

Dritter Auftritt

724–727 *als Sie gingen, Das große Heer ... aufzurichten:* 1624, Wallensteins erstes Generalat; Thekla war damals acht Jahre alt (P-737); *heimgekehrt aus Pommern* ist Wallenstein nach seiner Absetzung 1630.

727 *im Stifte:* Das Stift war eine mit gestiftetem Grundbesitz und Vermögen ausgestattete, einem geistlichen Kollegium gehörende, kirchlichen Zwecken dienende Anstalt, z. B. ein Kloster; dann auch Erziehungsanstalt bes. für adlige Damen (nach Wahrig).

Vierter Auftritt

754 *Paladin:* urspr. einer der zwölf Begleiter Karls des Großen, dann Ritter, Gefolgsmann; von lat. comes palatinus, ›kaiserlicher Begleiter‹; zu palatinus, ›zum Palatium gehörend‹, einem der sieben Hügel Roms mit der Kaiserburg (nach Wahrig).

767 *Marstall:* in fürstlichen Hofhaltungen Gebäude für

Pferde, Wagen usw. sowie die Gesamtheit der Pferde; aus ›Mähre‹ und ›Stall‹ (Wahrig).

790 *Bruder:* nach frz. beau-frère, Schwager, so wie auch die Gräfin sich P-1401 als Schwester Wallensteins bezeichnet (frz. belle-sœur, Schwägerin).

Fünfter Auftritt

812 *Sesin:* Jaroslav Sesyna Rašín von Riesenburg, böhm. Emigrant in schwed. Diensten, nach Herchenhahn II, 42 Unterhändler zwischen Terzky und Arnheim (vgl. Anm. zu P-850) bzw. Oxenstierna (vgl. Anm. zu L-503, dem *schwed'schen Kanzler* P-815).

814 *Thurn:* Heinrich Matthias Graf von Thurn, böhm. Exulant, General in böhm.-ständischen, siebenbürg., venezian., dän. und schwed. Diensten. Vgl. Anm. zu P-1095.

816 *Zu Halberstadt ... der Konvent:* Konvent der evangelischen Stände unter Oxenstierna.

820–823 *Du wollest ... Abfertigen:* Herchenhahn III, 53 berichtet: »Wallensteins innerliche Abneigung gegen die Schweden und wider alle in Deutschlands Angelegenheiten ihre Hände mischende Fremde wollte jene ganz allein mit Geld abfinden ...« und später, 67, heißt es, daß Wallenstein sagte: »Man muß die Schweden aus dem Reiche jagen, sie haben in demselben nichts zu thun« (nach NA VIII, 482).

840 *Die Goten:* Die Schweden werden mit Bezug auf Gotland und Gotenburg bereits in der »Geschichte des Dreißigjährigen Kriegs« Goten genannt.

850 *Arnheim:* Hans Georg von Arnim-Boitzenburg (1581 bis 1641), kaiserl. Oberst, Feldmarschall, dann kursächs. Generalleutnant.

854 *Ich geb nichts Schriftliches:* so auch in Schillers »Geschichte des Dreißigjährigen Kriegs«. Bei Herchenhahn und Murr nötigt Sesin Wallenstein eine schriftliche Notiz an Gustav Adolf ab.

Sechster Auftritt

877 *Pharobank:* Spielbank, von Pharao, ein frz. Kartenglücksspiel, von altägyptisch per-a a, ›großes Haus, Palast, Hof‹ (Titel des Königs).

882 *Wenn du der Piccolomini gewiß bist:* Herchenhahn (III, 174) berichtet: »Tersika warnte zwar den Friedländer vor dem Piccolomini, allein die Gestirne hatten des Generalissimus Verschlagenheit geblendet. Tersika stellte dem Wallenstein vor, Piccolomini sey ein Fremdling ... Wallenstein war aber des Grafen Falschheit wegen unbesorgt. ›In der Nativität des Piccolomini‹, sagte Friedland, ›habe ich Übereinstimmung unsrer Schutzengel gefunden, seine Konstellation ist genau die meinige, aus dieser Ursache kann mich der Graf nicht hintergehen‹« (nach NA VIII, 482). Vgl. das Traumorakel P-363 ff. u. W-897 ff.

888 *sein Horoskop gestellt:* die Stellung der Gestirne (Konstellation) bei der Geburt eines Menschen errechnet und danach auf seine Sinnesart und sein Schicksal geschlossen.

894 *deputieren:* einen Abgesandten schicken, von lat. deputare, ›einem etwas bestimmen, zuweisen‹.

897 *Parole:* eigtl. Kennwort, Losung, von frz. ›Wort, Spruch‹, hier festes Versprechen.

922 *temporisieren:* hinhalten, verzögern, von frz. temporiser, ›zögern, zaudern, die Zeit abwarten‹, zu lat. tempus, ›Zeit‹.

964 *Venus:* wie Jupiter (P-967) ein glückbringender Stern, im Gegensatz zum Saturn, dem *Maleficus.*
Maleficus: aus lat. malus, ›übel, böse‹, und facere, ›tun‹, hier der böse Stern Saturn, *der Unterirdische* (P-971), unter dessen Zeichen Illo geboren ist.

978 *Geisterleiter:* auch Jakobsleiter oder Himmelsleiter, eine mystisch-kabbalistische Vorstellung, die Schiller mutmaßlich den »Paradoxaldiskursen« von Fr. M. Helmont (dt. Hamburg 1691) entnommen hat. Das Buch, das sich in der Jenaer Bibliothek fand, hat den Untertitel »Ungemeine Meynungen von dem Macrocosmo und Microcosmo ... worinnen von der Sonnen, Mond und Sternen, und ihrer Würckung und Einfluß ... gehandelt wird«. Man nimmt an, daß Schiller durch Goethe auf dieses Buch aufmerksam gemacht worden ist (Brief vom 8. 12. 1798 an Schiller). Die einschlägige Stelle, S. 20, lautet: »... wie auff derselben [Jakobsleiter] die Engel Gottes auff und nieder steigen, also steigen die wesentlichen lebendigen Kräffte oder geistlichen Leiber der himmlischen

Lichter unabläßlich von oben herab durch die ätherische Lufft zu dieser untern Welt, als von dem Haupt zu den Füßen; und hernach, wann sie ihre Auswirckung vollbracht, so steigen sie zu ihren eigenen Nutz und Verbesserung wieder von unten auffwärts zu dem Haupt« (nach NA VIII, 483). Vgl. W-953-960 und die anderen Stellen des astrologischen Motivs: W-7 f. u. 3411–17. (Die Himmelsleiter findet sich auch in Goethes »Faust« I, 447 ff.)

985 *Joviskinder:* Jovis ist der Genitiv zu Jupiter, dem aus dem lat. Vokativ Jove und pater, ›Vater‹, zusammengesetzten Namen des Göttervaters. Das Gestirn gleichen Namens verhieß in der Astrologie Frohsinn und heiteres Gemüt.

995–997 *Des Himmels Häuser ... Ecken:* Die Astrologie teilt den Sternhimmel in 12 gleiche Abschnitte, die Kreise oder Häuser genannt werden. Ecken entstehen, wo sich die Kreise schneiden. Eintritt, Austritt oder Stand der Planeten in den Häusern oder Ecken war für das Horoskop bedeutsam. Auch die Häuser selbst hatten unterschiedliche Bedeutung. Vgl. W-3615 das *Haus des Lebens* und W-23 f. den unschädlichen Saturn *in cadente domo*, dem fallenden Haus.

Siebenter Auftritt

In diesem Auftritt verbindet Schiller die historische Deputation der Befehlshaber und die Unterredung mit Questenberg. Den Leitfaden für das Gespräch entnahm Schiller (nach NA VIII, 483 f.) der Darstellung Herchenhahns; dort berichtet Wallenstein: »Der Hof befahl mir lauter unmögliche Sachen. Er gebot, Regensburg zur Winterszeit wieder einzunehmen, ... ich sollte ... den Kardinal Infanten mit 6000 Pferden in die Niederlande begleiten« (III, 207). »Drei Monate ist der Sold rückständig« (208). »Aus all diesen Ursachen habe ich mich erklärt, das Generalat niederzulegen« (210). »... die andern Obersten, welche Vorschüsse gemacht hatten, hätten keine, oder eine sehr späte Entschädigung erhalten, wenn Wallensteins Rede Ernst gewesen wäre ... Im Vorzimmer erhob sich daher sogleich ein lebhafter Streit« (211). Die Vorwürfe des Wiener Hofs gegen Wallenstein enthält der »Ausführliche und gründliche Bericht«, vgl. Kap. III, 2. Questenberg faßt die Anklagepunkte kurz zusammen.

1028 *Gereiniget ward Böheim von den Sachsen:* Am 22. Mai 1632 rückte Wallenstein in Prag ein. Böheim: alte Form für ›Böhmen‹, so bei Herchenhahn.

1034 *Rheingraf:* Otto Ludwig von Salm.
Bernhard: Herzog Bernhard von Sachsen-Weimar (1604 bis 1639), Feldherr in schwed. Diensten.
Banner: berühmter schwed. Reitergeneral, vgl. W-940 *Bannier* (betont auf der zweiten Silbe).

1036 *im Angesichte Nürnbergs:* Vom 16. Juli bis zum 18. September 1632 lag Gustav Adolf in Nürnberg. Wallenstein lag bei Fürth und wehrte am 4. September Gustav Adolfs Angriff auf sein Lager auf der Alten Veste ab.

1038–58 *Ein neuer Geist ... Menschenopfer:* Im Gegensatz zu fast allen historischen Quellen und Darstellungen beschreibt Questenberg Wallensteins Verhalten und Erfolg vor Nürnberg sehr günstig. In Murrs »Beiträgen« liest man: »Den 24. August [1632], als am Tage Bartholomäi, hat der König mit Dero völligen Armee den Feind in seinem Lager auf der alten Vesten und Altenberg mit Macht angegriffen, haben unaufhörlich aus Stücken und Musketen gegen einander Feuer gegeben. Der Feind hat sich aber dermaßen verschanzt und verhauen gehabt, daß nicht möglich gewesen, ihme beizukommen, sondern ist in seinem Vorteil, wie ein Fuchs im Loch, liegen geblieben.« Im Vorteil liegen zu bleiben ist Wallensteins neue Taktik. Bei Herchenhahn II, 174 heißt es: »Es sind genug Schlachten schon geliefert worden, es ist nun Zeit, eine andre Methode zu befolgen. Durch Hunger wollte Wallenstein den König zwingen, von Nürnberg abzuziehen, oder sich mit ihm in Traktaten einzulassen« (nach NA VIII, 484).

1051 *Verhack:* Verhau, Befestigung durch Bäume, Palisaden.

1058 *grause:* neben ›grausig‹ seit dem 17. Jh. gebräuchlich.

1060–82 *Anklagen ... Regenspurg!:* Die Schlacht bei Lützen, in der Gustav Adolf fiel, war am 16. November 1632. Regensburg wurde am 14. November des folgenden Jahres durch Bernhard von Weimar zur Kapitulation gezwungen, nachdem Maximilian von Bayern vergeblich um Unterstützung durch Wallenstein nachgesucht hatte.

»Maximilian sandte nach Wien einen Eilboten nach dem andern, mit Bitte um schleunige Hülfe, und der Kaiser schikte sieben Kuriere an den Wallenstein ... Wallenstein marschierte langsam, Bernhard eroberte Regensburg vor der Ankunft der feindseligen schadenfrohen Hülfe« (Herchenhahn III, 125, nach NA VIII, 485). Vgl. Anm. zu L-114 f.

1085 *in Schlesien:* Der Feldzug nach Schlesien lag zeitlich vor dem Fall der Stadt Regensburg. Wallenstein war am 19. Mai 1633 nach Schlesien aufgebrochen. Auch hier griff er die Sachsen nicht an, sondern zögerte lange in Verhandlungen, »und oft geschah es, daß die Offiziere beider feindlichen Armeen einander Besuche abstatteten und Gastmähler gaben« (Geschichte des Dreißigjährigen Kriegs). Vgl. P-1098.

1095 *Thurn:* Matthias Thurn, vgl. Anm. zu P-814, galt als Hauptanstifter des böhm. Aufstandes, der zum Prager Fenstersturz führte. In der »Geschichte des Dreißigjährigen Kriegs« wird er »der Anstifter des böhmischen Aufruhrs, der entfernte Urheber dieses ganzen verderblichen Krieges« genannt. Bei Wallensteins Sieg über die Schweden am 11. Oktober 1633 *auf Steinaus Feldern* (P-1114) wird Graf Thurn gefangengenommen. Wallenstein lieferte Thurn aber nicht nach Wien aus, sondern ließ ihn frei. »Mit blutdürstiger Ungeduld erwartet man in Wien die Ankunft dieses großen Verbrechers und genießt schon im voraus den schrecklichen Triumph, der Gerechtigkeit ihr vornehmstes Opfer zu schlachten. Aber den Jesuiten diese Lust zu verderben, war ein viel süßerer Triumph, und Thurn erhielt seine Freiheit. Ein Glück für ihn, daß er m e h r wußte, als man in Wien erfahren durfte, und daß Wallensteins Feinde auch die seinigen waren. Eine Niederlage hätte man dem Herzog in Wien verziehen, diese getäuschte Hoffnung vergab man ihm nie.« So Schiller in seiner Prosadarstellung; vgl. P-1123–28.

1109 f. *das Bündnis zwischen Sachsen Und Schweden:* Bei Herchenhahn III, 86 erklärt Wallenstein: »Ich wollte mich mit dem Kurfürsten [von Sachsen] vergleichen, ich wollte ihn wieder zum Freunde Östreichs machen ... und durch seine Mitwirkung die Schweden aus Deutschland jagen. Zur Erhaltung dieses Zwecks mußte ich gelinde Mittel wählen« (nach NA VIII, 485).

1140 *Notdurft:* in der alten Bedeutung von ›Bedarf an Notwendigem‹.

1148 *Sold:* Löhnung, insbes. des Soldaten, von mhd. solt, ›Vergütung für geleistete Kriegsdienste‹; zu lat. (nummus) solidus, ›gediegene Münze‹. Den historischen Quellen nach stand der Sold für drei Monate aus.

1155 *Beim Dänenkriege:* als Wallenstein im Sommer 1625 auf eigene Kosten eine Armee anwarb und, zum General ernannt, diese brandschatzend und plündernd unterhielt.

1157 *Deut:* alte Kupfermünze von geringem Wert.

1159 *Schären:* kleine von Gletschereis abgeschliffene Felsinseln an der skandinav. und finn. Küste.

1163 f. *Wallenstein ... Edelstein:* In Herchenhahns Darstellung sagt Eggenberg (P-680, Anm.), daß der Kaiser in Wallenstein »den allerkostbarsten Stein seiner Krone verlor«.

1165 *Regenspurger Fürstentag:* Am 13. August 1630 entschloß sich der Kaiser auf das Drängen der Kurfürsten, vor allem Maximilians von Bayern, Wallenstein zu entlassen. Die Begründung zu diesem Schritt legt Schiller in der »Geschichte des Dreißigjährigen Kriegs« ausführlich dar.

1182 *Zur Wohlfahrt aller:* Wallenstein spielt die Interessen des Reichs gegen die Interessen des Kaisers aus, wenn er bei Herchenhahn III, 248 sagt: »Vom Hofe werden Sachen begehrt, welche das römische Reich nicht billigen und gutheißen kann, ich bin daher um des allgemeinen Besten willen gesinnt, einen Frieden zu machen« (nach NA VIII, 486). Vgl. P-2333.

1196 *Oberst Suys:* Der historische Oberst Suys gehorchte dem kaiserl. Befehl nicht, sondern Wallenstein. In dem »Ausführlichen und gründlichen Bericht« liest man hierzu: »... darumben Ihre Kays. May. auch selbsten, durch Schreiben und Schickungen dem Commendanten selbiger Regimenter Baron de Suys gemessene Ordinanz gegeben, mit demselben gegen dem Feind zu avanciren, und sich daran niemands hindern oder irren zu lassen, ... so sein doch demselben allda von dem Friedlandt also bald 2 Currier zukommen, mit Ordinanz, daß er Baron de Suys also bald widerumb in die Winterquartier rucken solle, beynebens auch andeuten lassen, daß er ihme den Kopff für die Füß legen lassen wolle, wann er des Kaysers, und nit seinen Ordinanzen pariren werde, dannenhero selbiger diesem auch also nachkommen ...«

1226 *Der Kardinal-Infant:* Vgl. Anm. zu L-700 f. Herchenhahn schreibt III, 140 f. zu diesem Punkt: »Wallenstein war vertragsweise der unbeschränkte Generalissimus von Östreich und Spanien, jede von diesen beiden Mächten in Deutschland aufgestellte Armee mußte seinen Befehlen gehorchen. Dieses Recht suchten die Spanier zu untergraben. Sie entwarfen einen Plan zu einer neuen vom Wallenstein unabhängigen Armee, mit ihr dem unbiegsamen Mann Nachgiebigkeit zu lehren ... Den Kardinal-Infanten Don Fernando, des Königs in Spanien Bruder, bestimmten sie zum Befehlshaber dieses Heeres. Ein Prinz von so großem Range konnte nicht unter des gehässigen Friedländers Kommando stehen« (nach NA VIII, 486). Vgl. auch Schiller in Kap. III, 5 Die Bedingungen, unter denen Wallenstein die Heerführung übernimmt.

1257 *das Paktum:* lat., der Pakt, der Vertrag.

1261 *Es tut mir leid um meine Obersten:* In den Quellen ist Illo Mittelsmann zwischen Wallenstein und den Generalen, denen er den großen wirtschaftlichen Verlust vorstellt, den sie durch Wallensteins Abdankung erfahren würden. Vgl. den »Ausführlichen und gründlichen Bericht« über Wallenstein und seine Generale in Pilsen, Kap. III, 2. Die Verpflichtung der Generale gegenüber Wallenstein war den Quellen nach Dank und Gegenleistung für die wirtschaftliche Sicherung, die Wallenstein mit der Fortführung seines Generalats gewährte. Im Drama wird daraus ein Ränkespiel Wallensteins und Illos gegenüber den kaiserlich Gesinnten und den Schwankenden unter den Generälen.

1269 *Katechismus:* griech., Zusammenstellung von Glaubenssätzen, hier für ›Religionsbekenntnis‹.

1290 *Der goldne Schlüssel:* Zeichen des Kammerherrn.

Dritter Aufzug. Erster Auftritt

1309 *Klausel:* Vorbehalt, beschränkende (oder erweiternde) Nebenbestimmung, von lat. clausula, ›Schluß(satz)‹; vgl. die hervorgehobenen Worte in dem Revers nach P-1931.

Die Intrige entspricht der Darstellung des »Ausführlichen und gründlichen Berichts«.

1320 *Gaukelkunst:* Der Gaukler ist ein Jahrmarktskünstler, Seiltänzer, Akrobat und Zauberer, von ahd. gouggolon, goukolon; zu goucal, coukel, ›Zauberei, Taschenspielerei, närrisches Treiben‹.

1348 f. *Im astrologischen Turme ... observieren:* die Sterne wissenschaftlich beobachten, von lat. observare.

1362 *karten:* einfädeln, drehen; vgl. abgekartet.

Zweiter Auftritt

Kabinett: kleines Zimmer, Nebenraum, von frz. cabinet.

Dritter Auftritt

Über die Entstehungsgeschichte der Liebesszenen siehe Kap. IV, 8.

1412 *Base:* Vgl. Anm. zu L-164. P-1416 u. 1433 heißt es *Tante.*

1442 *eitler Tand:* eitel: Die mundartl. erhaltene Grundbedeutung ›leer, ledig‹ entwickelte sich einerseits zu ›nichts als‹, andererseits über ›gehaltlos, nichtig‹ zur heutigen Hauptbedeutung ›selbstgefällig‹. – Tand: geringe Ware, Wertloses, später bes. auch Kinderspielzeug, eigtl. zurückgehend auf lat. tantum, ›so viel‹.

1462 *Kloster ... zur Himmelspforte:* unhistorisch, nicht so das Kloster *Nepomuk* bei Pilsen, P-1489.

1464 *Ob:* über.

1479 *Da rann kein Sand:* in der Sanduhr.

Vierter Auftritt

1545 *Mummerei:* zu Mumme, Maske, verkleidete Person. In der Weimarer Uraufführung war Thekla (Caroline Jagemann, die Geliebte Herzog Carl Augusts) bei ihrem ersten Auftritt mit einem Diadem geschmückt.

1578 *der astrologische Turm:* Thekla beschreibt den Schauplatz, mit dem »Wallensteins Tod« beginnt.

1603 *Planeten:* Die Planeten oder Wandelsterne sind Himmelskörper, die nicht selbst leuchten, sondern das Licht der Sonne, um die sie kreisen, reflektieren. Die neun großen Planeten, nach wachsendem Sonnenabstand geordnet, sind: Merkur, Venus, Erde, Mars, Jupiter, Saturn (diese schon im Altertum bekannt), Uranus (1781 entdeckt), Neptun (1846) und Pluto (1930). Von diesen Planeten läßt der geozentrisch orientierte Astrologe Seni die Erde und die drei ihm noch unbekannten Planeten fort; indem er Sonne und Mond dazurechnet, kommt er auf die Siebenzahl.

1608 *grad von ihm über:* ihm gegenüber; bis Ende des 18. Jh.s konnte der abhängige Dativ zwischen den Präpositionen stehen.

1632 *Fabel:* Das Wort Fabel, von lat. fabula, ›Erzählung‹, bezeichnet zunächst das Handlungsgerüst dramatischer und epischer Dichtungen; im engeren Sinne ist die Fabel eine kurze Vers- oder Prosaerzählung, die, häufig durch menschlich handelnde Tiere, eine Lebensweisheit oder einen Moralsatz lehrhaft veranschaulicht. Hier soviel wie Dichtung, Poesie.

1633 *Feen:* zarte, anmutige, schöne oder düstere weibliche Märchengestalten, von frz. fée, von vulgär-lat. fata, ›Schicksalsgöttin‹; verwandt mit ›feien‹.
Talismanen: kleine am Körper getragene, vermeintlich schützende oder glückbringende Gegenstände, von ital. talismano, arab. tilasm, ›Zauberbild‹.

1656 *Ölzweig ... Lorbeer:* die Zeichen des Friedens und des Ruhms.

1662 *Gitschin:* Jicin, damals die Hauptstadt des Herzogtums Friedland. Was Max hier als Idylle ausmalt, stellt Gräfin Terzky W-500 ff. satirisch vor.

1682 *Was war das?:* Die Gräfin entfernt sich unschicklicherweise unter einem fadenscheinigen Vorwand, um Max und Thekla allein zu lassen. In der politisch kritischen Situation scheint es ihr opportun, Max an Thekla und damit an Wallenstein zu binden. Thekla ahnt das Intrigante in diesem Verhalten und warnt Max (P-1684 ff.). Vgl. Wallensteins Meinung zu diesem Punkt W-1499 ff.

Fünfter Auftritt

1686 *Zweck:* Absicht, Hintergedanken; vgl. Anm. zu Prol. 60 und Kap. IV, 8 Die Liebesszenen.

Sechster Auftritt

nach 1756 *präludiert:* spielt einleitend und frei gestaltend, von lat. praeludere, ›vorspielen, ein (Vor)spiel machen‹.

Siebenter Auftritt

1757–66 *Der Eichwald ... geliebet:* bei leicht geändertem Wortlaut die zwei ersten von vier Strophen aus Schillers Gedicht »Des Mädchens Klage« (1798).

Achter Auftritt

1767 *Fy!:* frz. fidonc, pfui!

1776 *Er ist von alt lombardischem Geschlecht:* Die Familie Piccolomini stammt aus der Toscana (Siena), nicht aus der Lombardei; das alte röm. Geschlecht der Piccolomini stellte der Kirche den berühmten Papst Äneas Silvio, der letzte Piccolomini fiel 1942 als Fliegeroffizier (NA). Max und seine fürstliche Mutter sind erfunden.

1871 *schöne Rednerblumen flechten:* in schönen Worten ausmalen; die rhetorischen Figuren wurden gelegentlich lat. flores, ›Blumen‹, genannt, vgl. geblümter Stil, Stilblüte usw.

Neunter Auftritt

1901 *Freistatt:* Zufluchtsort, Asyl.

Vierter Aufzug

Dieser Aufzug folgt den weithin übereinstimmenden Quellen. Nur Buttlers Rolle ist eine Zutat des Dichters. Illos und Terzkys Rollen sind vertauscht; in den Quellen war Terzky der Trunkenbold und Illo der diplomatischere.
Kredenztisch: Anrichte, von ital. credenza.

Erster Auftritt

1916 *wie auf dem Heidelberger Schloß:* viell. eine Anspielung auf des Winterkönigs Pfalzgraf Friedrich V. prunkvolle Hofhaltung und auf das große Heidelberger Faß.

1919 f. *Eggenberg ... Sternberg:* Vgl. Anm. zu P-680 u.

151; Lichtenstein und Sternberg sind Namen abgefallener Freunde Wallensteins.

1921 *Lehen:* gegen Verpflichtung zu Treue und Kriegsdienst verliehenes erbliches Nutzungsrecht an einem Landgut und das verliehene Gut selbst; von ahd. lehan, zu leihen.

1928 *»Ingratis servire nefas«:* ›Dem Undankbaren zu dienen ist schändlich‹, das mit dem »Ausführlichen und gründlichen Bericht« übereinstimmende Motto des Pilsner Reverses. Der hier wiedergegebene Wortlaut der Resolution folgt der ausführlicheren Fassung bei Herchenhahn, gelegentlich dem »Bericht«. Die entscheidende Klausel lautet bei Herchenhahn III, 203: ». . . so lange Sie in Seiner kaiserlichen Majestät Dienst verbleiben, oder diese zu ihrer Dienste Beförderung Sie gebrauchen werden« (nach NA VIII, 489). Vgl. den Text bei Murr in Kap. III, 4b. Die im »Bericht« und in Schillers »Geschichte des Dreißigjährigen Kriegs« schon enthaltene Vertauschung des Originalschreibens mit einem zweiten ohne die auf den Kaiser bezugnehmende Klausel ist nach neueren Forschungen unhistorisch.

1934 *Dint':* veraltete Form von ›Tinte‹, ahd. tincta aus mlat. tincta (aqua), gefärbte Flüssigkeit.

Zweiter Auftritt

1940 *Exzellenz:* Titel von Ministern und hohen Beamten, von lat. excellentia, ›Erhabenheit, hervorragende Persönlichkeit‹.

Dritter Auftritt

1949 *kordial:* herzlich, vertraut, umgänglich; von frz. cordial, zu lat. cor, ›Herz‹.

1953 *Montecuculi:* Graf Ernst von Montecuccoli, in den Quellen erwähnt.

Vierter Auftritt

1982 *wohlgesparte:* hier in der urspr. Bedeutung ›schonen, nicht aufs Spiel setzen‹, die zu der heutigen ›kein Geld ausgeben‹ verengt wurde.

2006 *ein schlechter Reitersbursch:* schlecht in der älteren Bedeutung ›schlicht‹.

2010 *eines grillenhaften Glücks:* eines launenhaften Glücks.

Mit dem Modewort ›Grille‹ bezeichnete man im 18. Jh. unfruchtbare, grüblerische, verworrene und absonderliche Gedanken.

2016 *Scheidemünze:* kleine Münze, die wegen stärkerer Abschleifung infolge rascheren Umlaufs höheren Geldwert als tatsächlichen Feinmetallwert hat (Wahrig).

2022 f. *Der Prinz von Weimar ... gründen:* Bernhard von Weimar (vgl. Anm. zu Bernhard P-1034) und sein geplantes Herzogtum Franken.

2024 *Mansfeld ..., dem Halberstädter:* Peter Ernst II. Graf von Mansfeld (vgl. Anm. zu L-141), und Christian von Halberstadt, Kriegshelden des Böhmisch-Pfälzischen Krieges, die 1626 starben.

2032 *Leßly:* Walter Leslie, kaiserl. Oberstwachtmeister, der mutmaßlich mit Gordon zusammen den »Ausführlichen und gründlichen Bericht« zu seiner und des Kaisers Entschuldigung wegen des Mordes an Wallenstein abgefaßt hat.

Fünfter Auftritt

Vgl. die Variante dieser Szene in Kap. II, 2.

2043 *Jetzt wird der Flor erst angehn:* Flor sind alle Blüten einer Pflanze, Blumenfülle, von lat. flos, floris, ›Blüte‹.

2054 *Graf Palffy:* im »Ausführlichen und gründlichen Bericht« erwähnt.

2058 *des Friedrichs seine Königskrönung:* Die Böhmen wählten am 26. August 1619 das Haupt der Union, Kurfürst Friedrich V. (II.) von der Pfalz (1596–1632), zum König von Böhmen (Winterkönig), obgleich die böhm. Stände bereits 1617 den habsburg. Erzherzog Ferdinand (den späteren Kaiser) als König angenommen hatten.

2060 *Prager Beute:* Beute der Katholiken anläßlich der Schlacht am Weißen Berg, 8. November 1620.

2067 *Amazone:* in der griech. Mythologie Angehörige eines kleinasiat. Frauenvolkes, das zu Pferd in den Krieg zog; in modernem Sprachgebrauch oft allgem. für ›Reiterin‹. Der Name Amazone kommt von griech. amazon, zu a, ›nicht‹, und mazos, ›weibliche Brust‹, weil nach der mytholog. Vorstellung jedem Mädchen eine Brust entfernt wurde, damit es nicht beim Bogenschießen behindert würde.

2068 *Krummstab:* Bischofsstab, Hirtenstab.

2082 *Hussitenkrieg:* Hussiten waren die Anhänger des tschech. Reformators Jan Hus (geb. um 1369, 1415 auf dem Konzil zu Konstanz verbrannt). Unter Žižka und Prokop zogen die Hussiten 1420–36 in einer religiös-nationalen und antifeudalen Bewegung durch Österreich, Schlesien und Sachsen.

2084 *Laien:* ein Laie ist ein Nichtgeistlicher; von ahd. leigo, lat. laicus, griech. laikos, ›zum Volke gehörig‹.

2085 *Utraquisten:* gemäßigte Hussiten, die das Abendmahl in beiderlei Gestalt (sub utraque specie), als Brot und Wein, nehmen.

2089 *Den böhm'schen Majestätsbrief:* Kaiser Rudolf II. verbürgte 1609 den Böhmen gewisse religiöse Freiheiten. Die Rücknahme der im Majestätsbrief zugestandenen Freiheiten löste 1618 den Widerstand der böhmischen Protestanten aus.

2094 *der Grätzer:* Der katholische Kaiser Ferdinand II. (1619–37) war 1578 in Gratz bzw. Graz geboren.

2103 f. *Taboriten ... unter dem Prokop und Ziska:* Die extremen Hussiten nannten sich Taboriten. Sie hatten unter ihren Führern Prokop und Žižka im Hussitenkrieg (vgl. Anm. zu P-2082) in Böhmen an der Luschnitz eine Lagerstadt gegründet, die sie nach einem Berg im Hochland von Galiläa, der Verklärungsstätte Christi, Tabor nannten.

2109–11 *Martinitz, Slawata ... Graf Thurn:* Vgl. die Anm. zu P-151, 814 u. 1095.

2126 f. *Pater Quiroga:* Fray Diego de Quiroga, Kapuziner, Beichtvater der Infantin Maria Anna, der Gemahlin Ferdinands III., ein Günstling des Herzogs, von dem es bei Herchenhahn heißt, er sei »ein lebendiger Behälter von allen Hofkünsten und listigen Streichen«, war zu Wallensteins Überwachung nach Pilsen geschickt worden.

2128 *Ablaß:* nach katholischer Lehre Nachlaß zeitlicher Sündenstrafen durch die kirchliche Obrigkeit auf Grund der Vollmacht der Kirche und der stellvertretenden Genugtuung Christi (Knaur).

Sechster Auftritt

Die Szene folgt im wesentlichen der Darstellung Herchenhahns; dort liest man: »Nach aufgehobenem Tische, ... als

Illo des Bacchus Herrschaft fest gegründet und die Vernunft gefesselt glaubte, brachte der Feldmarschall das Papier zum Unterschreiben in die Versammlung. Illo wähnte, die Unterzeichnung werde erfolgen ohne alle prüfende Untersuchung, allein mehrere Obersten lasen die Schrift, und fanden in ihr nicht jene Klausel, welche für des Kaisers Frommen sorgte ... Es unterschrieb Tersika, es unterzeichnete Illo, andre Generale setzten ihre Namen bei, aber ein großer Theil schlug die Unterzeichnung ab. Illo sprach mit diesem freundlich. Er stellte ihm vor, an etlichen Worten sei nicht so viel gelegen, des kaiserlichen Dienstes sei ja ohnehin im Eingange gedacht, und als seine Rede von der Wahrheit der Behauptung die Verweigerer nicht überführte, so zog Tersika den Degen. Mit blankem Stahl forderte er die vernünftige Zahl zum Unterzeichnen auf. Er schimpfte alle jene meineidige Schelme, welche mit dem Friedland es nicht halten wollten, und auch die andern unterschriebenen Obersten griffen nach ihren Degen. Es entstand ein allgemeiner Tumult und großes Lärmen« (III, 204 f. nach NA VIII, 490).

Proszeniums: vorderster Teil der Bühne zwischen Vorhang und Orchester.

2147 *Schwieger:* Schwiegermutter der Gräfin, die alte Gräfin Terzky, die *Frau Mama* in der Rede des Kellermeisters P-2037.

2158 *Excusiert:* eingedeutschte Form von frz. excuser, ›entschuldigen‹.

2164 *Krieg in Pommern:* in den Jahren 1625 und 1630 hat Wallenstein in Pommern Krieg geführt.

2168 *Bacchusfeste:* Feste zu Ehren des griech. Weingottes Bacchus (lat.) oder Dionysos (griech.), Sohn des Zeus und der Semele.

2170 *deucht mir:* denke ich; von dünken, däuchte, gedäucht; dasselbe bedeutend und von derselben Wurzel wie ›denken‹, mit den unorganischen Nebenformen däuchten, dünkte, gedünkt.

2178 *Tokaierwein:* ungar. Wein aus Tokaj, einem Ort im Komitat Zemplen.

2189 *Schlag die Quartier' ihm auf:* überfall ihn unerwartet. ›Die Quartier aufschlagen‹ erklärt Schiller in seiner »Geschichte des Dreißigjährigen Kriegs« mit ›unvermutet überfallen‹, ›eine in diesem Kriege sehr beliebte Art von Expeditionen‹ (nach NA VIII, 490).

2195 *honoriert:* anerkannt; von lat. honorare, ›ehren, belohnen, beschenken‹.

2198 *diesem steinernen Gast:* Anspielung auf den »Don Juan« des Tirso de Molina (1571–1648).

Siebenter Auftritt

2211 *Schelm:* Vgl. Anm. zu L-637.

2236 *Wer nicht ist mit mir, der ist wider mich:* Vgl. Luk. 11, 23.

2240 *sich salvieren:* von ital. salvare; sich retten, sich in Sicherheit bringen, entlasten.

2254 *verklausuliert:* abgesichert; vgl. Anm. zu *Klausel* P-1309.

2257 *Pistolen:* von Philipp II. eingeführte span. Goldmünzen, die später in Frankreich als Louisdor und in anderen Ländern als Augustdor und Friedrichsdor nachgeprägt wurden, entsprachen 5 Taler in Deutschland.

2261 *Judas:* Verräter, Anspielung auf Judas Ischariot, der Christum für dreißig Silberlinge verraten hat.

Fünfter Aufzug. Erster Auftritt

2320 *Das Pfaffenmärchen:* In der »Geschichte des Dreißigjährigen Kriegs« hat Schiller Wallensteins Fall pfäffischen Intrigen zugeschrieben: »Durch Mönchsintrigen verlor er zu Regensburg den Kommandostab und zu Eger das Leben; durch mönchische Künste verlor er vielleicht, was mehr war als beides, seinen ehrlichen Namen und seinen guten Ruf vor der Nachwelt.« Vgl. den Nachruf Kap. III, 5. Im Drama ist Schillers Urteil weitaus offener.

2333 *dem Reich den Frieden schenken:* Octavio idealisiert Wallensteins Absicht vor Max. Bei Herchenhahn III, 51 f. sagt Wallenstein: »Ich will einen allgemeinen sichern Frieden schließen helfen ... Will der Kaiser die abgeschlossenen Artikel nicht ratifizieren, so wird er mit Gewalt dazu angehalten« (nach NA VIII, 491). Vgl. Anm. zu P-1182 *Zur Wohlfahrt aller.* Wallenstein selbst sagt im Drama nicht, daß er König von Böhmen werden will, doch er spricht Wrangel gegenüber von Prag als von seiner *Hauptstadt* (W-388).

2368 *Der Subalternen Treue:* Treue der Untergebenen, von mlat. subalternus; zu lat. sub, ›unter‹, und alternus, ›abwechselnd‹.

2371 *Schafgotsch:* Hans Ulrich Freiherr von Schaffgotsch, kaiserl. Generalwachtmeister und General der Kavallerie, den Wallenstein in Schlesien zurückgelassen hatte; Sproß einer berühmten schles. Adelsfamilie, die Martin Opitz in seiner »Schäfferey von der Nimfen Hercinie« (1630) gefeiert hat.

2374 *Kinsky:* Wilhelm Graf von Kinsky, Schwager Terzkys, einer der reichsten böhm. Magnaten, Wallensteins Unterhändler mit Sachsen und Schweden.

2375 *Die bestmontierten Truppen:* die am besten ausgerüsteten Truppen.

2378 f. *die Fürstentümer Glatz Und Sagan:* Es ist historisch belegt, daß Wallenstein Octavio die Güter Slavatas versprochen hat.

2379 *den Angel:* älterer mask. Gebrauch; vgl. Goethes Gedicht »Der Fischer«: »Sah nach dem Angel ruhevoll.«

2390 *Er hat es keinen Hehl:* er verheimlicht es nicht, macht keinen Hehl daraus; von ahd. helan, ›bedecken, verbergen‹.

2415 f. *aus seinem eignen . . . Munde:* Die Quellen bezeugen, daß Wallenstein Octavio über die Pläne unterrichtet hatte. Octavio soll darauf Einwände gemacht haben, bis er sah, daß er gegen Wallensteins Beharrlichkeit nichts ausrichten konnte, und seine Meinung für sich behielt.

2472 *den goldnen Zirkel:* die Krone Böhmens.

nach 2498 *Schatulle:* Kästchen, bes. für Geld oder Schmuck, von mlat. scatula, ›Geldschein‹.

2499 *Ein offner kaiserlicher Brief:* das Absetzungspatent, das die Generale ihrer Verpflichtung gegen Wallenstein entbindet und, bis das Generalat neubesetzt ist, dem Grafen Gallas unterstellt, dessen Rolle hier Octavio spielt. Von einer Ächtung ist in dem historischen Schreiben vom 24. Januar 1634 nicht die Rede.

2529 *Ein ehrenvoll Exil:* demnach ist Wallensteins Absetzung beschlossene Sache, gleichviel ob er nun gegen den Kaiser handelt oder nicht.

2540 *Hochverrat:* ein Angriff auf die Staatsverfassung, das

Staatsoberhaupt oder die innere Ordnung des Staates, im Unterschied zum Landesverrat, der sich gegen die äußere Sicherheit richtet.

Zweiter Auftritt

Kurier: Bote, Eilbote, von frz. courrier.

2565 *Sesin:* Vgl. Anm. zu P-812. Die Gefangennahme Sesins ist Schillers Erfindung, die durch eine Andeutung bei Herchenhahn angeregt worden sein kann. Die Nachricht von diesem Schuldbeweis folgt unmittelbar auf das idealistische Vertrauensbekenntnis von Max: *Glänzend werden wir den Reinen Aus diesem schwarzen Argwohn treten sehn.*

2568 *Depeschen:* Eilnachrichten, von frz. dépêche.

2571 *große Zeitung:* in der urspr. Bedeutung ›große Nachricht‹, von mndd. tidinge, frühnhd. zidunge. Folgerichtig steht P-1059 *Zeitungsblatt* statt der neuen Kurzform ›Zeitung‹.

2583 *Fähnlein:* Schlachthaufen und Verwaltungseinheit der Landsknechte im 16. und 17. Jh. (400 bis 600 Mann), nach dem sichtbaren Kampfzeichen, der Fahne.

Dritter Auftritt

2611 *Leumund:* Ruf, Nachrede, von ahd. liumunt, ›Ruf, Ruhm, Gerücht‹.

4. Wallensteins Tod

Die Entstehungsgeschichte des »Wallenstein« zeigt, wie Schiller im Fortgang seiner Arbeit von einer gewissen Überbewertung des historisch-wirklichen Details zu größerer dichterischer Freiheit findet. (Vgl. Kap. IV, bes. 4 ff.) Dementsprechend treten die vielen geschichtlichen Einzeltatsachen, die weitgehend den Gang des Expositionsdramas mitbestimmten, in »Wallensteins Tod« zurück. Goethe lobt in seinem Brief an Schiller vom 18. März 1799 »den großen Vorzug, daß alles aufhört politisch zu sein und bloß menschlich wird, ja das Historische selbst ist nur ein leichter Schleier, wodurch das Reinmenschliche durchblickt«.

Personen

Ein Adjutant: einem höheren Offizier beigeordneter Offizier, Helfer des Kommandeurs, von lat. adiutans, ›helfend, unterstützend‹.
Oberst Wrangel: nicht identisch mit dem schwed. General Gustav Wrangel aus der »Geschichte des Dreißigjährigen Kriegs«.
Gordon (vgl. Anm. zum Beginn des 4. Aufzugs) und die Buttlerschen Hauptleute Walter *Deveroux* und *Macdonald*, eigtl. Dionysius Macdaniel, sind historische Figuren.

Erster Aufzug

Diese Eröffnungsszene hat Schiller erst sehr spät ausgeformt (vgl. Kap. IV, 9; vgl. vor allem auch die ältere Variante in Kap. II, 2). Der Schauplatz wurde bereits P-1598 ff. beschrieben. Die Marbacher Handschrift (h[1]) gibt folgende ausführliche Szenenanweisung: Sieben kolossale Bilder, die Planeten vorstellend, jedes einen transparenten Stern von verschiedener Farbe über dem Haupt, stehen in einem Halbkreis im Hintergrund, so daß Mars und Saturn dem Auge die nächsten sind. Das übrige ist in dem vierten Auftritt des 2. Akts angegeben. Diese Bilder müssen durch einen Vorhang dem Auge entzogen werden können. Im fünften Auftritt – Wallenstein mit Wrangel – dürfen sie nicht gesehen werden, in der siebenten Szene aber müssen sie ganz oder zum Teil wieder sichtbar werden.
Sphären: Himmelskugeln, von griech. sphaira, ›Kugel, Ball‹.
Quadranten: Viertelkreise, Meßgeräte zum Bestimmen von Gestirnhöhen; von lat. quadrans, ›der vierte Teil‹.
Rotunde: kleiner Rundbau oder runder Raum; von lat. rotunda, ›rund‹.
Planetenaspekt: Konstellation, Stellung der Planeten am Himmel. Vgl. Anm. zu *Planeten* P-1603.

Erster Auftritt

2–4 *Mars ... Venus:* Die Planeten sind nicht gleichzeitig zu sehen. Die Venus steht *in ihrer Erdennäh'* W-7 unsichtbar zwischen Erde und Sonne. Man deutet daher

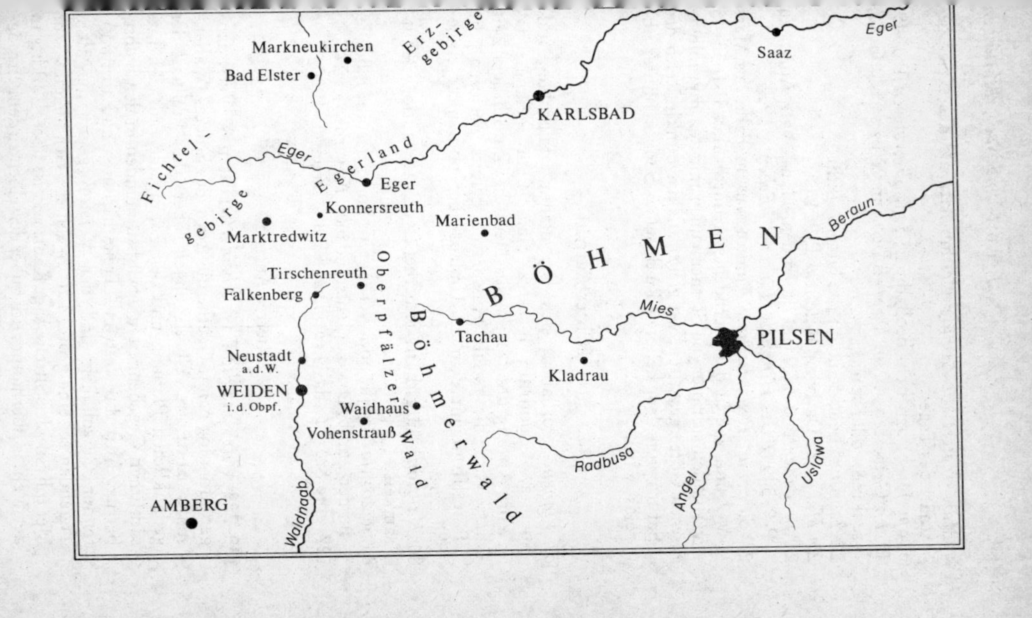
Markneukirchen
Erz-
gebirge
Bad Elster
Saaz
Eger
KARLSBAD
Fichtel-
gebirge
Eger
Egerland
Eger
Konnersreuth
Marktredwitz
Marienbad
BÖHMEN
Beraun
Tirschenreuth
Falkenberg
Oberpfälzer Wald
Böhmerwald
Mies
Tachau
PILSEN
Neustadt
a.d.W.
Kladrau
WEIDEN
i.d.Obpf.
Waidhaus
Vohenstrauß
Radbusa
Angel
Uslawa
Waldnaab
AMBERG

Mars regiert die Stunde gleichnishaft als das Kriegsgeschäft des Tages.

3 *operieren:* arbeiten, beobachten; vgl. *observieren* P-1349.

17 *im Gevierten ... im Doppelschein:* in 90 bzw. 180 Grad, senkrecht oder schräg.

22 *Lumina:* Leuchten, von lat. lumen, ›Licht‹.

23 *Malefico:* Dativ zu *Maleficus* P-964.

24 *in cadente domo:* im fallenden Haus, vgl. Anm. zu P-995–997 *Des Himmels Häuser ... Ecken.*

25 *Saturnus' Reich ist aus:* Ähnlich wie im Falle des Mars W-2 und wie in der Sterndeutung durch Max P-1635–43 verbinden sich hier die Sternennamen mit den mythologischen Göttergestalten, wo gleichfalls das dunkle Reich des Saturn von dem helleren Reich seines Sohnes Jupiter abgelöst wird.

Dritter Auftritt

57 *Planen:* Vorhaben; aus lat. planta, ›Fußsohle‹, ital. pianta, ›Grundriß‹, über frz. plan, ›Plan‹, gelangte das Wort Anfang des 18. Jh.s ins Deutsche. Zu Schillers Zeit hatte sich die nasale Aussprache bereits verloren, die Pluralform mit dem dt. Umlaut aber noch nicht eingebürgert.

80 *Kaution:* Bürgschaft, Sicherheit, von lat. cautio, ›Behutsamkeit‹.

88 *jetzo:* im 18. Jh. noch verbreitete Form des aus mhd. ie, ›immer‹, und zuo, ›zu‹, entstandenen Adverbs ›jetzt‹.

127 *eine Schrift:* das *Pro memoria* des Lagers L-1030.

Vierter Auftritt

139–222 *Wär's möglich? ... scheidet!:* Diesen 83 Verse langen Monolog nennt Goethe die Achse des Stückes. Wallensteins abstrakte Überlegungen über die Freiheit der gedanklichen Planung und den Zwang, der aus den tatsächlichen Gegebenheiten erwächst, münden in den Selbstbetrug, Aufrichtigkeit und Treue beruhten auf abstumpfender Gewohnheit und der Verstoß gegen die alten Tugenden sei eine große Tat. In seiner »Grundlegung zur Metaphysik der Sitten« sagt Kant: »Es ist überall nichts in der Welt, ja überhaupt auch außer derselben zu denken möglich, was ohne Einschränkung für gut könnte gehalten werden, als allein ein GUTER WILLE.« Immer wieder besteht Kant darauf: »... bei dem, was moralisch gut sein soll, ist es nicht genug, daß es dem sittlichen Gesetze g e m ä ß sei, sondern es muß auch u m d e s s e l b e n w i l l e n geschehen.« Nicht aus Neigung, sondern aus Pflicht sei zu handeln. Schiller beurteilte die Handlungsmaximen weniger rigoristisch. Unter den Xenien, die Goethe und Schiller gemeinsam herausgaben, findet man das parodistische Distichon:

Gerne dien ich den Freunden, doch tu ich es leider mit Neigung,
Und so wurmt es mir oft, daß ich nicht tugendhaft bin.

Dennoch wird man nicht umhin können, Wallenstein nach den Prinzipien seines Willens zu beurteilen. Schiller selbst tut es in seiner »Geschichte des Dreißigjährigen Kriegs«. Die hier im Monolog vorgeschützte Planlosigkeit (W-171) scheint um vieles unglaubwürdiger als Octavios Deutung (P-2330–38). Und da fallen Pflicht und Neigung, Wohlfahrt des Reiches und Wallensteins persönlicher Vorteil, in bedenklicher Weise zusammen.

149 *Vermögen:* die Möglichkeit zur Tat; die Mittel, die Macht. Ebenso W-2513.

185 *Urne:* krugartiges, henkelloses Gefäß mit Deckel, hier als Behältnis für das Los des Menschen vorgestellt.

Fünfter Auftritt

225 *Stralsund:* Die Begegnung mit Wrangel dort ist erfunden; vgl. Anm. zu L-142 u. 605.

234 *Kreditiv:* Vollmacht, Beglaubigungsschreiben.

238 *der Kanzler:* Oxenstierna, vgl. Anm. zu L-503; Herchenhahn und der »Ausführliche und gründliche Bericht« bezeugen Gustav Adolfs und Wallensteins frühes Einverständnis bezüglich Böhmens.

249 *In Schlesien ... bei Nürnberg:* Vgl. Anm. zu P-1085 u. 1036.

277 *Die Konkurrenz:* das Zusammentreffen der Umstände, von lat. concurrere.

287 *Attila und Pyrrhus:* alles verwüstende und alles niederwerfende Heerführer. Attila, der aus dem »Nibelungen-

lied« bekannte Etzel (›Gottesgeißel‹), war König der nach Europa eingebrochenen mongolischen Hunnen und herrschte von Dänemark bis Ungarn, vom Rhein bis zum Kaspischen Meer, bis er 451 von Aëtius auf den Katalaunischen Feldern geschlagen wurde. Pyrrhus, der König von Epirus (306–272 v. Chr.), ist vor allem wegen seines sehr verlustreichen Sieges gegen Rom bekannt, den Pyrrhussieg.

295 *Zum Treubruch zu verleiten:* Herchenhahn bemerkt: »Ein ganzes großes Offizierskorps abtrünnig zu machen, in ihm des Gewissens und der Ehre Ruf zu ersticken, war ein sehr gewagtes Unternehmen.« Und über Wallenstein: »Oxenstiern zweifelte an der Größe seiner Macht über aller kaiserlichen Generale Herzen, am blinden Gehorsam aller Offiziere, an ihrem Einwilligen in jeder Zumutung« (III, 194 und III, 61 f., nach NA VIII, 493).

325 *Felonie:* frz., Treubruch gegen den Lehnsherrn.

341 *breche mit dem Kaiser:* Bei Herchenhahn III, 226 sagt Oxenstierna: »So lange dieser [Wallenstein] vom Kaiser nicht öffentlich abfällt, so lange will ich ihm nichts glauben, und niemanden zu ihm schicken« (nach NA VIII, 493).

368 *Walstatt:* Kampfplatz, Schlachtfeld, von ahd. wal, ›Schlachtfeld‹, eigtl. ›Leichen‹; zu germ. *wala, ›tot‹.

375 *den gemeinen Feind:* den gemeinsamen Feind.

376 *Das schöne Grenzland:* Gemeint ist Pommern.

399 *Ratschin und die kleine Seite:* Der Hradschin, der hochgelegene Teil Prags mit der ehemaligen königlichen Burg, und die Prager Kleinseite liegen auf dem linken Ufer der Moldau.

401 *Konjunktion:* Vereinigung der Heere, von lat. coniunctio.

Sechster Auftritt

419 *mit jenem königlichen Bourbon:* Gemeint ist der Connétable Karl von Bourbon, der unter Karl V. gegen sein französisches Vaterland kämpfte.

432 *Hürde:* tragbarer Zaun aus Flechtwerk für Viehweiden, dann der von dem Flechtwerk umfriedete Raum; von ahd. hurde, ›Flechtwerk‹, got. haurds, ›Tür‹; verwandt mit dem Wort Horde (Prol. 89).

441 *Öhm:* Oheim, Onkel. Der regierende Ferdinand II. ist ein direkter Abkömmling Ferdinands I., der auf seinen Bruder Karl V. gefolgt war. Für Ferdinands I. Sohn, also

gewissermaßen auch für die weiteren direkten Nachkommen, ist Karl V. Oheim. Terzky will durch seine Bemerkung Wallenstein darauf aufmerksam machen, daß auch das Kaiserhaus sich in seiner Politik nicht von Gewissens-, sondern von Nützlichkeitsrücksichten leiten lasse, so brauche denn um so weniger er anders zu verfahren (Zipper).

Siebenter Auftritt

448 *Ich gab den Böhmen einen König schon:* Den Anteil, den die Mutter des Grafen Terzky an dem Zustandekommen der Wahl des ›Winterkönigs‹ (vgl. Anm. zu P-2058) gehabt haben soll, hat Schiller hier auf die Gattin Terzkys übertragen (Zipper).

463 *Brief und Siegel:* formelhafte Wendung, zur Bedeutung vgl. Anm. zu W-614 u. 946.

473 *Urtel:* Urteil; von ahd., mhd. urteil, ›was man erteilt‹. Die stark enttonte Form ›Urtel‹ hat sich anders als ›Drittel‹ für ›Dritteil‹, ›Jungfer‹ für ›Jungfrau‹ und ›Junker‹ für ›Jungherr‹ u. ä. nicht durchgesetzt.

474 *Der Oberst Piccolomini:* Dieser Auftritt folgt zeitlich unmittelbar auf die letzte Szene der »Piccolomini«. »Die Piccolomini« und »Wallensteins Tod« erster und zweiter Aufzug spielen innerhalb 24 Stunden und waren daher bei der Weimarer Uraufführung miteinander verbunden, vgl. Kap. V, 7.

491–494 *Reis hin . . . haben wollen:* In den Quellen und in Schillers »Geschichte des Dreißigjährigen Kriegs« rät ein Unbekannter Wallenstein auf der Reise nach Eger zu diesem Schritt. Die Gräfin meint ihren Vorschlag ironisch.

496 *zum Todesblocke:* großes würfelähnliches Holz- oder Steinstück zum Auflegen des Kopfes für den zum Tod durch das Beil Verurteilten, Richtblock, Henkersblock.

500 f. *Der König Von Ungarn:* Ferdinand III.; vgl. Anm. zu L-713.

518 f. *ein übernächtiges Geschöpf der Hofgunst:* ein über Nacht emporgekommener Günstling.

521 *aus diesem Drang:* Vgl. Anm. zu *des Lebens Drang* Prol. 108.

577 *Figuranten:* Statisten, stumme Darsteller, von lat. figurans, ›gestaltend, formend‹.

582 *Bestallung:* von bestallen, in ein Amt, eine Stellung einsetzen, ernennen, zu ›bestellen‹.

584 *feilen:* käuflichen; verwandt mit ›wohlfeil, feilschen‹ usw., von ahd. feili, fāli, mhd. veil(e).

585 *Drahtmaschinen:* Marionetten, Gliederpuppen an Drähten.

604 *Deutschlands Kreise:* Maximilian I. hatte das Deutsche Reich in zehn Kreise eingeteilt.

609 *deines Sultans Herrschaft:* Gemeint ist der Kaiser, der hier mit einem Despoten des Orients verglichen wird.

613 f. *Und schweigend ... Siegel auf:* Qui tacet, consentire videtur, eine alte Rechtsregel, nach der Schweigen als Zustimmung ausgelegt wird.

614 *Siegel:* Stempel zum Abdruck eines Zeichens in Wachs oder Siegellack, auch dieser Abdruck selbst auf einem Schriftstück als Verschluß oder Bestätigung; hier in der Bedeutung von Zustimmung, Bestätigung; von lat. sigillum, ›Bildchen, Figürchen, Siegelabdruck‹.

634 *Zodiak:* Tierkreis, lat. zodiacus.

647–651 *ich erwart ... Rache-Engel:* Wallensteins Fatalismus läßt ihn den Mörder als Werkzeug der Erinnyen vorausahnen.

649 *wer des Drachen Zähne sät:* einer antiken Sage nach säte Kadmos Drachenzähne, aus denen Krieger wuchsen, die einander töteten.

Zweiter Aufzug. Erster Auftritt

664 *Mir meldet er aus Linz:* Die Rede ist von Altringer (vgl. Anm. zu P-21). Die Quellen berichten, daß Wallenstein zunächst Gallas, dann Piccolomini ausgesandt habe, den Abtrünnigen zu verhaften.

Zweiter Auftritt

734 *der feste Stern des Pols:* der Polarstern, der seine Stellung niemals verändert.

761 *der Ohnmacht sich vertrauen:* sich den Zwängen der Notwendigkeit unterwerfen.

779–809 *Schnell fertig ... zurückgezogen:* Wallenstein möchte nicht wie Max von idealen Prinzipien ausgehen, sondern die wirklichen Sachen und Wesen beurteilen. Damit sichert sich der Realist größeren Spielraum zu kasuistischer Inkonsequenz. Den idealistischen Standpunkt (vgl. Anm. zu W-139–222) darf Wallenstein nicht zulassen, weil er davor nicht bestehen kann.

793 *Im leichten Feuer mit dem Salamander:* Bild für die Verstandeswelt (mundus intelligibilis); *Ihr Licht erfreut, doch macht es keinen reich* (W-802). Wallenstein bekennt sich zur Sinneswelt (mundus sensibilis), zur Natur, *zu der Erde zieht mich die Begierde* (W-798). Der geläuterte Wallenstein am Ende hat eine andere Vorstellung vom menschlichen Glück: Vgl. W-3421–30 u. 3454 f.

830 *Meilenzeiger:* Meilenstein. 1 dt. Meile sind 7,5 km; aus lat. milia, urspr. milia passuum, ›tausend Schritt‹.

Dritter Auftritt

850 *der Schwarze:* verhüllend für ›Teufel‹.

873 *Weil er ... taugt er dir:* »Für die Italiener trug Wallenstein eine vorzügliche Neigung. Er hielt sie zum Kriege von Natur sehr geschickt«, berichtet Herchenhahn, II, 20 (nach NA VIII, 495). Vgl. Anm. zu *Welscher* L-788.

897–942 *Es gibt ... niemals wieder:* Die 45 Verse lange Traumerzählung korrespondiert mit Octavios Bericht P-363–370. Der retardierende Monolog zeigt Wallensteins Schicksalsgläubigkeit. Octavios Tapferkeit in der *Lützner Aktion* (vgl. Anm. zu L-356) ist historisch belegt (vgl. Anm. zu *Octavio Piccolomini* Personenverzeichnis »Piccolomini«).

941 *Mein Vetter:* Wallensteins Vetter Graf Berthold wurde bei Lützen verwundet und starb in Prag. In der Schlacht bei Nürnberg wurde das Pferd, auf dem Wallenstein ritt, erschossen.

946 *verbrieft:* urkundlich zugesichert, vgl. etwa den Majestätsbrief P-2089 oder den kaiserl. Brief P-2499.

955 *Mikrokosmus:* griech., ›kleine Welt‹, das Innere des Menschen, vorgestellt als Abbild und Spiegel der großen Welt, des Makrokosmos. In den von Schiller benutzten »Paradoxaldiskursen« von Helmont ist der 2. Hauptteil überschrieben »Von dem Microcosmo oder Menschen als der kleinen Welt«. Vgl. auch die Anm. zu *Geisterleiter* P-978.

Vierter Auftritt

961 *Kommando:* zu bestimmtem Zweck zusammengestellte Truppenabteilung; von ital., span. comando, ›Befehl‹.

970 *meines Kalkuls ... gewiß:* meiner Berechnung gewiß; von frz. calcul, ›das Rechnen‹.

Fünfter Auftritt

989 *Esterhazy, Kaunitz, Deodat:* Ergänzend zu den Deutschen werden Esterhazy als Ungar, Kaunitz als Böhme und Deodat als Italiener genannt.

1002 f. *dies Blatt ... des Kaisers Hand und Siegel:* der kaiserl. Erlaß, den Octavio bereits Max vorgelegt hat, P-2499, vgl. die Anm. dazu.

Sechster Auftritt

1052 f. *die Neigung ... entgegenkam:* Die Worte sind auf P-2168–80 zu beziehen. In der älteren Fassung der Marbacher Handschrift geht Octavio noch weiter und lädt auf dem Bankett den gerade erst in Pilsen eingetroffenen Buttler ein, bei ihm zu wohnen. Buttler dankt kalt.

1081 *Dies Manifest erklärt ihn in die Acht:* unhistorisch, vgl. Anm. zu P-2499. Ein Manifest ist eine öffentliche Erklärung, Rechtfertigung, Darlegung, von lat. manifestus, ›handgreiflich, offenbar‹. Die Ächtung bedeutet Ausschluß aus der Gesellschaft und jedem Rechtsschutz, von ahd. ahta.

1100 *Wie war es mit dem Grafen?:* Die Quellen erzählen die Geschichte mit dem Grafentitel von Illo oder Isolani. Eine frühere Lesart läßt keinen Zweifel daran, daß hier Wallenstein und nicht Octavio Buttler betrogen hat.

1128 *Junker:* junger Adliger, von ahd. juncherro, ›jung‹ und ›Herr‹.

Siebenter Auftritt

1210 *Du steigst durch seinen Fall:* Max urteilt auch hier wieder ganz als Idealist, für den Moralität und persönlicher Vorteil einander ausschließen. Vgl. Anm. zu W-139 bis 222 u. 779–809.

1219 *Meineid:* vorsätzlich falscher Schwur, zu ahd. mein, ›falsch‹.

1251 *Brandmal:* in die Haut gebranntes Schandmal für Verbrecher.

Dritter Aufzug. Erster Auftritt

1287 *Ich hab ihn heut und gestern nicht gesehn:* Der dritte Aufzug spielt demnach 24 Stunden später.

Zweiter Auftritt

1316 f. *Pflicht und Ehre! Das sind vieldeutig doppelsinn'ge Namen:* Diese Auffassung entspricht den Relativierungen Wallensteins von gut und böse W-783 ff.

1352 *eitle Klagen:* leere, nichtige Klagen, vgl. Anm. zu P-1442.

Dritter Auftritt

1376 *Dafür seid ruhig:* Davor habt keine Sorge.

1402–08 *seit dem Unglückstag ... Künsten zu:* Wenn die Herzogin recht hat, hat sich Wallenstein erst in dem Augenblick der Astrologie zugewandt, als ihm sein politisches Schicksal gar zu unberechenbar vorkam.

Vierter Auftritt

1512 f. *meinen Eidam ... Thronen suchen: Eidam:* Schwiegersohn, von ahd. eidum, eigtl. ›Teilhaber (am Erbe durch Heirat)‹. Herchenhahn schreibt: »Beim Lubecker Frieden ließ Wallenstein seine Erbin dem dänischen Prinzen Ulrich zur Gemahlin mit einer Mitgabe anbieten, welche wenige europäische Prinzessinnen mitbringen konnten, und Christian, der König, betrachtete eine solche Verbindung seines Sohnes für vortheilhaft« (II, 55 f., nach NA VIII, 497).

1531 f. *sie ist mir ... Die höchste, letzte Münze:* Vor solcher Geringschätzung des Menschen (vgl. W-1434 f.) kann die bedingungslose Liebe nur als Tollheit (W-1499) erscheinen. Wallensteins Werben um Maxens Freundschaft (W-2166) kann danach nur noch als widersprüchlich oder falsch empfunden werden.

1549 *Herzog Franz von Lauenburg:* historisch nicht Franz, sondern dessen Bruder Julius Heinrich, Herzog von Sachsen-Lauenburg, begleitete Wallenstein von Pilsen nach Eger.

Sechster Auftritt

1579 *Grenadiere:* mit Handgranaten ausgerüstete Soldaten, ›Granatenwerfer‹, zu frz. grenade, ›Granatapfel, Granate‹. Diese Art des heutigen Infanteristen gibt es erst seit dem 18. Jh. Hier sind die *Arkebusiere* gemeint, vgl. Anm. zum Personenverzeichnis des »Lagers«.

Siebenter Auftritt

1608 *der Lärmen:* der Lärm, von ital. allarme, frz. alarme, meinte urspr. den Ruf zu den Waffen (vgl. Alarm). Hier ist die alte Endung von frühnhd. larman, lerman, erhalten geblieben.

1620 *Fahr hin! Ich hab auf Dank ja nie gerechnet:* Das wäre von einem Realisten konsequent gedacht. Wallensteins Reden gegenüber Max und Oberst Buttler zeigen aber, daß der Realist doch mit den idealistischen Maximen anderer spekuliert und sich nur dann selbstbetrügerisch auf den idealistischen Standpunkt stellt, wenn ihm ein anderer Realist mit gleicher Münze heimzahlt. In der »Geschichte des Dreißigjährigen Kriegs« schreibt Schiller: »Im Begriff, ein nie erlebtes Beispiel des Undanks gegen den Schöpfer seines Glücks aufzustellen, baute er [Wallenstein] seine ganze Wohlfahrt auf die Dankbarkeit, die man an i h m beweisen sollte.«

1639 *Ein muntrer Sinn bewegt die leichten Säfte:* Anspielung auf die mittelalterliche Temperamentenlehre, die Wesen und Gemütsverfassung des Menschen auf die Säfte in seinem Körper zurückführte.

Neunter Auftritt

1668–87 *Die Sterne ... solche Waffen:* Jetzt, wo Wallenstein bösen Wechselfällen des Schicksals ausgesetzt ist, wo die Folgen realistischer Kasuistik und moralischer Relativierungen (vgl. W-779–809) ihn selbst treffen, urteilt er wie Max, spricht er von falschen, schlechten oder geraden Herzen, als gäbe es auch für ihn unbedingte ethische Maßstäbe.

Zehnter Auftritt

1689 *Komm an mein Herz:* Wenn sich der Held wie hier noch in völliger Sicherheit wiegt, während der Zuschauer bereits das unabwendbare Verhängnis über ihm sieht, spricht man von tragischer Ironie. Solche Momente der tragischen Ironie treten von nun an immer häufiger auf.

1716 *Graf Kinsky:* Nach dem »Ausführlichen und gründlichen Bericht« ist es Terzky, der mit seinen Truppen von Pilsen nach Prag aufbrechen will und von der Nachricht überrascht wird, »daß Ihr Kay. May. Patenta vnterm des 18. February ... cassirt, der Friedlandt exautorirt, und für einen maineydigen Rebellen declarirt« worden ist.

1738 f. *Ihr selbst ... seid geächtet:* Den Quellen nach erreicht die Ächtung Wallenstein erst in Eger.

Elfter Auftritt

1759 *der Pfalzgraf:* der Winterkönig, vgl. Anm. zu P-2058.

Dreizehnter Auftritt

1786 *Harnisch:* Brustpanzer, Rüstung.

1786–1824 *Du hast's erreicht ... zu erobern:* In tragischer Verblendung findet Wallenstein zu seiner alten Entschlußkraft und Seelengröße zurück. In der »Geschichte des Dreißigjährigen Kriegs« heißt es: »Einsam steht er da, verlassen von allen, denen er Gutes tat, verraten von allen, auf die er baute. Aber solche Lagen sind es, die den großen Charakter erproben. In allen seinen Erwartungen hintergangen, entsagt er keinem einzigen seiner Entwürfe; nichts gibt er verloren, weil er sich selbst noch übrigbleibt.«

1787 f. *als ich einst Vom Regenspurger Fürstentage ging:* unhistorisch; Wallenstein war selbst nicht auf dem Fürstentag.

Fünfzehnter Auftritt

Honneurs: frz., ›Ehrenerweisungen‹.

1833 *Von Hessischen umringt:* Truppen des Landgrafen Wilhelm, der auf Gustav Adolfs Seite focht.

1839 *Altenberg:* die Alte Veste bei Nürnberg, vgl. P-1036 und Anm. dazu sowie W-1920 *jene Mordschlacht auf der alten Feste.*

1846 *Oberst Dübald:* Der Name taucht nicht in den Hauptquellen auf; das »Theatrum Europaeum« berichtet von seiner Gefangennahme in der Schlacht bei Steinau.
1922 *Partisan':* spießartige Stoßwaffe mit zweischneidiger, spitzer Klinge, frz. pertuisane, ›Knebelspieß‹.
1924 *Pfühl:* weiches Lager, Ruhebett; von ahd. pfuilwi(n), lat. pulvinus, ›Polster, Kissen‹.
1934 *dieser kaiserliche Jüngling:* König Ferdinand von Ungarn, vgl. Anm. zu L-713 u. P-208.
1983 *Papist:* Anhänger des Papstes, Katholik.
1988 *Er muß zerhauen werden:* Anspielung auf die Lösung des Gordischen Knotens durch Alexander den Großen, dem sich Wallenstein damit gleichstellt.

Siebzehnter Auftritt

2022 *Scherfenberg:* Wallensteins Oberhofmeister.

Achtzehnter Auftritt

2110 *Basilisken:* von ›Basiliscus‹, dem auf Bäumen lebenden Leguan in Mittel- und Südamerika. Als schlangenhaftes Fabeltier der oriental. Sage hat der Basilisk einen tödlichen Blick.
2143 *im pragschen Winterlager:* November 1620, bei der Schlacht am Weißen Berg.
2172 *Gnadenkettlein:* Vgl. Anm. zu L-73.
2173 *Widderfell:* das Goldene Vlies; der griech. Sage nach ein von einem Drachen bewachtes Widderfell, das von Jason mit Hilfe Medeas aus Kolchis nach Griechenland zurückgeholt wird; dann einer der ältesten europäischen Orden, der 1429 gestiftet wurde und seit dem 18. Jh. von österreichischen und spanischen Herrschern an katholische Standesherren und Souveräne verliehen wurde.

Neunzehnter Auftritt

2201 *Kettenkugeln:* ein Geschoß aus mehreren Kugeln, die durch Ketten zusammengehalten werden.

Zwanzigster Auftritt

2251 *Den Schuß ... Auf diesen Neumann:* Neumann fiel in der Mordnacht in Eger; dieser Aufruhr in Pilsen ist unhistorisch.

2267 *Altan:* unterstützter, balkonartiger Vorbau am oberen Geschoß eines Hauses; von ital. altana.

Einundzwanzigster Auftritt

2322 *die Erinnyen:* griech.-mythologische Rachegöttinnen, lat. die Furien.

2334 *... sie die Schauder ...:* die Schauder sind Subjekt, das Pronomen Objekt des Satzes: die Schauder der Natur rächen die freien Regungen der Gastlichkeit an dem Barbaren, der sie schändet.

2358 f. *mein Schicksal Wird bald entschieden sein:* In den Auftritten 9 bis 14 des vierten Aufzugs werden Plan und Schicksal Theklas nicht eindeutig geklärt; daher die Anfragen des Publikums an Schiller, was aus Thekla geworden sei, und als Antwort Schillers Gedicht »Thekla. Eine Geisterstimme«, vgl. Kap. II, 3.

nach 2359 *»Vivat Ferdinandus!«:* Losungswort und Kampfruf der Verschworenen in Eger; vgl. den »Ausführlichen und gründlichen Bericht« Kap. III, 2c und Murrs »Beiträge« Kap. III, 4b.

Dreiundzwanzigster Auftritt

2371 *wir verlassen Pilsen:* Wallenstein fühlt sich unter den kaisertreuen Truppen nicht mehr sicher und möchte den Schweden näher sein. Im »Ausführlichen und gründlichen Bericht« heißt es, Wallenstein habe »bey solcher Confusion und vnversehener Veränderung sein voriges Propositum, sich nacher Prag zu begeben, auch nothwendig einstellen müssen, und dargegen die Stadt Eger erwehlet«. Herchenhahn berichtet, Wallenstein reiste »mit der Kammer und seiner Hofstatt ganz allein, und nur in der Begleitung des Dragonerregiments Buttler, mit 600 Pferden eines Kavallerieregiments Tersika ... und einigen Damen« (III, 256, nach NA VIII, 499).

Vierter Aufzug

Die Darstellung der Ereignisse in Eger folgt den Quellen (vgl. den »Ausführlichen und gründlichen Bericht« und Murrs »Beiträge« in Kap. III). Allerdings verändert Schiller die Akzente der Rollen. Leßley tritt den Quellen gegenüber in den Hintergrund, dafür wird Buttler herausgestellt (vgl. Schillers Brief an Goethe vom 7. März 1799, Kap. IV, 10). Gordon, der historische Kommandant von Eger, war ein Günstling Wallensteins und den Quellen nach nur schwer für den Anschlag zu gewinnen. Über seine Rolle im Drama schreibt Schiller am 24. Dezember 1798 an Iffland: »... ein gutherziger fühlender Mann von Jahren, der weit mehr Schwäche als Charakter hat [...]. Er muß aber in guten Händen seyn, denn er nimmt an den wichtigsten Scenen theil, und spricht die Empfindung, ich möchte sagen, die Moral des Stücks aus.«

Erster Auftritt

2439 *Rechen:* Fallgitter im Tor der Festung.

2441 *Laren:* Schutzgeister von Haus und Familie in der röm. Mythologie.

Zweiter Auftritt

2499 f. *Es darf der Fürst ... Aus diesem Platz:* Die urspr. Absicht der Verschworenen war es, Wallenstein gefangenzunehmen. Buttler schließt sich hier aus taktischen Gründen vorerst diesem Plan an.

2510 *Schergen:* heute käufliche Befehlsvollstrecker, früher, bes. im Bairisch-Österreichischen, Bezeichnung für Gerichtspersonen vom Amtsvorsteher bis zum Henker; von mhd. scherje, ahd. scario, scerjo, ›Scharmeister, Hauptmann‹.

2520 *Vom Staube ... aufgelesen:* Nach Herchenhahn war es Gordon, den Wallenstein vom gemeinen Soldaten zum Oberst erhoben hat. Schiller überträgt dies auf Buttler und verbindet Gordon und Wallenstein durch das Motiv der Jugendfreundschaft.

2545 *Pagen waren wir am Hof zu Burgau:* Wallenstein war tatsächlich Page im Dienste des Markgrafen von Burgau im bayrischen Schwaben, aber nicht in Burgau, sondern in Innsbruck. Die Gemeinsamkeit mit Gordon ist erfunden.

2560 *wo er zwei Stock hoch niederstürzte:* Murr berichtet diese Episode: »Als er 1604 von einem hohen Fenster herabstürzte, ohne Schaden zu nehmen, entschloß er sich, durch Hofleute und Pfaffengeschwätze dazu aufgemuntert, die päpstliche Religion anzunehmen. Von dieser Epoche an muß man die Entwickelung von Wallensteins Talenten anfangen.«

Dritter Auftritt

2580 *Ihr führt den halben Adler:* Wappen und Erklärung nahm Schiller aus Merian, »Topographia Bohemiae«, Frankfurt a. M. 1650.

2585 *Der untre Teil ist kanzelliert:* kanzellieren heißt, Geschriebenes mit sich gitterförmig kreuzenden Strichen ungültig machen; von lat. cancelli, ›Gitter, Schranken‹, vgl. engl. to cancel.

2597 *Meßbuch oder Bibel:* Symbole für die katholische und die protestantische Konfession.

2599 f. *In Glogau ... erbauen lassen:* Wallensteins Abneigung gegen die Jesuiten und der Bau der evangelischen Kirche zu Glogau in Schlesien sind historisch.

2602 *Pachhälbel:* der historische Name des Bürgermeisters, bei dem Wallenstein früher einmal zu Gast war. Im Winter 1634 wohnte Wallenstein im Hause eines anderen Pachhälbel. Auf einer Reise nach Karlsbad 1791 hatte Schiller das Haus besichtigt.

2608 *Die spanische Doppelherrschaft:* die Habsburger in Österreich und Spanien.

2611 *drei Monde:* Lufterscheinung, sog. Nebenmonde.

2616 *Zwei Reiche:* Österreich und Spanien, vgl. V. 2608 f.

2619 *Ein starkes Schießen war ja diesen Abend:* eine chronologische Inkonsequenz, denn Max ist am Vortag gefallen und wurde bereits am Morgen d i e s e s Tages bestattet (W-3062).

2624 *Neustadt ... Weiden:* in der bayerischen Oberpfalz.

2631 *An den Werken:* an den Festungswerken.

2634 *Pasteien:* Basteien, vorspringende Teile eines Festungsbaues, Bastionen, Bollwerke, von ital. bastia.

Vierter Auftritt

2648 *Tirschenreit:* Tirschenreuth, zwischen Eger und Neustadt.
2650 *Tachau:* nordöstl. von Neustadt.
2660 *Suys:* Vgl. Anm. zu P-1196; Oberst Suys stand damals bei Prag.

Fünfter Auftritt

2663 *Ein Reitender ist da:* Die Ankunft des Boten mit der Nachricht vom Heranrücken der Schweden führt in den Quellen zu dem Entschluß der Verschwörer, Wallenstein umzubringen.

Sechster Auftritt

2692 *worden:* präfixlose Partizipialform von ›werden‹, die seit dem frühen Nhd. und vereinzelt bis ins 19. Jh. neben ›geworden‹ steht.

Siebenter Auftritt

2779 *Wir wollen eine lust'ge Faßnacht halten:* Nach Murr war der 25. Februar 1634 der Fastnachts-Sonnabend; vgl. Kap. III, 4b.
2781 *Avantgarde:* frz., Vorhut; vgl. *Vortrab* W-3021.
2827 *das Wort:* die Losung, die Parole.

Achter Auftritt

2859–62 *Gerechnet hat er ... Zirkel fallen:* Anspielung auf Archimedes von Syrakus, den griech. Physiker und Mathematiker aus dem 3. Jh. v. Chr., der von Soldaten getötet wurde, als er gerade Berechnungen anstellte. »Nolite turbare circulos meos!« – Bringt mir meine Zeichnungen nicht durcheinander, sollen seine letzten Worte gewesen sein.
nach 2914 Der achte Auftritt schloß ehemals mit einem 28 Verse langen Monolog, in dem Buttler, von dem Motiv seiner persönlichen Rache an Wallenstein ablenkend, sich als Werkzeug des Schicksals darstellt (Textabdruck Kap. II, 2). Auf Körners Rat (Brief vom 9. 4. 99) hat Schiller die schwachen Verse gestrichen.

Neunter Auftritt

2965 *ungleich:* unbillig, ungerecht.

Zehnter Auftritt

3018–72 *Wir standen . . . er wollte sterben:* Das Treffen ist eine Erfindung Schillers. In Georg Engelsüß, »Weimarischer Feldzug«, Frankfurt a. M. 1648, wird berichtet, daß zehn kaiserl. Regimenter unter der Führung des Feldmarschalls Piccolomini aus Böhmen nach Bayern eingefallen seien und die Stadt Weiden zum Kampf aufgefordert hätten. Schiller hatte die Quelle der Weimarer Bibliothek entliehen. Ludwig von Wolzogen berichtet in seinen Memoiren über die Entstehung des Botenberichts: »Er [Schiller] verlangte, ich solle ihm ein treues Bild von einer Schlacht des Dreißigjährigen Krieges liefern, damit er aus dieser Beschreibung die Grundfarben zur Schilderung des Todes von Max Piccolomini entlehnen könne; als ich ihm aber mit Kartaunen, Kolubrinen und Bombarden kam, da schlug er die Hände über dem Kopfe zusammen und rief: ›Wie können Sie nur verlangen, daß ich eine Szene, welche den höchsten tragischen Eindruck auf die Zuschauer zu machen berechtigt ist, mit so viel Knall und Dampf anfüllen soll?! Max kann nicht durch eine Kugel enden; auch muß sein Tod nur erzählt, nicht dargestellt werden, ähnlich wie Theramen in der ‚Phädra' Hippolyts Ende berichtet!‹ – [. . .] ›Max darf nicht durch Feindes Hand, er muß unter dem Hufschlag seiner eigenen Rosse an der Spitze seines Kürassierregiments des Todes Opfer werden!‹ – und so entstand die herrliche Erzählung des schwedischen Hauptmanns, die wir heute alle noch mit Bewunderung lesen.«

3037 *Piken:* Langspieße, Stoßwaffe des Fußvolks.

3043 *Helmbusch:* Federschmuck auf dem Helm.

Elfter Auftritt

3121 *Kavalier:* frz. cavalier, ›Reiter, Ritter‹, Ehrenbegleiter, der Stallmeister Rosenberg (W-3154).

Dreizehnter und vierzehnter Auftritt

Diese beiden Auftritte, die ein wohltuendes Abschwellen bringen sollen, wurden bei der Uraufführung gestrichen. Goethe: »Wie sie fortkommt, bleibt immer der Phantasie überlassen« (18. März 1799).

Fünfter Aufzug. Erster Auftritt

Vgl. die Darstellung im »Ausführlichen und gründlichen Bericht«, Kap. III, 2c.

3207 f. *Wer ist Gut kaiserlich?:* Die Losung stammt aus Herchenhahns Darstellung. Im »Ausführlichen und gründlichen Bericht«, in Murrs »Beiträgen« und in der »Geschichte des Dreißigjährigen Kriegs« heißt es *Vivat Ferdinandus* wie nach W-2359, vgl. auch W-3224 *Es lebe der Kaiser!*

3212 f. *Deveroux ... Macdonald:* Hauptmann Deveroux ist in den Quellen der eigentliche Mörder; Macdonald wird ebenfalls, aber nur beiläufig genannt.

Zweiter Auftritt

3239 *Soldaten der Fortuna:* Soldaten der Glücksgöttin (vgl. Anm. zu L-421). Im »Ausführlichen und gründlichen Bericht«: »Darauff seye jhme geantwortet, daß sie zwar Soldaten von der Fortuna weren, [...] allein stundte jhnen gleichwol noch im weg jhr Juramentum, welches sie Ihrer Kay. May. geleist hetten.«

3245 *fahen:* zu Schillers Zeit gebräuchliche Nebenform zu ›(ein)fangen‹ (mhd. vâhen).

3251 *eine guldne Gnadenkett':* Vgl. Anm. zu L-73; vgl. auch die im »Ausführlichen und gründlichen Bericht« von Illo ausgemalte Knauserei des Hauses Österreich, Kap. III, 2c.

3253 *splendid:* freigebig, großzügig; von lat. splendidus, ›herrlich, prächtig‹; zu splendere, ›glänzen‹.

3265 f. *Du hast ... auf dir liegen:* Du hast schon 30 Morde auf dem Gewissen.

3268 *Jurament:* Eid, vgl. das lat. Wort in der Quelle, Anm. zu W-3239.

3280 *Ich bin ... dich:* Der Papst als oberstes Kirchenhaupt hatte die Gewalt, auch von den allerschwersten Sünden loszusprechen.

3282 *schickt mir Pestalutzen:* nach dem »Ausführlichen und gründlichen Bericht« der Hauptmann eines Terzkyschen Regiments.

3336 *Er ist nicht zu verwunden, er ist fest:* der alte Aberglaube, Wallenstein sei kugelfest, vgl. L-355 *daß er fest ist, das ist kein Zweifel.* Herchenhahn berichtet: »In der kaiserlichen Armee herrschte zu dieser Zeit beim gemeinen Mann das Vorurtheil, sich fest und unverwundbar zu machen, und die Offiziere stärkten ihn im unvernünftigen Wahn« (I, 254 f., nach NA VIII, 502).

3344 *Bruder Dominikaner:* Mönch des Dominikaner-Ordens, 1216 von Dominikus gegründet, späterer Hauptträger der Inquisition, Bettelmönche in weißen Röcken und schwarzen Mänteln mit Kapuzen.

3352 *die ersten Runden:* der nächtlich umgehenden Wache.

3355 *Hartschiers und Garden:* der Hartschier oder Hatschier war urspr. ein berittener Bogenschütze, von ital. arciere, ›Bogenschütze‹, später ein Leibwächter mit Hellebarde wie die Garde, frz., ›Bewachung, Bewahrung‹.

3367 *Komitat:* Begleitung, Gefolge; von lat. comitatus, zu comes, ›Begleiter‹.

3369 *Er haßt Geräusch:* Vgl. Anm. zu L-611 f.

3385 *ehrlich:* nicht von Henkershand.

Dritter Auftritt

Ein Saal, . . . eine Galerie . . . die sich weit nach hinten verliert: Schneider (NA VIII, 502) weist auf das Angsttraumhafte der endlosen Öde des engen Ganges. Tatsächlich ist die Szene den Angstträumen Franz Moors verwandt.

3406 *Am Himmel ist geschäftige Bewegung:* Aufkommender starker Wind in der Mordnacht ist historisch belegt. Die Szenen tragen Züge der Mordnacht in Shakespeares »Macbeth«, den Schiller zuvor gelesen hatte.

3411 *Kassiopeia:* W-förmiges Sternbild in der Milchstraße, benannt nach einer Gestalt der griech. Sage.

3418 *Du wirst ihn wiedersehn:* Die Gräfin denkt an Jupiter, Wallensteins Glücksstern. Wallenstein denkt an Max und weist die Worte der Gräfin als romantische Todesverklärung zurück. »Wir werden uns wiedersehen«, ein Motiv aus Goethes »Werther« (Brief vom 10. 9. 1771), war im ausgehenden 18. Jh. zu einem sentimentalen Schlagwort geworden.

3422 f. *spinnt Das Schicksal:* abgeleitet von dem Mythos der drei Parzen, die den Schicksalsfaden spinnen.

3446–51 *Er machte mir das Wirkliche ... Gestalten:* Rückerinnernd sieht und anerkennt Wallenstein die Schönheit der idealistischen Denkweise, die er zuvor (II, 2) als leere Phantasterei zurückgewiesen hatte.

3471 f. *mit deiner ersten Gemahlin:* Lucretia Nekesch von Landeck, vgl. Anm. zu *Herzogin von Friedland* im Personenverzeichnis »Piccolomini«.

3477 f. *die Kartause Zu Gitschin:* das Kartäuserkloster zu Waltitz bei Gitschin, von dem Murr berichtet.

3491 *Was man vom Tod des vierten Heinrichs liest:* Die Geschichte von der Ermordung König Heinrichs IV. von Frankreich durch den Jesuiten Ravaillac findet sich in der »Sammlung Historischer Memoires«, die unter Schillers Namen erschien.

3495 *Louvre:* Königspalast in Paris.

3497 *der Gattin Krönungsfest:* Am Tage vor der Ermordung Heinrichs IV. (14. 5. 1610) fand die feierliche Krönung seiner Gemahlin statt.

Vierter Auftritt

3533 *im Krieg von Friaul:* 1617 im Krieg gegen Venedig, bei Herchenhahn »friaulischer Krieg«.

3537 *glaubig:* veraltet für ›gläubig‹.

3556 *Port:* lat., Hafen.

3564 *über meinem braunen Scheitelhaar:* im Gegensatz zu *diesem greisen Haupte*, W-1918; Wallenstein bildet sich die Realitäten nach Zweck und Vorstellung.

3588 *Typhon:* im griech. Mythos Sohn der Gäa von Tartaros, ein Riese mit hundert Schlangenköpfen, der Zeus die Weltherrschaft streitig machte, bis dieser ihn mit dem Blitz bezwang. Später mit dem ägypt. Gott Seth identifiziert.

Fünfter Auftritt

Die astrologische Besprechung Wallensteins mit Seni kurz vor der Ermordung wird in allen Quellen bezeugt und in einem ähnlichen Sinne wie hier ausgemalt.

3621 f. *Dies schwed'sche Bündnis hat Dir nie gefallen wollen:* Herchenhahn schreibt: »Merkwürdig ist es, daß Seni dem Friedland nie zur Untreue gegen den Kaiser geraten hat, sondern abriet« (II, 38, nach NA VIII, 503).

Siebenter Auftritt

3732 *Freund! Jetzt ist's Zeit, zu lärmen!:* so bereits bei Murr und in der »Geschichte des Dreißigjährigen Kriegs«.

Zehnter Auftritt

3774 *Bedienter (Silbergerät tragend):* Murr berichtet, daß in der Verwirrung die Dienerschaft zu plündern begann und »viel Silbergeschirr« mitgehen ließ.

Elfter Auftritt

mit Hellebardierern: Männer mit Hellebarden, Hieb- und Stoßwaffen mit langem Schaft und Beil und Haken vor der eisernen Spitze; mhd. helmbarte, zu Helm, ›Handhabe‹, und Barte, ›Beil‹.

in einem roten Teppich: Vgl. die Vorausdeutung *Das ist der rote Teppich meines Zimmers*, W-3510. Vgl. Murr: »Buttler und Lesley [. . .] liesen den Leichnam Wallensteins in einen rothen Fußteppich, der vor dem Bette lag, einwickeln.«

3783 *Ich hebe meine Hand auf:* ich schwöre.

3788 *Meuchelmord:* von ›meucheln‹, heimtückisch ermorden, mhd. muchen, ahd. muhhon, ›aus dem Hinterhalt anfallen, sich verbergen‹, verwandt mit ›mogeln‹.

3811 *stehnden Fußes reis ich ab nach Wien:* Vgl. in Murrs »Beiträgen« (Kap. III, 4b) Buttlers Ernennung zum Grafen und die übrigen Belohnungen der Mörder durch Kaiser Ferdinand II.

Zwölfter Auftritt

3867 *Dem Fürsten Piccolomini:* Octavio Piccolomini wurde nicht 1634, sondern erst 1639 gefürstet. Es ist Schillers Einfall, die Ernennung in Zusammenhang mit Wallensteins Ermordung zu bringen. Goethe schreibt darüber am 18. März 1799: »Der Schluß des Ganzen durch die Adresse des Briefs erschreckt eigentlich, besonders in der weichen Stimmung, in der man sich befindet. Der Fall ist auch wohl einzig, daß man, nachdem alles, was Furcht und Mitleiden zu erregen fähig ist, erschöpft war, mit Schrecken schließen konnte.«

II. Entwürfe, Varianten, Paralipomena

Zu Schillers »Wallenstein« liegen außer den Varianten der Handschriften, von denen die Marbacher Handschrift die aufschlußreichste ist, keine Entwürfe vor. Den Stoff der Dramentrilogie hatte sich Schiller bereits weitgehend in den Jahren 1789 bis 1793 für seine erzählende Darstellung der »Geschichte des Dreißigjährigen Kriegs« erarbeitet (vgl. dazu Kap. III, 4a).

1. Die wichtigsten Handschriften und Drucke

»Wallensteins Lager« wurde am 12. Oktober 1798 uraufgeführt, »Die Piccolomini« am 30. Januar 1799 und »Wallensteins Tod« am 20. April desselben Jahres. Dem ersten Druck der Trilogie, der Ende Juni 1800 bei Cotta in Tübingen erschien, gingen verschiedene Handschriften voraus.
Da ist zunächst die Weimarer Handschrift (h). Diese älteste der Handschriften enthält »Wallensteins Lager« und eine später gestrichene astrologische Szene mit Wallenstein und Seni am Anfang von »Wallensteins Tod« (s. unter 2. Varianten). Der Prolog fehlt. Auf dem Titelblatt heißt es: »Wallensteins Lager. Ein Vorspiel in Einem Akt.« Schiller setzte eigenhändig dazu: »zu den zwey Schauspielen Die Piccolomini und Wallenstein.« Der Text enthält eine kleine Korrektur durch Schillers Hand (auf S. 40); dem letzten Vers folgt Schillers Unterschrift. – Man nimmt an, daß die Weimarer Handschrift eine Reinschrift ist, die durch viele Verbesserungen in Schillers Arbeitsmanuskript kurz vor der ersten Aufführung nötig geworden war. (Ein zweites Exemplar dieser Handschrift ist wahrscheinlich später verbrannt.)
Die Marbacher Handschrift (h^1) enthält das »Lager«, »Die Piccolomini« und die ersten drei Verse von »Wallensteins Tod«. Die Striche und Änderungen an den »Piccolomini« zeigen, daß Schiller hier kein fertiges Bühnenmanuskript bearbeitete, sondern vorerst noch um den Text selbst rang. Im Gegensatz zu den 38 durchnumerierten und einheitlichen Quartblättern des »Lagers« sind die »Piccolomini« aus drei Teilen zusammengewachsen: Der erste

Teil, Bl. 1–33, reicht bis zum Schluß des 2. Aktes (nach heutiger Einteilung), der zweite Teil, Bl. 1–16, enthält den 3. Akt; der dritte Teil, Bl. I–XVIII, bringt die Akte 4 und 5. Durch die Verwendung verschiedener Papierarten werden drei Schichten der Entstehung erkennbar, die sich verschiedentlich überschneiden. Der gute Einblick, den man dadurch in Schillers Arbeitsweise bekommt, steigert den Wert und die Bedeutung der Marbacher Handschrift.

Die ehemals Stuttgarter Handschrift (h^2) von »Wallensteins Lager«, »Piccolomini« und »Wallensteins Tod« (jetzt in der Staatsbibliothek in Berlin) bietet, bis auf wenige Abweichungen, den Text des Erstdrucks. Schiller milderte in dieser Bühnenbearbeitung eigenhändig belanglose Ausfälle gegen das österreichische Kaiserhaus in der vergeblichen Hoffnung, das Werk damit dem Stuttgarter Hoftheater annehmbar zu machen.

Das Berliner Bühnenmanuskript (h^3) von den »Piccolomini« und »Wallensteins Tod« (aber ohne das »Lager«) war die Grundlage der Berliner Erstaufführung unter Iffland am 18. Februar 1799.

Der Weimarer Gymnasialdirektor und Rezensent Karl August Böttiger ließ sich nach der zweiten Vorstellung des »Lagers« in Weimar heimlich eine Abschrift des Textes anfertigen. Böttigers Handschrift (h^4, im Germanischen Nationalmuseum in Nürnberg) enthält über das »Lager« hinaus auch Teile jener alten »Piccolomini«-Fassung der Marbacher Handschrift. Die in seinem Manuskript fehlenden Szenen der »Piccolomini« ersetzte Böttiger durch kurze Inhaltsangaben. Auf das Titelblatt vermerkte er mit roter Tinte über das »Lager«: »Schiller hatte das Stück schon als Prolog seit zwei Jahren fertig u. gab die Reiterlieder am Ende schon im Musenalmanach von 1798. Da es aber jetzt zu einem eigenen Stücke bearbeitet wurde, hat Göthe manchen genialischen Zug hinzugefügt. Was in diesem Mscte mit rother Dinte angestrichen ist, kann ohne Bedenken für einen Göthischen Zusatz gelten.« Böttiger kennzeichnete die Verse 71, 122–125, 256–266, 429–454 sowie die ganze Kapuzinerpredigt, V. 484–624. (Nach NA VIII, 413.)

Am 23. August 1799 sandte Schiller eine Abschrift des »Lagers« und am 16. Oktober 1799 Abschriften der »Piccolomini« und des »Wallenstein« an Cotta, der die Manuskripte dem englischen Verleger Bell angeboten hatte. Ohne den vereinbarten Preis von 60 £ zu bezahlen, verkaufte Bell die Manuskripte an Longman & Rees weiter. Dieser Londoner Verlag beauftragte den Dichter Samuel Taylor Coleridge mit der Übersetzung der Trilogie. Ferdinand Freiligrath hat die Übersetzungsvorlagen zu den »Piccolomini« und zu »Wallensteins Tod« in England aufgespürt. Die »Piccolomini« sind wieder verschollen, erhalten blieb das Harvard-Manuskript von »Wallensteins Tod«. Es trägt die Aufschrift: »Dieses Schauspiel ist nach meiner eigenen Handschrift copiert und von mir selbst durchgesehen, welches ich hiemit attestiere. Jena, 30. September 1799. Fridrich Schiller.« Die Varianten, meist Erweiterungen der Regiebemerkungen, finden sich im »Harvard Library Bulletin« (XI, 3, 1957, S. 319–345).

Eine wichtige Handschrift, die allerdings dem Erstdruck zeitlich nicht mehr vorausgeht, sondern folgt, ist das Hamburger Theatermanuskript[1]. Es entstand vermutlich im Frühjahr 1802, nachdem der Hamburger Theaterdirektor Jakob Herzfeld Schiller bereits am 22. Dezember 1801 um einen einteiligen »Wallenstein« für eine Aufführung im Sommer 1802 gebeten hatte.[2]

Das Manuskript unbekannter Schreiberhand mit Zusätzen von Schiller besteht aus zwei Bänden. Band 1 trägt den Titel: »Die Piccolomini in fünf Aufzügen von Schiller« und darunter in anderer Schrift: »Für die Vorstellung abgekürzt von dem Verfasser«. Band 2 hat die Aufschrift: »Wallenstein. Trauerspiel in fünf Aufzügen von Schiller«. Entgegen den Bandaufschriften sind die zehn Aufzüge auf deren fünf reduziert; auch »Prolog« und »Lager« fehlen. Textgrundlage des Bühnenmanuskripts ist die erste Druckfassung von 1800. Über die Akzentverschiebung in der um 35,5 % kürzenden Handschrift unterrichtet Karl S. Guthke (geb. 1933): »Zusammengerechnet stellt sich das Verhältnis der Hamburger Bühnenfassung zu den Vorstufen der Druckfassung folgendermaßen dar: von den in den ›Piccolomini‹ fehlenden 562½ Versen fehlten schon 410¾ in h^2 bzw. wurden dort gestrichen; und zwar entsprechen 209¼ der dort ausgelassenen Verse *genau* späteren Einschüben. (Der Vergleich mit

1. Die Lesart dieser Handschrift, die Hans Heinrich Borcherdt bei einer Suchaktion für die Nationalausgabe zutage brachte, konnte im Apparat zu NA VIII nicht mehr aufgenommen werden.
2. Vgl. Kap. V, 7.

h², der Stuttgarter Bühnenhandschrift, bietet sich besonders an, weil mit dieser Version die meisten Übereinstimmungen vorliegen; doch haben in den meisten Fällen auch h³, h⁴ sowie F und C Übereinstimmungen.) Von den 950½ im ›Tod‹ fehlenden Versen standen schon 126⅓ nicht in h², und 73 gestrichene Zeilen entsprechen wiederum *genau* nachträglichen Zusätzen für die Buchfassung.*

Nur die sinnhaltigsten dieser Kürzungen können hier angedeutet werden, da es uns vornehmlich um die bedeutungsmäßige Veränderung des Dramas zu tun ist.

In keinem Falle sind ganze Handlungszweige, die sich zu dem vielfältigen dramatischen Weltgefüge des ›Wallenstein‹ zusammenflechten, ausgelassen. Auch fehlen kaum ganze Szenen; an umfänglicheren zusammenhängenden Textstücken von eigener dramatischer Geschlossenheit werden nur die folgenden übersprungen: Theklas Gesang ›Der Eichwald brauset, die Wolken ziehn‹ (Pic., v. 1757–1766), fast die ganze Kellermeisterszene (Pic. IV, 5: v. 2045–2047, 2052 bis 2118, 2126–2140), der Monolog der Gräfin Terzky in Tod III, 11 (›Nein, ich kanns länger nicht – wo sind sie . . .‹) sowie der anschließende, vom Sinnganzen her leicht entbehrliche häusliche Auftritt, in dem der Herzogin der wahre Sachverhalt über den Zwist Wallensteins und des Kaisers eröffnet wird, ferner die Bürgermeisterszene in Eger (Tod IV, 3: v. 2579–2618), schließlich die ganz überflüssige Stallmeisterszene (Tod IV, 13) wie auch die beiden folgenden Auftritte. Andere Szenen sind stark gekürzt, namentlich in den beiden letzten Akten von ›Wallensteins Tod‹. [. . .]

Die kleineren Streichungen betreffen häufig weniger das rein Pragmatische als die Kräfte, aus denen sich die innere Verlaufsform des Dramas zu einer Sinnstruktur zusammenfügt. Sie sind daher weit wichtiger als die Auslassung ganzer Szenen. Direkt oder indirekt werfen sie immer ein Licht auf die Zentralfigur Wallensteins. Als einen ›phantastischen Geist, der von der einen Seite an das Große und Idealische,

* Diese Aufstellungen nach dem Lesartenapparat in der Nationalausgabe (die Hamburger Bühnenfassung wird dort jedoch *nicht* einbezogen). Auch einige geänderte Regiebemerkungen sowie einige Änderungen im Text stellen eine Wiederherstellung früherer Lesarten dar. Auch die bereits erwähnte Streichung in der Prosa des Eides kommt einer Rückkehr zu den Fassungen h², h³, F und C gleich (F bedeutet Bruchstücke der Übersetzungsvorlage Coleridges, die F. Freiligrath 1861 in ›The Athenaeum‹ veröffentlichte).

von der andern an den Wahnsinn und das Verbrechen grenzt‹ hat Goethe – neuere detailliertere Forschungsergebnisse vorwegnehmend – den Friedländer in Schillers Gestaltung gekennzeichnet.* In der Hamburger Bühnenfassung mildert Schiller nun das Verbrecherische in der komplexen Wesensstruktur Wallensteins nicht im geringsten, während viele Kürzungen andererseits nur als bewußt gewollte Abstriche von Wallensteins Größe und Idealität, seiner positiven Seite, und als Aufhebung entlastender Motive zu verstehen sind. Freilich werden die helleren Züge in dem schwankenden Charakterbild nicht *ganz* getilgt zugunsten einer ehrgeizigen, selbstsüchtigen Machtmenschennatur, sondern nur verringert, allerdings beträchtlich. Wir werden später sehen, welche Bedeutung das für das veränderte Bild der Welt in dieser letzten ›Wallenstein‹-Fassung besitzt. Zunächst einige Beispiele.

In den ›Piccolomini‹ ist die Tendenz zur gesamtmenschlichen Senkung Wallensteins noch zaghaft, sie nimmt jedoch bis zu ›Wallensteins Tod‹ hin laufend zu. Im ersten Drama fehlen gleich in I, 2 Illos Worte ›Es ist der Krieg ein roh gewaltsam Handwerk, Man kommt nicht aus mit sanften Mitteln‹ (v. 182–192),** die in der Buchfassung zur partiellen Entschuldigung der Handlungsweise des Friedländers beitrugen. Denn, in die geschichtlichen Gegebenheiten der politischen Welt verstrickt, kann der verantwortlich in dieser Situation lebende Mensch sein Handeln nicht nach idealen Verhaltensnormen ausrichten. Der Versuch muß tragisch scheitern (Max). Auch fehlt in der Bühnenfassung Buttlers berühmte ›lange Rede‹: das Lob des Wallensteinischen Feldherrngenies und die Betonung der realen politischen Verhältnisse, die Wallenstein zu entlasten geeignet sind: ›Von Wallenstein erhielten wir den Kaiser erst zum Herrn . . .‹ (v. 209–257). Erheblich gekürzt wird ferner Max' begeisterte Verteidigung des außergewöhnlichen ›Herrschtalents‹ des Feldherrn gegen die Anklagen des kaiserlichen Offiziers Questenberg (v. 424 bis 448), und in Wallensteins eigenen Reden wird seine idealistisch-humanitäre Zielsetzung, seine Reichspolitik im Interesse der Volksgemeinschaft, empfindlich gemindert, wenn die Worte fehlen:

* Jub.-Ausg. XXXVI, 183 f.
** Im folgenden beziehen sich die Angaben über ausgelassene Verse immer auf das *ganze* an der betreffenden Stelle gestrichene Textstück.

Mich soll das Reich als seinen Schirmer ehren,
Reichsfürstlich mich erweisend, will ich würdig
Mich bei des Reiches Fürsten niedersetzen. (v. 835–837)

Wallenstein wird auch hier um eine Schattierung dunkler. Dazu stimmt es, daß man in der ›offiziellen‹ Szene mit Questenberg seine Worte von seiner, vom Kaiser als Unbotmäßigkeit gebrandmarkten weisen Zurückhaltung um Deutschlands willen vermißt: ›Viel nützte Deutschland meine Mäßigung‹ (v. 1090–1112). Um die gleiche Richtung zur Verdüsterung des Wallensteinbildes durch eine Minderung seines idealen Zielstrebens geht es auch, wenn Maxens Bild Wallensteins als des großen Wohltäters des Volkes, der nur ›der erfreuten Welt den Frieden‹ schenken wolle, gestrichen ist (v. 1654–1681). Folgerichtig fehlt in Questenbergs Reden das wortreiche Lob des großen Feldherrn: ›ein neuer Geist verkündet sogleich den neuen Feldherrn ... Festigkeit ... weise Kunst ...‹ usw. (v. 1038–1060). Aufgegeben wird die direkte Formulierung eines Wallenstein entlastenden Motivs, wenn Illos Worte von dem Unterschriftenschwindel, der Wallenstein zu einer unrechtmäßigen Tat ›verführen‹ soll, nicht mehr in der Bühnenfassung stehen (v. 1335–1372). – Wird die dramatische Gestalt Wallensteins also beträchtlich herabgestimmt, so kann man entsprechend eine Tendenz zur Aufhellung des Bildes des Widerparts, der Kaiserlichen, beobachten. Es fehlt zum Beispiel die Schilderung von Octavios früherem, von Wallenstein noch jetzt geglaubtem intimen Vertrauensverhältnis, die den Piccolomini gleich von Anfang an menschlich verwerflich macht (›Seit jenem Tag verfolgt mich sein Vertrauen In gleichem Maß, als ihn das meine flieht‹ v. 354–372). Demgemäß ist in diesem Punkt Maxens Anklage konsequent gemildert (v. 2604–2609 fehlen). Ferner fehlt das ›Ingratis servire nefas‹ sowie die Bespitzelung der Wallensteiner durch die Spione des Wiener Hofes (v. 2052 bis 2118, 2126–2140).

Im zweiten Teil verstärken sich diese Tendenzen. Übergangen wird am Anfang das Wallenstein zum Teil freisprechende Motiv der Verführung des Feldherrn durch die Machtstellung, die er durch sein Heer genießt (Tod v. 77–91). Ferner:

Und dieses böhmsche Land, um das wir fechten,
Das hat kein Herz für seinen Herrn, den ihm

Der Waffen Glück, nicht eigne Wahl gegeben.
Mit Murren trägts des Glaubens Tyrannei,
Die Macht hats eingeschreckt, beruhigt nicht.
Ein glühend, rachvoll Angedenken lebt
Der Greuel, die geschahn auf diesem Boden.
Und kanns der Sohn vergessen, daß der Vater
Mit Hunden in die Messe ward gehetzt?
Ein Volk, dem das geboten wird, ist schrecklich,
Es räche oder dulde die Behandlung. (v. 313–323)

Dies entgegnet Wallenstein Wrangels Zweifeln an seiner Aufrichtigkeit; es sind Worte, die sein Unterfangen erheblich ins Recht zu setzen angetan sind. So wie viele andere entschuldigende Motive sind sie späterer Zusatz im Zug der Aufhellung von Wallensteins Charakterbild; in der Bühnenfassung fehlen sie, gleich mehreren anderen späteren Einschiebseln, gänzlich! Ebenso ist es mit den zum Teil als Gewissensskrupel aufzufassenden Bedenken, die Wallenstein dagegen hat, sich endgültig in die ›unnatürlich frevelhafte Tat‹ mit den Schweden einzulassen und sich gegen ›fromme Treue‹ und ›Menschlichkeit‹ zu vergehen (v. 419–443). In I, 7 wird Wallensteins Einsicht gestrichen, daß der Kaiser selbst Verbrechen begeht, denen er das Mäntelchen der Legitimität umhängt und die ›nach der Ordnung nie geschehen sollten‹ (v. 618–642). Das höchst positive Bild, das die Herzogin von ihrem Gatten entwirft (v. 1394–1401), entfällt; ebenso die wichtige ausdrückliche Betonung, daß Wallenstein, im Gegensatz zu Octavio, keinen persönlichen Treubruch begeht, da er zu seinem politischen Oberherrn nicht im Freundschaftsverhältnis steht, sondern nur in einer Kontraktbindung, die, auf ›Macht und Gelegenheit‹ gegründet, vom Kaiser selbst schon mit der Absicht, sie zu brechen, eingegangen wurde (v. 2119–2129, vgl. auch die ausgelassenen v. 1710–1715, 1740–48). Hätte Schiller diese Stelle in der Letztfassung stehen gelassen, so wäre Wallenstein, wie es in der Druckfassung der Fall ist, noch stark entlastet worden.* Im dritten Akt fehlt das aus humanem Gefühl stammende Zurückschrecken vor den verheerenden Kampfhandlungen (v. 2225–2234), in den Auseinandersetzungen zwischen Gor-

* Das Entlastende dieses Motivs betont bes. Benno v. Wiese, Die deutsche Tragödie von Lessing bis Hebbel, 2. Aufl., Hamburg 1952, S. 222

don und Buttler im vierten hat Schiller das menschlich positive Bild, das Gordon von seinem Freund Wallenstein entwirft, nicht in die Bühnenversion übernommen (gestrichen v. 2481–93, 2545–2577, 2703, 2715–2727, auch 3542 bis 3596). In der Buchfassung erscheint Wallenstein in der Spiegelung des redlichen Jugendfreundes, kurz vor seinem Untergang, nochmals in seiner menschlichen Höhe und Größe, ›die kein Verbrechen auslöscht‹. Nichts davon in der Kurzfassung. Noch einmal sieht man Wallenstein in der Bürgermeisterszene von der großmütig-humanen Seite; vor allem spricht er dort zum letzten Male von seiner selbstlos humanitären Zukunftsvision eines Idealreiches auf Erden, von seinem Ideal, das in hohem Grade Antrieb seines Tuns war, für das jedoch die Zeit noch nicht reif ist: ›Die Erfüllung der Zeiten ist gekommen ... eine neue Ordnung der Dinge führt sich ein ...‹ Auch dies (v. 2579–2618) fehlt in der Letztfassung; man spürt die Senkung, die Wallensteins Charakter damit erfährt. Folgerichtig wird in Buttlers Reden der Hinweis auf Wallenstein als den ›Friedensfürsten‹ und ›Stifter neuer goldner Zeit‹ übersprungen (v. 3203 bis 3222), ebenso wie Wallensteins hoffnungsvolle Worte über seine Zukunftspläne (v. 3542–3596), die ihn noch einmal in seiner genialen Herrschergröße zeigen, fortfallen. Daß am Schluß nicht mehr Seni die Warnungen vor dem nahenden Unglück ausspricht, Seni, der Wissende, der vertraut ist mit den Wegen des Schicksals, an das Wallensteins Existenz in tiefstem Betracht geknüpft ist, daß sie vielmehr Gordon, dem irdisch beschränkten Biedermann, in den Mund gelegt werden und daß schließlich in diesen Warnungen von dem astrologischen Moment und seiner Symbolbedeutung, von den Gefahrzeichen am Sternenhimmel überhaupt nicht mehr die Rede ist – das bewirkt, daß Wallenstein in seinen letzten Augenblicken nicht mehr als der geheimnisvoll vom Schicksal hervorgehobene Große, der geniale Ausnahmemensch erscheint, sondern als das in den irdischen Bezügen verhaftete Wesen (auf das schon die Streichung von v. 3542–3596 hindeutete).*

* Entsprechend der Senkung Wallensteins wird Octavio als Repräsentant der Gegenseite wieder in besseres Licht gestellt, vgl. Striche von v. 987–990 und v. 3804–3815. Inkonsequenzen sind bei der Kürzungsarbeit nicht ganz vermieden worden. So bleiben Octavios Worte zu Buttler: ›Ihr habt die Neigung nicht erwidert, Womit ich gestern Euch entgegenkam‹ (Tod v. 1052 ff.) stehen, obwohl der Anbiederungs-

Alle diese Wallensteins Charakterbild verändernden Streichungen haben darin ihre Sinnmitte, daß sie die idealen Motive und die menschlich positiven Züge der tragischen Gestalt beträchtlich mindern und die ›eigenen Fehler des Helden‹, von denen Schiller einmal spricht,* um so dominierender hervortreten lassen. Zu einer menschlichen Freisprechung Wallensteins bieten sich kaum noch Anhalte. Ein neues Wallensteinbild entrollt sich vor unseren Augen. Freilich: es ist nicht die finstere Verbrecherphysiognomie der realistischen Urfassung, die man sonst so gern für Bühnenzwecke wiederherstellt, vielmehr ist es ein Bild, das durch die wenigen, jetzt überschatteten lichten Charakterseiten noch in gewisser Weise mit der Buchfassung Verbindung hat. Der Unterschied ist, daß der Mensch noch tiefer und unrettbarer in die böse Wirklichkeit seiner irdisch-geschichtlichen Situation verstrickt ist; noch weniger kommen positive und gewinnende Züge zur Geltung, in noch schwächerem Grade werden ideale Strebensrichtungen wirksam.** Daß dies so ist, bedeutet Schicksal. Je mehr die entlastenden Züge getilgt sind, desto stärker fallen die häufigen Hinweise auf die unberechenbar waltenden Mächte des Kosmos als Komponenten in dem Kräftegefüge der Tragödie ins Gewicht. Sie hat Schiller wohl bewußt *nicht* gemindert. Die Sicht auf den Menschen in seiner Welt hat sich verdüstert, die Tragik der stürzenden Größe hat sich vertieft.

In diesen Ergebnissen liegt der Wert der Hamburger Bühnenfassung für den Schillerforscher. Sie hat aber noch eine weitere, praktische Bedeutung: ›Wallenstein‹ heute spielen, heißt zunächst einmal kürzen. Bisher war man auf zahlreiche Theaterbearbeitungen von fremder Hand angewiesen. Jede war von der persönlichen Schillervorstellung ihres Urhebers gezeichnet; infolgedessen boten sich bei aller Redlichkeit der Bemühungen die verschiedensten Umdeutungen und Fehl-

versuch, auf den hier angespielt wird, gestrichen wurde (Pic. v. 2168 bis 2180). Ähnlich sagt die Gräfin Terzky noch ›Du sprichst von Piccolomini. Wie starb er? Der Bote ging just von dir, als ich kam‹ (Tod, v. 3431 f.). Aber der Auftritt mit dem schwedischen Hauptmann zu Beginn von V, 3 fehlt im Bühnenmanuskript.

* 28. Nov. 1796, Jonas V, 119.

** Auch Max ist nicht nur Verkörperung der idealistischen Lebenshaltung, sondern zugleich wird in ihm die innere Krise des Idealismus gestaltet, dessen eigene Voraussetzungen fragwürdig werden. Das ist in meiner [. . .] Arbeit [Die Sinnstruktur von Schillers Wallenstein, in: Neophilologus, April 1958] eingehend dargestellt.

deutungen dieses vielschichtigen Dramas, die mit Schillers Werk oft kaum noch etwas zu tun hatten. [...] Demgegenüber ist jetzt Schillers eigene Bühnenfassung ans Licht gekommen, die sozusagen einen letzten Willen des Dichters darstellt. Es wäre zu wünschen, daß ›Wallenstein‹ in Zukunft in dieser Fassung über die Bretter geht. Die Akzente haben sich gegenüber der Buchfassung leicht verschoben, aber im Gegensatz zu den meisten Kürzungsversuchen fremder Hand ist die Vielschichtigkeit bewahrt, die den eigentümlichen Reiz dieser Dichtung ausmacht.«

(Die Hamburger Bühnenfassung des »Wallenstein«. In: Jahrbuch der Deutschen Schillergesellschaft, 2. Jg., 1958, S. 77–82)

Die Erstausgabe (E): Wallenstein ein dramatisches Gedicht von Schiller. Erster und Zweyter Theil. Tübingen, in der J. G. Cotta'schen Buchhandlung 1800, ist die Grundlage fast aller späteren »Wallenstein«-Ausgaben. Die Abweichungen in den Drucken nach 1800 sind meist Druckfehler, daher als Lesart bedeutungslos und zu vernachlässigen.

Anders liegt der Fall in den vorabgedruckten Auszügen im »Musenalmanach«, in der »Allgemeinen Zeitung« und im »Janus«. Als Erstdrucke (E^1) erschienen in Schillers »Musenalmanach auf das Jahr 1798« S. 137–140: »Reiterlied. Aus dem Wallenstein. Mit Musik von Z...« (ohne die letzte Strophe); und im »Musenalmanach auf das Jahr 1799« S. 241–247: »Prolog zu Wallensteins Lager. Gesprochen bei Wiedereröffnung der Schaubühne in Weimar im October 1798«.

Als Erstdrucke (E^2) in der »Allgemeinen Zeitung« erschienen am 24. Oktober 1798 der Prolog, am 7. November 1798 in der Beilage ein Brief Goethes mit Auszügen aus dem »Lager« und am 25. bis 31. März 1799 Auszüge aus den »Piccolomini«, Textproben, denen das verbrannte Weimarer Bühnenmanuskript zugrunde lag.

Der 1. und 2. Auftritt des 4. Aufzugs von »Wallensteins Tod«, die Szene zwischen Buttler und Gordon, erschien als Erstdruck (E^3) in »Janus. Eine Zeitschrift auf Ereignisse und Thatsachen gegründet«, Weimar. Gedruckt und verlegt bey den Gebrüdern Gädicke. Bd. 1 (1800), S. 163 bis 169.

2. Varianten

Eine eindeutig abgeschlossene Urschrift zum »Wallenstein« hat es nicht gegeben. Wie die Marbacher Handschrift (h^1) der »Piccolomini« zeigt, hat Schiller den Text im statu nascendi bereits immer wieder überarbeitet, so daß eigentlich weder irgendeine frühe Zwischenlösung noch der Lesartenapparat, sondern allenfalls die Schichtung der Papiere und das Nebeneinander der Varianten in der Marbacher Handschrift einen Eindruck vom Fluß der Arbeit geben können. Um die bei der Bearbeitung zurückgelegte Entfernung zu veranschaulichen, hat Hermann Schneider in einigen Szenen, an denen stark gefeilt worden ist, den Ausgangspunkt der Arbeit festgehalten, indem er die frühen, später aufgegebenen Fassungen hervorhob und gegen die in den Druck übernommenen Stellen absetzte.

Im 8. Band der Nationalausgabe finden sich Varianten folgender Passagen:

1. Questenberg und die Generale (»Piccolomini« 1. Aufzug V. 200–318, nach h^1)
2. Bedientenszene und Wallenstein und die Herzogin (»Piccolomini« 2. Aufzug V. 607–661, nach h^1)
3. Dieselbe Bedientenszene nach der Berliner Handschrift h^3 (»Piccolomini« 2. Aufzug V. 607–632)
4. Kellermeister-Szene (»Piccolomini« 4. Aufzug V. 2055 bis 2142, nach h^3)
5. Astrologische Szene (»Wallensteins Tod« 1. Aufzug V. 1–35, ehemals »Piccolomini« IV, 1, nach h)
6. Wallenstein und Max Piccolomini (»Wallensteins Tod« 2. Aufzug V. 762–843, ehemals »Piccolomini« V, 2, nach h^3)
7. Buttlers Monolog (»Wallensteins Tod« 4. Aufzug nach Vers 2914, ehemals »Wallenstein« III, 9, nach h^2)

Aus dieser Reihe mögen hier die Beispiele 4, 5 und 7 genügen.

Kellermeister-Szene

(»Piccolomini« 4. Aufzug V. 2055–2142, nach h^3)

Die Gegenüberstellung von Buchfassung und Berliner Bühnenmanuskript (h^3) der Kellermeister-Szene lenkt den Blick auf Schillers formal-technische Bearbeitung: Im sprachli-

chen Ausdruck ändert der Dichter gelegentlich Wort und Satz, um schärfer zu pointieren; in dieser Szene aber vor allem, um den Versrhythmus auszubauen.
Im dramaturgischen Ausdruck erfährt der Text des Bühnenmanuskripts einige Abstriche; am Dialog (Terzky), an den Szenenbemerkungen, vor allem aber durch den Episodentausch. Die kleine charakterisierende Nebenhandlung der Bediensteten, die auf szenische Wirkung zielte, wird ersetzt durch das epischere Ausmalen der böhmischen Geschichte anhand der Pokalbilder. Neumann hat dabei nur die Aufgabe, den schönen Monolog des Kellermeisters zu durchbrechen.

Buchfassung	Berliner Bühnenmanuskript
Zweiter Bedienter *(kommt).* Den großen Kelch verlangt man, Kellermeister, 2055 Den reichen, güldnen, mit dem böhm'schen Wappen, Ihr wißt schon welchen, hat der Herr gesagt.	Zweiter Bedienter *(kommt).* Den großen Pokal verlangt man, Kellermeister, den reichen güldnen mit dem böhmschen Wappen. Ihr kennt ihn schon, hat der Herr gesagt.
Kellermeister. Der auf des Friedrichs seine Königskrönung Vom Meister Wilhelm ist verfertigt worden, Das schöne Prachtstück aus der Prager Beute? 2060	Kellermeister. Der auf des Friedrichs seine Königskrönung Vom Meister Wilhelm ist verfertigt worden? Das schöne Prachtstück aus der Prager Beute?
Zweiter Bedienter. Ja, den! Den Umtrunk wollen sie mit halten.	Zweiter Bedienter. Ja, ja, den! Sie wollen den Umtrunk mit halten.
Kellermeister *(mit Kopfschütteln, indem er den Pokal hervorholt und ausspült).* Das gibt nach Wien was zu berichten wieder!	Kellermeister *(mit Kopfschütteln, indem er den Pokal hervorholt und ausspült).* Das gibt nach Wien was zu berichten wieder!
Neumann. Zeigt! Das ist eine Pracht von einem Becher! [. . .]	[In h[3] fehlt der Dialog zwischen dem Kellermeister und Neumann, V. 2063–2118.]
(An der zweiten Tafel wird gerufen:) Der Fürst von Weimar!	*(Gibt dem Bedienten den Becher, an der zweiten Tafel wird gerufen:)* Der Prinz von Weimar!

(An der dritten und vierten Tafel:)
Herzog Bernhard lebe!
(Musik fällt ein.)

E r s t e r B e d i e n t e r.
Hört den Tumult!
Z w e i t e r B e d i e n t e r
(kommt gelaufen). Habt ihr gehört? Sie lassen 2120
Den Weimar leben!
D r i t t e r B e d i e n t e r.
Östreichs Feind!
E r s t e r B e d i e n t e r.
Den Lutheraner!
Z w e i t e r B e d i e n t e r.
Vorhin, da bracht' der Deodat des Kaisers
Gesundheit aus, da blieb's ganz mäuschenstille.
K e l l e r m e i s t e r.
Beim Trunk geht vieles drein. Ein ordentlicher
Bedienter muß kein Ohr für so was haben 2125
[In der Buchfassung fehlt die Nebenhandlung aus h³, die die Bedienten charakterisiert.]

D r i t t e r B e d i e n t e r
(beiseite zum vierten).
Paß ja wohl auf, Johann, daß wir dem Pater
Quiroga recht viel zu erzählen haben;
Er will dafür uns auch viel Ablaß geben.
V i e r t e r B e d i e n t e r.
Ich mach mir an des Illo seinem Stuhl

(an der dritten und vierten Tafel:)
Fürst Wilhelm, Herzog Bernhard lebe!
(Musik fällt ein.)
E r s t e r B e d i e n t e r.
Hört! Hört den Tumult!
Z w e i t e r B e d i e n t e r
(kommt gelaufen).
Habt Ihr gehört? Sie lassen den Weimarischen leben.
D r i t t e r B e d i e n t e r.
Den schwedischen Feldhauptmann!
E r s t e r B e d i e n t e r
(zugleich). Den Lutheraner!
Z w e i t e r B e d i e n t e r.
Vorhin da bracht der Graf Deodati des Kaisers Gesundheit aus, da ists ganz mäuschenstill zugegangen.
K e l l e r m e i s t e r.
Beim Trunk geht vieles drein. Ein ordentlicher
Bedienter muß kein Ohr für so was haben.
Z w e i t e r B e d i e n t e r *(zum vierten, dem er eine Weinflasche zusteckt, immer den Kellermeister im Aug behaltend und zwischen diesen und den Bedienten sich stellend).*
Geschwind, Thoms! Eh der Kellermeister hersieht! Eine Flasche Frontignac – Hab sie am dritten Tisch wegstipitzt – Bist du fertig?
V i e r t e r B e d i e n t e r.
Nur fort! 's ist richtig!
(Zweiter Bedienter geht.)
D r i t t e r B e d i e n t e r
(beiseite zum vierten).
Paß ja wohl auf, Johann! Daß wir dem Pater Quiroga recht viel zu erzählen haben. Er will uns auch recht viel Ablaß dafür geben.

E r s t e r B e d i e n t e r.
Ich mach mir auch deswegen hinter des Illoers seinem Stuhl zu

Deswegen auch zu tun, soviel ich kann, 2130
Der führt dir gar verwundersame Reden.
(Gehen zu den Tafeln.)
Kellermeister
(zu Neumann).
Wer mag der schwarze Herr sein mit dem Kreuz,
Der mit Graf Palffy so vertraulich schwatzt?
Neumann.
Das ist auch einer, dem sie zu viel trauen,
Maradas nennt er sich, ein Spanier. 2135
Kellermeister.
's ist nichts mit den Hispaniern, sag ich Euch,
Die Welschen alle taugen nichts.
Neumann. Ei! Ei!
So solltet Ihr nicht sprechen, Kellermeister.
Es sind die ersten Generale drunter,
Auf die der Herzog just am meisten hält. 2140

(Terzky kommt und holt das Papier ab, an den Tafeln entsteht eine Bewegung.)

Kellermeister
(zu den Bedienten).
Der Generalleutnant steht auf. Gebt acht!
Sie machen Aufbruch. Fort und rückt die Sessel.
(Die Bedienten eilen nach hinten, ein Teil der Gäste kommt vorwärts.)

tun, so viel's angeht. Der führ dir gar verwundersame Reden.

Kellermeister
(zu Neumann).
Wer mag der schwarze Herr sein mit dem Kreuz,
Der mit dem Esterhaz vertraulich schwatzt?
Neumann.
Das ist auch einer, dem sie zu viel trauen,
Maradas nennt er sich, ein Spanier.
Kellermeister.
's ist nichts mit den Hispaniern, sag ich Euch,
Die Welschen alle taugen nichts.
Neumann. Ei! Ei!
So solltet Ihr nicht sprechen, Kellermeister.
Es sind die ersten Generale drunter,
Auf die der Herzog just am meisten hält.
Kellermeister *(zieht dem vierten Bedienten die Flasche aus der Tasche).*
Mein Sohn! du wirsts zerbrechen.
Terzky *(kommt eilig und holt das Papier ab, zu einem Bedienten).*
Dint und Feder!
(Er geht nach dem Hintergrund.)
Kellermeister
(zu den Bedienten).
Der Generalleutnant steht auf. Gebt acht!
Sie machen Aufbruch. Fort und rückt die Sessel!
(An allen Tafeln wird aufgestanden; die Bedienten eilen nach hinten, ein Teil der Gäste kommt vorwärts.)

(NA VIII, 464–466)

Astrologische Szene

(»Wallensteins Tod« 1. Aufzug V. 1–35, ehemals »Piccolomini« IV, 1, nach h)

Bedeutsamer als die formale Entwicklung der Kellermeister-Szene von der Bühnenfassung zur Buchfassung ist Schillers inhaltliche Änderung der astrologischen Szene am heutigen Anfang von »Wallensteins Tod«.
Die älteste Handschrift (h) zeigt Wallenstein vor einem trivialen Orakel seines astrologischen Lehrers schwanken: »Ob es ganz leer, / Ob ganz gewichtig ist, das ist die Frage!« Das entlegen Zufällige und willkürlich Verklausulierte macht den Spruch zu einer »lächerlichen Fratze«, wie Schiller sagt. Die selbständig beobachtende Bemühung um geahnte Zusammenhänge zwischen Makro- und Mikrokosmos in der späteren Fassung stellt Wallensteins Sternenglauben dagegen auf eine bedeutsamere Grundlage. (Vgl. dazu Schillers Briefwechsel mit Körner und Goethe und die erläuternde Ausführung von Hermann Pongs in Kap. IV, 9.)

Wallenstein und Seni.

Wallenstein.
So ist er tot, mein alter Freund und Lehrer?[3]
Seni. Er starb zu Padua in seinem hundert
Und neunten Lebensjahr, grad auf die Stunde,
Die er im Horoskop sich selbst bestimmt,
Und unter drei Orakeln, die er nachließ,
Wovon zwei in Erfüllung schon gegangen,
Fand man auch dies, und alle Welt will meinen,
Es geh auf dich.
(Er schreibt mit großen Buchstaben auf eine schwarze Tafel.)
Wallenstein *(auf die Tafel blickend).*
Ein fünffach F. – Hm! Seltsam!
Die Geister pflegen Dunkelheit zu lieben –
Wer mir das nach der Wahrheit lesen könnte.

3. Schiller mischt die Überlieferung von den historischen Astronomen Virdung und Kepler. – Nachdem Wallenstein Anfang 1600 die lutherische Universität Altdorf, die er erst August 1599 bezogen hatte, wegen Ärgernis erregenden Treibens verlassen mußte, reiste er in Begleitung des Astronomen Virdung durch Frankreich und Italien. Dort besuchte er kurze Zeit die venezianische hohe Schule von Padua. Später, 1608, hat Johann Kepler Wallensteins Horoskop erstellt (vgl. Kap. III, 2b).

Seni. Es ist gelesen, Herr.
Wallenstein. Es ist? Und heißt?
Seni. Du hörtest von dem siebenfachen M,
Das von dem nämlichen Philosophus
Kurz vor dem Hinscheid des hochseligen Kaisers
Matthias in die Welt gestellet worden.[4]
Wallenstein.
Jawohl! Es gab uns damals viel zu denken.
Wie hieß es doch? Ein Mönch hat es gedeutet.
Seni.
MAGNUS MONARCHA MUNDI MATTHIAS MENSE MAJO MORIETUR.[5]
Wallenstein.
Und das traf pünktlich ein, im Mai verstarb er.
Seni. Der jenes M gedeutet nach der Wahrheit,
Hat auch dies F gelesen.
Wallenstein *(gespannt)*. Nun! Laß hören!
Seni. Es ist ein Vers.
Wallenstein. In Versen spricht die Gottheit.
Seni *(schreibt mit großen Buchstaben auf die Tafel)*.
Wallenstein *(liest)*.
FIDAT FORTUNAE FRIEDLANDUS
Seni. Friedland traue dem Glück. *(Schreibt weiter.)*
Wallenstein *(liest)*. FATA FAVEBUNT.
Seni. Die Verhängnisse werden ihm hold sein.
Wallenstein. Friedland traue dem Glück! Die Verhängnisse werden ihm hold sein.
(Er bleibt in tiefen Gedanken stehen.)
Woher dies Wort mir schallt – Ob es ganz leer,
Ob ganz gewichtig ist, das ist die Frage!
Hier gibts kein Mittleres. Die höchste Weisheit
Grenzt hier so nahe an den höchsten Wahn.
Wo soll ichs prüfen? – Was die Sinne mir
Seltsames bringen, ob es aus den Tiefen
Geheimnisvoller Kunst heraufgestiegen,
Ob nur ein Trugbild auf der Oberfläche –
Schwer ist das Urteil, denn Beweise gibts
Hier keine. Nur dem Geiste *in* uns
Gibt sich der Geist von außen zu erkennen.

4. Diese Stelle bezieht sich auf ein Buchstabenorakel, das Kepler nach Herchenhahn für Kaiser Maximilian gefertigt hatte.
5. Der große Weltherrscher Matthias wird im Monat Mai sterben.

Wer nicht den Glauben hat, für den bemühn
Sich die Dämonen in verlornen Wundern,
Und in dem sinnvoll tiefen Buch der Sterne
Liest sein gemeines Aug nur den Kalender.
Dem reden die Orakel, der sie nimmt,
Und wie der Schatte sonst der Wirklichkeit,
So kann der Körper hier dem Schatten folgen.
Denn wie der Sonne Bild sich auf dem Dunstkreis
Malt, eh sie kommt, so schreiten auch den großen
Geschicken ihre Geister schon voran,
Und in dem Heute wandelt schon das Morgen.
Die Mächte, die den Menschen seltsam führen,
Drehn oft das Janusbild der Zeit ihm um,
Die Zukunft muß die Gegenwart gebären.
FIDAT FORTUNAE FRIEDLANDUS, FATA FAVEBUNT.
Es klingt nicht wie ein menschlich Wort – Die Worte
Der Menschen sind nur wesenlose Zeichen,
Der Geister Worte sind lebendige Mächte.
Es tritt mir nah wie eine dunkle Kraft,
Und rückt an meinen tiefsten Lebensfäden.
Mir ist, indem ichs bilde mit den Lippen,
Als hübe sichs allmählich, und es träte
Starrblickend mir ein Geisterhaupt entgegen.

(NA VIII, 466–469)

Buttlers Monolog

(»Wallensteins Tod« 4. Aufzug nach V. 2914, ehemals »Wallenstein« III, 9, nach h[2])

Buttler verwickelt sich hier in eine äußerliche Ehrauffassung, die es ihm nicht erlaubt, richtig zwischen der Kränkung durch Wallenstein und dem eigenen Treubruch zu unterscheiden. Die Frage nach seiner Ehrenhaftigkeit versucht er durch verschwommene Vorstellungen von schicksalhaftem Zwang und Glück zu verschleiern.

Ich habe mir den reinen Ruf gespart
Mein Leben lang; die Arglist dieses Herzogs
Betrügt mich um des Lebens höchsten Schatz, daß ich
Vor diesem Schwächling Gordon muß erröten.
Dem geht die Treue über alles, nichts
Hat er sich vorzuwerfen. Selbst dem weichlichen
Gefühl entgegen unterwirft er sich

Der harten Pflicht. Mich hat die Leidenschaft
In schwachem Augenblick davon gewendet.
Ich stehe neben ihm, der schlechtre Mann!
Und kennt die Welt auch meinen Treubruch nicht,
Ein Wisser doch bezeugt ihn – jener hochgesinnte
Octavio! Es lebt ein Mensch auf Erden,
Der das Geheimnis hat, mich zu entehren.
Nein, diesen Schandfleck tilgt nur Blut! –
Du Friedland, oder ich – in meine Hände
Gibt dich das Glück. – Ich bin mir selbst der Nächste.
Nicht Großmut ist der Geist der Welt!
Krieg führt der Mensch, er liegt zu Feld,
Muß um des Daseins schmalen Boden fechten,
Glatt ist der Grund und auf ihn drückt die Last
Der Welt mit allen ihren Mächten!
Und wenn er nicht den Rettungsast
Mit schnellem Aug erspäht und faßt,
Nicht in den Boden greift mit festem Fuß,
Erhebt ihn der gewaltge Fluß,
Und hingerafft im Strudel seiner Wogen
Wird er verschlungen und hinabgezogen.
(Er geht ab.)

(NA VIII, 471 f.)

3. Paralipomena

Das Soldatenlied aus h, h[1] und h[4]

In den Handschriften h, h[1] und h[4] begann »Wallensteins Lager« mit nachstehendem
»Soldatenlied, das Goethe veranlaßt und zum Teil selbst gedichtet hat (s. d. Briefe Goethes vom 5. und 6. Oktober 1798, Schillers vom 5., 8. und 9. Oktober). Text nach Schillers handschriftlicher Eintragung in Graffs Wallensteinexemplar. In h[2] sind 1$^1/_2$ Seiten für das Lied freigelassen. – Nach dem Briefwechsel hätte Goethe ein paar Strophen gedichtet, die Schiller zu knapp fand (8. Oktober) und daher ergänzte. Nach Genast (Aus dem Tagebuche eines alten Schauspielers I, 102) wären die Strophen 1, 2, 5, 6 von Schiller. Aber 3, 4, 7 als Goethescher Grundstock sind nicht gut denkbar, es fehlt ihnen Zusammenhang und Abrundung. Die Strophen 3 und 6 weisen auf denselben Verfasser und stehen zu der sehr

viel harmloseren Darstellung des Erotischen in 4 in deutlichem Gegensatz. Die Auffassung der Soldateska des 30jährigen Kriegs in den Strophen 6 und 7 scheint nicht die Schillersche. So käme man zu einer Teilung: 1, 2, 4, 5 und 3, 6, 7 (alle mit Refrain), wobei die zweite Gruppe Schiller abzusprechen wäre; somit zu einem Schillerschen Grundstock mit Goetheschen Zusätzen! Die Geschichte des unbedeutenden Liedchens ist also verwickelter, als man meinen möchte, und Schiller hat offenbar den Rahmen des Liedes neu geschaffen und nur einige Strophen Goethes beibehalten.

1. Es leben die Soldaten,
Der Bauer gibt den Braten,
Der Gärtner gibt den Most,
Das ist Soldatenkost.
Tralarala Trala!

2. Der Bürger muß uns backen,
Den Adel muß man zwacken,
Sein Knecht ist unser Knecht,
Das ist Soldatenrecht.
Trala etc.

3. In Wäldern gehn wir bürschen
Nach allen alten Hirschen,
Und bringen frank und frei
Den Männern das Geweih!
Trala etc.

4. Heut schwören wir der Hanne
Und morgen der Susanne,
Die Lieb ist immer neu!
Das ist Soldatentreu!
Trala etc.

5. Wir schmausen wie Dynasten,
Und morgen heißt es fasten.
Früh reich, am Abend bloß,
Das ist Soldatenlos.
Trala etc.

6. Wer hat, der muß nur geben,
Wer nichts hat, der soll leben,
Der Ehmann hat das Weib
Und wir den Zeitvertreib.
Trala etc.

7. Es heißt bei unsern Festen:
Gestohlenes schmeckt am besten,
Unrechtes Gut macht fett,
Das ist Soldatengebet.
Trala etc.

In h fehlt bei allen Strophen der Refrain [...]. Da das Soldatenlied in den Hss. als erster Auftritt gezählt wird, verschieben sich dementsprechend die anderen Auftritte in der Zählung, so daß das ganze ›Lager‹ 12 statt 11 Auftritte hat.«

(NA VIII, 417 f.)

Goethes Soldatenlied

»Als Einlage ›Zu Wallensteins Lager (als die weimar'schen Freiwilligen ausmarschierten)‹, 1813 oder 1814 [...], verfaßte Goethe für den Sänger Moltke das auch von diesem komponierte Lied:

Ich muß ins Feld, ich will dich meiden,
Wenn auch mein Herz mir widerspricht,
Von deiner Nähe werd' ich scheiden,
Von meiner Liebe kann ich nicht.

Ins Feld hinaus! Das heißt nicht meiden;
Denn meine Seele scheidet nicht.
Ja, mich erwarten hohe Freuden,
Und ich erfülle meine Pflicht.

Ich will ins Feld! Warum nicht scheiden?
Dir sei die Träne, mir die Pflicht.
Nun Lebewohl! Es ist kein Leiden:
Ich bleibe dein! Vergiß mein nicht.«

(Helene Adolf: Findlinge. 2. Zu Wallensteins Lager. In: Chronik des Wiener Goethe-Vereins. Jg. 41, 1936, S. 36)

Thekla. Eine Geisterstimme (1802)

Karl August Böttiger (1760–1835), der Weimarer Gymnasialdirektor und Theaterkritiker, schreibt in der »Minerva für das Jahr 1811«:

»Schiller fand sich bald nach der ersten Aufführung und Bekanntmachung dieses Stücks oft sehr unangenehm durch die – um so glimpflich, als möglich, zu reden – überflüssige Frage bemühet, die aus manchem, auch wohl nur schönem Munde ihm zukam, was denn aus der holden Thekla eigentlich geworden sei? Die Leute, sagte er da wohl in einer schnell vorübergehenden Anwandlung von Unmut, sind doch sehr unbeschnittenen Herzens und Ohres. Als man aber immer fortfuhr, zu fragen, da dichtete er endlich für seinen Almanach das köstliche Lied: ›Thekla, eine Geisterstimme‹.«

(NA XLII, 267)

»Wo ich sei, und wo mich hingewendet,
Als mein flüchtger Schatte dir entschwebt?
Hab ich nicht beschlossen und geendet,
Hab ich nicht geliebet und gelebt?

Willst du nach den Nachtigallen fragen,
Die mit seelenvoller Melodie

Dich entzückten in des Lenzes Tagen?
Nur solang sie liebten, waren sie.

Ob ich den Verlorenen gefunden?
Glaube mir, ich bin mit ihm vereint,
Wo sich nicht mehr trennt, was sich verbunden,
Dort, wo keine Träne wird geweint.

Dorten wirst auch du uns wiederfinden,
Wenn dein Lieben unserm Lieben gleicht;
Dort ist auch der Vater, frei von Sünden,
Den der blutge Mord nicht mehr erreicht.

Und er fühlt, daß ihn kein Wahn betrogen,
Als er aufwärts zu den Sternen sah;
Denn wie jeder wägt, wird ihm gewogen,
Wer es glaubt, dem ist das Heilge nah.

Wort gehalten wird in jenen Räumen
Jedem schönen gläubigen Gefühl;
Wage du, zu irren und zu träumen:
Hoher Sinn liegt oft in kindschem Spiel.«

(SW I, 460 f.)

III. Der Stoff und seine Tradition

1. Zeittafel der historischen Ereignisse

1583 24. September: Albrecht Wenzel Eusebius von Wallenstein (Waldstein) wird in Heřmanitz bei Arnau an der Elbe geboren.

1594 19. Dezember: Gustav II. Adolf von Schweden geboren.

1595 Wilhelm von Wallenstein, der Vater Albrechts, stirbt. Wallenstein kommt zu seinem Onkel Heinrich Slavata nach Schloß Koschumberg.

1602 Nach dem Studium in Altdorf und einer italienischen Studienreise nimmt Wallenstein Dienste bei dem Markgrafen Karl von Burgau zu Innsbruck.

1604 Wallenstein tritt in kaiserliche Kriegsdienste; im Winter 1604 ficht er als Hauptmann gegen die Türken, Ungarn und Siebenbürger.

1609 Wallenstein heiratet Lucretia von Witschkow, geborene Nekesch von Landeck (gestorben 23. März 1614).

1615 Die mährischen Stände wählen ihn zum Obersten über ein Regiment.

1617 Wallenstein tritt in die Dienste Ferdinands von Tirol. Er entsetzt zusammen mit Dampierre im Friauler Krieg gegen Venedig die befestigte Stadt Gradisca d'Isonzo.

1618 23. Mai: Prager Fenstersturz. Aufstand des böhmischen Protestantentages.
1. Juli: Krönung König Ferdinands.
29. Oktober: Wallenstein wird kaiserlicher Oberst.

1619 20. März: Kaiser Matthias gestorben.
26. August: Bethlen Gabor tritt zum Angriff auf Ungarn an.
26./27. August: Wahl Friedrichs V. zum König von Böhmen.
28. August: Ferdinand II. (geboren 1578), König von Böhmen und Ungarn, wird zum deutschen Kaiser gewählt.
8. Oktober: Münchener Vertrag zwischen dem Kaiser und Maximilian von Bayern (Neuaufstellung einer

Armee der Liga und Zusicherung, die pfälzische Kur auf Bayern zu übertragen).

1620 8. Januar: Bethlen Gabor wird vom Preßburger Reichstag zum Fürsten von Ungarn ernannt und erhält die Regierungsgewalt über die von ihm eroberten ungarischen Gebiete.

4. November: Wallenstein, bei der vereinigten ligistisch-kaiserlichen Armee, nimmt die Stadt Laun ein.

8. November: Niederlage der böhmisch-pfälzischen Truppen in der Schlacht am Weißen Berg bei Prag, an der Wallensteins beide Reiterregimenter teilnehmen.

9. November: Flucht Friedrichs V. nach Breslau. Die Rekatholisierung der österreichischen Erblande wird eingeleitet.

Ende November landet die »Mayflower« mit den puritanischen Pilgervätern in Amerika.

1621 22. Januar: Friedrich V. wird in die Reichsacht erklärt.

9. Februar: Gregor XV. wird zum Papst gewählt.

31. März: Philipp III. von Spanien gestorben.

9. April: Ende des Waffenstillstands zwischen den Generalstaaten (Moritz von Oranien) und Spanien, Wiederbeginn des Krieges.

1622 6. Januar: Friede von Nikolsburg zwischen dem Kaiser und Bethlen Gabor sowie den ungarischen Ständen.

18. Januar: Wallenstein wird das militärische Oberkommando in Böhmen übertragen.

6. Mai: Sieg des bayerisch-spanischen Heeres unter Tilly und Cordoba über die badischen Truppen unter Markgraf Georg Friedrich bei Wimpfen.

20. Juni: Sieg Tillys und Cordobas über Herzog Christian von Halberstadt bei Höchst.

15. September: Der Kaiser verleiht Wallenstein die Würde eines Reichs- und Pfalzgrafen.

16. September: Tilly zwingt Heidelberg zur Kapitulation.

2. November: Tilly erobert Mannheim.

1623 25. Februar: Maximilian von Bayern wird mit der pfälzischen Kur belehnt.

Urban VIII. wird Papst.

3. Juni: Wallenstein wird zum Generalwachtmeister ernannt.

9. Juni: Wallenstein heiratet Isabella Katharina Freiin von Harrach (geboren 28. September 1601).

6. August: Sieg Tillys über Herzog Christian von Halberstadt bei Stadtlohn.

Mitte August erneuter Angriff Bethlen Gabors.

7. September: Wallenstein wird in den Fürstenstand erhoben.

1624 12. März: Friedland wird Fürstentum.

26. April: Richelieu wird von König Ludwig XIII. ins Ministerium berufen.

8. Mai: Zweiter Friede von Nikolsburg zwischen dem Kaiser und Bethlen Gabor.

Erste englische Niederlassung in Ostindien.

1625 27. März: Jacob I. gestorben; sein Sohn Karl I. wird König von England und Schottland.

2. Mai: Vertrag zwischen dem Kaiser und Bethlen Gabor, in dem der Friede von Sitvatörök erneuert wird.

13. Juni: Wallenstein wird zum Herzog ernannt, Friedland zum Herzogtum erhoben.

27. Juni: Wallenstein erhält den Auftrag, eine Armee aufzustellen, und wird am 25. Juli zum General ernannt.

13. Oktober: Vereinigung des Wallensteinschen Heeres mit den Ligisten.

19. Dezember: Bündnis zwischen England, Dänemark und Holland.

1626 25. April: Sieg Wallensteins über Mansfeld an der Elbbrücke bei Dessau.

12. August: Tilly erobert Göttingen.

27. August: Sieg Tillys über König Christian IV. bei Lutter am Barenberge.

Der Gouverneur von Neuniederland, P. Minnewit, kauft die Insel Manhattan und legt an der Südspitze das Fort Neu-Amsterdam (später New York) an.

28. Dezember: Preßburger Friede zwischen dem Kaiser und Bethlen Gabor.

1627 20. April: Allianzvertrag Frankreichs mit Spanien gegen England.

10. Mai: Ferdinand II. unterzeichnet das Patent zur

Einführung der »erneuerten Landesordnung« für Böhmen.
Juni bis Juli: Wallenstein erobert Schlesien, zieht nach Niedersachsen und erobert nacheinander Holstein (September), Schleswig und Mecklenburg. Am 16. Oktober zwingt Wallenstein Rendsburg zur Kapitulation.

1628 1. Februar: Wallenstein erhält die beiden Herzogtümer Mecklenburg.
14. Februar: Der Kaiser verleiht Wallenstein den Titel eines »Generals des Ozeanischen und Baltischen Meeres« (Bestallung am 21. April 1628).
15. Februar: Wallenstein wird Herzog von Friedland und Sagan.
25. Juli: Abbruch der Belagerung Stralsunds durch Wallenstein.
24. August: Wallenstein besiegt Christian IV. von Dänemark bei Wolgast.
28. Oktober: La Rochelle, der letzte befestigte Platz der Hugenotten in Frankreich, kapituliert vor den königlichen Truppen.

1629 6. März: Ferdinand II. erläßt das Restitutionsedikt.
7. Juni: Lübecker Friede.
26. September: Waffenstillstand zwischen Polen und Schweden.
15. November: Bethlen Gabor gestorben.

1630 6. Juli: Gustav Adolf landet auf der Insel Usedom.
13. August: Der Kaiser entschließt sich auf dem Kurfürstentag in Regensburg zur Entlassung Wallensteins.
9. September: Bündnis zwischen Gustav Adolf und Herzog Bogislav von Pommern.

1631 3. Januar: Gustav Adolf erobert Greifenhagen.
23. Januar: Abschluß eines Subsidienvertrages zwischen Gustav Adolf und Frankreich in Bärwalde.
13. April: Gustav Adolf erstürmt Frankfurt a. d. Oder.
20. Mai: Tilly erobert Magdeburg.
20. Juni: Bündnis zwischen Kurbrandenburg und Gustav Adolf (1. Abkommen 14. Mai).
11. September: Bündnis zwischen Kursachsen und Gustav Adolf.

17. September: Gustav Adolf und die Sachsen schlagen Tilly bei Breitenfeld vernichtend.
Oktober: Wallenstein schlägt ein neues Generalat, das ihm der Kaiser durch Questenberg anbieten ließ, aus.
4. November: Die sächsischen Truppen überschreiten die böhmische Grenze.
15. November: Arnim besetzt Prag.
15. Dezember: Wallenstein übernimmt für drei Monate die Neuorganisation des kaiserlichen Heeres.

1632 9. März: Tilly erobert Bamberg, das der schwedische Feldmarschall Horn am 10. Februar eingenommen hatte, zurück.
12./13. April: Wallenstein erklärt sich, nachdem ihm weitreichende Vollmachten zugebilligt wurden, bereit, das Oberkommando weiterzuführen (Göllersdorfer Kapitulation).
15. April: Tilly verliert die Schlacht am Lech gegen Gustav Adolf und stirbt am 30. April in Ingolstadt an den erlittenen Verletzungen.
20. April: Wallenstein wird vom Kaiser zu Friedensgesprächen mit Sachsen ermächtigt.
17. Mai: Gustav Adolf rückt in München ein.
22. Mai: Wallenstein vertreibt die sächsischen Truppen aus Prag.
16. Juli: Gustav Adolf zieht sich von Schwabach nach Nürnberg zurück. Wallenstein verschanzt sein Heer bei Fürth. Abwehrschlacht an der Alten Veste (4. September). Gustav Adolf zieht von Nürnberg ab (18. September).
1. November: Wallenstein erobert Leipzig.
16. November: Schlacht bei Lützen. Gustav Adolf und Pappenheim fallen. Wallenstein zieht sich nach Leipzig zurück.

1633 19. Mai: Wallenstein bricht zum Feldzug nach Schlesien auf.
11. Oktober: Wallenstein siegt bei Steinau über die Schweden.
15. November: Bernhard von Weimar erobert Regensburg.

1634 12. Januar: Unterzeichnung des ersten Pilsener Reverses.

	24. Januar: Der Kaiser entläßt Wallenstein (Geheimes Absetzungspatent) und verpflichtet das Heer auf Gallas.
	18. Februar: Ferdinand II. erläßt ein zweites öffentliches Absetzungspatent.
	20. Februar: Zweiter Pilsener Revers.
	25. Februar: Ermordung Wallensteins in Eger.
	5./6. September: Bernhard von Weimar und die Schweden werden in der Schlacht bei Nördlingen vom kaiserlichen Heer besiegt.
1635	30. Mai: Der Kaiser schließt mit Kursachsen den Sonderfrieden zu Prag.

(Leopold von Ranke: Geschichte Wallensteins. Hrsg. u. eingel. von Hellmut Diwald. Düsseldorf: Droste Verlag 1967. S. 331–336)

2. Der historische Wallenstein

a. Einführung in die Quellen

»Die Umstände seines Aufstiegs und seiner Katastrophe sind schon zu seiner Zeit ein unentwirrbares Netz von Mythos, Wahrheit, Legende und Lüge gewesen. Für die Historiker ist so aus Wallenstein der ›Fall Wallenstein‹ geworden, eine der berühmtesten causes célèbres der Geschichte, wie Ranke schon 1830 in einem Brief feststellte. Nicht einmal Napoleon hat die Geister und Federn so intensiv beschäftigt wie der Friedländer. Die Arbeiten, die seiner Gestalt gewidmet sind, belaufen sich heute auf rund 3000 Nummern. Wallenstein ist unbestreitbar diejenige Persönlichkeit der ganzen Geschichte, mit der sich die Forschung bisher am intensivsten befaßt hat.

Im Februar 1634 stand für jeden fest, daß Wallenstein nichts anderes sei als ein verabscheuungswürdiger Verräter. Schon wenige Tage danach hatte sich das geändert. Die Meinungen begannen zu schwanken, ein erster Ansatz zum Mißtrauen war die Art und Weise der ›geschwinden Exekution‹. Mochte auch das Absetzungspatent des Kaisers formaljuristisch korrekt sein, so war es doch zustande gekommen, ohne daß die Beschuldigten sich dazu hätten äußern können; es war in absentia ergangen. Überdies war dieser Schuldspruch wegen

Meuterei und Hochverrat völlig geheim vollstreckt worden: Das Haus Habsburg hatte den größten Heerführer der Zeit nach den klassischen Regeln der Meuchelmorde beseitigen lassen. Seit dem Mittelalter stand in diesen Dingen nichts so hoch im Ansehen wie ein korrektes Prozeßverfahren. So etwas wie ein praktiziertes ›Mordrecht‹ des Staates verletzte die elementarsten sittlichen Empfindungen zutiefst. Das kam deutlich zum Ausdruck in dem bemerkenswert mutigen Antrag der Gräfin Kinsky, die beim Kaiser und dem Grafen Trauttmansdorff unverzüglich die Einleitung eines Strafverfahrens gegen die ›Meuchelmörder‹ ihres Gatten beantragte. Wien lehnte dieses Ansinnen ab, aber nicht deshalb, weil die Exekution rechtlich gewesen wäre – man erklärte sie ›instar sententiae‹ –, sondern weil ein nachträglich durchgeführtes Rechtsverfahren das Ansehen des Kaisers außerordentlich geschädigt hätte.

Aus diesen und vielen ähnlichen Gründen setzte schon in den Februartagen 1634 eine publizistische Kontroverse ein, die bis heute nicht abgerissen ist. Die erste Flugschrift von einiger Bedeutung erschien bereits im März 1634. Diese ›Apologie und Verantwortungsschrift‹ kursierte lange als authentische Rechtfertigung der an der Bluttat beteiligten Obersten. [...] Die Verfasserfrage ist nicht zu klären. Daß Gordon ihr Autor ist, wie meist angenommen wird, oder daß er sie zusammen mit Leslie verfaßt hat, läßt sich nicht erweisen. Ebenfalls weit verbreitet war damals der sogenannte ›Relationsbericht‹, in dem die Zeit vom 12. Januar bis 12. Februar 1634 behandelt wird und der den Butlerschen Hauptmann Macdaniel zum ausschließlichen oder wenigstens hauptsächlichen Verfasser haben soll.

Als dritte und wichtigste Flugschrift der Zeit über Wallenstein ist schließlich das ›Alberti Fridlandi perduellionis chaos sive ingrati animi abyssus‹ zu erwähnen, meist kurz ›Chaos perduellionis‹ genannt. Sie entstand schon in den Tagen, da Wallenstein noch lebte; ihr dritter Teil ist vom März 1634 datiert. Sie erschien anonym und wurde lange dem Oberstkanzler von Böhmen, Graf Slavata, zugeschrieben, der mit Wallenstein verwandt und einer seiner erbittertsten Feinde war. [...] Tatsächlich ist sie aber, wie die Forschung erst jüngst festgestellt hat, von dem Rentmeister der böhmischen Kammer und späterem schlesischen Oberregenten der Grafschaft Glatz, Johann Putz von Adlersthurn, verfaßt worden.

Albrecht Wenzel Eusebius von Waldstein, Herzog von Friedland. Kupferstich nach einem A. van Dyck zugeschriebenen Gemälde

So haßerfüllt die Schrift auch ist, so hat sie doch einen gewissen Wert als Nachrichtenzusammenstellung. [...]. Diese Schrift galt länger als zwei Jahrhunderte als Hauptquelle für Art und Ausmaß der verräterischen Pläne Wallensteins. Die Darstellung des ›Chaos perduellionis‹ hat, wie Ranke feststellt, ›die spätere Auffassung in ihren Grundzügen beherrscht‹.

Knapp ein halbes Jahr nach Wallensteins Ermordung erschien dann endlich die amtliche Schrift, deren Abfassung der Kaiser gleich nach der Bluttat angeordnet hatte: ›Ausführlicher und gründlicher Bericht der vorgewesten Friedländischen und seiner Adhärenten abscheulichen Prodition.‹ Die Aufgabe war zunächst dem Reichsvizekanzler und Vizepräsidenten des Reichshofrates Frhr. v. Stralendorf übertragen worden. Sein Konzept wurde zur Weiterbearbeitung und Fertigstellung dem Reichshofrat Dr. Gebhard übergeben. Als Gebhard zu den sächsischen Friedensverhandlungen abreisen mußte, erhielt der Reichshofrat Dr. Prickelmayer das Manuskript zur endgültigen Fertigstellung. Heute gilt Prickelmayer, vereinfachend, als alleiniger Autor dieser ›Staatsschrift‹. Von vornherein als eine Rechtfertigung des Kaisers und des Wiener Hofes geplant, wurde sie nach Erscheinen dem ›Chaos‹ ebenbürtig zur Seite gestellt und als weitere Hauptquelle für die Beurteilung Wallensteins gewertet. Sicherlich ist sie nicht, wie die Wallenstein-Verteidiger später so leidenschaftlich betonten, bloß eine entstellende Tendenzschrift, die allzu deutlich den Stempel ihrer Absicht auf der Stirn trägt. Sie zieht auch nicht nur die Linien der Beweisführung nach, an die sich das ›Chaos‹ gehalten hat, wie selbst Ranke noch meinte. Aber andererseits war es auch Ranke, der ihren Parteicharakter entschieden unterstrich und ihren höchst fraglichen Quellenwert deutlich machte, so daß der ›Staatsschrift‹ heute niemand mehr eine sachliche Beweisführung im Sinne einer untermauerten Rechtfertigung der Morde zusprechen wird.

Zu diesen abgeleiteten Quellen gesellte sich ein Jahr später, im Oktober 1635, ein letztes Dokument von erheblicher Bedeutung, nämlich die große Relation des böhmischen Emigranten Jaroslav Sezyma Rašín aus Riesenburg, in der er alles berichtete, was er von der Wallensteinschen Verschwörung wußte, um vom Kaiser Straffreiheit und Belohnung zu erhalten. Rašín war ein langjähriger, enger Vertrauter der

Grafen Thurn, Kinsky und Trčka und Verbindungsmann zwischen Wallenstein und den Exulanten Böhmens und den Schweden. Wallenstein wurde in dieser Schrift zusätzlich schwer belastet. Sie rundete das Bild der Anschuldigungen, das die übrigen genannten Schriften entworfen hatten, endgültig ab. Dem Wiener Hof galt die Rašín-Relation als Dokument höchster Authentizität, und so vertraute auch die offiziöse Geschichtsschreibung, wie die des Grafen v. Khevenhüller in seinen ›Annales Ferdinandei‹ (1640 ff.), kritiklos seinem Aussagewert. Von Khevenhüller ist die Rašín-Relation fast im ganzen Wortlaut übernommen und vor allem so benutzt worden, als wäre sie Khevenhüllers eigene Erzählung; allerdings hat Khevenhüller durch verschiedene Auslassungen den Eindruck der Schuld Wallensteins noch erheblich verschärft. Dagegen bezeichneten die Wallenstein-Verteidiger den ganzen Bericht rundweg als tendenziöses Lügengewebe, denn Rašín habe wegen seines Ziels – Rückkehr, Begnadigung, Belohnung – gar nicht die Wahrheit schreiben können; er wäre um seiner selbst willen von vornherein zu einer tendenziösen Verzeichnung des Sachverhalts genötigt gewesen. Trotzdem enthält, wie die Forschung gezeigt hat, auch dieses literarische Zeugnis eine Fülle sachlicher, zutreffender Mitteilungen. Andererseits sind sogar den Gegnern des Friedländers die vielen Verdrehungen, objektiven Unwahrheiten und Irrtümer aufgefallen, vor allem die jüngere Forschung seit Ranke, der die Rašín-Relation noch als einen ›authentischen und wertvollen Beitrag zur Geschichte Wallensteins‹ ansah, hat den Grad der Glaubwürdigkeit dieser Schrift zu einem der Gravitationspunkte des ganzen Wallenstein-Problems gemacht. Max Lenz versuchte in einer großen, eindringlichen Studie den Nachweis der erheblichen Lügenhaftigkeit Rašíns zu erbringen und Wallenstein in Fortführung der Ranke-Sicht als weitblickenden Protagonisten deutscher Reichspolitik zu würdigen. Besonders energisch hat sich gegen diese Interpretation Josef Pekař gewehrt.

Wie sehr die Popularität Wallensteins durch die Trilogie Schillers gesteigert wurde, braucht nur angedeutet zu werden. Interessanter ist die Beobachtung, die erst jüngst von Th. Schieder überzeugend erhärtet wurde, daß Schillers Bühnen-Wallenstein alles andere als identisch ist mit dem Wallenstein des Historikers Schiller in seiner ›Geschichte des

Dreißigjährigen Krieges‹. Ob Schiller – wie behauptet wurde – in seiner Trilogie das Wallenstein-Rätsel wirklich so verbindlich gelöst hat, daß auch die intensive, mühsame Forschung der folgenden Historikergenerationen nicht darüber hinausgekommen ist – diese Frage gehört selbst als Problem zum ganzen Wallenstein-Komplex und zur Geschichte seiner literarisch-wissenschaftlichen Behandlung. Richtig ist jedenfalls, daß das Bild, das gerade im Volk von Wallenstein vorhanden ist, nicht von Historikern oder der Darstellung eines einzelnen Historikers geprägt wurde, sondern von Schillers monumentaler Trilogie.«

(Hellmut Diwald in: Leopold von Ranke: Geschichte Wallensteins. Düsseldorf: Droste Verlag 1967. S. 18–22)

b. Aus Keplers Horoskop für Wallenstein

Der fünfundzwanzigjährige Wallenstein schickte erstmals 1608 seinen Offizier Gerhard von Taxis mit dem Arzt Dr. Stromair nach Prag, um von Johannes Kepler (1571–1630) im Auftrag eines nicht genannt sein wollenden »böhmischen Herrn« eine Nativität, das ist eine Geburtserklärung, einzuholen.

Aus zwei Briefen des Offiziers und aus der Tatsache, daß Kepler in das erhaltene Original der Horoskopfigur gleich beim Entwurf den Namen Wallensteins geheimschriftlich eintrug, geht hervor, daß der Auftraggeber dabei nicht unbekannt blieb.

Mit dieser Nativität, auf deren Rand Wallenstein vermerkt hatte, ob und wie Keplers Voraussagen eingetroffen waren, kam derselbe Gerhard von Taxis nach 16 Jahren zurück und bat um neue Auslegung. Doch der Astronom Kepler stand der Astrologie kritisch gegenüber. Er hatte dem berühmten Auftraggeber bereits 1608 mitgeteilt, daß diese Nativität nur »für einen gehörig, welcher die Philosophiam verstehe, vnd mit kheinen deroselben zuewiderlauffenden Aberglauben behafftet [sei], als solte ein Astrologus khünfftige Particular Sachen, vnd futura contingentia aus dem Himmel vorsehen khönen«.

Jetzt, 1624, sollte Kepler voraussagen, ob Wallenstein außerhalb des Vaterlandes Ämter und Güter erlangen werde, wie es um sein und seiner Feinde Kriegsglück stehe, wie lange er das Kriegswesen fortsetzen solle und ob er einmal am Schlagfluß sterben werde. Kepler warnte:

»Welcher Mensch gelehrt, oder Vngelehrt, Astrologus oder Philosophus in erörtterung dieser fragen die augen von des Gebornen eignen Willchur abwendet, oder sonsten von seinem Verhalten vnd Qualiteten gegen den Politischen Vmbständen betrachtet, vnd will disz alles blosz allein aus dem Himmel haben, es sey gleich iezo Zwangs oder nur Inclinations vnd Naigungs weisz, der ist wahrlich noch nie recht in die Schuell gangen, vnd hatt das Licht der Vernunft, das ihme Gott angezündt, noch nie recht gepuzet.«

Trotzdem erweiterte Kepler seine Ausführungen bis zum Jahr 1634, für welches er immerhin »schröckhliche Landverwirrungen« voraussah. Wallenstein wollte es noch genauer wissen und schickte die Arbeit von 1624 im September 1625 noch einmal zurück. Kepler meinte:

»Daß der Himmel im Menschen etwas thue, sihet man klar genug: was er aber in specie thue, bleibt verborgen. [...] Ich halte dafür, daß man nicht nur die gewöhnliche Astrologie, sondern auch jene, die ich als mit der Natur übereinstimmend erkannt habe, bei schwerwiegenden Überlegungen völlig ausschalten soll.«

Wallensteins ›Partikularfragen‹ verweist Kepler an den astrologischen Aberglauben, von dem er sich klar distanziert:

»Meine Arbaitt vnd Judicium außführlicher vnd weittlauffiger, auch auff Künfftige mehrere Jahr zu elaborirn vnd zuerstreckhen: Hab Ich, den ersten posten betreffend, alberaitt mein eüsseristes gethan, sovil Ich selber drauff halte, müeste nur durch Irer Für: Gnaden special vnd particular fragen, dero zu mehrer satisfaction gleichsam gelaittet vnd manuducirt werden, vnd müeste alsdan fide non mea, sed Astrologorum veterum superstitiosorum antworten, deß Ich mich auff gesetzten fahl nit waigern wolte, doch mit hie eingeführter protestation. Anlangend aber die mehrere Jahr; ist es an dem, das die Ephemerides Origani zuvor von Mir ex Tabulis Rudolphi, die Ich jetzo in druckh bringen soll, müesten corrigirt werden. Dan wie soll man sich einiger gewißhaitt in eventibus versehen, so doch in motibus ein so grosser vnderschaid ...«

Nach dieser Auskunft zog Wallenstein 1628/29 Kepler nur noch zur Berechnung der Planetenpositionen in der Nativität heran. Die Deutung übernahmen reine Astrologen.
Der nachfolgende Horoskoptext ist von Keplers und Wallensteins unterschiedlicher Auffassung der Astrologie bestimmt.[1]

Nativität
Ihrer Fürstlichen Gnaden, des Herzogs von Friedland,
von dem berühmten Kaiserlichen Mathematikus *Johann Kepler*, so er vor etlichen Jahren* gemacht hat.

NB. Die Marginalien haben Ihre Fürstliche Gnaden mit eigener Hand dazugeschrieben.**
Ihre Fürstliche Gnaden, der Herzog von Friedland sind am 24. 9. 1583 um 4 Uhr und 1½ Minuten nachmittags geboren, unter beigefügter Planetenstellung.

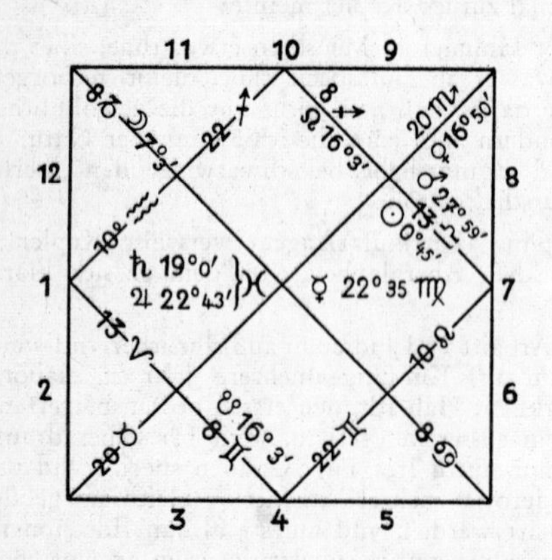

[...]

* 1608.
** Dies steht auf dem Umschlag der zusammengelegten Bogen. Die Bemerkungen des Herzogs sind hier in Klammern beigefügt.
1. Darstellung und Zitate nach: Max Caspar, Johannes Kepler. Stuttgart: Kohlhammer ²1950. S. 404–409 und Walther Gerlach u. Martha List, Johannes Kepler. 1571 Weil der Stadt – 1630 Regensburg. Dokumente zu Lebenszeit und Lebenswerk. München: Ehrenwirth 1971. S. 214–218.

Von der allgemeinen Bedeutung dieser himmlischen Figur

So nun dieser Herr geboren ist zu vermeldeter Zeit, Tag und Stunde, so mag mit Wahrheit gesagt werden, daß es keine schlechte Nativität ist, sondern hochwichtige Zeichen hat [...].
Doch hat die Nativität daneben einen großen Fall, dadurch, daß der Mond in das 12. Haus verworfen ist. Zudem werden andere Astrologen sagen, daß er im Steinbock in seiner Vernichtung oder schädlichem Hause stehe.

Von unterschiedlichen Bedeutungen

Die Astrologen haben eben darum die anfangs gemeldete Aufteilung der 12 Häuser erdacht, damit sie auf alles dasjenige, so der Mensch zu wissen begehrt, unterschiedlich antworten können; ich halte aber diese Weise für unmöglich, abergläubisch, wahrsagerisch und einen Anfang des arabischen Sakrilegs, da man auf jede Frage, die dem Menschen einfällt, ja oder nein antworten kann und also aus der Astrologie ein Orakel machen und sich folgerichtig auf die Eingebung des Himmlischen (vielmehr Höllischen) Geistes verlassen würde.
Weil ich diesen Brauch nicht ausübe, in dieser Weise durch alle Häuser zu gehen und Spezialfragen zu erörtern, so wird mir darum auch kein Unfleiß zuzumessen sein, sintemal ich's mit gutem Bedacht unterlassen habe. Wenn auch in der folgenden Erklärung drgl. laut werden möchte, als ob ich mich auf das Gebiet der Glücksfälle begebe und Glücksfälle oder Fesseln errate, so soll solches nicht anders verstanden werden, als die jetzige Erklärung vermag.
Wenn nämlich nach dieser Regel ein Astrologe einige Dinge ganz allein aus dem Himmel vorhersagt und sich nicht auf das Gemüt, die Vernunft der Seele, die Kraft oder Leibesgestalt des Menschen bezugnimmt, dem es begegnen soll, der arbeitet nicht tiefgründig. Und wenn er doch recht behält, so ist es ein glücklicher Zufall, sintemal alles, was der Mensch vom Himmel zu hoffen hat – da ist der Himmel nur Vater, seine eigene Seele aber ist die Mutter dazu, und wie kein Kind außerhalb seiner Mutter Leib gezeugt wird, wenn schon der Väter zehne wären, also hofft man vergeblich von oben herab auf ein Glück, zu dem man in des Menschen Seele und Gemüt keine Anleitung findet. Wenn hingegen

schon eine so große wechselseitige Beziehung zwischen der Gebärmutter und dem menschlichen Samen besteht, so haben unsere verborgenen Seelenkräfte eine noch viel größere Neigung zu den himmlischen Konfigurationen. Sie werden von diesen aufgemuntert und in der menschlichen Geburt geformt und geartet.

Solchergestalt möchte ich von diesem Herrn in Wahrheit sagen, daß *er ein wachsames, aufgemuntertes, emsiges, unruhiges Gemüt hat, nach allerhand Neuerungen begierig; gewöhnliches menschliches Wesen und Handeln gefällt ihm nicht, sondern er trachtet nach neuen unversuchten seltsamen Mitteln, und trägt viel mehr Gedanken, als er äußerlich sehen und spüren läßt.* Der Saturn im Aufgang macht müßige, melancholische, allzeit wachsame Gedanken, wie Alchymie, Magie, Zauberei, Gemeinschaft mit Geistern, Verachtung und Nichtachtung menschlicher Gebote und Sitten, auch aller Religionen. Saturn macht alles argwöhnisch und verdächtig, was Gott oder die Menschen tun, als wäre alles lauter Betrug, und es stecke ganz etwas anderes dahinter, als man vorgibt, und weil der Mond an einem verworfenen Ort steht, wird ihm diese seine Natur zu einem merklichen Nachteil und zur Verachtung bei denen gedeihen, mit welchen er zu verkehren hat, so daß er für einen einsamen, geringschätzig denkenden Unmenschen wird gehalten werden. Diese Gestalt wird unbarmherzig sein, ohne brüderliche oder eheliche Liebe, niemand achtend, nur sich und seinen Wollüsten ergeben, hart gegen die Untertanen, an sich ziehend, geizig, betrügerisch, ungleich im Verhalten, meist stillschweigend, oft ungestüm, auch streitbar, unverzagt, Weib und Mann zugleich, obwohl Saturn die Einbildungen verdirbt, so daß er oft vergeblich Furcht hat.

Es ist aber das beste an dieser Geburt, daß Jupiter darauf folgt und Hoffnungen macht. Im reifen Alter werden sich die meisten Untugenden abwetzen und infolgedessen diese seine ungewöhnliche Natur zu hohen wichtigen Sachen fähig werden. Dann läßt sich auch bei ihm großer Ehrdurst und Streben nach zeitlicher Würde und Macht sehen, wodurch ihm viele große und heimliche Feinde entstehen, über die er aber meistens obsiegen wird. Daß diese Nativität viel Gemeinsames mit der des früheren Kanzlers in Polen, der Königin in England und drgl. anderen hat, die auch viele Planeten im Auf- und Untergang um den Horizont herunter stehen haben, so kann kein Zweifel bestehen, sofern er zu hoher Würde und Reichtum gelangt, wenn er sich zu Hof begibt, eine stattliche Heirat machen wird. Und weil Merkur so haargenau in Opposition zu Jupiter steht, will es den Anschein erwecken, als werde er einen besonderen Aberglauben haben und dadurch eine große Volksmenge an sich ziehen, oder sich etwa einmal von einem unzufriedenen Haufen zu einem Haupt- und Rädelsführer machen lassen. [...]

Von unterschiedlichen Zeiten

Die Direktionsmethode führe ich auf meine eigene doch vernünftige Weise; sie ist aus anderen Gebräuchen entnommen und mit meiner eigenen kombiniert. [...] Vom 15. bis 20. Jahr sind meist gute Bedeutungen und gute Direktionen fällig: Mond Trigon Merkur und Jupiter. Allerdings läßt der Mond einige Widerwärtigkeiten und Zänkereien mit Gelehrten und Doktoren vermuten, aber der Aszendent steht im Trigon zu Venus. Mit 21 Jahren läuft eine sehr gefährliche Direktion: Aszendent Konjunktion Saturn und gleichzeitig Mond Quadrat Mars. Er dürfte mit dem Leben gar kümmerlich davongekommen sein. [...]
(Im 22. Jahr habe ich die Ungarische Krankheit[2] und die Pest gehabt, im Januar 1605.)
Im 23. und 24. Lebensjahr hat er folgende Direktionen: Aszendent Konjunktion Jupiter und Opposition Merkur, Mond Trigon Mars und M. C. Sextil Mars. Dies dürfte die Gesundheit wieder verbessert haben, so daß Lust zum Umherschweifen und Reisen bestand. Streitlustig und schließlich sehr verliebt, war es eine schöne Gelegenheit zu einer stattlichen Heirat.
Das gegenwärtige und künftige Jahr sind nicht gut, denn der hitzige Planet Mars geht diesen Sommer dreimal über den Aszendenten und bringt viel unruhige, zornige Gedanken. [...] Das wird diesen Herrn eigensinnig, streitsüchtig, trotzig, aber auch mutig und verwegen machen, durch welche Untugenden er leichtlich mit seiner Obrigkeit in gefährlichen Streit kommen kann oder sonst mit hohen Potentaten. [...]
Im 33. Lebensjahr ist die Direktion M. C. Konjunktion

2. Fleckfieber.

Mond fällig – das gibt vielleicht Gelegenheit zu einer stattlichen Heirat. Die Astrologen pflegen noch dazu zu sagen, daß es eine Witwe mit Sohn sein werde, reich an Herrschaften, Gebäuden, Vieh und barem Geld. Ich bin der Meinung, er wird eine solche allen andern vorziehen, obwohl der Himmel eine solche Spezifikation nicht zuläßt. Denn seine Natur und Neigung gilt bei mir mehr als jeder Stern. Im 37. Lebensjahr winkt wieder eine Weibergunst, es läuft die Direktion Sonne Sextil Mond.
(Im Jahre 1609 im Mai habe ich diese Heirat mit einer Witwe getan, die daher (hier) nach dem (tatsächlichen) Leben beschrieben wird. Anno 1614 am 23. März ist sie gestorben, und ich habe mich 1623 am 9. Juni wiederum mit einer Jungfrau verheiratet. [...])
Im 39. und 40. Lebensjahr kommt die sehr gefährliche Direktion des Aszendenten zu Saturn und Jupiter, auf der Spitze des siebenten Hauses, zur Auslösung. Wenn die Astrologen diese Direktion sehen mit Mars im 8. Todeshaus verweilend, so würden sie alle ohne Zweifel auf einen Todesfall schließen, ich aber sehe nichts Anderes daraus, als daß er zur selben Zeit jach und unbesonnen sein und leicht in Gefahr geraten wird, sei es mit Fallen, Tanzen, Springen, Kämpfen oder auch durch gieriges Essen und Trinken die Ruhr oder die Venerische Krankheit zu bekommen. Hütet er sich nicht, so kommt er um so schwerer hindurch und wenn er sich hütet, so wird es ihm doch zustoßen. [...]
Im 67. Lebensjahr kommt der Drachenschwanz in den Aufgang und bringt Schlagflüsse und obwohl im 69. Lebensjahr der Mond in's Trigon zu Venus kommt und dadurch den physischen Körper erquickt, so steht doch bald im 70. Lebensjahr die Direktion Aszendent Quadrat Saturn vor der Tür, und der Mond bewegt sich auf den Saturn zu. Ich vermute, es wird ihn viertägiges Fieber befallen oder ein kalter Schlagfluß, welcher bei diesem Alter schwerlich überwunden wird, da er hierauf anders als im 20. oder 40. Lebensjahr, wie oben angedeutet, reagieren wird.

(Nach A[dolf] Tiefenbach [d. i. Herbert Blank]: Wallenstein. Ein deutscher Staatsmann. Oldenburg i. O.: Stalling 1932. S. 57–64)

c. Ausführlicher und gründlicher Bericht

Alberti Fridlandi
perdvellionis
chaos,
sive,
ingrati animi
abyssvs:
Das ist:
Ausführlicher und gründlicher Bericht
Der vorgewesenen Friedtländischen und
seiner Adhaerenten abschewlichen Prodition,
was es damit vor eine eigentliche Beschaffenheit gehabt, und was vor boshaftige Anschläg allbereit obhanden gewesen:
Alles aus denen einkommenen glaubwürdigen Relationen, Original-Schreiben, vnd andern Brieffllichen Urkunden, sowol auch deren diesfalls verhafften gethanen gütlichen Aussagen, iedermänniglich zur Nachricht verfaßt, zusammen gezogen,
vnd
Auff sonderbaren der Röm. Kays. Mayest. Allergnädigsten Befehl in offenen Truck gegeben
von Albert Curtius.

Über den Anlaß dieser Veröffentlichung:

»Bei diesem allem aber, zuvorderst Ihre Kays. May. vnnd iederman seythero vernehmen müssen, daß der also eylends, wider solche Verächter und Conjuranten, ergangener geschwindter Execution halber, vnderschiedliche ungleiche, vnnd unwahrhafftige Dißcurß, aller Orten fürgehen, ia ganz boßhafftige Judicia hierunden temere geführt, wol auch hochverbottene famos gedicht in offenen Druck spargiert, vnd ohne schew herumb getragen werden, als ob das Haupt dieser schändlichen Conspiration, sampt dessen Adhaerenten mit so geschwinder Execution vbereylet, ja so gar ein Gewalt angethan, vnnd groß vnrecht geschehen, darneben auch Ihre Kays. May. vnd dero Hauß einer vnerhörten, Barbarischen vndanckbarkeit zu beschuldigen kein abschewen tragen.
Derenthalben vnd damit jedermänniglich, hohen oder Nie-

dern Standts, den eigentlichen Grund, vnd wahrhafte Vrsachen erfahren vnd wissen möge, warum nemblich in flagrantissimo Perduellionis, Proditionis, et Laesae Majestatis crimine, mit diesem Meineydigen Conspiranten dergestalt verfahren, also haben mehr allerhöchstgedachte Ihre Kays. Mayestaet ein sonderbar hohe, lenger vnvmbgängliche Notturfft zu seyn ermessen, auch endlich befehlen müssen, daß der ganze Verlauff mit warheitsgrund, auß denen einkommenen glaubwürdigen, vnd vnwidersprechlichen Documenten, hierüber geführter vnd examinirter Zeugen, auch bei der Sach selbst Interessirter so Schrifft- als Mündtlich gethanen gutwilligen Aussagen, intercipirten, vnd andern, so wol bei dem Haupt solcher Conspiration, als dessen Complicibus gefundenen Schreiben, fideliter herauß gezogen, vnd zu Jedermanns eigentlichen wissenschaft, auch zu handhabung Ihrer Kays. May. ergangenen Justiz, in offenen Druck gegeben werden solle, damit sich auch ein ieder hiebei selbst in acht nehmen, vnd von denen bißhero geführten boßhafftigen schädlichen Discursen, vnnd ohne das hochverbottenen straffmäsigen Gedichten und Famos-Schrifften zu hüten wisse.«

Über Wallenstein und seine Generale in Pilsen:

»Als nun auff den bestimmbten Tag, den 11. Januarij, die Commendanten vnnd Obristen zu Pilsen zusammen kommen, hat er [Wallenstein] jhnen durch den Illo in seinem Quartier anfänglich die Questenbergische Instruction, wie auch obvermeltes Kayserliches Schreiben, und dann, daß 6000 Pferdt für Ihre Durchlaucht den Herrn Cardinaln Infante von denen Spanischen begehrt wurden, gantz verkehrt, und mit sondern List zu seinem Intent fürtragen vnd proponirn lassen, zu consultiren, ob müglich, die Winterquartier ausser der Erbländer zu nehmen, Item die Statt Regenspurg bey damaliger Winterszeit wider zu recuperirn, und dann, ob thunlich vnd rahtsamb, die 6000 Pferdt von der Armada wegzulassen: Dieweil nun die fürnehmste Vota, was man gern geschlossen haben wöllen, schon vorhero vnterbawt, die Proposition auch darnach formirt gewesen, als ist das Conclusum vmb so viel desto leichter erfolgt, daß weder eins noch anders thunlich, vnnd dieses solche sachen, die allein zu ruinirung der Armada angesehen weren, welches Illo alsbalden dem Friedlandt referirt, und als er wiederumb zuruck kommen, darauß die Occasion genommen, die zum schein vorgehabte resignationem offentlich vorbringen zu lassen, mit sonderbarer boßhafftiger außführung, die Commendanten wider Ihre Kays. May. zu verhetzen, mit diesem Eingang: Ingratis seruire nefas: die Commendanten und Obristen sollen auß solchen jhme Generaln beschehenen zumuhtungen abnehmen, wie von dem Kayserlichen Hoff vnmügliche ding, jhme auffgetragen, und wann er nicht gleich alsbald parire, so suche man ihne zu verfolgen, wie dann die Spanischen jhme bereit mit Gifft beykommen wollen, welche, nachdeme sie nunmehr die Kayserliche Räth und Ministros auff jhre Seiten gebracht, mit allen kräfften dahin trachten, wie sie mit dem nechsten den König in das Feldt bringen, selbigen nachmahlen jhres gefallens herumb führen, sie aber die völlige dispositionem der Waffen vnter sich bringen mögen, durch welches sie nichts anders vorhetten, als hierunter die rechte Fundamenta Ihrer Monarchiae in diesen Ländern zu befestigen, die teutsche Freyheit auffzuheben, und das h. Römische Reich, wider die alten Privilegia, jhnen erblich zu machen, dannenhero diese jhre gedancken und Vorhaben hindurch zu bringen, und jhne Friedlandten zu enervirn, hetten Ihre Kays. May. vnter scheinbaren praetexten befohlen, den mehrern theil der Armada in Bayern zu schicken, vngeachtet der vorhandenen harten Winterszeit, und daß wissentlich, wie hart und vbel selbiger Churfürst die Soldatesca zu tractirn pflege, daß auch allein eben zu diesem und die 6000 Pferdt für Ihre Durchl. den Herrn Cardinaln Infante, selbigen von Maylandt biß nacher Niderlandt, einen so weiten weg zu convoyren begehrt worden, so sey in denen Kayserlichen Erb Landen weder Volck noch Gelt mehr zu bekommen, der Kayser sey nur ein Raub der Jesuiter, welche durch jhre gewöhnliche betrug, vnter dem schein der Religion, alles Gelt, so auffbracht wurde, verschicken, so weren auch der Kayserlichen Räth und Ministrorum gedancken allein dahin gerichtet, wie sie Ihrer Kays. May. Gemüth und Hertz auff andere sachen wenden, auff daß sich die Ministri immittels deß absoluti Imperii gebrauchen mögen, steckten beynebens voll des Geitz und aller böser Begierligkeiten, wie sie dann alle Contributiones, auß denen Ländern, welche für die Soldatesca bewilliget, an sich ziehen, und also der armen Soldaten sauren Schweiß zu Ihrer Hoffarth anwendeten, anjetzo suchten sie noch darzu mittel und Gelegenheit, wie jhnen solten die Hälß gebrochen werden, wo die Soldaten hinkommen oder Quartier begehren, wolte mans nit haben, thäten als wanns Türcken, Teuffel oder Tartarn weren, daß also nirgends nichts zu hoffen, und wann man gleich viel verspreche, so wolle mans doch nicht halten. Dieweiln dann er Friedlandt dieses alles wol wüste, und dabey sein Ehr und Reputation, welche er mit seinen acht vnd zwantzig Jährigen Kriegs Diensten erobert, hoch periclitirte, er auch der Soldatesca, in dem, was er vielmahls versprochen, nicht mehr zuhalten könte, weiln jhme entgegen nicht zugehalten, und an dem Kayserlichen Hoff, auch mit denen Confiscationibus, welche vorhero jhme, dardurch die redlichen Soldaten jhrer dapffren Dienst zu recompensiren, eingeraumbt worden, in andere weg disponirt wurde, als seye er entschlossen zu resigniren, und die Armada zu quittirn, seiner gesundheit desto besser abzuwarten, ehe daß er mit schimpff widerumb (als jhme dann allbereit ein solches spiel durch den Neidt und vndanckbarkeit angerichtet) von newen abgesetzt vnnd verstossen werde, doch habe er dieses jhnen Commendanten vnnd Obristen vorhero fürtragen lassen wollen, hierüber auch dero wolmeinen und trewhertziges Mitleiden zu vernehmen, dabei er dann Illo sein bedencken also baldt angehefftet, sie Commendanten solten gleichwol bey sich selbsten bedencken, was jhnen von des Hertzog Abzug für Gefahr und Schaden zustünde, sie hetten die Regimenter und Compagnien meistentheils auff sein des Friedlands zusprechen auß jhrem eigenen Seckel gerichtet, dergestalt wurden sie nicht allein dafür nichts, sondern auch für Ihre so gar getrew geleiste Dienst einige Bezahlung oder recompens nicht zu hoffen haben, vnnd nichts anders als ruinirte Cavallier seyn, derowegen ja der beste raht seye, bey dem General vmb Continuirung seines Generalats mit allem fleiß anzuhalten, worauff also baldt ein gemeines Geschrey worden, daß man den Hertzogen nicht lassen, sondern denselben, lenger bey jhnen zu verharren, erbitten soll, inmassen stracks von einer Abordnung tractirt, auch bald zu werck gerichtet, dieweilen aber er Friedlandt auff seiner simulation verblieben, und noch weiter gebetten sein wöllen, die abgeordnete aber entzwischen alles widerumb zuruck gebracht, sein sie zum andern mahl zu jhme abgeschickt, darauff er

sich dann erst erklärt, noch ferners bey der Armada zu verbleiben, vmb zu sehen, was Deroselben hinführo für ein Vnterhalt vnnd Bezahlung wurde verschafft werden.
Als nun Illo neben den andern Abgeordneten diese Resolution zuruck gebracht, und theils der Commendanten darauff weggangen, hat er in beysein der vbrigen ferners proponirt, weiln Friedlandt auff so starckes ersuchen und bitten nur jhnen den Commendanten zum besten, sich resolvirt, noch lenger bey der Armada zu verbleiben, so seye sein begeren, welches auch aller billigkeit gemäß, daß man sich hingegen auch gegen jhme verobligire, darauff die Formulam solcher Obligation und Verbindnuß, welche vorhero von dem Naumann schon gerichtet und zu Papier gesezt gewesen, und nachmalen vnterm dato deß 12 January verfertigt worden, herfür gebracht und abgelesen, wie nemblichen er Friedlandt wegen vielfältig empfangener disgusti, zugezogener hochschmerzlicher Injurien, vnnd wider jhne angestellter gefährlicher Machinationen, so wol verweigerter, nothwendiger, vnentberlicher vnterhaltung der Armada, die Waffen zu quittirn, vnd sich zu retirirn gänzlich entschlossen gewesen, doch aber auff der Commendanten durch den Illo und andere 4 Oberste beschehenes ersuchen und bitten, solche seine zu der resignation eingeführte bewegliche Motiva so weit zuruck gesetzt, daß er sich noch ein zeitlang, bei der Armada zu verbleiben, und ohne jhr, der Commendanten außtrückliches vorwissen und willen, von denselben und der Armada sich nit zu begeben resolvirt, daß sie sich hingegen samentlich und ein jeder insonderheit am kräfftigsten an statt eines Cörperlichen Aydts verpflichten und verbinden, bei demselben Erbar und getrew zu halten, auff keinerley weiß von demselben sich zu separirn und zu trennen, noch trennen zu lassen, besondern alles das, was zu seiner und der Armada conseruation gereicht, neben jhme eusserster müglichkeit zu befürdern, und beynebens und für denselben alles das jhrige, biß den letzten Blutstropffen vngesparter auffzusezen, wie sie dann auch, im Fall einer oder der ander jhres mittels diesem zuwider handlen und sich absondern wolte, sambtlich und ein ieder insonderheit den oder dieselben, wie trewlose, Aydts vergessene Leuth zu verfolgen, und an dessen Haab und Gütern, Leib und Leben sich zu rechnen schuldig und verbunden sein sollen und wollen. Darinnen aber auch sonderlich diese Clausula begriffen

gewesen, so lang er Friedlandt in Ihrer Kays. May. Diensten verbleiben, und zu befürderung deroselben Diensten sie gebrauchen würde, es ist aber dieses alles mit fleiß auff einem vormittag gleich vor dem Essen tractirt worden, damit immittels die Zeit gewunnen, vnnd Illo darauff alle Commendanten bey dem vorhero schon zugerichteten Pancket bey sich behalten, da dann der vorhero abgelesene Schluß wiederumb umgeschrieben, die vorbemelte substantial Clausula außgelassen, und nach auffgehobener Tafel, da die mehresten mit dem Wein ziemlich beladen gewesen, zum vnterschreiben fürbracht, darüber sich zwar anfangs, sonderlich wegen der außgelassenen obvermelten Clausul, ein widerwillen und Tumult erhebt, doch aber alsbald durch deß Illo zusprechen, welcher es mit diesem entschuldigt, daß ohne das in dem eingang der Kayserlichen Dienst gedacht, vnnd an einem par Wort nicht so viel gelegen were, und daß deß Tertzka Insolenz und vermessenheit, welcher diejenigen, so es mit dem Friedlandt nicht halten wöllen, für Mayneydige Schelmen vnnd anders außgeruffen, weiln die getrewen Commendanten gesehen, daß allda weder Zeit noch Orth viel zu widerreden oder zu difficultirn, wiederumb gestilt, und also selbiger Schluß, nach deß Illo und Tertzka Exempel, und der andern General Commendanten, auch von den andern anwesendten Officirn, weil solches vnter gewaffneter Hand und entblößtem Degen nit wol zu verweigern gewesen, unterschrieben worden.

Demnach aber Friedlandt diesen widerwillen und verweigerung vernommen, hat er des andern Morgens alle Commendanten wiederumb für sich erfordert, und jhnen selbsten die Vrsachen seiner geschöpfften Resolution, von der Armada abzuziehen, mit einer empfindlichen Oration vorgetragen, auch alles dasienige, was den vorigen Tag der Illo proponirt, mit viel mehrerem Eyffer, und noch beweglicher repetirt, sonderlich aber daß dasjenige, was von Hoff auß begert, fürnemblich wegen Ihrer Durchl. deß Herrn Cardinal Infante, solche sachen weren, wanns ein Schuler Jung begerte, er werth seye, daß man denselben darumb mit Ruten straffen solte, und ob er sich zwar deß vorigen Tags auff jhr ersuchen und anlangen resolvirt, noch lenger bey jhnen zu verbleiben, so habe er doch anjetzo mehr Vrsachen, als vor niemahln, auff seiner ersten Resolution zu verharren, alldieweiln er vernehmen müssen, daß allerhand Difficul-

Ermordung Wallensteinscher Obristen und Offiziere. Kupferstich von Matthäus Merian. Aus »Theatrum Europaeum«

täten bey Vnterschreibung deßjenigen, welches er allein zu seiner eignen sicherheit begehrt, movirt worden.
Auff welches die Commendanten ab- und in der Ante-Camera wiederumb zusammen getretten, jhne nochmahln ersucht und gebetten, er wolte dasjenige, welches den vorigen Tag von etlich wenigen in einem Trunck fürgangen, nicht so hoch beobachten, alldieweiln sie anjetzo alle in der nüchtern deß einhelligen Willens, solchen Schluß zu approbirn vnnd zu ratificirn. Worauff wiederumb etliche Exemplaria, weiln in dem Ersten, theils des Weins halben, theils aber mit fleiß, die Namen also geschrieben gewesen, daß mans fast nicht erkennen können, vnterschrieben, und dergestalt außgetheilt worden, daß ein Exemplar bey dem Eltisten Commendanten deß Fußvolcks, das andere bey dem Eltisten der Reutterey und das dritte bey denen Croaten verbleiben sollen.«

Die Ermordung der Generale Illo, Tertzka, Kintzky, Rittmeister Neumanns und Wallensteins durch Leßle, Buttler, Gordon und Deveroux in Eger:

»Dieweilen dann auß dießem der Leßle gesehen, wie Friedlandt alles zu praecipitirn vorhabens, und daß bey solcher Augenscheinlichen gefahr still zu sitzen jhnen nicht verantwortlich seyn möchte, hat er sich alsbald in das Schloß zu dem Obersten Buttlern und Gordon verfügt, und jhnen eines und anders referirt, da dann der Buttler dem Leßle das Kayserl. Patent, und die von dem Herrn General Leutenanten Gallassen inmittelst darüber empfangene Ordinantz fürgewiesen, darauff alle 3. sich entschlossen, die Rebellen, als welche innerhalb 2. Tagen mit dem Feindt, der auch schon gar nahendt an der Handt gewesen, sich zu conjungirn resolvirt, solches auch zu verhindern kein anders sicheres mittel wär, als gegen solche offene und durch obgedachte von jhnen geführte verrähterische Anschläg, noch vielmehr aber daselbst zu Eger gemachte anstellung, entdeckte Verrähter und Beleidiger der höchsten Mayestät, handt anzulegen und vom Leben zum Todt hinzurichten, sich auch mit einem Cörperlichen Jurament zusammen verbunden, ehender Leib und Leben bey dieser eussersten gefahr in Ihrer Kays. May. Diensten zu lassen, als von dieser Ihrer Resolution abzuweichen.

eß anderen Tags darauff, als den 25. Febr. hat Friedlandt ormittag mit dem Illo, Tertzka, und Kintzky raht gehal-en, ohngefähr vmb 10. Vhr aber hat der Illo die vornemb-en 3. als den Obersten Buttlern, Gordon und Leßle zu sich rfordert, und jhnen auß befelch des Friedlandts fürgehalten, as gestalt deß Hauß Österreichs gebrauch wäre, jhr ge-rewe Diener etwa mit einem vergulten Schlüssel, oder einem chönen Degen, etwa mit einem krummen Roß zu recom-ensirn, und im fall, da sie jemanden eine Herrschafft oder twas mehrers geben, seye es ein Zeichen, daß er nicht mehr ang zu leben habe, dann darnach werden sie jhme vergeben, der vrsach suchen, vmb den Kopff zu bringen, er der Ge-eral habe alleweil mittel gesucht, die Armada, welche so ol gedient, zu contentirn, welches die Vrsach seiner vn-nad zu Hoff seye. Verspreche aber jhnen allen dreyen, afern sie bey jhme halten, vnnd einen Aydt thun werden, eß Kayßers Befelch nicht mehr zu parirn, sondern mit jhme n gutem und bösem beständig zu verharren, daß er jhnen icht allein dasjenige, was Ihre May. jhnen schuldig, bezah-en, sondern mit seinen eignen Güttern vnnd grösseren ommendamenten in Kriegswesen remuneriren wolle.

arauff seye jhme geantwortet, daß sie zwar Soldaten von er Fortuna weren, vnnd thäten dieselbe annehmen, woher e auch käme, allein stundte jhnen gleichwol noch im weg r Juramentum, welches sie Ihrer Kay. May. geleist hetten, nd nicht so liederlich, als Ehrliche Leuth hindan setzen önnten, damit nun Illo jhnen diesen Scrupulum beneh-en möchte, hat er jhnen ferners fürgemahlet, wie daß riedlandt jhr General sey, vnnd weiln er sie von dem urament, welches sie anstehendt machte, absolvir, als weren e damit auch Ihrer Kay. May. weiter nicht mehr verbun-en, auff welches diese drey einen verzug begert, ob viel-eicht Ihre Kays. May. und der General sich vnterdessen it einander vergleichen möchten, dagegen Illo wiederumb eplicirt, die sachen weren nunmehr so weit kommen, daß eine accommodation mehr geschehen könne, und daß der eneral gantz und gar resolvirt seye, keinen Herrn mehr u haben, vber welches sie biß den nechsten Tag, damit sie ch hierinnen resolvirn möchten, vmb auffschub gebetten, jhnen auch ertheilt worden, entzwischen hat er Friedlandt uch Befelch geben, deß andern Tags hernach alle Burger u Eger auff das Rathhauß zu erfordern, und selbige mit betrohung Spiessens, Henckens, Prügelns, vnnd andern seiner gewöhnlichen anerbieten, zu compellirn, wider Ihre Kayserl. May. jhme zu schwören.

Als nun vorbenandte 3. Obersten und Commendanten dieses abermahlen gesehen, seynd sie widerumb zu raht gangen, was gestalt sie jhre hievor geschöpffte Resolution zur Execution bringen möchten, und weilen darbey gar leichtlich ein Meutination zu besorgen gewesen, als haben sie für das beste Mittel befunden, daß der Oberst Leutenandt Gordon den Illo, Tertzka, Kinsky, und den Rittmeister Neumann (welcher in diesem ganzen Tradiment das Cantzler Ampt vertretten, und deß Tertzka in sachen, dahin sein Ingenium nit erstreckt, Consiliorum Director gewesen) zu sich in die Burgg auff den Abendt zu Gast geladen, gegen dem Abendt vngefehr vmb 5. Uhr haben sie jhr vorhaben auch deß Buttlers Obersten Wachtmeister Geraldin offenbahrt, der selbiges nicht allein alsobald approbirt, vnnd sich darzu mit einem gleichmäsigen Jurament verbunden, sondern auch offerirt, 6 tapffere Soldaten zu ordnen, welche diese Execution verrichten sollen, deßgleichen haben sie es vber ein Stundt hernach noch andern 3. Hauptleuthen, Irrländern von dem Buttlerischen Regiment, und einem von dem Tertzkyschen Pestalutzen genant, vmb mehrer sicherheit wegen entdeckt, die sich auch alle mit jhrem Cörperlichen Jurament darzu obligirt, vnnd dieselbige Nacht in der Burg die Wacht gehabt. Nachdeme nun dieses alles also bestelt gewesen, und die 4. eingeladenen vmb 6. Vhr in die Burg kommen, und man zu Tisch gesessen, sein auch 30. Buttlerische Soldaten hineingeführt, darunter die 6. welche die Execution thun sollen, mit dem Obersten Wachtmeister Geraldino zu nechst in eine Cammer, die vbrigen aber für die 2. Thürn deß Zimmers, darinnen die Mahlzeit gewesen damit sich nicht etwa der Rebellen Diener opponirn möchten, gestelt worden, bey welcher Mahlzeit sich dann die Rebellen noch mehrers herauß gelassen, sonderlich aber ihren Trunck auff deß Friedländers gute Intention, deß Friedlandts und seiner Confoederirten, und dann sein deß Friedlands, als nunmehr selbst Herrens, und nicht mehr Generaln oder Dieners, gesundtheit angestellt. Nach auffgehobenen Speisen, und als man das Confect auffgesetzt hat der Oberste Wachtmeister Leßle das Zeichen geben die auffzug Brucken zu sperren, alle Schlüssel zu den Thoren zu sich selbst genommen, und durch einen Jungen dem Geraldin sagen lassen, daß nunmehr kein Zeit zu verliehren. Darauff die 6. Soldaten durch die Thür zunechst des Tisches in das Zimmer hinein getretten und geruffen, Viuat Ferdinandus, auff welches die vorgemelten alle drey alsbald jhre Degen gezuckt, und die Rebellen alle vier niedergemacht worden: Auff diese vollbrachte Execution, so ohngefehr zwischen 7. und 8. Vhr geschehen, hat sich der Leßle alsbald herauß in die Statt auff den Platz verfügt, vmb zu vernehmen, ob und was derentwegen allbereit allda für reden und rumores wären, vnnd wie solche Execution auffgenommen wurde, und weilen er befunden, daß die Wachten zu den Wehren geloffen, wegen zweyer Musquetenschuß, so auff jhne Leßle selbsten in der Burgk von der Wacht allda bey dem Thor beschehen, die vermeint, daß er auch einer von den Rebellen were, als hat er jhnen die vorgeweste prodition, und was derentwegen allbereit in der Burgk fürgangen, auch was noch mit deß Friedlandts Person fürzunehmen, entdeckt, und begert, Ihrer Kays. Mayest. nochmalen zu schweren, und mit jhnen in dieser sachen zu halten, zu leben und zu sterben, darein sie alsbald consentirt, darauff der Oberst Wachtmeister die Statt Thor eröffnet und 100. Dragoner vom Buttler hineingelassen, hin und wider in der Statt zu reitten, damit der Rebellen Adhaerenten und Diener nichts wider die Soldatesca attentirn möchten; Welches Leßle dann nachmahlen, daß nemblich alles in guter Ordnung, und kein Meutination zu beförchten, dem Obersten Buttler und Gordon in das Schloß avisirt, darüber er Buttler mit seinem Obersten Wachtmeister Geraldin heraußkommen, und alsbald das fordere Thor gegen dem Platz bey deß Friedlandts Quartier occupirt, und das hindere mit 15. Soldaten besetzt. Doch ist nochmalen consultirt und disputirt worden, welches besser sey, den Friedlandt gefangen zu nehmen, oder aber vmbbringen zu lassen, dieweilen aber der Illo vber dem Essen vermeldt, daß der General inner 3. Tagen ein solche Armada werde zusammen bringen, dergleichen er niemahls gehabt: Vnd der Neuman gesagt, weiln Ihre Kays. May. die Teutsche Freyheit also vntertrucken zu lassen begehren, so verhoffe er für sein theil noch solche revange zu haben, daß er ehistes seine Händt in der Herrn von Österreich Blut waschen wolle: Als ist bey voriger Resolution, denselben vmbzubringen, es nochmaln verblieben, bevorab weiln auch der Feind mit seinem Volck schon gar nahend an der Hand gewesen, auff welches dann ein Irrländischer Capitän, Namens Deveroux, neben andern 6. Hellepartern hinauff in des Friedlandts Losament sich begeben, und dessen Zimmer zugeeylet, und weiln gleich durch die Ante Cameram der Astrologus heraußgangen, ist er Hauptmann sampt seinen Mitgesellen ohngefähr zwischen 9. und 10. Vhr zu jhme in das Zimmer hinein getretten, den Friedländer vom Bett, weil er wegen des gehörten Tumults der Wacht zuruffen wollen, auffgestanden, und nahend bey dem Fenster in bloßem Hemmet gefunden, den er mit diesen Worten angeschriehen, bist du der Schelmb, der das Kays. Volck zu dem Feindt vberführen und Ihrer Kays. May. die Cron von dem Haupt herunter reissen wollen, derowegen must du anjetzo sterben, doch aber noch was wenig zuruck gehalten, ob er vielleicht noch was reden wurde, darauff er Friedlandt kein einiges Wort gemeldt, sondern nur die Arm außgespannt, den stoß von dem Capitän mit der Partesan vorn in die Brust empfangen, zu boden gefalln und in seinem selbst eigenem Blut verstorben. Vnd dieses ist das endt, welches dieser Friedlandt für sein vnerhörte barbarische vndanckbar- vnnd trewlosigkeit, die er an seinem Herrn, der jhne also hoch erhebt und so groß gemacht, erwiesen, justo Dei Judicio genommen, an welchem billich alle, so dem Ehrgeitz dermassen ergeben, daß sie keine schandt, vngerechtigkeit und Mainaydt nichts achten, sondern jhrer Begierlichkeit stockblind hindurch gehen, ein Exempel nehmen, und das discite justitiam moniti, et non temnere diuos, fleissig behertzigen, nit weniger auch diejenige sich spiegeln sollen, welche der in Göttlichem Wort verbottener Astrologiae sich ergeben, und jhr Glück vnnd Unglück nicht der Göttlichen Providenz, sondern gantz heidnischer Gottloserweiß den Himmeln, vnnd Gestirn zumessen, er Friedländter neben dem quod sua cuique Deus est dira libido, auff solche Astrologische eytelkeit so viel gebawet, daß er nit allein alle seine actiones darnach angestelt, sondern auch Königreich und Scepter nunmehr in Händen zu haben vermeint, darbey aber nichts, als ein ewigen Schandfleck, so alle seine so mühseelig erhaltene grandeza auff einmal zu boden gestürtzt, und jhme

Wallensteins Ermordung 15. Februar 1634. Kupferstich von Matthäus Merian. Aus »Theatrum Europaeum«

allein dahin gedient, damit sein vntrewes falsches Gemüt desto mehr in der ganzen Welt bekanndt würde, in seine Gruben gebracht.«

Moraliter oder wie der Leser den Text verstehen soll:

»Vnd ist dieses kürtzlich der Verlauff dieser hochgefährlichen und fast vnerhörten prodition, welche vielmehr auß Göttlicher Vorsehung, so dann dißfalls zu handhabung jhres Gesalbten vornemblich wider aller verständigen Menschen Vernunfft, nach dem die Conspiranten allen vortheil für sich gehabt, divertirt und verhindert worden, vmb welche Gnad auch der Göttlichen May. billich alle deß hochlöblichen Hauses von Österreich getrewe Vnterthanen, vornemblich dann auch alle gehorsame Reichs Ständte inniglichen Danck zu sagen, deren dann unterschiedliche, auch außwendige Fürsten und Potentaten Ih. Kay. May. guthertzig gratulirt, bey welchem man einem jedwedem, der nit gäntzlich in Haß und Neidt gegen mehr höchstgedachter Kays. Mayest. und Dero Hauß ersoffen, wie auch der werten Posterität das Vrthel fällen läst, ob bey so beschaffener bewanntnuß und für Augen stehender eusserster gefahr Ih. Kay. May. anders, als beschehen, verfahren, sich auch und die reliquias deß Röm. Reichs und jhres glorwürdigen Ertzhauses, welchem die letzte mina allbereit gegraben gewesen, und gleich jetzo fallen sollen, conserviren können oder mögen, und ob nicht diejenige jhre boßhaffte gifftige affectus allzusehr an Tag geben, welche bey so offenbarer perduellion und Verrätherey die Kayserl. Mayest. einer Injustiz, Ehrliche Obristen und Cavallier aber, so zu rechtmessiger Execution wider diese Rebellen jhre Ritterliche Handt dargestreckt und jhren Aydten vnnd Pflichten nachkommen, eines Meuchelmords zu beschuldigen sich nicht entferben. Daß aber solches auß lauter böser passion herfliesse, und also bey vernünfftigen und zu der Gerechtigkeit geneigten Gemüthern keines Beyfals, auff solche freventliche Judicia, sich zu besorgen, erhelt auch vornemblich daher, daß eben dieser Friedländer, so lang er in Kayserl. devotion verharret, und seinem Generalat mit trewen vorgestanden, für das gröste monstrum naturae vorgemahlet, nunmehr aber durch Aydtbrüchigen vndanckbaren Abfall von seinem Kayser und Herrn die Confiscation verdienet, deme auch gantz Teutschland parentirn solle, welche zwar sich zum wenigsten deß hochvernünfftigen Heyden dicti erinnern sollen, Amo proditionem, non proditores, wann sie ja jhre feindtliche Intentiones gegen dieses hochlöbliche, von dem h. Reich in die 350 Jahr so hoch meritirte Hauß, noch nicht gäntzlich auff eine seiten setzen können. Der guthertzige Leser hat ohne zweiffel in dieser Relation zu finden, was etwa bißhero gedacht:

Den gifftigen Spinnen ist keine Rose so
edel und tugendhafft, daß sie nicht
darauß ein Gifft machet.«

(Leitzmann, S. 1–72)

d. Epitaphia Wallensteiniana

Wallensteins Sturz bewirkte allgemeines Aufsehen und Erregung; zu den zahlreichen Liedern, die damals im Volk entstanden, gehört folgendes:

Ein Valet Liedlein vor Walenstein

1. Der Walenstein, die eisern Ruth,
Hat nun auch geben dar sein Blut,
Zu Eger ist ermürdet.
Ein seltsamlich Gerüchte geht:
Sein Kaiserliche Majestät
Hab ihn also bewirthet.

2. Er stieg dem Kaiser viel zu hoch,
Und gab der Rechnung gar ein Loch,
Weil er's hielt mit dem Schweden;
Alldarum wurd er in der Nacht
Sammt Generalen umgebracht –
Verrätherlohn trifft jeden.

3. War ein berühmter General,
An Siegen groß, an Worten kahl,
Hielt seinen Sinn verschlossen;
Hat so in mancher Feldschlacht heiß
Gesparet keine Mühn und Fleiß,
Sein ritterlich Blut vergossen.

4. Doch Feind und Freund übel tractirt,
Daran man lang gedenken wird,
Gebrandschatzt und geplündert;

Groß Reichthum auch an Gut und Geld,
Erworben sich damit im Feld,
Doch seinen Ruhm gemindert.

5. Sucht letztlich gar als Siegeslohn
Für sein Haupt eine Königs Kron
Im Reiche zu erwerben.
Das gab dem Kaiser große Noth,
Alsdann beschlossen wurd sein Tod,
Mußt dadurch elend sterben.

6. Es konnt ihn keiner nit bestehn,
Allein der Schwedenkönig kühn,
Der lehret ihm die Moren;
Der hat dem Tilly geraubt den Kranz,
Dem Walenstein geweist den Danz,
Drin er die Schanz verloren.

7. Er mocht den Hahn nit hören krähn,
Kein bellend Hündlein um sich sehn,
Und lacht doch der Kartonen.
Itzt hat er Ruh und langen Fried,
Kräht ihm kein Hahn und Huhn ein Lied,
Und kann sein Ohren schonen.

8. So geht's, wann einer zu hoch will,
Da kommt der Teufel in der Still,
Und thut ein Bein ihm stellen.
Kein Baum wachst in den Himmel 'nein,
Es ist die Axt schon hinterdrein,
Thut ihn zu Boden fällen.

9. O Walenstein, du Allen ein Stein,
Der Tod thut dich der Noth und Pein,
Der Weltpracht Last entheben.
Gott gnade deiner armen Seel,
Wöll dir all Sündenschuld und Fehl,
Um Christi Blut, vergeben! –

(Franz Wilhelm Frh. von Ditfurth: Die historisch-politischen Volkslieder des dreißigjährigen Krieges. Hrsg. von Karl Bartsch. Heidelberg: Winter 1882. S. 272 f.)

Auch der Nachruf aus dem »Theatro Europaeo« verrät des gemeinen Mannes Schadenfreude über den Sturz des Mächtigen:

Hier liegt und fault mit Haut und Bein
Der große Kriegsfürst Wallenstein,
Der große Kriegsmacht z'sammen bracht,
Doch nie geliefert recht ein Schlacht.
Groß Gut that er sehr vielen schenken,
Dargegen auch viel unschuldig henken.
Durch Sterngucken und lang Tractiren,
That er viel Land und Leut verlieren.
Gar zart war ihm sein böhmisch Hirn,
Konnt nicht leiden der Sporen Klirrn.
Hahnen, Hennen, Hund er bandisirt
Aller Orten, wo er logirt.
Doch mußt er gehn des Todes Strassen,
D' Hahn grahen, d'Hund bellen lassen.

(Leitzmann, S. 115 f.)

3. Die dramatische Behandlung des Wallenstein-Stoffes vor Schiller

Wallensteins gesellschaftlicher Aufstieg, sein Ruhm als Ökonom und Feldherr sowie seine glänzende Hofhaltung hatten bereits zu seinen Lebzeiten viel Aufmerksamkeit auf ihn versammelt. Wallensteins Sturz und sein umstrittener gewaltsamer Tod erhöhten die Faszination, so daß es seither eine Kette dramatischer Spiele gibt, in denen ein Wallenstein, Waldstein, Wahlstein, Volstein, ein Lastlev, ein Friedland, Fridlandus oder auch Frisland agiert. Aber weder das Globe-Theater in London noch die shakespearisierenden Wanderbühnen, weder die Volkstheater und Puppenbühnen noch die lateinischen Schultheater haben ein beachtenswertes Wallenstein-Drama hervorgebracht, auf das Schiller hätte zurückgreifen können. Schiller erarbeitete sich den Stoff als Historiker. Darum genügt hier, um die mehr als 150jährige Beschäftigung mit dem Wallenstein-Stoff zu belegen, eine chronologische Liste der (zum Teil verschollenen) Dramen.[3]

3. Vgl. auch Georg Irmer, Die dramatische Behandlung des Wallen-

Philalethes Parrhasiastes (d. i. Bartholomäus Anhorn):
›Komödien Spiel‹ in lateinischer Sprache, über die Befreiung Pommerns von Lastlev [= Wallenstein]. 1631 im Druck.

Johann Micraelius (d. i. Johann Lütkeschwager):
Dramen-Trilogie:
Pomeris, 1631.
Parthenia, 1632.
Agathander, 1633. (Der volle Titel des dritten Teils lautet: Agathander pro Sebasta vincens et cum virtutibus triumphans, Pomeridos et Partheniae continuatio. Ein new Poetisch Spiel von dem siegreichen Helden Agathander [= König Gustav Adolf von Schweden], welcher um der bedrängten Sebastiä und anderer allemannischer Nymphen willen wider die beyden Wütriche den Contill [= General Tilly] und den Lastleven [= Wallenstein] herrlich sieget und mit der himmlischen Eusebia und anderen Tugend-Frawen im Lande der Lebendigen triumphiret, angestellt im Wintermond des dritten Jahres nach der Befreiung Pomeris.)

Pedro Calderón de la Barca und Antonio Coello:
Le prodezze del duca di Frisland [sic].
(1634 in Madrid aufgeführt. Text verschollen. In Deutschland anonym unter dem Titel: Von des Generals Friedländer Komödie. – Nach Eintreffen des »Ausführlichen und gründlichen Berichts« aus Wien wurde diese Darstellung, die Wallenstein verherrlicht, vom spanischen Spielplan abgesetzt.)

Henry Glapthorne:
The Tragedy of Albertvs Wallenstein Late Duke of Fridland, and Generalle to the Emperor Ferdinand the Second. Written by H. G. The Scene Egers And Acted with good Allowance at the Globe on the Bank-side by Majesties Servants London 1640.
(1634 entstanden.)

Anonym:
Die Welt-bekannte Historie von dem Tyrannischen General Wallenstein.
(Zwischen 1635 und 1650 in Berlin aufgeführtes Puppenspiel. Ein überlieferter Theaterzettel mit ausführlicher Inhaltsangabe läßt eine Bearbeitung Henry Glapthornes erkennen.)

steinstoffes vor Schiller. In: Nord und Süd, 15. Jg. (1891) Bd. 57, H. 170, S. 248–261.
Ernst Potthoff, Wallenstein. Eine Tragödie in fünf Aufzügen und einem Vorspiel Wallensteins Lager nach Schillers dreiteiligem dramatischen Gedicht zu einem Stück zusammengezogen und für die Bühne bearbeitet. Leipzig: Reform-Verlag [1909]. (Theaterbibliothek. Bd. 1. S. 134–141.)
Theodor Vetter, ›Wallenstein‹ in der dramatischen Dichtung des Jahrzehnts seines Todes. Micraelius. Glapthorne. Fulvio Testi. Frauenfeld: Huber 1894.
W. Widmann: Wallenstein in der dramatischen Dichtung vor Schiller. In: Die deutsche Bühne, 6 (1914) Nr. 48.

Nicolaus de Vernulaeus [Vernulz]:
Fritlandus. Drama in lateinischer Sprache.
(1636 oder 1637 entstanden.)
Johann Rist:
Das friedewünschende Teutschland. Dritter Aufzug des Zwischenspiels.
(Die Wallenstein- und Gustav-Adolf-Dramen sind vor 1638 entstanden, 1647 gedruckt, später verlorengegangen.)
Fulvio Testi:
Alberto Volestein, Generale dell'Imperio, fatto uccidere de Ferdinando II, per sospetto di rebello.
(Larmoyanter Monolog Wallensteins. Vor 1646.)
Anonym:
Der verrathene Verräther, oder der durch Hochmuth gestürzte Wallenstein, Herzog von Friedland, eine weltberufene, wahrhaftige und schauwürdige Materie.
(Schauspiel einer sächsischen Wanderbühne; der Text ist nicht erhalten. Um 1650 in Bremen.)
Anonym:
General Wahlstein.
(Erwähnt im Repertoire des Puppenspielers Michael Daniel Drey. 1666 in Lüneburg.)
Anonym:
Das große Ungeheuer der Welt, oder das Leben und Todt des ehemals gewesenen Kayserlichen Generals Wallenstein, Herzogs von Fridland mit Hans Wursten.
(1690 in Hartenfels; 1736 auf einem Hamburger Theaterzettel.)
Anonym:
Albertus Fritlandiae Dux.
(Jesuitisches Schuldrama. 1701 in Würzburg aufgeführt.)
Anonym:
Das seltsame Leben und gewaltsamer Todt Alberti von Wallenstein, Herzogs von Mecklenburg und Friedland, gewesenen kaiserlichen Generalissimum. So geschehen zu Eger in Böhmen anno 1634. Mit Arlequin, einem kurzweiligen Offizier.
(Theaterzettel von 1720.)
Anonym:
Wallenstein. Drama.
(1750 in Nürnberg aufgeführt.)
Anonym:
Fridlandus. Drama.
(1761 und 1762 in Nürnberg aufgeführt.)
C. Fr. G. Ritter von Steinsberg:
Albrecht Waldstein. Schauspiel.
(1781 gedruckt in Prag.)
Anonym:
Der Baron von Wallenstein. Ein militärisches Schauspiel in 5 Aufzügen.
(1783 gedruckt in Gotha.)

Gerhard Anton von Halem:
Wallenstein. Schauspiel in fünf Aufzügen.
(1785 teilweiser Vorabdruck im Deutschen Museum; 1786 in Göttingen gedruckt.)
Anonym:
Graf Wallenstein.
(1787 auf dem Laibacher Deutschen Theater.)
Wenzel Thom (Tham):
Albrecht Wenzel von Waldstein, Herzog von Friedland. Czechische Tragödie.
(1790 in Prag erschienen.)
Joh. Nepomuk Komarek:
Albrecht Waldstein, Herzog von Friedland. Trauerspiel in fünf Aufzügen.
(1791 in Pilsen aufgeführt, 1792 in Prag gedruckt.)

4. *Schillers Quellen*

a. Titelverzeichnis

Abel, Johann Philipp:
Theatrum Europaeum. Bd. 1–3. [3. Bd. von Henricus-Oraeus.] Frankfurt a. M. 1662–79.
Abraham a Santa Clara:
Judas der Erzschelm [...]. Bd. 1–4. Bonn 1687–95. Angebunden an Bd. 1: Reimb dich oder Ich liß dich [...]. Luzern 1687.
Alberti Fridlandi perdvellionis Chaos, sive, ingrati animi abyssvs: Das ist: Ausführlicher und gründlicher Bericht Der vorgewesenen Friedtländischen und seiner Adhaerenten abschewlichen Prodition [...]. (Vgl. die Auszüge Kap. III, 2c.)
Bougeant, Guillaume Hyacinthe:
Histoire des guerres et des négociations qui précedèrent le traité de Westphalie. Paris 1727.
(Dazu die kommentierte Übersetzung von F. W. Rambach: Historie des dreyßigjährigen Krieges. Halle a. d. S. 1758.)
Chemnitz, Bogislav Philipp von:
Königlicher Schwedischer in Teutschland geführter Krieg. 1. Teil zu Alten Stettin 1648. 2. Teil Stockholm 1653.
Engelsüß, Georg:
Weimarischer Feldzug oder von Zug und Verrichtung der Fürstl. Weimarischen Armee. Frankfurt a. M. 1648.

Francheville, Abbé Andr. du Fresne de:
Histoire des dernières campagnes et négociations de Gustave Adolphe. Berlin 1772.
(Auszug aus einem Werk von Galeazzo Gualdo Priorato: wahrscheinlich »Historia delle guerre di Ferdinando II. e Ferdinando III. imperatori e del rè Filippo IV. di Spagna contro Gostavo Adolfo, rè di Svetia, e Luigi XIII., rè di Francia, successe dall' anno 1630 sino all' anno 1640«. Bologna 1641.)

Geschichte des Dreissigjährigen Krieges und des Westphälischen Friedens. Zum Behuf der gegenwärtigen Staatsbegebenheiten. Frankfurt und Leipzig 1748.

Helmont, Franz Mercur von:
Paradoxal Discourse oder Ungemeine Meynungen von dem Macrocosmo und Microcosmo [...]. Aus der Englischen in die Hochteutsche Sprache übersetzet. Hamburg 1691.

Herchenhahn, Johann Christian von:
Geschichte Albrechts von Wallenstein, des Friedländers. Altenburg 1790/91.

Khevenhiller, Franz Christoph von:
Annales Ferdinandei. Teil 10–12. Leipzig 1724–26.

Krause, Johann Christoph:
Lehrbuch der Geschichte des dreyssigjährigen teutschen Krieges. Halle a. d. S. 1782.

Mauvillon, Eleazar:
Histoire de Gustave-Adolphe, roi de Suede. Amsterdam 1764.

Merian, Matthaeus:
Topographia Bohemiae, Moraviae et Silesiae. Frankfurt a. M. 1650.

Murr, Christoph Gottlieb von:
Beyträge zur Geschichte des dreyßigjährigen Krieges, insonderheit des Zustandes der Reichsstadt Nürnberg, während desselben. Nebst Urkunden und vielen Erläuterungen zur Geschichte des berühmten kaiserlichen Generalissimus Albrecht Wallensteins, Herzog zu Friedland. Mit einer Kupfertafel. Nürnberg, in der Bauer- und Mannischen Buchhandlung 1790.
(Schillers Zeitgenosse, der Nürnberger Zollamtmann Ch. G. von Murr, hat in diesem Buch chronologische Nachrichten vom Zustand der Reichsstadt Nürnberg während

der Jahre 1619 bis 1650 ausgewertet, die sein Vorfahr Hanns Hieronymus von Murr aufgeschrieben hatte. Robert Boxberger: Zur Quellenforschung über Schillers Wallenstein und Geschichte des dreißigjährigen Krieges, in: Archiv für Litteratur-Geschichte II, S. 159–178, weist Murrs »Beiträge« als Schillers Hauptquelle nach. Vgl. die Auszüge in diesem Kapitel.)

Pelzel, Franz Martin:
Kurzgefaßte Geschichte der Böhmen [...]. Prag 1774. Angebunden: P. Gelasius Dobner: Beweis, daß die Urkunde Boleslavs II., Herzogs von Böhmen echt [...]. Prag 1775.

Pufendorf, Samuel von:
Commentariorum de rebus Suecicis libri XXVI, Utrecht 1686. Histoire de Suède. Amsterdam 1732.

Pütter, Joh. Stephan:
Historische Entwicklung der heutigen Staatsverfassung des Teutschen Reichs. Göttingen 1786/87.

Sarrasin, Jean François:
Œuvres. Paris 1688.
(Fragment über Wallenstein in Rambachs Bougeant-Übersetzung verdeutscht.)

Schirach, Gottlieb Benedikt:
Leben Albrechts Wallensteins, Herzogs von Friedland. In: Biographie der Deutschen. Bd. 5. Halle a. d. S. 1773.

Schmidt, Michael Ignaz:
Geschichte der Teutschen. Ulm 1778 ff.

Spanheim, Frédéric:
Soldat Suédios ou Histoire de ce qui s'est passé depuis l'avenue du Roi de Suède en Allemagne jusqu'à sa mort. 1634.

b. Murr, Beiträge

Beyträge
zur
Geschichte des
berühmten kaiserlichen Generalissimus
Albrechts,
Herzogs von Friedland.
Von
C. G. von Murr.

[...]
Nie habe ich glauben können, daß die drey Verräther Wallensteins (die ihm doch meist ihr Glück zu verdanken hatten) Buttler, Gordon und Leßley* sich Bedenkzeit ausgebetten haben, als ihnen der Feldmarschall Christian Illo** dringend zumuthete, Wallenstein mit Leib, Leben und Blut beyzustehen. Dieses hatten 50 Officiere bereits in Pilsen gethan, mit folgenden Worten:
»Es sey hiemit jedermänniglich kund: Nachdem wir Endesunterschriebene Generalen und Oberste vernommen haben, daß Seine Durchlaucht, *Albrecht*, Herzog zu Mecklenburg, Friedland, Sagan und Großglogau etc. bey sich beschlossen hätte, die oberste Feldherrnstelle gänzlich niederzulegen, weil ihm seine Neider und Feinde bey Hofe täglich neue Fallstricke legen, und der Kaiser dem Heere den nöthigen Unterhalt reichen zu lassen, sich weigere; da Wir nun wohl einsehen, wie nachtheilig diese Abdankung nicht nur Seiner kaiserlichen Majestät, sondern auch dem gemeinen Besten, und besonders dem ganzen kaiserlichen Heere, seyn würde, denn hievon hänget dere gänzlich Verfall der Armee ab; und da wir zugleich überzeuget sind, daß unsre ganze Hofnung von diesem einzigen Haupte, dem wir bishero in allen Gefahren gehorsam und getreu waren, bestehe, und all unser Glück in der Abdankung dieses großmüthigen Heerführers zugleich grose Gefahr laufe, weil er der einzige ist, welcher aus Gewogenheit gegen uns, auch unsere treuen Dienste belohnen will, und kann: so haben Wir nicht anders, als mit Schmerzen, den Fall unserer Truppen, in dem Falle dieses unsers Hauptes, empfinden und vernehmen können. Damit wir also diesem Übel vorkommen, so haben wir an den Durchlauchtigen Herzog von Friedland den Feldmarschall *Illo*, nebst den vier tapfersten Obersten *Monwal*, *Predau*,

* Es wird Lesly ausgesprochen. So muß sein Name geschrieben werden, und nicht, wie gewöhnlich, Lesle. [...] Wallenstein hatte diesem Obristwachtmeister Lesley auf dem Marsche noch zu Plan sein Vorhaben kund gemacht, welches er hernach so gleich bey seiner Ankunft in Eger dem dasigen Commendanten und Obristlieutenant Johann Gordon entdeckte, so wie beyde dem Obristlieutenant Walther Buttler, welche, ob gleich Gordon sein ganzes Glück dem Herzoge von Friedland zu verdanken hatte, sich sogleich zur vorhabenden Mordscene verabredeten.
** Er hieß auch Ilowsky, wo ich nicht irre, und war ein Pole, nach dem Okolsky in Stem. Polon. und Pufendorfs schwed. Kriegs-Geschichte.

Losy und *Hinnersam*, einmüthig abgesandt, sie möchten den Herzog durch Bitten von dem uns vorgetragenen, und fast schon beschlossenen Vorhaben, die Feldherrnstelle niederzulegen, abwenden, und ihm dagegen die vollkommenste Treue unserer sämtlichen Truppen, ja unser ganzes Vermögen, mit unserm Leib und Blut verpflichten, wenn etwann anderswoher, den Soldaten zu unterhalten, ein Mittel verschaft werden könnte. Diese unsre Treue und aufrichtige Liebe gegen diesen unsern besten Vater, hat endlich so viel ausgewirkt, daß er unsre Bitte gewährt, und uns versprochen hat, das Heer, ohne unsre Einwilligung oder Wissen, nicht zu verlassen. Damit wir uns nun für diese uns erwiesene Gnade dankbar erzeigen, so verbinden wir uns alle zusammen eidlich, daß Wir ihm treu bleiben, und unser Leben bis auf den letzten Blutstropfen für ihn aufopfern wollen. Wir schwören auch auf das feyerlichste, daß Wir denjenigen, welcher während der Zeit von diesem Versprechen und der Verbindung abweichen, und treulos werden sollte, mit Hindansetzung unsers Lebens und Vermögens, bestrafen wollen. Alles dieses unterschreiben und bestätigen wir ohne alle Zweydeutigkeit, List oder Betrug. Gegeben zu Pilsen, den 12 Febr. 1634.«

Diese Schrift war von 50 Officieren unterzeichnet F. M. Pelzels Gesch. von Böhmen, II Th. S. 777, 778.

Wallenstein wußte bereits etwas davon, daß Piccolomini in Wien gewesen, und dem Kaiser alles gesagt hatte, was er ihm aus unvorsichtigem Zutrauen von seinem Plane in Pilsen entdeckte.

Die Feldherren, Gallas, Altringen, Colloredo, Piccolomini, und einige andere, waren unter allerhand Vorwande nicht zu Pilsen erschienen, und der Verschwörung nicht beygetretten. Ottavio Piccolomini eilte sogleich auf das schleunigste nach Wien, und kam bey der Nacht an, da der Kaiser schon schlief. Er ließ ihn wecken, und sagte ihm, daß sich Waldstein mit dem ganzen Heere wider das Leben Seiner Majestät verschworen habe, und daß die Truppen, welche in der Gegend von Wien stunden, bereit wären, die Stadt zu überfallen, und die ganze kais. Familie niederzumachen. Der Kaiser voll Schrecken, ließ bey anbrechendem Tage ganz Wien durchsuchen und alles, was Friedländisch zu seyn vermuthet wurde, in Verhaft nehmen. Piccolomini eilte nach Böhmen wieder zurück, mit dem Befehl, Waldsteins entweder todt oder lebendig sich zu versichern. Dieser, der hievon einige dunkle Nachrichten bekommen hatte, machte zu Pilsen Gegenanstalten, und die Obersten mußten sich aufs neu verpflichten, ihn nie zu verlassen. Er gab auch eine Erklärung seiner Unschuld heraus, und Adam Erdmann Trczka* wurde abgeschickt, Prag zu besetzen. Als er nach Rockyczan kam, erfuhr er, daß es schon besetzt und daß Waldstein für einen Rebellen, und für vogelfrey erklärt worden sey. Er floh in der Bestürzung nach Pilsen zum Waldstein zurück, der den folgenden Tag nach Eger aufbrach. Pelzels Geschichte von Böhmen, dritte Ausgabe; Prag, 1782. gr. 8. S. 778 und 779.

Der schlaue Wallenstein wußte, daß nun alles auf der Spitze stehe, und seine Klugheit und große Erfahrung hatten ihn so wohl, als seinen Vertrauten Illo, gelehret, daß es bey einem wichtigen Vornehmen heiße: Wer nicht mit mir ist, der ist wider mich. Er würde ihnen gewiß keinen Tag Bedenkzeit gelassen, und ihnen Arrest gegeben haben, da er ohnehin wußte, daß sich die Scene in zwey bis drey Tagen gänzlich zu seinem Vortheil ändern werde. Buttler, Gordon und Lesley konnten, wie Hr. von Schirach** richtig erwähnet, desto dreister dem Kaiser vieles erzählen, da alle diejenigen, welche bey dem Gespräche gegenwärtig waren, getödtet wurden, und sich nicht vertheidigen konnten. Wir müssen daher den Geistern dieser Ermordeten Gerechtigkeit widerfahren lassen. Buttler, Gordon und Leßley stellten sich also an, als ob sie einwilligten. Sie sahen selbst das schreckliche ihres Vorsatzes ein, sich gegen ihren Wohlthäter zu verstellen, und ihn und seine Freunde zu morden; allein das kaiserliche Interesse, und die Gewißheit einer großen Belohnung überstimmte ihre Empfindungen der Menschlichkeit und Dankbarkeit, und sie faßten schon in der Nacht des 24 Februars*** den festen Entschluß, den Herzog, und seine Vertraute mit kaltem Blute meuchelmörderisch****

* So wird dieser Graf böhmisch, insgemein aber Terzky geschrieben. Er war Wallensteins Schwager.

** Im Leben Albrechts Wallensteins, Herzogs von Friedland; im fünften Theile seiner Biographie der Deutschen. Halle, 1773. gr. 8. S. 191.

*** Khevenhillers Annal. T. XII, p. 1154.

**** Niemand, der richtig denkt, wird läugnen, daß es ein Meuchelmord war; ob gleich in dem so genannten ausführlichen und gründlichen Bericht (oben a. d. 295[136]sten Seite) dieses ein freventliches Judicium genennet wird.

umzubringen, wozu sie schon einen geheimen Wink hatten, da in dem Patente Ferdinands befohlen war, ihn todt oder lebendig zu haschen.

Gordon, welchem der Herzog etliche Tage zuvor des verstorbenen Obrist Böhmens Regiment gab, lud den Illo, Terzky, Kinsky und Rittmeister Neumann* zum Abendessen auf die Burg, oder vielmehr luden sich alle selbst ein, als verbundene Freunde, über der Mittagtafel,** wie die Schrift Perduellionis Chaos, sagt Daniel Macdonald, Edmund Borcke, (den einige falsch Birch nennen) und Brown, drey Hauptleute, Irländer, zween vom Buttlerischen, und einer vom Terzkischen Regimente, welche diese Nacht die Schloßwacht hatten, wurden von dem Mordanschlage benachrichtiget,*** und stimmten mit einem Eide dazu bey. Eine Stunde zuvor, ehe die Eingeladenen erschienen, ungefähr um fünf Uhr, entdeckten sie auch dem Obristwachtmeister Robert Geraldino vom Buttlerischen Regiment ihren Vorsatz. Dieser wurde nebst sechs zur Hinrichtung auserlesenen Buttlerischen Dragonern in ein Nebenzimmer geführt, in ein anders aber 24 Dragoner nebst dem Rittmeister Walter Deveroux, so daß die zwo Thüren des Tafelzimmers gegen einander über besetzt waren. Die Soldaten hatten blos Partisanen und Degen, weil man sich der Feuergewehre nicht bedienen wollte, um keinen frühzeitigen Lärmen unten bey der Schloßwache zu verursachen, damit dem Herzoge**** nichts verrathen würde, ehe sie nach seiner Wohnung auf den Markt kämen.

Es wußten also acht Officiere das blutige Vorhaben. Wenn man die Liebe erwäget, welche die ganze Armee, vom Officier an bis zum gemeinen Mann, gegen den Herzog von

* Er führte als Wallensteins Vertrauter, die Feder bey der geheimen Correspondenz mit dem Herzoge von Weymar, Kanzler Oxenstiern und General Arnheim.

** Kinsky hatte seine Freunde, nebst Gordon, Buttler, und Lesley zu Mittage tractirt. Hätten jene nur das mindeste gemerkt, so würden sie gewiß das praevenire gespielt haben. Es ist falsch, wenn im Theatro Europaeo 3 Th. S. 183 steht, daß noch drey andere Officiers dazu geladen gewesen.

*** Khevenhiller, T. XII, p. 1160. Theatr. Europ. 3 Th. S. 184.

**** Er war auch eingeladen worden, allein seine podagrischen Umstände, und die Erwartung wichtiger Depeschen vom Herzoge von Sachsen-Weymar u. a. m. hielten ihn davon ab. Er gieng ohnehin nie zu Gastmahlen.

Friedland trug, so muß man sich wundern, daß keiner von diesen, wenigstens Borck, Brown und Macdonald ihm einen Wink geben liessen. Sie würden unermeßlich von ihm belohnt worden seyn, da seine gewöhnlichen Verehrungen nie unter tausend Thalern waren. Ich vermuthe, daß unter diesen 8 Officieren einige gewesen, welche Anverwandte und Freunde unter den am 14 Febr. 1633 auf des Herzogs Befehl hingerichteten hatten, und vielleicht zog ihm diese Strenge den heimlichen Haß manches wackern Officiers zu.*

Als die vier eingeladenen Gäste gegen sechs Uhr sich zur Abendtafel setzten,** und viel von ihrem Vorhaben bey vollen Gläsern gesprochen hatten, gab Lesley bey Auftragung des Confects das Zeichen zur Aufziehung der Schloßbrücke, nahm alle Thorschlüssel selbst zu sich,*** und ließ durch einen Jungen dem Major Geraldino sagen, daß nunmehr keine Zeit zu verlieren sey.

Auf diese Ordre trat Geraldino mit den sechs commandirten Dragonern durch die Thüre zunächst des Tisches, in das Tafelzimmer. Er hatte eine Partisane in der Hand, und schrie: Viva la Casa d'Austria! *Es lebe das Haus Östreich!* Zu gleicher Zeit kam Rittmeister Deveroux zur Thüre gegen über mit 24 Dragonern herein, trat vor die Tafel, und fragte: *Wer ist gut kaiserlich?* Sogleich stunden Gordon, Lesley und Buttler auf, und riefen: Vivat Ferdinandus! Vivat Ferdinandus! Jeder nahm ein Licht von der Tafel, und hielt es in die Höhe. Sie traten auf die Seite, und commandirten, worauf die Tafel von den Dragonern

* Extract eines Particular-Schreiben aus Prag, oder kurzer und glaubwürdiger Bericht, was gestalt Ihre Fürstl. Gn. von Wallstein, Kays. Majest. General Feld Obrister, den 14 Februarij dieses 1633 Jahres nach Kriegs Process in 18 hohe und fürnehme Officirer, darunter ein Welscher Graf und ein Freyherr von Hofkirchen gewesen, durch den Nachrichter in der alten Stadt Prag, vor dem Rathhauß auf einer Bühne enthaupten lassen, der vrsachen halben, weil sie in Jüngster Schlacht vor Lützen nicht dapfer gefochten. 1633. Vier Quartseiten. Diese Schrift ist sehr rar, weil sich ohnehin solche Zeitschriften leicht zu vergreifen pflegen. [. . .]

** Mitten unter der Mahlzeit wurde den Bedienten der Eingeladenen unten ein Gemach zum Essen angewiesen, und die Verordnung so getroffen, daß keiner weder heraus, noch hinauf kommen mußte.

*** Warum that dieses nicht Gordon, als Commendant des Schlosses? Es scheinet, er habe sich selbst seines Undankes wegen geschämt, zu agiren. [. . .]

in einem Augenblicke umgeworfen, und Kinsky*, der hinter dem Tische saß, alsobald durchstoßen und getödtet wurde. Illo lief nach seinem Degen, der an der Wand hieng; als er aber eben darnach langte, wurde er mit drey Stößen durchbohret.
Terzky erreichte seinen Degen, und stellte sich in einer Ecke des Zimmers zu löwenmüthiger Gegenwehr. Er schalt Gordon einen treulosen, schändlichen Kerl, der als eine feige Memme durch Wein, List und Betrug ihn und seine Freunde unterdrücke, foderte ihn und Lesley heraus, focht mit Geraldino, und Deveroux oder d'Everoux, so daß diesem sein Degen entzwey sprang, erlegte zween von den Soldaten, und verwundete einen Spanier, Namens Lerda, tödtlich. Endlich mußte er doch unterliegen. Er fiel, bekam drey Dolchstiche ins Gesicht, und weil man ihm wegen seines Gollers von Ellendshaut lange nichts anhaben konnte, und doch nicht schießen durfte, hoben die Mörder den Schösel des Gollers oder Collets auf, und stachen ihn todt. Nach andern kam Terzky in den Vorsaal und ward von den Dragonern mit Musketen todt geschlagen, welches aber falsch ist.
Des Carve obige Nachricht, womit auch Khevenhiller** übereinstimmt, ist unstreitig die richtige. Loredano sagt, daß es Illo gewesen, der sich in der Ecke gewehret, zween Soldaten erleget, den Capitain Lerda, einen Spanier, tödtlich verwundet, und zehn Wunden empfangen habe; hingegen Terzky habe seinen Degen nicht erreichen, und wegen seines dicken Collets von Ellendshaut nicht verwundet werden können, sondern sey durch die Menge der Soldaten zu Boden geworfen worden, allwo er drey Dolchenstiche in das Gesicht, und einen in den Unterleib bekommen habe. Man sieht sogleich, daß der Correspondent des Loredano falsch informirt gewesen, und daß hier Illo mit Kinsky verwechselt worden ist. Graf Galeazzo Gualdo Priorato erzählet eben dieses, fast mit des Loredano Worten, in seiner Historia della Vita d'Alberto Valstein, Duca di Fridland; fol. 61.

* Khevenhiller Th. XII, S. 1161 gibt ihm das Zeugniß, daß er ein starker, tapfrer und resoluter Cavalier gewesen. Wenn er aber sagt, er sey *erschossen* worden, so glaube ich, es sey ein Versehen, ob ich gleich weis, daß die Kupferstiche schiesende Soldaten haben. Denn alle Umstände geben es, daß man durch Schiesen außerhalb keinen Lärmen verursachen wollen. Hier galt Hauen und Stechen.
** Annal. Ferd. Th. XII, S. 1161.

Rittmeister Neumann, der vormals Wallensteins Secretair gewesen, retirirte sich, im Tumulte hart verwundet, über den Vorsaal die Treppe hinab, und erreichte die Küche oder Speisekammer; wurde aber auch von den unten aufgestellten Soldaten erstochen.

Dieser Mord geschah um 8 Uhr, in der Nacht am 25 Februar, alten Stils 1634 am Faschings Sonnabende. Tags zuvor trug sich das zu, was der Verfasser (muthmaßlich ein Italiener) des lateinischen Perduellionis Chaos oben a. d. 187sten Seite, von Kinsky und Terzky erzählet, und ihnen sehr verarget, daß sie und andere so freygeisterisch gewesen, an einem Freytage (feria sexta) Fleisch gegessen, und also dieses Kirchengebot der finstern Zeiten gebrochen haben, wobey Terzky, Wallensteins Schwager, gesagt haben soll, er wolle für ihn, wenn es seyn müsse, nicht nur Gut und Blut aufopfern, sondern auch mit ihm zur Hölle fahren.

Gordon und die andern verschlossen das Speise- oder vielmehr Mordzimmer, mit den todten Körpern. Lesley begab sich alsobald heraus in die Stadt auf den Platz,* um zu vernehmen, ob und was derentwegen allbereit allda für Reden und Rumores wären, und wie solche Execution aufgenommen würde, und weil er befunden, daß die Wachten zu den Wehren, und zusammen gelaufen, wegen zweier Musquetenschüsse, so auf ihn Leßley selbsten in der Burg von der Wache allda bey dem Thore geschehen, die vermeint, daß er auch einer von den Rebellen wäre, hat er ihnen den Verlauf, und was in der Burg vorgegangen, auch was noch mit des Friedlands Person vorzunehmen, entdeckt, und begehrt, Sr. kais. Majestät noch einmal zu schwören, und es mit ihnen in dieser Sache zu halten, zu leben und zu sterben, darein sie alle alsobald consentirt: darauf er Obrist-Wachtmeister die Stadt-Thore eröfnet, und 100 Dragoner von Buttler hinein gelassen, hin und wieder in die Stadt zu reuten, damit der Umgebrachten Adhärenten und Diener nichts wider die Soldatesca attendiren möchten, welches Lesley dann nochmalen, daß alles in guter Ordnung, und keine Meuterey zu befürchten, den Obristen, Buttler und Gordon, in das Schloß avisiret. Hierauf kam Buttler mit seinem Obristwachtmeister Geraldino heraus, und be-

* Es erhub sich um 8 Uhr ein gewaltiger Windsturm, der bis gegen Mitternacht dauerte, und die Ausführung dieser Unternehmung begünstigte. Theatr. Europ. 3 Th. S. 184.

setzte alsobald das vordere Thor gegen den Platz bey des Friedlands Quartier, das hintere Thor aber mit andern 15 Soldaten. Es wurde nochmals consultirt, ob man Friedland gefangen nehmen, oder umbringen sollte; es blieb aber nochmals bey letzterem Entschlusse.* Über diesem Berathschlagen vergieng fast eine Stunde.

Gordon hielt inzwischen die Wacht auf der Burg, Lesley besetzte den Markt, und Buttler eilte mit dreyßig Mann mit Hauptmann Deveroux dem Quartier Wallensteins zu. Deveroux, dem im Gefechte mit Terzky sein Degen in der Mitte abgesprungen, rieß einem der Soldaten im Schlosse seine Pike aus der Hand, und nahm noch 6 Hellebardirer zu sich.

Der Herzog** logirte auf dem Markte im großen Pachhälbelischen Hause, von welchem ich hernach mehr zu sagen, Gelegenheit haben werde. Neben diesem Hause logirten beysammen sein Schwager***, Graf Adam Erdmann Terzky (böhmisch wird Tertschka gesprochen) von Lippey (böhmisch Leypa) nebst Grafen Wilhelm Kinsky von Wchinitz**** mit ihren beyden Gemahlinnen.

Wallenstein hatte seinen Astrologen Seni mit nach Eger kommen lassen. Er hatte sich bereits zu Bette gelegt. Sie hatten eben darüber disputirt, ob die Gefahr für ihn nunmehr vorbey sey, oder nicht? Der Herzog behauptete ersteres, so bündige astrologische Gründe auch Seni ihm aus der Constellation der Gestirne entgegen setzte. Welch ein Unglück, daß bey großen Männern alberne Meynungen so tief Wurzel

* Khevenhiller, Th. XII, S. 1161. 1162.

** Er litt sehr an der Gicht, und hatte offene Füsse, so daß man den Brand befürchtete. Zu diesem Ende legte man täglich einige Pfunde frisches Rindfleisch über.

*** General der Cavallerie. Er hatte zur Gemahlinn Maximiliana, eine gebohrne Gräfinn von Harrach. Ihre Schwester Isabella Katharina war des Herzogs von Friedland Gemahlinn, und befand sich damals zu Bruck an der Leutha, im Lande unter der Ens, auf ihrem Schlosse, welches das Gräfl. Harrachische Haus jüngerer Linie allda hat. Sie waren Töchter Grafen Karls von Harrach. Terzky's einziger Sohn starb bald hernach an einem hitzigen Fieber, nicht ohne Verdacht, daß ihm auf einem Banquet Gift beygebracht worden. Mit ihm erlosch dieses Gräfliche Haus. Theatr. Europ. 3 Th. S. 266.

**** Er war ein Protestant, und zuvor Erbjägermeister von Böhmen, (jetzt haben diese Würde die Grafen von Clary und Altringen) Wallensteins alter Freund und Liebling. Er hatte die Schwester des Grafen Terzky zur Gemahlinn. Diese wußte das ganze Vorhaben des Herzogs, aber die Terzka wußte nichts davon. Khevenhiller, Th. XII, S. 1163. [. . .]

fassen können! Aber, wie ich schon oben gemeldet habe, es war diese elende Sterndeuterey das Steckenpferd fast aller damaligen Großen. [...]
Seni war eben durch das Vorzimmer vom Herzoge weggegangen, als kurz hernach Deveroux mit seinen sechs Hellebardirern in das Haus trat. Die Wache des Herzogs ließ ihn die zur linken Hand liegende Treppe paßiren, weil öfters Rapport abgestattet wurde. Als er sich eben der Stiege näherte,* gieng einem Soldaten die Muskete los, wodurch Wallenstein, der eben hatte einschlafen wollen, aufgewecket ward, an das Fenster gieng,** um die Wache zu fragen, was es gäbe? Er vernahm das Heulen und Schreyen der Frauen Terzka und Kinska an den Fenstern des nächsten Hauses. Denn sie hatten bereits von ihren Leuten ihrer Herren Tod vernommen. Inzwischen näherte sich Deveroux mit seinen Mordgehülfen dem Vorzimmer, wo ihm der Kammerdiener Wallensteins, der bereits den Schlüssel des Schlafzimmers abgezogen hatte, mit dem Finger auf dem Munde zu verstehen gab, kein Geräusche zu machen, weil der Herzog schlafe. Er versetzte aber: *Freund, jetzt ist es Zeit zu lärmen.*
Deveroux klopfte nun wüthend an die Thüre, wozu der Kammerdiener den Schlüssel zu haben läugnete, und welche auch inwendig der Herzog inzwischen verriegelt hatte. Der Mörder und einer seiner Gehülfen suchten mit Füssen die Thüre einzusprengen. Es gelang ihnen beym fünften Versuche. Der Herzog stand an dem Tisch gelehnt, in blosem Hemde, wie er vom Bette aufgesprungen war. Wie groß muß sein Erstaunen gewesen seyn, als ihn Deveroux anschrie: *Bist du der Schelm, der das kaiserliche Volk zu dem Feind überführen, und Ihrer kaiserl. Majestät die Krone von dem Haupt herunter reisen wollen? Derowegen must du anjetzo sterben.* Unerschrocken stand Wallenstein da, ohne ihn einer Antwort zu würdigen. *Du must sterben*, sagte Deveroux noch einmal, und hielt etwas inne. Vielleicht mußte er Muth sammeln, wie mit Recht Hr. B. der

* Ein Page mit einer goldenen Schaale Bier begegnete ihm, und wollte Lärmen machen, ward aber sogleich mit einer Pike durchstochen.

** Daher entstund das falsche Gerücht, als habe er zum Fenster herab springen wollen, allein es wäre zu hoch gewesen. Er rief zweymal zum Fenster herab: *Ist denn niemand mein Freund? Will mir niemand beystehen?*

Verfasser des Lebens und Thaten Wallensteins (S. 157) muthmasset, den wehrlos vor ihm stehenden großen General, vor welchem halb Europa gezittert hatte, niederzustoßen. Der Herzog bewegte blos die Lippen, breitete seine Arme aus, um seine Brust zu entblösen, und wollte vielleicht eben etwas sagen, als er vom Deveroux den tödtlichen Stoß mit der Partisane durch die Brust empfieng. Er fiel sogleich zwischen den beyden Fenstern zur Erde, und gab den Geist auf, ohne einiges Ächzen. Das Blut sprützte im Fallen an die Wand.

Alle, welche mit Deveroux in das Zimmer gedrungen waren, stunden einige Minuten bestürzt da. Es waren beynahe dreyßig Buttlerische Dragoner, alle Irländer, bis auf zween, welche Schotländer gewesen, und einen Spanier.

Sogleich versperrten Buttler und Lesley die Kanzley,* nahmen die Schlüssel zu sich, und liesen den Leichnam Wallensteins in einen rothen Fußteppich, der vor dem Bette lag, einwickeln, und in des Lesley Kutsche auf die Burg führen, in welchem er noch den ganzen folgenden Tag im Hofe liegen blieb, so daß man ihm, weil er ganz in der Kälte erstarrt war, die Beine biegen mußte, um ihn in den von Brettern zusammengeschlagenen Sarg zu legen. Seine Mobilien, und was nicht vorher auf die Seite gebracht worden, führte man ins Schloß zur Verwahrung.

Die Leichname des Wallensteins, Terzky, Kinsky, Neumann und Illo wurden nach des Illo Schloß nach Mieß gebracht, welches nicht lange zuvor vom Kaiser war an Illo verpfändet worden.

Das Haus, in welchem Wallenstein ist ermordet worden, steht nordwärts auf dem großen Markt-Platze in Eger, und ist vier Gaden hoch. Es gehörte damals dem Bürgermeister Pachhälbel. [...]

Buttler reißte sogleich frühe mit seinem Hauptmann Deveroux nach Wien ab, um dem Kaiser die ganze blutige Be-

* Zu gleicher Zeit nahm man alle Sachen in Feldmarschalls Illo, und Rittmeisters Neumanns Quartiere weg. Die Sachen der beyden Gräfinnen Kinsky und Tertzky blieben unversehrt. Beyde Damen wurden nachher, nebst dem Herzoge von Sachsenlauenburg, und den Todtenkörpern, auf Pilsen, und dann nach der Neustadt abgeführet. Des Herzogs Hofmeister Gotthard von Schäftenberg, und seine zween Kammerherren, Konrad von Stahrenberg und Ehrenreich von Teufel, wurden mit Convoy begleitet, um sicher auf ihre Güter reisen zu können, weil Buttler wußte, daß sie nicht an des Herzogs Vorhaben Theil hatten. Khevenhiller, XII Th. S. 1163.

;ebenheit mündlich zu hinterbringen, nachdem er vorher
ıebst Gordon und Lesley bey anbrechendem Tage die
Kriegsbedienten zusammen rufen, und sie aufs neue dem
Kaiser schwören lassen. So bald Ferdinand, der eben in sei-
ıer Hofkapelle war, den Buttler erblickte, reichte er ihm
lie Hand, berufte ihn in sein Zimmer, lobte seine Treue
ınd geleisteten Dienste, und ließ ihm durch den Erzbischoff
on Wien eine goldene Kette umhängen, an welche er ihm
inen Gnadenpfenning verehrte. Er gab ihm den Kammer-
ıerrnschlüssel, ließ ihm den Titel eines Grafen ausfertigen,
ınd etliche Güter aus des Terzky Confiscation assigniren.
Gordon erhielt die Güter des Grafen Terzky im Königinn-
;ratzer Kreise. Eben dergleichen Güter, samt einer goldenen
Kette, bekam Hauptmann Deveroux. Von den andern Offi-
:ieren, die sich hatten zum Unternehmen brauchen lassen,
vurden jedem 20 000 fl. baar ausgezahlt. Lesley bekam die
ınsehnliche Herrschaft Neustädtel im Königinngrazer Kreise,
len Kammerherrnschlüssel, die Trabanten-Garde-Haupt-
nann-Stelle, und ein Regiment zu Fuß bey dem Könige aus
Jngarn, Ferdinand, und bald hernach den Grafentitel. Die
ibrigen böhmischen Güter Wallensteins wurden also ver-
chenkt: Graf Gallas († 25 Apr. 1647) bekam die Herr-
chaften Friedland und Schmirschitz, Altringer* des Kinsky
erühmte Herrschaft Töpplitz, Piccolomini Nachod, und
Colloredo Oppotschna.** Sagan behielt der Kaiser, der für
lie Ermordeten *drey tausend* Seelenmessen lesen ließ; viel-
eicht um sich mit ihren Geistern zu versöhnen.

Quasi laesi scirent ignoscere manes.

Die übrigen Mitschuldigen wurden zu Prag, Pilsen, Trop-
ɔau etc. auf das nachdrücklichste bestrafet.
Es ist noch nicht ganz klar und ausgemacht, ob Wallenstein
virklich die Absicht gehabt habe, sich dem Hause Östreich
öllig zu entziehen? Denn daß er gar nach der Böhmischen
Krone gestrebet habe, ist ein Mährchen, ob es gleich in des

Er wurde bald hernach den 22 Jul. 1634 in der Vorstadt von Lands-
ut auf der Brücke erschossen.
* Khevenhiller Th. XII, S. 1174. Man muß sich sehr wundern, wie
. der Verfasser des Lebens Wallensteins (1783. 8.) S. 165 schreiben
onnte, die Geschichte habe nicht die geringste Nachricht aufbehal-
en, daß man an irgend eine Belohnung für die Unternehmer dieser
vichtigen That gedacht hätte.

Curtius so genanntem gründlichen Berichte vorgegeben worden. Graf Franz Christoph Khevenhiller, der einzige Schriftsteller, der aus Archivurkunden, und Ministerialnachrichten seine Annalen Ferdinands des zweyten schrieb, ist sichtbar allzu parteyisch, und drehet alles zu Mißgunst des Ermordeten. Man darf nur lesen, was er selbst schreibt,* um sich die Abneigung Khevenhillers gegen Wallenstein zu erklären. »Als auch um dieselbe Zeit von Hof aus der von Friedland von seiner Vertrauten einem avisirt worden, wie Ihr. Kais. Majestät in das Land ob der Ens zu Commissarien den Grafen Franz Christoph Khevenhiller, und den Grafen Georg Achat von Losenstein deputirt, und daß solches unter dem Schein, allda dem Landtag beyzuwohnen, in der Wahrheit dahin angesehen wäre, mit dem Kurfürsten in Bayern und dem spanischen Volk zu correspondiren, und vermittelst derselben Passau, Linz und andere Örter an dem Donaustrom zu versichern, wie auch das gemeine Geschrey gehe, daß der König aus Hungarn selbsten mit nächsten folgen würde, ob zwar solches lauter Muthmassungen gewesen, hat er doch aus Verdacht dahin Befehl gegeben, vorermeldete Commissarios, ja auch den König selbsten, wann er daselbst ankommen möchte, in gefängliche Verhaftung zu nehmen, und damit zu statuiren, was die Occasion und sein Dienst erfordern würde: und haben beyde Grafen, Khevenhiller und Losenstein, Glück gehabt, daß Graf Gallas zwo Stunden eher, als sie, nach Linz ankommen, und das Commando auf sich genommen, sonst alles schon bestellt gewest, sie gefangen zu nehmen, und mit zwey Compagnien Reutern nach Pilsen zu schicken.«

Die zween spanischen Bothschafter zu Wien, Graf Oñate schrieb nach Spanien für, und Marquis Castaneda wider den Herzog. Don Navarro, der sich des Königes von Spanien halber bey ihm aufhielt, vertheidigte und lobte ihn.**

So lange uns also Wallensteinische Papiere*** nicht bekannt

* Annal. Ferd. T. XII, S. 1144. 1145.

** Khevenhiller Th. XII, S. 1110.

*** In der obigen lat. Schrift wird gesagt, Wallenstein habe so wohl vor seinem Abzuge von Pilsen, als auch unterweges in Mies, wo er am 23 Febr. über Nacht blieb, und hernach in Eger viele Fasciculn geheimer Briefe verbrannt. Man sagt, daß er alle seine Briefe von Wichtigkeit selbst geschrieben, auch daß er, da er gelehrt, klug und arbeitsam gewesen, alle seine Verrichtungen aufgezeichnet habe. Es

gemacht werden, so können wir nichts anders glauben, als daß er, um durchaus Friede zu machen, sich der Sachsen und Schweden dazu habe bedienen, zugleich aber auch, als ein Mann, dem die von Östreich angethane Beschimpfung einer zweymaligen Abdankung sehr wehe thun mußte, dem Kaiser habe zeigen wollen, daß es gefährlich sey, einen *solchen* Mann zu beleidigen.
Der Hof selbst war noch im vorigen Jahrhunderte über Wallensteins angebliche Rebellion zweifelhaft. [. . .]
Was für ein großer umfassender Geist war Wallenstein! Von einem bloßen Edelmanne schwung er sich zu einer Macht, die selbst Ferdinanden und dem Kurfürsten von Bayern Trotz both, und ihnen Furcht einjagte. Seinen Talenten und seiner Arbeitsamkeit war es zuzuschreiben, daß er das ungeheure Vermögen, welches ihm seine erste Gemahlinn hinterließ, der Kriegskunst widmete, am ersten die große und damals noch unbekannte Wissenschaft zeigte, Kriegsheere nicht nur bald aufzurichten, sondern sie auch währenden Feldzügen so wenig, als möglich, Mangel leiden zu lassen, sich durch große Strenge, aber auch durch große Belohnungen, Furcht und Liebe zu erwerben, und neben einem Tilly und Pappenheim sich so zu erheben, daß er der einzige Feldherr war, der dem großen Gustav Adolph die Spitze biethen, und sich mit ihm messen konnte. Wer weis nicht, daß der Verlust bey Lützen nicht Wallensteinen beyzumessen war? Daher ist die Strenge zu erklären, die er gegen einige Officiere zeigte, welche in Prag hingerichtet wurden.
Daß er ganz und gar dem Hause Östreich, für welches er so lange Geld und Gut, Gesundheit und Ruhe aufgeopfert, dem er sein Glück, das aber auch Ihm so vieles zu verdanken hatte, abgesagt haben soll, das kann ich nimmermehr glauben. Innerliches Gefühl seiner Größe, heimlicher Groll über die erste Abdankung, und Rachsucht wegen der zwoten, die er bald merkte, mögen ihn zu den unerlaubten Schritten

würde sich vieles zu seiner Vertheidigung vorfinden. So viel ist richtig, daß er 1633 die Absicht hatte, einen ehrlichen aufrichtigen Frieden im Reiche zu stiften, und nachmals mit beyderley Armeen gegen den Türken zu gehen, und ihm alles wieder zu nehmen, was sie Europa entzogen haben. Also dachte Wallenstein schon 1633 wie Joseph 1788 dachte, und Katharina und Potemkin noch denken.

bewogen haben, welche aber damals der größte Staatsmann in der Welt begünstigte.[4]

Der unbefangene Beobachter muß hiebey freymüthig gestehen, daß durch den Frieden, der gewiß in einer Jahresfrist zu stande gekommen wäre, der Name des *dreyßigjährigen* Krieges ein non ens, und wenigstens 14 Jahre davon, nebst den darinn ausgeübten Menschenquälungen, Aufopferung des Lebens und Vermögens von hundert tausenden, und Millionen Scenen voll Jammer und Elendes in ein Nichts gefallen seyn würden. *Gewissensfreyheit*, dieser Balsam aufgeklärter Regenten, würde gewiß in Wien unter Ferdinand III schon im vorigen Jahrhunderte die tiefen Wurzeln gefaßt haben, wie vor kurzem unter *Joseph*, dem Verewigten, geschah. Eben so würde auch das Mönchswesen, und andere aus den Finsternissen der mittlern Zeiten sich herschreibende Vorurtheile, Aberglauben und Volkstäuschungen wohl schon im vorigen Jahrhunderte, mit dem Religionszwange, größtentheils aufgehöret haben. Der späte Westphälische Friede konnte nur das Nothwendigste in Ordnung bringen.

Der Herzog war zu klug, als daß er den Papst für mehr, als einen Bischof in Rom hielt. Er liebte die Toleranz sehr, und beklagte sich oft, daß die Jesuiten Lamormain und Weingärtner den allzu andächtigen Ferdinand regierten.* Als der Herzog im May 1633 Generallieutenant Arnheimen** und Obrist Burgdorfern im Lager Friedensvorschläge that,*** und Burgdorfer sagte, daß die Jesuiten öffentlich

* Jener war des Kaisers Beichtvater, und dieser sein Hofprediger.

** Er galt sehr viel beym Wallenstein, unter welchem er im Dänischen Kriege 1624 gedienet hatte. Schon damals waren sie vertraute Freunde, so daß ihm Arnheim zugethan blieb. S. Arnheims (Arnims) Schreiben aus Boschwitz an Kurfürst Georg Wilhelm von Brandenburg vom 31 Oct. 1633 in der Berlinischen Monatschrift 1790. Febr. S. 113 u. f.

*** Sein hochstrebender Geist, der alles nach seinem Kopfe zu reguliren suchte, hatte die Absicht, den Kurfürsten von Sachsen vom schwedischen Bündnisse abzuziehen, und so vereinigt die Schweden aus Deutschland zu schaffen. Khevenhiller, Th. XII, S. 584. Es glückte auch wirklich nachher Kaiser Ferdinanden, durch den am 30 May 1635 geschlossenen Particular-Frieden, den Kurfürsten von Sachsen auf seine Seite zu ziehen. Man sagt, der kurfürstliche Beichtvater D. Hoe, habe zu Wien 12 000 Rthlr. für seine Bemühung bekommen. Durch diesen Frieden kam die Ober- und Niederlausitz an Sachsen.

4. Murr meint Armand Jean du Plessis, Herzog von Richelieu (1585 bis 1642), den frz. Minister, der mit seinem gegen die Habsburger gerichteten Eingriff in den Dreißigjährigen Krieg Frankreich zur europäischen Vormachtstellung verhalf.

statuirten, daß den Ketzern kein Glauben zu halten sey, versetzte General Friedland treuherzig, mit seinem gewöhnlichen Hausfluche: *Gott schänd, weis der Herr nicht, wie ich den Jesuiten so feind bin; ich wollte, daß der Teufel sie längst geholet hätte, und ich will sie alle aus dem Reich, und zum Teufel jagen.**

(Leitzmann, S. 90–110)

5. *Wallenstein und seine Gegner im 2. bis 4. Buch von Schillers »Geschichte des Dreißigjährigen Kriegs«*

Aus den historischen Studien zum »Don Carlos« (seit 1783) erwuchs Schiller 1785 der Plan zur »Geschichte des Abfalls der vereinigten Niederlande von der spanischen Regierung«. Schiller wollte 1787 einen Aufsatz darüber in einer von ihm angeregten »Geschichte merkwürdiger Verschwörungen und Rebellionen aus den mittleren und neueren Zeiten« veröffentlichen. Die Aussicht auf eine Jenaer Professur für Geschichte, aus der sich Schiller sichere Einkünfte versprechen durfte, veranlaßten den Dichter, die historische Abhandlung über die Niederlande breiter anzulegen; geplant waren nun sechs Bände. Der erste und einzige Teil davon, der 1788 erschien, reichte hin, Schillers Ansehen als Geschichtsschreiber zu begründen. Auf Goethes Empfehlung wurde ihm 1788 die Jenaer Professur für Ostern 1789 zugesprochen. Darin lag für Schiller die Verpflichtung, sich weiterhin der Geschichtswissenschaft zu widmen.
Nach der glänzenden Antrittsvorlesung vom 26. Mai 1789, »Was heißt und zu welchem Ende studiert man Universalgeschichte?« (so der spätere Titel in Wielands »Teutschem Merkur«), wandte sich Schiller auf Göschens Anregung, Dezember 1789, der Geschichte des Dreißigjährigen Krieges zu.
Im Oktober 1790 erschien der erste Teil der »Geschichte des Dreißigjährigen Kriegs« in Göschens »Historischem Kalender für Damen für das Jahr 1791«. Der Erfolg dieser lebendigen Darstellung in den kleinen, von Chodowiecki illustrierten Bändchen übertraf alle Erwartungen. Schiller schrieb noch bis September 1792 an der Geschichte. Dabei

* Khevenhiller XII, S. 580.

verlagerte sich seine Aufmerksamkeit immer mehr vom allgemeinen Gang der Weltgeschichte auf die hervorragenden Persönlichkeiten, vor allem auf Gustav Adolf und Wallenstein. Schillers Interesse an Wallenstein wurde so groß, daß er noch während der Arbeit für den Damenkalender (Anfang Januar 1791) den Plan zu einem »Wallenstein« faßte und, nachdem Wallensteins Tod erzählt war, die zweite Hälfte des langen Krieges mit einem knappen Sechstel der Gesamtdarstellung schnell zu Ende führte.

Wallensteins Truppenwerbung für den Kaiser, 27. Juni 1625:

»Graf Wallenstein war es, ein verdienter Offizier, der reichste Edelmann in Böhmen. Er hatte dem kaiserlichen Hause von früher Jugend an gedient und sich in mehreren Feldzügen gegen Türken, Venezianer, Böhmen, Ungarn und Siebenbürgen auf das rühmlichste ausgezeichnet. Der Prager Schlacht hatte er als Oberster beigewohnt und nachher als General-Major eine ungarische Armee in Mähren geschlagen. Die Dankbarkeit des Kaisers kam diesen Diensten gleich, und ein beträchtlicher Teil der nach dem böhmischen Aufruhr konfiszierten Güter war seine Belohnung. Im Besitz eines unermeßlichen Vermögens, von ehrgeizigen Entwürfen erhitzt, voll Zuversicht auf seine glücklichen Sterne und noch mehr auf eine gründliche Berechnung der Zeitumstände, erbot er sich, für den Kaiser, auf eigene und seiner Freunde Kosten eine Armee auszurüsten und völlig zu bekleiden, ja selbst die Sorge für ihren Unterhalt dem Kaiser zu ersparen, wenn ihm gestattet würde, sie bis auf 50 000 Mann zu vergrößern. Niemand war, der diesen Vorschlag nicht als die schimärische Geburt eines brausenden Kopfes verlachte – aber der Versuch war noch immer reichlich belohnt, wenn auch nur ein Teil des Versprechens erfüllt würde. Man überließ ihm einige Kreise in Böhmen zu Musterplätzen und fügte die Erlaubnis hinzu, Offiziersstellen zu vergeben. Wenige Monate, so standen 20 000 Mann unter den Waffen, mit welchen er die österreichischen Grenzen verließ; bald darauf erschien er schon mit 30 000 an der Grenze von Niedersachsen. Der Kaiser hatte zu der ganzen Ausrüstung nichts gegeben als seinen Namen. Der Ruf des Feldherrn, Aussicht auf glänzende Beförderung und Hoffnung der Beute lockte aus allen Gegenden Deutschlands Abenteurer unter seine Fahnen, und sogar regierende Fürsten, von Ruhmbegierde oder Gewinnsucht gereizt, erboten sich jetzt, Regimenter für Österreich aufzustellen.«

Wallensteins Truppenfinanzierung:

»Jetzt kam das Geheimnis an den Tag, auf welche Art Wallenstein seine ausschweifenden Versprechungen zu erfüllen meinte. Dem Grafen Mansfeld war es abgelernt; aber der Schüler übertraf seinen Meister. Dem Grundsatze gemäß, daß der Krieg den Krieg ernähren müsse, hatten Mansfeld und Herzog Christian mit den Brandschatzungen, die sie von Freund und Feind ohne Unterschied erpreßten, die Bedürfnisse ihrer Truppen bestritten.«

Ausbeutung der Länder durch Wallenstein:

»Je mehr man das Heer verstärkte, desto weniger durfte man um den Unterhalt desselben bekümmert sein, denn desto mehr brachte es die widersetzlichen Stände zum Zittern; je schreiender die Gewalttätigkeiten, desto ungestrafter konnte man sie verüben. Gegen feindlich gesinnte Reichsstände hatten sie einen Schein des Rechts; gegen getreue konnte die vorgeschützte Notwendigkeit sie entschuldigen. Die ungleiche Verteilung dieses Druckes verhinderte eine gefährliche Einigkeit unter den Ständen; die Erschöpfung ihrer Länder entzog ihnen zugleich die Mittel, sie zu rügen. Ganz Deutschland wurde auf diese Art ein Proviantmagazin für die Heere des Kaisers, und er konnte mit allen Territorien wie mit seinen Erblanden schalten. Allgemein war das Geschrei um Gerechtigkeit am Throne des Kaisers; aber man war vor der *Selbstrache* der gemißhandelten Fürsten sicher, solange sie um *Gerechtigkeit* riefen. Der allgemeine Unwille zerteilte sich zwischen dem Kaiser, der seinen Namen zu diesen Greueln gab, und dem Feldherrn, der seine Vollmacht überschritt und offenbar die Autorität seines Herrn mißbrauchte. Durch den Kaiser nahm man den Weg, um gegen seinen Feldherrn Schutz zu erhalten; aber sobald er sich durch seine Truppen allmächtig wußte, hatte Wallenstein auch den Gehorsam gegen den Kaiser abgeworfen.

Die Erschöpfung des Feindes ließ einen nahen Frieden mit Wahrscheinlichkeit erwarten; dennoch fuhr Wallenstein fort,

die kaiserlichen Heere immer mehr, zuletzt bis auf hundert-tausend Mann, zu verstärken. Obersten- und Offiziers-patente ohne Zahl, ein königlicher Staat des Generals, un-mäßige Verschwendungen an seine Kreaturen (nie schenkte er unter tausend Gulden), unglaubliche Summen für Be-stechungen am Hofe des Kaisers, um dort seinen Einfluß zu erhalten – alles dieses, ohne den Kaiser zu beschweren. Aus den Brandschatzungen der niederdeutschen Provinzen wur-den alle diese unermeßlichen Summen gezogen, kein Unter-schied zwischen Freund und Feind, gleich eigenmächtige Durchzüge und Einquartierungen in aller Herren Ländern gleiche Erpressungen und Gewalttätigkeiten. Dürfte man einer ausschweifenden Angabe aus jenen Zeiten trauen, so hätte Wallenstein in einem siebenjährigen Kommando 60 000 Millionen Taler aus einer Hälfte Deutschlands an Kontributionen erhoben. Je ungeheurer die Erpressungen desto mehr Vorrat für seine Heere, desto stärker also der Zulauf zu seinen Fahnen; alle Welt fliegt nach dem Glücke Seine Armeen schwollen an, indem alle Länder welkten durch die sie zogen. Was kümmerte ihn nun der Fluch der Provinzen und das Klaggeschrei der Fürsten? Sein Heer be-tete ihn an, und das Verbrechen selbst setzte ihn in den Stand, alle Folgen desselben zu verlachen.
Man würde dem Kaiser Unrecht tun, wenn man alle die Ausschweifungen seiner Armeen auf seine Rechnung setzen wollte. Wußte es Ferdinand vorher, daß er seinem Feld-herrn alle deutschen Staaten zum Raube gab, so hätte ihm nicht verborgen bleiben können, wieviel er selbst bei einem so unumschränkten Feldherrn Gefahr lief.«

Absetzung Wallensteins, 13. August 1630:

»Der übermütige Charakter des Herzogs von Friedland dessen süßester Triumph war, dem Ansehen der Fürsten Hohn zu sprechen und der Autorität seines Herrn eine ver-haßte Ausdehnung zu geben, trug nicht wenig dazu bei, die Empfindlichkeit des Kurfürsten[5] zu vermehren. Unzufrieden mit dem Kaiser und voll Mißtrauen gegen seine Gesinnungen hatte er sich in ein Bündnis mit Frankreich eingelassen, des-sen sich auch die übrigen Fürsten der Ligue verdächtig machten. Die Furcht vor den Vergrößerungsplanen des Kai

5. Maximilian Kurfürst von Bayern.

sers, der Unwille über die gegenwärtigen schreienden Übel hatte bei diesen jedes Gefühl der Dankbarkeit erstickt. Wallensteins Erpressungen waren bis zum Unerträglichen gegangen. Brandenburg gab den erlittenen Schaden auf zwanzig, Pommern auf zehen, Hessen auf sieben Millionen an, die übrigen nach Verhältnis. Allgemein, nachdrücklich, heftig war das Geschrei um Hülfe, umsonst alle Gegenvorstellungen, kein Unterschied zwischen Katholiken und Protestanten, alles über *diesen* Punkt nur eine einzige Stimme. Mit Fluten von Bittschriften, alle wider Wallenstein gerichtet, stürmte man auf den erschrockenen Kaiser ein und erschütterte sein Ohr durch die schauderhaftesten Beschreibungen der erlittenen Gewalttätigkeiten. Ferdinand war kein Barbar. Wenn auch nicht unschuldig an den Abscheulichkeiten, die sein Name in Deutschland verübte, doch unbekannt mit dem Übermaße derselben, besann er sich nicht lange, den Forderungen der Fürsten zu willfahren und von seinen im Felde stehenden Heeren sogleich achtzehntausend Mann Reiterei abzudanken. Als diese Truppenverminderung geschah, rüsteten sich die Schweden schon lebhaft zu ihrem Einmarsch in Deutschland, und der größte Teil der entlassenen kaiserlichen Soldaten eilte unter ihre Fahnen.

Diese Nachgiebigkeit Ferdinands diente nur dazu, den Kurfürsten von Bayern zu kühnern Forderungen zu ermuntern. Der Triumph über das Ansehen des Kaisers war unvollkommen, solange der Herzog von Friedland das oberste Kommando behielt. Schwer rächten sich jetzt die Fürsten an dem Übermute dieses Feldherrn, den sie alle ohne Unterschied hatten fühlen müssen. Die Absetzung desselben wurde daher von dem ganzen Kurfürstenkollegium, selbst von den Spaniern, mit einer Einstimmigkeit und Hitze gefordert, die den Kaiser in Erstaunen setzte. Aber selbst diese Einstimmigkeit, diese Heftigkeit, mit welcher die Neider des Kaisers auf Wallensteins Absetzung drangen, mußte ihn von der Wichtigkeit dieses Dieners überzeugen. Wallenstein, von den Kabalen unterrichtet, welche in Regensburg gegen ihn geschmiedet wurden, verabsäumte nichts, dem Kaiser über die wahren Absichten des Kurfürsten von Bayern die Augen zu öffnen. Er erschien selbst in Regensburg, aber mit einem Prunke, der selbst den Kaiser verdunkelte und dem Haß seiner Gegner nur neue Nahrung gab.

Lange Zeit konnte der Kaiser sich nicht entschließen.

Schmerzlich war das Opfer, das man von ihm forderte. Seine ganze Überlegenheit hatte er dem Herzog von Friedland zu danken; er fühlte, wieviel er hingab, wenn er ihn dem Hasse der Fürsten aufopferte. Aber zum Unglück bedurfte er gerade jetzt den guten Willen der Kurfürsten. Er ging damit um, seinem Sohne Ferdinand, erwähltem König von Ungarn, die Nachfolge im Reiche zuzuwenden, wozu ihm die Einwilligung Maximilians unentbehrlich war. Diese Angelegenheit war ihm die dringendste, und er scheute sich nicht, seinen wichtigsten Diener aufzuopfern, um den Kurfürsten von Bayern zu verpflichten.«

Wallensteins prunkvolles Privatleben:

»Wallenstein hatte über eine Armee von beinahe hunderttausend Mann zu gebieten, von denen er angebetet wurde, als das Urteil der Absetzung ihm verkündigt werden sollte. Die meisten Offiziere waren seine Geschöpfe, seine Winke Aussprüche des Schicksals für den gemeinen Soldaten. Grenzenlos war sein Ehrgeiz, unbeugsam sein Stolz, sein gebieterischer Geist nicht fähig, eine Kränkung ungerochen zu erdulden. Ein Augenblick sollte ihn jetzt von der Fülle der Gewalt in das Nichts des Privatstandes herunterstürzen. Eine *solche* Sentenz gegen einen *solchen* Verbrecher zu vollstrecken, schien nicht viel weniger Kunst zu kosten, als es gekostet hatte, sie dem Richter zu entreißen. Auch hatte man deswegen die Vorsicht gebraucht, zwei von Wallensteins genauesten Freunden zu Überbringern dieser schlimmen Botschaft zu wählen, welche durch die schmeichelhaftesten Zusicherungen der fortdauernden kaiserlichen Gnade so sehr als möglich gemildert werden sollte.
Wallenstein wußte längst den ganzen Inhalt ihrer Sendung, als die Abgesandten des Kaisers ihm vor die Augen traten. Er hatte Zeit gehabt, sich zu sammeln, und sein Gesicht zeigte Heiterkeit, während daß Schmerz und Wut in seinem Busen stürmten. Aber er hatte beschlossen zu gehorchen. Dieser Urteilsspruch überraschte ihn, ehe zu einem kühnen Schritte die Umstände reif und die Anstalten fertig waren. Seine weitläuftigen Güter waren in Böhmen und Mähren zerstreut; durch Einziehung derselben konnte der Kaiser ihm den Nerven seiner Macht zerschneiden. Von der Zukunft erwartete er Genugtuung, und in dieser Hoffnung

bestärkten ihn die Prophezeiungen eines italienischen Astrologen, der diesen ungebändigten Geist, gleich einem Knaben, am Gängelbande führte. Seni, so hieß er, hatte es in den Sternen gelesen, daß die glänzende Laufbahn seines Herrn noch lange nicht geendigt sei, daß ihm die Zukunft noch ein schimmerndes Glück aufbewahre. Man brauchte die Sterne nicht zu bemühen, um mit Wahrscheinlichkeit vorherzusagen, daß ein Feind wie Gustav Adolf einen General wie Wallenstein nicht lange entbehrlich lassen würde.
›Der Kaiser ist verraten‹, antwortete Wallenstein den Gesandten, ›ich bedaure ihn, aber ich vergeb ihm. Es ist klar, daß ihn der hochfahrende Sinn des Bayern *dominiert*. Zwar tut mirs wehe, daß er mich mit so wenigem Widerstande hingegeben hat, aber ich will gehorchen.‹ Die Abgeordneten entließ er fürstlich beschenkt, und den Kaiser ersuchte er in einem demütigen Schreiben, ihn seiner Gunst nicht zu berauben und bei den erworbenen Würden zu schützen. Allgemein war das Murren der Armee, als die Absetzung ihres Feldherrn bekannt wurde, und der beste Teil seiner Offiziere trat sogleich aus dem kaiserlichen Dienst. Viele folgten ihm auf seine Güter nach Böhmen und Mähren; andere fesselte er durch beträchtliche Pensionen, um sich ihrer bei Gelegenheit sogleich bedienen zu können.
Sein Plan war nichts weniger als Ruhe, da er in die Stille des Privatstandes zurücktrat. Der Pomp eines Königs umgab ihn in dieser Einsamkeit und schien dem Urteilsspruch seiner Erniedrigung Hohn zu sprechen. Sechs Pforten führten zu dem Palaste, den er in Prag bewohnte, und hundert Häuser mußten niedergerissen werden, um dem Schloßhofe Raum zu machen. Ähnliche Paläste wurden auf seinen übrigen zahlreichen Gütern erbaut. Kavaliere aus den edelsten Häusern wetteiferten um die Ehre, ihn zu bedienen, und man sah kaiserliche Kammerherren den goldenen Schlüssel zurückgeben, um bei Wallenstein eben dieses Amt zu bekleiden. Er hielt sechzig Pagen, die von den trefflichsten Meistern unterrichtet wurden; sein Vorzimmer wurde stets durch funfzig Trabanten bewacht. Seine gewöhnliche Tafel war nie unter hundert Gängen, sein Haushofmeister eine vornehme Standesperson. Reiste er über Land, so wurde ihm Geräte und Gefolge auf hundert sechs- und vierspännigen Wagen nachgefahren; in sechzig Karossen mit

funfzig Handpferden folgte ihm sein Hof. Die Pracht der Livereien, der Glanz der Equipage und der Schmuck der Zimmer war dem übrigen Aufwande gemäß. Sechs Barone und ebensoviel Ritter mußten beständig seine Person umgeben, um jeden Wink zu vollziehen – zwölf Patrouillen die Runde um seinen Palast machen, um jeden Lärm abzuhalten. Sein immer arbeitender Kopf brauchte Stille; kein Gerassel der Wagen durfte seiner Wohnung nahe kommen und die Straßen wurden nicht selten durch Ketten gesperrt. Stumm, wie die Zugänge zu ihm, war auch sein Umgang. Finster, verschlossen, unergründlich, sparte er seine Worte mehr als seine Geschenke, und das wenige, was er sprach, wurde mit einem widrigen Ton ausgestoßen. Er lachte niemals, und den Verführungen der Sinne widerstand die Kälte seines Bluts. Immer geschäftig und von großen Entwürfen bewegt, entsagte er allen leeren Zerstreuungen wodurch andere das kostbare Leben vergeuden. Einen durch ganz Europa ausgebreiteten Briefwechsel besorgte er selbst die meisten Aufsätze schrieb er mit eigener Hand nieder um der Verschwiegenheit andrer so wenig als möglich anzuvertrauen. Er war von großer Statur und hager, gelblicher Gesichtsfarbe, rötlichen kurzen Haaren, kleinen, aber funkelnden Augen. Ein furchtbarer, zurückschreckender Ernst saß auf seiner Stirne, und nur das Übermaß seiner Belohnungen konnte die zitternde Schar seiner Diener festhalten.
In dieser prahlerischen Dunkelheit erwartete Wallenstein still, doch nicht müßig seine glänzende Stunde und der Rache aufgehenden Tag; bald ließ ihn Gustav Adolfs reißender Siegeslauf ein Vorgefühl desselben genießen. Von seinen hochfliegenden Planen ward kein einziger aufgegeben; der Undank des Kaisers hatte seinen Ehrgeiz von einem lästigen Zügel befreit. Der blendende Schimmer seines Privatlebens verriet den stolzen Schwung seiner Entwürfe und verschwenderisch wie ein Monarch schien er die Güter seiner Hoffnung schon unter seine gewissen Besitzungen zu zählen.«

Das Gegenbild Gustav Adolf:

»Ganz Deutschland hat die Mannszucht bewundert, durch welche sich die schwedischen Heere auf deutschem Boden in den ersten Zeiten so rühmlich unterschieden. Alle Ausschwei

Gustav Adolf, König von Schweden. Kupferstich nach einem A. van Dyck zugeschriebenen Gemälde

fungen wurden aufs strengste geahndet; am strengsten Gotteslästerung, Raub, Spiel und Duelle. In den schwedischen Kriegsgesetzen wurde die Mäßigkeit befohlen; auch erblickte man in dem schwedischen Lager, das Gezelt des Königs nicht ausgenommen, weder Silber noch Gold. Das Auge des Feldherrn wachte mit eben der Sorgfalt über die Sitten des Soldaten wie über die kriegerische Tapferkeit. Jedes Regiment mußte zum Morgen- und Abendgebet einen Kreis um seinen Prediger schließen und unter freiem Himmel seine Andacht halten. In allem diesem war der Gesetzgeber zugleich Muster. Eine ungekünstelte lebendige Gottesfurcht erhöhte den Mut, der sein großes Herz beseelte. Gleich frei von dem rohen Unglauben, der den wilden Begierden des Barbaren ihren notwendigen Zügel nimmt, und von der kriechenden Andächtelei eines Ferdinands, die sich vor der Gottheit zum Wurm erniedrigt und auf dem Nacken der Menschheit trotzig einherwandelt, blieb er auch in der Trunkenheit seines Glücks noch Mensch und noch Christ, aber auch in seiner Andacht noch Held und noch König. Alles Ungemach des Kriegs ertrug er gleich dem Geringsten aus dem Heere; mitten in dem schwärzesten Dunkel der Schlacht war es licht in seinem Geiste; allgegenwärtig mit seinem Blicke, vergaß er den Tod, der ihn umringte; stets fand man ihn auf dem Wege der furchtbarsten Gefahr. Seine natürliche Herzhaftigkeit ließ ihn nur allzu oft vergessen, was er dem Feldherrn schuldig war, und dieses königliche Leben endigte der Tod eines Gemeinen. Aber einem solchen Führer folgte der Feige wie der Mutige zum Sieg, und seinem beleuchtenden Adlerblick entging keine Heldentat, die sein Beispiel geweckt hatte. Der Ruhm ihres Beherrschers entzündete in der Nation ein begeisterndes Selbstgefühl; stolz auf *diesen* König, gab der Bauer in Finnland und Gotland freudig seine Armut hin, verspritzte der Soldat freudig sein Blut, und der hohe Schwung, den der Geist dieses einzigen Mannes der Nation gegeben, überlebte noch lange Zeit seinen Schöpfer.«

Gustav Adolfs Tod:

»Das Glück, das ihn auf seinem ganzen Laufe nie verlassen hatte, begnadigte den König auch im Tode noch mit der seltenen Gunst, in der Fülle seines Ruhms und in der *Reinig-*

keit seines Namens zu sterben. Durch einen zeitigen Tod flüchtete ihn sein schützender Genius vor dem unvermeidlichen Schicksal der Menschheit, auf der Höhe des Glücks die Bescheidenheit, in der Fülle der Macht die Gerechtigkeit zu verlernen. Es ist uns erlaubt zu zweifeln, ob er bei längerm Leben die Tränen verdient hätte, welche Deutschland an seinem Grabe weinte, die Bewunderung verdient hätte, welche die Nachwelt dem ersten und einzigen *gerechten* Eroberer zollt.«

Der Religionseiferer Tilly löst Wallenstein ab:

»Dieser General, der sich rühmen konnte, noch keine Schlacht verloren zu haben, der Überwinder Mansfelds, Christians von Braunschweig, des Markgrafen von Baden und des Königs von Dänemark, sollte jetzt an dem König von Schweden einen würdigen Gegner finden. Tilly stammte aus einer edeln Familie in Lüttich und hatte in dem niederländischen Kriege, der damaligen Feldherrnschule, seine Talente ausgebildet. Bald darauf fand er Gelegenheit, seine erlangten Fähigkeiten unter Kaiser Rudolf dem Zweiten in Ungarn zu zeigen, wo er sich schnell von einer Stufe zur andern emporschwang. Nach geschlossenem Frieden trat er in die Dienste Maximilians von Bayern, der ihn zum Oberfeldherrn mit unumschränkter Gewalt ernannte. Tilly wurde durch seine vortrefflichen Einrichtungen der Schöpfer der bayrischen Kriegsmacht, und ihm vorzüglich hatte Maximilian seine bisherige Überlegenheit im Felde zu danken. Nach geendigtem böhmischen Kriege wurde ihm das Kommando der ligistischen Truppen und jetzt, nach Wallensteins Abgang, das Generalat über die ganze kaiserliche Armee übertragen. Ebenso streng gegen seine Truppen, ebenso blutdürstig gegen den Feind, von ebenso finsterer Gemütsart als Wallenstein, ließ er diesen an Bescheidenheit und Uneigennützigkeit weit hinter sich zurück. Ein blinder Religionseifer und ein blutdürstiger Verfolgungsgeist vereinigten sich mit der natürlichen Wildheit seines Charakters, ihn zum Schrecken der Protestanten zu machen. Ein bizarres und schreckhaftes Äußere entsprach dieser Gemütsart. Klein, hager, mit eingefallenen Wangen, langer Nase, breiter gerunzelter Stirne, starkem Knebelbart und unten zugespitztem Gesichte, zeigte er sich gewöhnlich in einem spanischen

Wams von hellgrünem Atlas mit aufgeschlitzten Ärmeln, auf dem Kopfe einen kleinen hoch aufgestutzten Hut, mit einer roten Straußfeder geziert, die bis auf den Rücken niederwallte. Sein ganzer Anblick erinnerte an den Herzog von Alba, den Zuchtmeister der Flamländer, und es fehlte viel, daß seine Taten diesen Eindruck auslöschten. So war der Feldherr beschaffen, der sich dem nordischen Helden entgegenstellte.«

Wallensteins Ausharren und Planen:

»Entfernt von der Kriegesbühne und zu einer folternden Untätigkeit verurteilt, während daß seine Nebenbuhler auf dem Felde des Ruhms sich Lorbeern sammelten, hatte der stolze Herzog dem Wechsel des Glücks mit verstellter Gelassenheit zugesehen und im schimmernden Gepränge eines Theaterhelden die düstern Entwürfe seines arbeitenden Geistes verborgen. Von einer glühenden Leidenschaft aufgerieben, während daß eine fröhliche Außenseite Ruhe und Müßiggang log, brütete er still die schreckliche Geburt der Rachbegierde und Ehrsucht zur Reife und näherte sich langsam, aber sicher dem Ziele. Erloschen war alles in seiner Erinnerung, was er durch den Kaiser geworden war; nur was *er* für den Kaiser getan hatte, stand mit glühenden Zügen in sein Gedächtnis geschrieben. Seinem unersättlichen Durst nach Größe und Macht war der Undank des Kaisers willkommen, der seinen Schuldbrief zu zerreißen und ihn jeder Pflicht gegen den Urheber seines Glücks zu entbinden schien. Entsündigt und gerechtfertigt erschienen ihm jetzt die Entwürfe seiner Ehrsucht im Gewand einer rechtmäßigen Wiedervergeltung. In eben dem Maß, als sein *äußrer* Wirkungskreis sich verengte, erweiterte sich die Welt seiner Hoffnungen, und seine schwärmende Einbildungskraft verlor sich in unbegrenzten Entwürfen, die in jedem andern Kopf als dem seinigen nur der Wahnsinn erzeugen kann. So hoch, als der Mensch nur immer durch eigene Kraft sich zu erheben vermag, hatte sein Verdienst ihn emporgetragen; nichts von allem dem, was dem Privatmann und Bürger innerhalb seiner Pflichten erreichbar bleibt, hatte das Glück ihm verweigert. Bis auf den Augenblick seiner Entlassung hatten seine Ansprüche keinen Widerstand, sein Ehrgeiz keine Grenzen erfahren; der Schlag, der ihn auf dem Regensburger Reichstage zu Boden streckte, zeigte ihm den Unterschied zwischen *ursprünglicher* und *übertragener* Gewalt und den Abstand des Untertans von dem Gebieter. Aus dem bisherigen Taumel seiner Herrschergröße durch diesen überraschenden Glückswechsel aufgeschreckt, verglich er die Macht, die er besessen, mit derjenigen, durch welche sie ihm entrissen wurde, und sein Ehrgeiz bemerkte die Stufe, die auf der Leiter des Glücks noch für ihn zu ersteigen war. Erst nachdem er das Gewicht der höchsten Gewalt mit schmerzhafter Wahrheit erfahren, streckte er lüstern die Hände darnach aus; der Raub, der an ihm selbst verübt wurde, machte ihn zum Räuber. Durch keine Beleidigung gereizt, hätte er folgsam seine Bahn um die Majestät des Thrones beschrieben, zufrieden mit dem Ruhme, der glänzendste seiner Trabanten zu sein; erst nachdem man ihn gewaltsam aus seinem Kreise stieß, verwirrte er das System, dem er angehörte, und stürzte sich zermalmend auf seine Sonne.«

Wallensteins erstes Angebot an die Schweden:

»Was die Brust aller Katholiken mit Unruhe erfüllte, verkündigte *ihm* Größe und Glück; nur für *ihn* arbeitete Gustav Adolf. Kaum hatte der letztere angefangen, sich durch seine Kriegestaten in Achtung zu setzen, so verlor der Herzog von Friedland keinen Augenblick, seine Freundschaft zu suchen und mit diesem glücklichen Feinde Österreichs gemeine Sache zu machen. Der vertriebene Graf von Thurn, der dem Könige von Schweden schon längst seine Dienste gewidmet, übernahm es, dem Monarchen Wallensteins Glückwünsche zu überbringen und ihn zu einem engern Bündnisse mit dem Herzog einzuladen. Funfzehntausend Mann begehrte Wallenstein von dem Könige, um mit Hülfe derselben und mit den Truppen, die er selbst zu werben sich anheischig machte, Böhmen und Mähren zu erobern, Wien zu überfallen und den Kaiser, seinen Herrn, bis nach Italien zu verjagen. So sehr das Unerwartete dieses Antrags und das Übertriebene der gemachten Versprechungen das Mißtrauen Gustav Adolfs erregte, so war er doch ein zu guter Kenner des Verdienstes, um einen so wichtigen Freund mit Kaltsinn zurückzuweisen. Nachdem aber Wallenstein, durch die günstige Aufnahme dieses ersten Versuchs ermuntert, nach der Breitenfelder Schlacht seinen Antrag erneuerte und auf eine bestimmte Erklärung drang, trug der vorsichtige Monarch Bedenken, an die schimärischen Entwürfe dieses verwegenen Kopfs seinen Ruhm zu wagen und der Redlichkeit eines Mannes, der sich ihm als Verräter ankündigte, eine so zahlreiche Mannschaft anzuvertrauen. Er entschuldigte sich mit der Schwäche seiner Armee, die auf ihrem Zug in das Reich durch eine so starke Verminderung leiden würde, und verscherzte aus übergroßer Vorsicht vielleicht die Gelegenheit, den Krieg auf das schnellste zu endigen. Zu spät versuchte er in der Folge, die zerrissenen Unterhandlungen zu erneuern; der günstige Moment war vorüber, und Wallensteins beleidigter Stolz vergab ihm diese Geringschätzung nie.«

Wallensteins Verhandlung mit den Sachsen:

»Der erste Versuch zur Rache an dem Haus Österreich war fehlgeschlagen; aber fest stand der Vorsatz, und nur die Wahl der Mittel erlitt eine Veränderung. Was ihm bei dem König von Schweden mißlungen war, hoffte er mit minder Schwierigkeit und mehr Vorteil bei dem Kurfürsten von Sachsen zu erreichen, den er ebenso gewiß war nach seinem Willen zu lenken, als er bei Gustav Adolf daran verzweifelte. In fortdauerndem Einverständnis mit Arnheim, seinem alten Freunde, arbeitete er von jetzt an an einer Verbindung mit Sachsen, wodurch er dem Kaiser und dem König von Schweden gleich fürchterlich zu werden hoffte. [...] Gelang es ihm, Sachsen von dem schwedischen Bündnis zu trennen und in Verbindung mit demselben eine *dritte Partei* im Reiche zu errichten, so lag der Ausschlag des Krieges in seiner Hand, und er hatte durch diesen einzigen Schritt zugleich seine Rache an dem Kaiser befriedigt, seine verschmähte Freundschaft an dem schwedischen König gerächt und auf dem Ruin von beiden den Bau seiner eigenen Größe gegründet.
Aber auf welchem Wege er auch seinen Zweck verfolgte, so konnte er denselben ohne den Beistand einer ihm ganz ergebenen Armee nicht zur Ausführung bringen. Diese Armee konnte so geheim nicht geworben werden, daß am kaiserlichen Hofe nicht Verdacht geschöpft und der Anschlag gleich in seiner Entstehung vereitelt wurde. [...]

Wallenstein mußte also unter kaiserlicher Autorität und öffentlich werben und von dem Kaiser selbst zur unumschränkten Herrschaft über die Truppen berechtigt sein. Wie konnte dies aber anders geschehen, als wenn ihm das entzogene Generalat aufs neue übertragen und die Führung des Kriegs unbedingt überlassen ward? [...] Um sich zum Herrn der Bedingungen zu machen, unter welchen das Kommando von ihm übernommen würde, mußte er abwarten, bis es ihm von seinem Herrn aufgedrungen ward – Dies war der Rat, den ihm Arnheim erteilte, und dies das Ziel, wornach er mit tiefer Politik und rastloser Tätigkeit strebte.

Überzeugt, daß nur die äußerste Not die Unentschlossenheit des Kaisers besiegen und den Widerspruch Bayerns und Spaniens, seiner beiden eifrigsten Gegner, unkräftig machen könne, bewies er sich von jetzt an geschäftig, die Fortschritte des Feindes zu befördern und die Bedrängnisse seines Herrn zu vermehren. Sehr wahrscheinlich geschah es auf seine Einladung und Ermunterung, daß die Sachsen, schon auf dem Wege nach der Lausitz und Schlesien, sich nach Böhmen wandten und dieses unverteidigte Reich mit ihrer Macht überschwemmten; ihre schnellen Eroberungen in demselben waren nicht weniger sein Werk. Durch den Kleinmut, den er heuchelte, erstickte er jeden Gedanken an Widerstand und überlieferte die Hauptstadt durch seinen voreiligen Abzug dem Sieger. Bei einer Zusammenkunft mit dem sächsischen General zu Kaunitz, wozu eine Friedensunterhandlung ihm den Vorwand darreichte, wurde wahrscheinlich das Siegel auf die Verschwörung gedrückt, und Böhmens Eroberung war die erste Frucht dieser Verabredung. Indem er selbst nach Vermögen dazu beitrug, die Unglücksfälle über Österreich zu häufen, und durch die raschen Fortschritte der Schweden am Rheinstrom aufs nachdrücklichste dabei unterstützt wurde, ließ er seine freiwilligen und gedungenen Anhänger in Wien über das öffentliche Unglück die heftigsten Klagen führen und die Absetzung des vorigen Feldherrn als den einzigen Grund der erlittenen Verluste abschildern. ›Dahin hätte Wallenstein es nicht kommen lassen, wenn er am Ruder geblieben wäre!‹ riefen jetzt tausend Stimmen, und selbst im geheimen Rate des Kaisers fand diese Meinung feurige Verfechter.

Es bedurfte ihrer wiederholten Bestürmung nicht, dem bedrängten Monarchen die Augen über die Verdienste seines Generals und die begangene Übereilung zu öffnen. Bald genug ward ihm die Abhängigkeit von Bayern und der Ligue unerträglich; aber eben diese Abhängigkeit verstattete ihm nicht, sein Mißtrauen zu zeigen und durch Zurückberufung des Herzogs von Friedland den Kurfürsten aufzubringen. Jetzt aber, da die Not mit jedem Tage stieg und die Schwäche des bayrischen Beistandes immer sichtbarer wurde, bedachte er sich nicht länger, den Freunden des Herzogs sein Ohr zu leihen und ihre Vorschläge wegen Zurückberufung dieses Feldherrn in Überlegung zu nehmen.«

Wallensteins Verhandlung mit dem Hof in Wien:

»Wie empfindlich auch der kaiserliche Stolz die Erniedrigung fühlte, ein so unzweideutiges Geständnis seiner ehmaligen Übereilung und seiner gegenwärtigen Not abzulegen, wie sehr es ihn schmerzte, von der Höhe seiner Herrscherwürde zu Bitten herabzusteigen, wie verdächtig auch die Treue eines so bitter beleidigten und so unversöhnlichen Mannes war, wie laut und nachdrücklich endlich auch die spanischen Minister und der Kurfürst von Bayern ihr Mißfallen über diesen Schritt zu erkennen gaben, so siegte jetzt die dringende Not über jede andre Betrachtung, und die Freunde des Herzogs erhielten den Auftrag, seine Gesinnungen zu erforschen und ihm die Möglichkeit seiner Wiederherstellung von ferne zu zeigen.
Unterrichtet von allem, was im Kabinett des Kaisers zu seinem Vorteil verhandelt wurde, gewann dieser Herrschaft genug über sich selbst, seinen innern Triumph zu verbergen und die Rolle des Gleichgültigen zu spielen. Die Zeit der Rache war gekommen, und sein stolzes Herz frohlockte, die erlittene Kränkung dem Kaiser mit vollen Zinsen zu erstatten. Mit kunstvoller Beredsamkeit verbreitete er sich über die glückliche Ruhe des Privatlebens, die ihn seit seiner Entfernung von dem politischen Schauplatz beselige. Zu lange, erklärte er, habe er die Reize der Unabhängigkeit und Muße gekostet, um sie dem nichtigen Phantom des Ruhms und der unsichern Fürstengunst aufzuopfern. Alle seine Begierden nach Größe und Macht seien ausgelöscht, und Ruhe das einzige Ziel seiner Wünsche. Um ja keine Ungeduld zu verraten, schlug er die Einladung an den Hof des Kaisers

aus, rückte aber doch bis nach Znaim in Mähren vor, um die Unterhandlungen mit dem Hofe zu erleichtern.

Anfangs versuchte man, die Größe der Gewalt, welche ihm eingeräumt werden sollte, durch die Gegenwart eines Aufsehers zu beschränken und durch diese Auskunft den Kurfürsten von Bayern um so eher zum Stillschweigen zu bringen. Die Abgeordneten des Kaisers, von Questenberg und von Werdenberg, die, als alte Freunde des Herzogs, zu dieser schlüpfrigen Unterhandlung gebraucht wurden, hatten den Befehl, in ihrem Antrage an ihn des Königs von Ungarn zu erwähnen, der bei der Armee zugegen sein und unter Wallensteins Führung die Kriegskunst erlernen sollte. Aber schon die bloße Nennung dieses Namens drohte die ganze Unterhandlung zu zerreißen. Nie und nimmermehr, erklärte der Herzog, würde er einen Gehülfen in seinem Amte dulden, und wenn es Gott selbst wäre, mit dem er das Kommando teilen sollte. Aber auch noch dann, als man von diesem verhaßten Punkt abgestanden war, erschöpfte der kaiserliche Günstling und Minister, Fürst von Eggenberg, Wallensteins standhafter Freund und Verfechter, den man in Person an ihn abgeschickt hatte, lange Zeit seine Beredsamkeit vergeblich, die verstellte Abneigung des Herzogs zu besiegen. Der Monarch, gestand der Minister, habe mit Wallenstein den kostbarsten Stein aus seiner Krone verloren; aber nur gezwungen und widerstrebend habe er diesen genug bereuten Schritt getan, und seine Hochachtung für den Herzog sei unverändert, seine Gunst ihm unverloren geblieben. Zum entscheidenden Beweise davon diene das ausschließende Vertrauen, das man jetzt in seine Treue und Fähigkeit setze, die Fehler seiner Vorgänger zu verbessern und die ganze Gestalt der Dinge zu verwandeln. Groß und edel würde es gehandelt sein, seinen gerechten Unwillen dem Wohl des Vaterlandes zum Opfer zu bringen, groß und seiner würdig, die übeln Nachreden seiner Gegner durch die verdoppelte Wärme seines Eifers zu widerlegen. Dieser Sieg über sich selbst, schloß der Fürst, würde seinen übrigen unerreichbaren Verdiensten die Krone aufsetzen und ihn zum größten Mann seiner Zeiten erklären.

So beschämende Geständnisse, so schmeichelhafte Versicherungen schienen endlich den Zorn des Herzogs zu entwaffnen; doch nicht eher, als bis sich sein volles Herz aller Vorwürfe gegen den Kaiser entladen, bis er den ganzen Umfang seiner Verdienste in prahlerischem Pomp ausgebreitet und den Monarchen, der jetzt seine Hülfe brauchte, aufs tiefste erniedrigt hatte, öffnete er sein Ohr den lockenden Anträgen des Ministers. Als ob er nur der Kraft dieser Gründe nachgäbe, bewilligte er mit stolzer Großmut, was der feurigste Wunsch seiner Seele war, und begnadigte den Abgesandten mit einem Strahle von Hoffnung. Aber weit entfernt, die Verlegenheit des Kaisers durch eine unbedingte volle Gewährung auf einmal zu endigen, erfüllte er bloß einen Teil seiner Forderung, um einen desto größern Preis auf die übrige wichtigere Hälfte zu setzen. Er nahm das Kommando an, aber nur auf drei Monate; nur um eine Armee *auszurüsten*, nicht sie selbst *anzuführen*. Bloß seine Fähigkeit und Macht wollte er durch diesen Schöpfungsakt kund tun und dem Kaiser die Größe der Hülfe in der Nähe zeigen, deren Gewährung in Wallensteins Händen stände. Überzeugt, daß eine Armee, die sein Name allein aus dem Nichts gezogen, ohne ihren Schöpfer in ihr Nichts zurückkehren würde, sollte sie ihm nur zur Lockspeise dienen, seinem Herrn desto wichtigere Bewilligungen zu entreißen; und doch wünschte Ferdinand sich Glück, daß auch nur so viel gewonnen war.«

Wallensteins neues Heer im Frühjahr 1632:

»Sein Versprechen hatte der Herzog erfüllt, und die Armee stand fertig im Felde; jetzt trat er zurück und überließ dem Kaiser, ihr einen Führer zu geben. Aber es würde ebenso leicht gewesen sein, noch eine zweite Armee, wie diese war, zu errichten, als einen andern Chef außer Wallenstein für sie aufzufinden. Dieses vielversprechende Heer, die letzte Hoffnung des Kaisers, war nichts als ein Blendwerk, sobald der Zauber sich löste, der es ins Dasein rief; durch Wallenstein ward es, ohne ihn schwand es, wie eine magische Schöpfung, in sein voriges Nichts dahin. Die Offiziere waren ihm entweder als seine Schuldner verpflichtet oder als seine Gläubiger aufs engste an sein Interesse, an die Fortdauer seiner Macht geknüpft; die Regimenter hatte er seinen Verwandten, seinen Geschöpfen, seinen Günstlingen untergeben. Er und kein anderer war der Mann, den Truppen die ausschweifenden Versprechungen zu halten, wodurch er sie in seinen Dienst gelockt hatte.«

Die Bedingungen, unter denen Wallenstein die Heerführung übernimmt:

»Eine unumschränkte Oberherrschaft verlangte Wallenstein über alle deutsche Armeen des österreichischen und spanischen Hauses und unbegrenzte Vollmacht, zu strafen und zu belohnen. Weder dem König von Ungarn noch dem Kaiser selbst solle es vergönnt sein, bei der Armee zu erscheinen, noch weniger eine Handlung der Autorität darin auszuüben. Keine Stelle soll der Kaiser bei der Armee zu vergeben, keine Belohnung zu verleihen haben, kein Gnadenbrief desselben ohne Wallensteins Bestätigung gültig sein. Über alles, was im Reiche konfiszieret und erobert werde, soll der Herzog von Friedland allein, mit Ausschließung aller kaiserlichen und Reichsgerichte zu verfügen haben. Zu seiner ordentlichen Belohnung müsse ihm ein kaiserliches Erbland und noch ein anderes der im Reiche eroberten Länder zum außerordentlichen Geschenk überlassen werden. Jede österreichische Provinz solle ihm, sobald er derselben bedürfen würde, zur Zuflucht geöffnet sein. Außerdem verlangte er die Versicherung des Herzogtums Mecklenburg bei einem künftigen Frieden und eine förmliche frühzeitige Aufkündigung, wenn man für nötig finden sollte, ihn zum zweitenmal des Generalats zu entsetzen.
Umsonst bestürmte ihn der Minister, diese Forderungen zu mäßigen, durch welche der Kaiser aller seiner Souveränitätsrechte über die Truppen beraubt und zu einer Kreatur seines Feldherrn erniedrigt würde. Zu sehr hatte man ihm die Unentbehrlichkeit seiner Dienste verraten, um jetzt noch des Preises Meister zu sein, womit sie erkauft werden sollten. Wenn der Zwang der Umstände den Kaiser nötigte, diese Forderungen *einzugehen*, so war es nicht bloßer Antrieb der Rachsucht und des Stolzes, der den Herzog veranlaßte, sie zu *machen*. Der Plan zur künftigen Empörung war entworfen, und dabei konnte keiner der Vorteile gemißt werden, deren sich Wallenstein in seinem Vergleich mit dem Hofe zu bemächtigen suchte. [...] Wie das Los nun auch fallen mochte, so hatte er durch die Bedingungen, die er von dem Kaiser erpreßte, gleich gut für seinen Vorteil gesorgt. Zeigten sich die Vorfälle seinen verwegnen Entwürfen günstig, so machte ihm dieser Vertrag mit dem Kaiser ihre Ausführung leichter; widerrieten die Zeitläufte

die Vollstreckung derselben, so hatte dieser nämliche Vertrag ihn aufs glänzendste entschädigt. Aber wie konnte er einen Vertrag für gültig halten, der seinem Oberherrn abgetrotzt und auf ein Verbrechen gegründet war? Wie konnte er hoffen, den Kaiser durch eine Vorschrift zu binden, welche denjenigen, der so vermessen war, sie zu geben, zum Tode verdammte? Doch dieser todeswürdige Verbrecher war jetzt der *unentbehrlichste Mann* in der Monarchie, und Ferdinand, im Verstellen geübt, bewilligte ihm alles, was er verlangte.«

Nach der Schlacht bei Lützen vermied Wallenstein den Kampf. Bei Münsterberg in Schlesien suchte er die Unterhandlung mit dem Feind:

»Neun Tage lang standen beide Armeen einander einen Musketenschuß weit im Gesichte, als der Graf Terzky aus dem Wallensteinischen Heere mit einem Trompeter vor dem Lager der Alliierten erschien, den General von Arnheim zu einer Konferenz einzuladen. Der Inhalt derselben war, daß Wallenstein, der doch an Macht der überlegene Teil war, einen Waffenstillstand von sechs Wochen in Vorschlag brachte. Er sei gekommen, sagte er, mit Schweden und mit den Reichsfürsten einen ewigen Frieden zu schließen, die Soldaten zu bezahlen und jedem Genugtuung zu verschaffen. Alles dies stehe in seiner Hand, und wenn man in Wien Anstand nehmen sollte, es zu bestätigen, so wolle *er* sich mit den Alliierten vereinigen und (was er Arnheimen zwar nur ins Ohr flüsterte) den Kaiser zum Teufel jagen. Bei einer zweiten Zusammenkunft ließ er sich gegen den Grafen von Thurn noch deutlicher heraus. Alle Privilegien, erklärte er, sollten aufs neue bestätigt, alle böhmischen Exulanten zurückberufen und in ihre Güter wieder eingesetzt werden, und er selbst wolle der erste sein, seinen Anteil an denselben herauszugeben. Die Jesuiten, als die Urheber aller bisherigen Unterdrückungen, sollten verjagt, die Krone Schweden durch Zahlungen auf bestimmte Termine abgefunden, alles überflüssige Kriegsvolk von beiden Teilen gegen die Türken geführt werden. Der letzte Punkt enthielt den Aufschluß des ganzen Rätsels. Wenn *er* die böhmische Krone davontrüge, so sollten alle Vertriebenen sich seiner Großmut zu rühmen haben, eine vollkommene Freiheit der

Religionen sollte dann in dem Königreich herrschen, das pfälzische Haus in alle seine vorigen Rechte zurücktreten und die Markgrafschaft Mähren ihm für Mecklenburg zur Entschädigung dienen. Die alliierten Armeen zögen dann unter seiner Anführung nach Wien, dem Kaiser die Genehmigung dieses Traktats mit gewaffneter Hand abzunötigen.
Jetzt also war die Decke von dem Plan weggezogen, worüber er schon jahrelang in geheimnisvoller Stille gebrütet hatte.«

Wallensteins Einberufung der Befehlshaber nach Pilsen:

»Um endlich den entscheidenden Schritt zum Ziele zu tun, berief er im Jänner 1634 alle Kommandeurs der Armee nach Pilsen zusammen, wohin er sich gleich nach seinem Rückzug aus Bayern gewendet hatte. Die neuesten Forderungen des Kaisers, die Erblande mit Winterquartieren zu verschonen, Regensburg noch in der rauhen Jahrszeit wieder zu erobern und die Armee zu Verstärkung des Kardinal-Infanten um sechstausend Mann Reiterei zu vermindern, waren erheblich genug, um vor dem ganzen versammelten Kriegsrat in Erwägung gezogen zu werden, und dieser scheinbare Vorwand verbarg den Neugierigen den wahren Zweck der Zusammenberufung. Auch Schweden und Sachsen wurden heimlich dahin geladen, um mit dem Herzog von Friedland über den Frieden zu traktieren; mit den Befehlshabern entlegnerer Heere sollte schriftliche Abrede genommen werden. Zwanzig von den berufenen Kommandeurs erschienen; aber gerade die wichtigsten, Gallas, Colleredo und Altringer, blieben aus.«

Von der heimlichen Verweigerung der kaisertreuen Offiziere bis zu Wallensteins Ermordung in Eger:

»Altringer blieb unter dem Vorwand einer Krankheit in dem festen Schloß Frauenberg liegen. Gallas fand sich zwar ein, aber bloß um als Augenzeuge den Kaiser von der drohenden Gefahr desto besser unterrichten zu können. Die Aufschlüsse, welche er und Piccolomini gaben, verwandelten die Besorgnisse des Hofs auf einmal in die schrecklichste Gewißheit. [...] Man erließ also an die vornehmsten Befehlshaber, deren Treue man sich versichert hielt, geheime

Befehle, den Herzog von Friedland nebst seinen beiden Anhängern, Illo und Terzky, auf was Art es auch sein möchte, zu verhaften und in sichre Verwahrung zu bringen, damit sie gehört werden und sich verantworten könnten. Sollte dies aber auf so ruhigem Wege nicht zu bewirken sein, so fordre die öffentliche Gefahr, sie tot oder lebendig zu greifen. Zugleich erhielt General Gallas ein offenes Patent, worin allen Obersten und Offizieren diese kaiserliche Verfügung bekanntgemacht, die ganze Armee ihrer Pflichten gegen den Verräter entlassen und, bis ein neuer Generalissimus aufgestellt sein würde, an den Generalleutnant von Gallas verwiesen wurde. [...]
Gallas begriff die Unmöglichkeit, unter den Augen des Herzogs seinen Auftrag zu vollziehen, und sein sehnlichster Wunsch war, sich, eh er einen Schritt zur Ausführung wagte, vorher mit Altringern zu besprechen. Da das lange Außenbleiben des letztern schon anfing, Verdacht bei dem Herzog zu erregen, so erbot sich Gallas, sich in eigner Person nach Frauenberg zu verfügen und Altringern, als seinen Verwandten, zur Herreise zu bewegen. Wallenstein nahm diesen Beweis seines Eifers mit so großem Wohlgefallen auf, daß er ihm seine eigene Equipage zur Reise hergab. Froh über die gelungene List, verließ Gallas ungesäumt Pilsen und überließ es dem Grafen Piccolomini, Wallensteins Schritte zu bewachen. [...]
Da auch Gallas an keine Rückkehr zu denken schien, so wagte es Piccolomini, die Leichtgläubigkeit des Herzogs noch einmal auf die Probe zu stellen. Er bat sich von ihm die Erlaubnis aus, den Gallas zurückzuholen, und Wallenstein ließ sich zum zweitenmal überlisten. Diese unbegreifliche Blindheit wird uns nur als eine Tochter seines Stolzes erklärbar, der sein Urteil über eine Person nie zurücknahm und die Möglichkeit zu irren auch sich selbst nicht gestehen wollte. Auch den Grafen Piccolomini ließ er in seinem eigenen Wagen nach Linz bringen, wo dieser sogleich dem Beispiel des Gallas folgte und noch einen Schritt weiterging. Er hatte Wallenstein versprochen zurückzukehren; dieses tat er, aber an der Spitze einer Armee, um den Herzog in Pilsen zu überfallen. Ein anderes Heer eilte unter dem General von Suys nach Prag, um diese Hauptstadt in kaiserliche Pflichten zu nehmen und gegen einen Angriff der Rebellen zu verteidigen. Zugleich kündigt sich

Octavio Piccolomini. Kupferstich von A. van Hülle. 1649

Gallas allen zerstreuten Armeen Österreichs als den einzigen Chef an, von dem man nunmehr Befehle anzunehmen habe. In allen kaiserlichen Lägern werden Plakate ausgestreut, die den Herzog nebst vier seiner Vertrauten für vogelfrei erklären und die Armeen ihrer Pflichten gegen den Verräter entbinden.

Das zu Linz gegebene Beispiel findet allgemeine Nachahmung; man verflucht das Andenken des Verräters, alle Armeen fallen von ihm ab. Endlich, nachdem auch Piccolomini sich nicht wieder sehen läßt, fällt die Decke von Wallensteins Augen, und schrecklich erwacht er aus seinem Traume. Doch auch jetzt glaubt er noch an die Wahrhaftigkeit der Sterne und an die Treue der Armee. Gleich auf die Nachricht von Piccolominis Abfall läßt er den Befehl bekanntmachen, daß man inskünftige keiner Ordre zu gehorchen habe, die nicht unmittelbar von ihm selbst oder von Terzky und Illo herrühre. Er rüstet sich in aller Eile, um nach Prag aufzubrechen, wo er willens ist, endlich seine Maske abzuwerfen und sich öffentlich gegen den Kaiser zu erklären. Vor Prag sollten alle Truppen sich versammeln und von da aus mit Blitzes Schnelligkeit über Österreich herstürzen. [...] Aber indem er mit der gespanntesten Erwartung den Nachrichten von Prag entgegensieht, erfährt er den Verlust dieser Stadt, erfährt er den Abfall seiner Generale, die Desertion seiner Truppen, die Enthüllung seines ganzen Komplotts, den eilfertigen Anmarsch des Piccolomini, der ihm den Untergang geschworen. Schnell und schrecklich stürzen alle seine Entwürfe zusammen, täuschen ihn alle seine Hoffnungen. [...]

Indem der Herzog von Eger aus die Unterhandlungen mit dem Feinde lebhaft betrieb, die Sterne befragte und frischen Hoffnungen Raum gab, wurde beinahe unter seinen Augen der Dolch geschliffen, der seinem Leben ein Ende machte. Der kaiserliche Urteilsspruch, der ihn für vogelfrei erklärte, hatte seine Wirkung nicht verfehlt, und die rächende Nemesis wollte, daß der *Undankbare* unter den Streichen des *Undanks* erliegen sollte. Unter seinen Offizieren hatte Wallenstein einen Irländer, namens Leßley, mit vorzüglicher Gunst beehrt und das ganze Glück dieses Mannes gegründet. Eben dieser war es, der sich bestimmt und berufen fühlte, das Todesurteil an ihm zu vollstrecken und den blutigen Lohn zu verdienen. Nicht sobald war dieser Leßley im Gefolge des Herzogs zu Eger angelangt, als er dem Kommendanten dieser Stadt, Obersten Buttler, und dem Oberstleutnant Gordon, zweien protestantischen Schottländern, alle schlimmen Anschläge des Herzogs entdeckte, welche ihm dieser Unbesonnene auf der Herreise vertraut hatte. Leßley fand hier zwei Männer, die eines Entschlusses fähig waren. Man hatte die Wahl zwischen Verräterei und Pflicht, zwischen dem rechtmäßigen Herrn und einem flüchtigen, allgemein verlassenen Rebellen; wiewohl der letztere der gemeinschaftliche Wohltäter war, so konnte die Wahl doch keinen Augenblick zweifelhaft bleiben. Man verbindet sich fest und feierlich zur Treue gegen den Kaiser, und diese fordert die schnellsten Maßregeln gegen den öffentlichen Feind. Die Gelegenheit ist günstig, und sein böser Genius hat ihn von selbst in die Hände der Rache geliefert. Um jedoch der Gerechtigkeit nicht in ihr Amt zu greifen, beschließt man, ihr das Opfer lebendig zuzuführen, und man scheidet voneinander mit dem gewagten Entschluß, den Feldherrn gefangen zu nehmen. Tiefes Geheimnis umhüllt dieses schwarze Komplott, und Wallenstein, ohne Ahndung des ihm so nahe schwebenden Verderbens, schmeichelt sich vielmehr, in der Besatzung von Eger seine tapfersten und treusten Verfechter zu finden.

Um eben diese Zeit werden ihm die kaiserlichen Patente überbracht, die sein Urteil enthalten und in allen Lägern gegen ihn bekanntgemacht sind. Er erkennt jetzt die ganze Größe der Gefahr, die ihn umlagert, die gänzliche Unmöglichkeit der Rückkehr, seine fürchterliche verlassene Lage, die Notwendigkeit, sich auf Treu und Glauben dem Feinde zu überliefern. Gegen Leßley ergießt sich der ganze Unmut seiner verwundeten Seele, und die Heftigkeit des Affekts entreißt ihm das letzte noch übrige Geheimnis. Er entdeckt diesem Offizier seinen Entschluß, Eger und Elbogen, als die Pässe des Königreichs, dem Pfalzgrafen von Birkenfeld einzuräumen, und unterrichtet ihn zugleich von der nahen Ankunft des Herzogs Bernhard in Eger, wovon er noch in eben dieser Nacht durch einen Eilboten benachrichtigt worden. Diese Entdeckung, welche Leßley seinen Mitverschwornen aufs schleunigste mitteilt, ändert ihren ersten Entschluß. Die dringende Gefahr erlaubt keine Schonung mehr. Eger konnte jeden Augenblick in feindliche Hände fallen und eine schnelle Revolution ihren Gefangenen

in Freiheit setzen. Diesem Unglück zuvorzukommen, beschließen sie, ihn samt seinen Vertrauten in der folgenden Nacht zu *ermorden.*
Damit dies mit um so weniger Geräusch geschehen möchte, sollte die Tat bei einem Gastmahle vollzogen werden, welches der Oberste Buttler auf dem Schlosse zu Eger veranstaltete. Die andern alle erschienen; nur Wallenstein, der viel zu bewegt war, um in fröhliche Gesellschaft zu taugen, ließ sich entschuldigen. Man mußte also, in Ansehung seiner, den Plan abändern; gegen die andern aber beschloß man der Abrede gemäß zu verfahren. In sorgloser Sicherheit erschienen die drei Obersten Illo, Terzky und Wilhelm Kinsky und mit ihnen Rittmeister Neumann, ein Offizier voll Fähigkeit, dessen sich Terzky bei jedem verwickelten Geschäfte, welches Kopf erforderte, zu bedienen pflegte. Man hatte vor ihrer Ankunft die zuverlässigsten Soldaten aus der Besatzung, welche mit in das Komplott gezogen war, in das Schloß eingenommen, alle Ausgänge aus demselben wohl besetzt und in einer Kammer neben dem Speisesaal sechs Buttlerische Dragoner verborgen, die auf ein verabredetes Signal hervorbrechen und die Verräter niederstoßen sollten. Ohne Ahndung der Gefahr, die über ihrem Haupte schwebte, überließen sich die sorglosen Gäste den Vergnügungen der Mahlzeit, und Wallensteins, nicht mehr des kaiserlichen Dieners, sondern des souveränen Fürsten, Gesundheit wurde aus vollen Bechern getrunken. Der Wein öffnete ihnen die Herzen, und Illo entdeckte mit vielem Übermut, daß in drei Tagen eine Armee dastehen werde, dergleichen Wallenstein niemals angeführt habe. – ›Ja‹, fiel Neumann ein, und dann hoffe er, seine Hände in der Österreicher Blut zu waschen. Unter diesen Reden wird das Dessert aufgetragen, und nun gibt Leßley das verabredete Zeichen, die Aufzugbrücke zu sperren, und nimmt selbst alle Torschlüssel zu sich. Auf einmal füllt sich der Speisesaal mit Bewaffneten an, die sich mit dem unerwarteten Gruße *›Vivat Ferdinandus!‹* hinter die Stühle der bezeichneten Gäste pflanzen. Bestürzt und mit einer übeln Ahndung springen alle vier zugleich von der Tafel auf. Kinsky und Terzky werden sogleich erstochen, ehe sie sich zur Wehr setzen können; Neumann allein findet Gelegenheit, während der Verwirrung in den Hof zu entwischen, wo er aber von den Wachen erkannt und sogleich niedergemacht wird.

Nur Illo hatte Gegenwart des Geistes genug, sich zu verteidigen. Er stellte sich an ein Fenster, von wo er dem Gordon seine Verräterei unter den bittersten Schmähungen vorwarf und ihn aufforderte, sich ehrlich und ritterlich mit ihm zu schlagen. Erst nach der tapfersten Gegenwehr, nachdem er zwei seiner Feinde tot dahingestreckt, sank er, überwältigt von der Zahl und von zehen Stichen durchbohrt, zu Boden. Gleich nach vollbrachter Tat eilte Leßley nach der Stadt, um einem Auflauf zuvorzukommen. Als die Schildwachen am Schloßtor ihn außer Atem daherrennen sahen, feuerten sie in dem Wahne, daß er mit zu den Rebellen gehöre, ihre Flinten auf ihn ab, doch ohne ihn zu treffen. Aber diese Schüsse brachten die Wachen in der Stadt in Bewegung, und Leßleys schnelle Gegenwart war nötig, sie zu beruhigen. Er entdeckte ihnen nunmehr umständlich den ganzen Zusammenhang der Friedländischen Verschwörung und die Maßregeln, die dagegen bereits getroffen worden, das Schicksal der vier Rebellen sowie dasjenige, welches den Anführer selbst erwartete. Als er sie bereitwillig fand, seinem Vorhaben beizutreten, nahm er ihnen aufs neue einen Eid ab, dem Kaiser getreu zu sein und für die gute Sache zu leben und zu sterben. Nun wurden hundert Buttlerische Dragoner von der Burg aus in die Stadt eingelassen, die alle Straßen durchreiten mußten, um die Anhänger des Herzogs im Zaum zu halten und jedem Tumult vorzubeugen. Zugleich besetzte man alle Tore der Stadt Eger und jeden Zugang zum Friedländischen Schlosse, das an den Markt stieß, mit einer zahlreichen und zuverlässigen Mannschaft, daß der Herzog weder entkommen noch Hülfe von außen erhalten konnte.

Bevor man aber zur Ausführung schritt, wurde von den Verschwornen auf der Burg noch eine lange Beratschlagung gehalten, ob man ihn wirklich ermorden oder sich nicht lieber begnügen sollte, ihn gefangen zu nehmen. Besprützt mit Blut und gleichsam auf den Leichen seiner erschlagenen Genossen, schauderten diese wilden Seelen zurück vor der Greueltat, ein so merkwürdiges Leben zu enden. Sie sahen ihn, den Führer in der Schlacht, in seinen glücklichen Tagen, umgeben von seiner siegenden Armee, im vollen Glanz seiner Herrschergröße; und noch einmal ergriff die langgewohnte Furcht ihre zagenden Herzen. Doch bald erstickt die Vorstellung der dringenden Gefahr diese flüchtige Re-

gung. Man erinnert sich der Drohungen, welche Neumann und Illo bei der Tafel ausgestoßen, man sieht die Sachsen und Schweden schon in der Nähe von Eger mit einer furchtbaren Armee und keine Rettung als in dem schleunigen Untergange des Verräters. Es bleibt also bei dem ersten Entschluß, und der schon bereit gehaltene Mörder, Hauptmann Deveroux, ein Irländer, erhält den blutigen Befehl.
Während daß jene drei auf der Burg von Eger sein Schicksal bestimmten, beschäftigte sich Wallenstein in einer Unterredung mit Seni, es in den Sternen zu lesen. ›Die Gefahr ist noch nicht vorüber‹, sagte der Astrolog mit prophetischem Geiste. ›*Sie ist es*‹, sagte der Herzog, der an dem Himmel selbst seinen Willen wollte durchgesetzt haben. ›Aber daß *du* mit nächstem wirst in den Kerker geworfen werden‹, fuhr er mit gleich prophetischem Geiste fort, ›das, Freund Seni, steht in den Sternen geschrieben!‹ Der Astrolog hatte sich beurlaubt, und Wallenstein war zu Bette, als Hauptmann Deveroux mit sechs Hellebardierern vor seiner Wohnung erschien und von der Wache, der es nichts Außerordentliches war, ihn zu einer ungewöhnlichen Zeit bei dem General aus und ein gehen zu sehen, ohne Schwierigkeit eingelassen wurde. Ein Page, der ihm auf der Treppe begegnet und Lärm machen will, wird mit einer Pike durchstochen. In dem Vorzimmer stoßen die Mörder auf einen Kammerdiener, der aus dem Schlafgemach seines Herrn tritt und den Schlüssel zu demselben soeben abgezogen hat. Den Finger auf den Mund legend, bedeutet sie der erschrockne Sklav, keinen Lärm zu machen, weil der Herzog eben eingeschlafen sei. ›Freund‹, ruft Deveroux ihn an, ›jetzt ist es Zeit, zu lärmen.‹ Unter diesen Worten rennt er gegen die verschlossene Türe, die auch von innen verriegelt ist, und sprengt sie mit einem Fußtritte.
Wallenstein war durch den Knall, den eine losgehende Flinte erregte, aus dem ersten Schlaf aufgepocht worden und ans Fenster gesprungen, um der Wache zu rufen. In diesem Augenblick hörte er aus den Fenstern des anstoßenden Gebäudes das Heulen und Wehklagen der Gräfinnen Terzky und Kinsky, die soeben von dem gewaltsamen Tod ihrer Männer benachrichtigt worden. Ehe er Zeit hatte, diesem schrecklichen Vorfalle nachzudenken, stand Deveroux mit seinen Mordgehülfen im Zimmer. Er war noch im bloßen Hemde, wie er aus dem Bette gesprungen war, zunächst an

dem Fenster an einen Tisch gelehnt. ›Bist *du* der Schelm‹, schreit Deveroux ihn an, ›der des Kaisers Volk zu dem Feind überführen und Seiner Majestät die Krone vom Haupte herunterreißen will? Jetzt mußt du sterben.‹ Er hält einige Augenblicke inne, als ob er eine Antwort erwartete; aber Überraschung und Trotz verschließen Wallensteins Mund. Die Arme weit auseinander breitend, empfängt er vorn in der Brust den tödlichen Stoß der Partisane und fällt dahin in seinem Blut, ohne einen Laut auszustoßen.«

Nachruf auf Wallenstein:

»Ferdinand weihte dem Schicksale seines Generals eine Träne und ließ für die Ermordeten zu Wien dreitausend Seelmessen lesen; zugleich aber vergaß er nicht, die Mörder mit goldenen Gnadenketten, Kammerherrnschlüsseln, Dignitäten und Rittergütern zu belohnen.
So endigte Wallenstein in einem Alter von funfzig Jahren sein tatenreiches und außerordentliches Leben; durch Ehrgeiz emporgehoben, durch Ehrsucht gestürzt, bei allen seinen Mängeln noch groß und bewundernswert, unübertrefflich, wenn er Maß gehalten hätte. Die Tugenden des *Herrschers* und *Helden*, Klugheit, Gerechtigkeit, Festigkeit und Mut, ragen in seinem Charakter kolossalisch hervor; aber ihm fehlten die sanftern Tugenden des *Menschen*, die den Helden zieren und dem Herrscher Liebe erwerben. *Furcht* war der Talisman, durch den er wirkte; ausschweifend im Strafen wie im Belohnen, wußte er den Eifer seiner Untergebenen in immerwährender Spannung zu erhalten, und gehorcht zu sein wie er, konnte kein Feldherr in mittlern und neuern Zeiten sich rühmen. Mehr als Tapferkeit galt ihm die Unterwürfigkeit gegen seine Befehle, weil durch jene nur der Soldat, durch diese der Feldherr handelt. Er übte die Folgsamkeit der Truppen durch eigensinnige Verordnungen und belohnte die Willigkeit, ihm zu gehorchen, auch in Kleinigkeiten mit Verschwendung, weil er den *Gehorsam* höher als den *Gegenstand* schätzte. Einsmals ließ er bei Lebensstrafe verbieten, daß in der ganzen Armee keine andre als rote Feldbinden getragen werden sollten. Ein Rittmeister hatte diesen Befehl kaum vernommen, als er seine mit Gold durchwirkte Feldbinde abnahm und mit Füßen trat. Wallenstein, dem man es hinterbrachte, machte ihn auf der

Stelle zum Obersten. Stets war sein Blick auf das Ganze gerichtet, und bei allem Scheine der Willkür verlor er doch nie den Grundsatz der Zweckmäßigkeit aus den Augen. Die Räubereien der Soldaten in Freundes Land hatten geschärfte Verordnungen gegen die Marodeurs veranlaßt, und der Strang war jedem gedroht, den man auf einem Diebstahl betreten würde. Da geschah es, daß Wallenstein selbst einem Soldaten auf dem Felde begegnete, den er ununtersucht als einen Übertreter des Gesetzes ergreifen ließ und mit dem gewöhnlichen Donnerwort, gegen welches keine Einwendung stattfand: ›Laß die Bestie hängen‹ zum Galgen verdammte. Der Soldat beteuert und beweist seine Unschuld – aber die unwiderrufliche Sentenz ist heraus. ›So hänge man dich unschuldig‹, sagte der Unmenschliche, ›desto gewisser wird der Schuldige zittern.‹ Schon macht man die Anstalten, diesen Befehl zu vollziehen, als der Soldat, der sich ohne Rettung verloren sieht, den verzweifelten Entschluß faßt, nicht ohne Rache zu sterben. Wütend fällt er seinen Richter an, wird aber, ehe er seinen Vorsatz ausführen kann, von der überlegenen Anzahl entwaffnet. ›Jetzt laßt ihn laufen‹, sagte der Herzog, ›es wird Schrecken genug erregen.‹ – Seine Freigebigkeit wurde durch unermeßliche Einkünfte unterstützt, welche jährlich auf drei Millionen geschätzt wurden, die ungeheuern Summen nicht gerechnet, die er unter dem Namen von Brandschatzungen zu erpressen wußte. Sein freier Sinn und heller Verstand erhob ihn über die Religionsvorurteile seines Jahrhunderts, und die Jesuiten vergaben es ihm nie, daß er ihr System durchschaute und in dem Papste nichts als einen römischen Bischof sah.

Aber wie schon seit Samuels des Propheten Tagen keiner, der sich mit der Kirche entzweite, ein glückliches Ende nahm, so vermehrte auch Wallenstein die Zahl ihrer Opfer. Durch Mönchsintrigen verlor er zu Regensburg den Kommandostab und zu Eger das Leben; durch mönchische Künste verlor er vielleicht, was mehr war als beides, seinen ehrlichen Namen und seinen guten Ruf vor der Nachwelt. Denn endlich muß man zur Steuer der Gerechtigkeit gestehen, daß es nicht ganz treue Federn sind, die uns die Geschichte dieses außerordentlichen Mannes überliefert haben; daß die Verräterei des Herzogs und sein Entwurf auf die böhmische Krone sich auf keine streng bewiesene Tatsache, bloß auf wahrscheinliche Vermutungen gründen. Noch hat sich das Dokument nicht gefunden, das uns die geheimen Triebfedern seines Handelns mit historischer Zuverlässigkeit aufdeckte, und unter seinen öffentlichen, allgemein beglaubigten Taten ist keine, die nicht endlich aus einer unschuldigen Quelle könnte geflossen sein. Viele seiner getadeltsten Schritte beweisen bloß seine ernstliche Neigung zum Frieden; die meisten andern erklärt und entschuldigt das gerechte Mißtrauen gegen den Kaiser und das verzeihliche Bestreben, seine Wichtigkeit zu behaupten. Zwar zeugt sein Betragen gegen den Kurfürsten von Bayern von einer unedlen Rachsucht und einem unversöhnlichen Geiste; aber keine seiner Taten *berechtigt* uns, ihn der Verräterei für überwiesen zu halten. Wenn endlich Not und Verzweiflung ihn antreiben, das Urteil wirklich zu verdienen, das gegen den Unschuldigen gefällt war, so kann dieses dem Urteil selbst nicht zur Rechtfertigung gereichen; so fiel Wallenstein, nicht weil er Rebell war, sondern er rebellierte, weil er fiel. Ein Unglück für den Lebenden, daß er eine siegende Partei sich zum Feinde gemacht hatte – ein Unglück für den Toten, daß ihn dieser Feind überlebte und seine Geschichte schrieb.«

(SW IV, 470–688)

6. *Wallenstein-Darstellungen nach Schiller*

a. Die Monographie des Historikers Leopold von Ranke

Von den zahlreichen Wallenstein-Darstellungen der Historiker nach Schiller sind vor allem die Biographien von Leopold von Ranke (1795–1886) sowie die Werke unserer Zeitgenossen Hellmut Diwald und Golo Mann zu nennen.
Aus Rankes »Geschichte Wallensteins« (1869) sind im folgenden »die faszinierende Charakteristik Wallensteins im 12. Kapitel« (Diwald) abgedruckt und der Schluß des Buches. Den umfangreicheren Büchern von Hellmut Diwald und Golo Mann (vgl. Literaturverzeichnis) können vergleichbare Auszüge kaum gerecht werden. »Nirgendwo, auf fast 1200 Seiten, habe ich ein Charakterbild Wallensteins gezeichnet. Man tat das ja früher, kapitelweise: ›Soundso als Feldherr‹, ›als Politiker‹, ›als Mensch‹. Nun, der Mensch

war in allem«, sagt Golo Mann[6]. Und weiter: »In der stark überschätzten Frage, ob Wallenstein zum Schluß ein Rebell gegen den Kaiser war, bin ich allerdings der Meinung, daß er es nicht, und seine vielberedete Verschwörung stark überwiegend Mißverständnis, Verleumdung, Nebel und Humbug war.«[7] Ähnlicher Meinung ist auch Diwald. Rudolf Augstein, der sowohl Diwalds als auch Golo Manns Wallenstein-Buch ausführlich rezensiert hat, erhebt in diesem Punkte temperamentvoll Widerspruch.[8]

Ranke schreibt über Wallenstein:

»Er belohnte gern; doch hatte es fast noch mehr Werth, wenn er Einem die Hand auf den Kopf oder die Schulter legte und ihn dann lobte. Wer bei einer rühmlichen Handlung fiel, den ehrte er im Tode; er begleitete ihn bei seiner Beerdigung. Feigheit wurde nicht allein verachtet, sondern bestraft, selbst mit Grausamkeit; auch das Mißlingen, wenn einigermaßen verschuldet, galt als Verbrechen. Wenn er dann zu einer Beförderung schritt, etwa einem gemeinen Soldaten die Stelle eines Hauptmanns verlieh, so nahm er es nicht übel, wofern dieser versäumte ihm persönlich seinen Dank darzubringen: denn er beweise dadurch die Einsicht, daß er seine Bevorzugung nicht der Gunst verdanke, sondern allein dem Verdienst.
Niemand hätte sich weigern dürfen, seine Ehre im Zweikampf zu vertheidigen. Wer das that, wurde aus dem Heere gestoßen. Mancher hat seine Gunst gewonnen, indem er sich einer Strafe widersetzte, die seine Ehre beleidigte, und sich lieber der Gefahr des Todes aussetzte, als der Schmach. Höchst widerwärtig waren ihm Empfehlungen vom Hofe, er hat sie mit Scherz oder auch mit Hohn abgelehnt. Wer sich in allzu schmuckem Aufzug zum Dienst meldete, den hat er wohl an die behäbige Hofhaltung eines Cardinals (Dietrichstein) gewiesen, für welche das passe: im Feldlager würde der Rauch des Geschützes das feine Gesicht verunstalten. Die Anwesenheit der Prinzen von Toscana im Lager ließ er sich gefallen; doch sorgte er dafür, daß sie keinen Einfluß ausübten. Ihren Wunsch sich persönlich

6. Zeitmagazin Nr. 42, 15. Oktober 1971, S. 4.
7. ebd. S. 2.
8. Vgl. Der Spiegel Nr. 42, 25. Jg., 11. Oktober 1971.

hervorzuthun erklärte er für eine Eitelkeit, die sich mit der Subordination nicht vertrage. Man darf behaupten, daß er dem militärischen Prinzip an und für sich, selbst ohne Rücksicht auf den Zweck des Krieges, im Sinne der anderthalb Jahrhunderte, die dann folgten, Bahn gemacht hat, so wie er ihm durch die Einrichtung der Contributionen eine regelmäßige Grundlage schaffte. Er war ein geborener Kriegsfürst.

So lange als er gesund war, liebte Wallenstein mit den Obersten zu speisen: denn nichts verbinde die Gemüther mehr als ein heiteres Gelag. Aber bei aller guten Kameradschaft hielt er den Anspruch der unbedingten Unterordnung fest. Wenn er im Feldlager einherging, wollte er nicht gegrüßt sein; wenn er sich dann in sein Quartier zurückzog, so hielt er drüber, daß Niemand in der Nähe desselben mit Pferden und Hunden erscheinen, mit klirrenden Sporen daher schreiten durfte. Außerhalb des Feldlagers liebte er eine Pracht zu entwickeln, mit der kein Fürst wetteifern konnte. Was hatte er sich in Prag für einen prächtigen Palast erbaut, mit Säulenhallen, geräumigen, hellen, kunstgeschmückten Sälen, dunklen, kühlen Grotten. In seinem Marstall fraßen dreihundert ausgesuchte Pferde aus marmornen Krippen; wenn er ausfuhr, geschah es mit einer langen Reihe zum Theil sechsspänniger Carossen. Vogelhäuser fast im orientalischen Styl, sorgfältig erhaltene Fischteiche fand man in seinen Gärten. Vom Schlosse in Sagan erzählt man, er habe es zu dem achten Wunder der Welt machen wollen. Er hat zugegeben, daß man ihn als Triumphator malte, seinen Wagen von vier prächtigen Sonnenrossen gezogen.

Er war kein Freund von Ceremonien: wie oft unterbrach er lange, von Äußerungen der Unterthänigkeit angeschwellte Anreden deutscher Gesandten; er spottete der tiefen Reverenzen, wie sie damals am Römischen Hofe gäng und gebe wurden; – aber er liebte von Anfang an den Pomp einer prächtigen Umgebung. Seine Pagen, die er gern aus vornehmsten Geschlechtern nahm, erschienen in blauem Sammet, wie mit Roth und Gold auf das prächtigste angethan; so war seine Dienerschaft glänzend ausgestattet; seine Leibwache bestand aus ausgesuchten Leuten von hoher und schöner Gestalt; er wollte besonders seit er Herzog von Mecklenburg geworden war, durch die Äußerlichkeit eines fürstlichen Hofhaltes imponiren. Er lebte mäßig, aber seine Tafel sollte auf das trefflichste bedient sein. Es gehörte zu seinem Ehrgeiz, wenn er sagen konnte, daß einer und der andere seiner Kämmerer in kaiserlichen Diensten gestanden. Niemand bezahlte reichlicher.

Er hatte sich in Italien die Sitte und Art der gebildeten Welt angeeignet. Unter anderem weiß man, wie sehr er die Damen des Hofes zu Berlin, als er einst daselbst erschien, einzunehmen wußte: von den Anmaßungen, die einige seiner Obersten vor sich hertrugen, war bei ihm nicht die Rede.

Aber wehe dem, der ihn in Zorn versetzte. Wie in seiner Jugend, so in seinem Alter war er dann seiner selbst nicht mächtig; er war wie mit Wuth erfüllt und schlug um sich; – man ließ ihn toben, bis es vorüber war. Man bezeichnete seinen Zustand mit dem oberdeutschen Ausdruck: Schiefer; er kannte ihn wohl, und suchte die Anlässe, die ihn hervorriefen, zu vermeiden.

Er liebte die Aufregung des Gesprächs, in welchem sich leidenschaftliche Aufwallungen eines leichterregten Selbstgefühls Luft machten: die fernsten Aussichten erschienen als gefaßte Entwürfe, die momentanen Ausfälle als wohlbedachte Feindseligkeiten. Von denen, die ihn kannten, wurden sie als das, was sie waren, mit dem Worte Boutaden bezeichnet; in die Ferne getragen, machten sie vielen Eindruck.

Jedermann, der in seine Nähe kam, litt von seiner Launenhaftigkeit, seinem zurückstoßenden Wesen, seinem gewaltsamen rücksichtslosen Gebahren. Sein Ruf schwankte zwischen zwei Extremen: daß er das wildeste Unthier sei, welches Böhmen hervorgebracht habe: oder der größte Kriegscapitän, dessen Gleichen die Welt noch nicht gesehen.

Sein Antlitz erscheint, wie es die bestbeglaubigten Bilder darstellen, zugleich männlich und klug; man könnte nicht sagen groß und imposant. Er war mager, von blasser, ins Gelbe fallender Gesichtsfarbe, von kleinen hellen, schlauen Augen. Auf seiner hohen Stirn bemerkte man die Signatur der Gedanken, nicht der Sorgen: starke Linien, keine Runzeln; früh ward er alt: schon in den vierziger Lebensjahren erbleichte sein Haar. Fast immer litt er am Podagra. In den letzten Jahren konnte er nur mit Mühe an seinem spanischen Rohre einherschreiten: bei jedem Schritt sah er um sich.

Aber in ihm lebte ein feuriger Impuls zu unaufhörlicher

Bewegung, Unternehmung, Erwerbung:* durch seinen Gesundheitszustand nicht allein nicht erstickt, sondern eher angereizt, der ehrgeizige Trieb, sich nach allen Seiten geltend zu machen, seine Macht und die Bedeutung seines Hauses zu gründen, und die alten Feinde zu seinen Füßen zu sehen.

Es gab nichts, was ihm so sehr im Wege stand, als der geistliche Einfluß und die Prätensionen des hohen Clerus.

Wie Wallenstein die Soldaten liebte, so haßte er die verweltlichten Priester. Er hatte nichts dagegen, wenn etwa mit einem Klostergeistlichen, der in der Armee mitzog, nach Kriegsgebrauch verfahren wurde: ›denn wäre er in seinem Kloster geblieben, so würde es ihm nicht geschehen sein‹. Von Vergabungen zu Gunsten der Geistlichen wollte er gar nichts hören: denn dadurch entziehe man nur den Soldaten das, was ihnen zukomme. Er scherzte wohl über das Wohlleben der großen Kirchenmänner: wie glücklich seien sie, daß sie die Kabbala gefunden, Fleisch und Geist, die sonst einander bestreiten, zu vereinigen. Höchst verächtlich waren ihm die Beamten, die sich zum Dienst derselben hergaben; Männer wie Slawata und Martiniz erklärte er von allen Creaturen, die es gebe, zweibeinigen und vierbeinigen, für die bösesten. Jesuiten wollte er in seinem Feldlager nicht dulden; dagegen gestattete er den Protestanten, von denen es voll war, ohne Scrupel freie Religionsübung und die Predigt; man hörte ihn sagen, Gewissensfreiheit sei das Privilegium der Deutschen.

Seine Bizarrerien, die vielmehr dazu dienten bei der Menge Eindruck zu machen, und die astrologischen Berechnungen der Geschicke für sich selbst und seine Freunde – er liebte es auch deren Nativität kennen zu lernen – hinderten ihn nicht, Umstände und Dinge wie sie vorlagen zu erkennen; das Phantastische war in ihm mit praktischer Geschicklichkeit gepaart. Er war verschwenderisch und unbesonnen, aber doch auch ökonomisch und umsichtig. In seiner Politik verfolgte er hochfliegende egoistische Pläne; aber zugleich hegte er Absichten, die zu einem bestimmten, erreichbaren Ziele zusammenwirkten. Er war dadurch emporgekommen, daß er immer den eigenen Inspirationen folgte, die er immer

* Recht gut sind die Worte in Khevenhillers Conterfet: ein nach- und tiefsinniger, nimmer ruhender, freigebiger, anschlägiger, großmüthiger Herr, doch harter und rauher Condition.

zur Geltung zu bringen vermochte. Er erklärte es für unmöglich seinen Geist so weit zu bezwingen, daß er einem fremden Gebot gehorche.
Damals konnte es ihm scheinen, als ob er die Zukunft der Welt in seinem Kopfe trage.
Welch ein großartiges Unternehmen, in dem er begriffen war: den verderblichen Krieg in Deutschland zu beendigen; den Religionsfrieden mit Beseitigung alles dessen, was ihn gestört hatte, in voller Wirksamkeit wiederherzustellen; die Integrität des Reiches zu erhalten. Damit war sein Vorhaben, für sich selbst eine Churwürde, die das Gleichgewicht der Parteien bilden sollte, zu erwerben, ununterscheidbar verbunden. So tief aber griff das alles in die Verhältnisse der deutschen Fürsten selbst und zugleich der europäischen Mächte ein, daß man nur mit der größten Vorsicht, Schritt für Schritt, damit vorwärts kommen konnte. Welch ein Vorhaben, die Macht der Churfürsten mit der kaiserlichen zu vereinigen, und doch ihre Unabhängigkeit zu sichern; das Reich von den Schweden zu befreien und sie doch auch nicht vor der Zeit zu offener Feindseligkeit zu reizen; die Protestanten und die Katholiken zugleich zu befriedigen. Wallenstein konnte keine allgemeine Sympathie für sich aufrufen; denn die Gedanken, die er verfolgte, waren mit nichten populär: sie waren zugleich mit egoistischen Absichten durchdrungen; – überdies aber herrschte allenthalben ein Glaubenseifer vor, von dem er absah. Nur in einsamer Erwägung aller Umstände, wie sie im Augenblick lagen, oder vielmehr im zusammenfassenden Gefühl derselben reiften seine Entschlüsse. Mit den Generalen konnte er darüber nicht zu Rathe gehen; sie hatten nur die Befehle auszuführen, deren Zusammenhang sie nicht kannten. Man beklagte sich bei Hofe, daß er so wenig schreibe; aber wie hätte er seine Gedanken eröffnen, oder wenn er schrieb, sie so einkleiden können, daß sie keinen Anstoß gaben? Für ihn war Zögern, und dann ein plötzliches Losbrechen oder auch rasches Vorwärtsgehen und nach Befinden ein unerwartetes Innehalten ein Gebot des Bestehens.
Da mußte er nun erleben, daß an dem Hofe, unter dessen Autorität er commandirte, doch wieder eine Gegenwirkung eintrat, deren Tragweite ihm nicht verborgen sein konnte; er hatte ihre Wirkung schon einmal erfahren. Sollte er sich derselben wieder aussetzen? [. . .]

In der Reihe der großen Generale, die nach Selbständigkeit getrachtet haben, steht Wallenstein in der Mitte zwischen Essex in England, Biron in Frankreich auf der einen, Cromwell auf der andern Seite, auf dessen Spuren sich später der gewaltige Corse bewegte, dessen noch weit umfassendere Erfolge ihn in den Stand setzten, ein neues Kaiserthum zu gründen. Was ist der Unterschied zwischen ihnen? Warum gelang es den Einen und ist es den Anderen mißlungen? Essex, welcher der Königin Elisabeth von England eine andere Politik aufzwingen wollte, als welche ihr Geheimerath und sie selbst beliebten; Biron, der sich in Verabredungen mit den Feinden seines Königs einließ; Wallenstein, der erst das Eine sehr entschieden und mit einer gewissen Berechtigung, und darauf das Andere wiewohl nur schwach versuchte, – hatten mit geborenen Fürsten zu kämpfen, deren Autorität seit Jahrhunderten fest begründet und mit allen andern nationalen Institutionen verbunden war. Sie erlagen ihr. Cromwell und Napoleon dagegen fanden die legitime Autorität, als sie es unternahmen sich unabhängig zu machen, bereits gestürzt. Sie hatten mit republikanischen Gewalten zu kämpfen, welche noch keine Wurzeln geschlagen hatten und nur eine bürgerliche Macht besaßen, die dann dem Führer der Truppen gegenüber, sobald sie sich entzweiten, keinen Widerstand leisten konnten. Weiter fortgehend wird man fragen, warum nun doch das Protektorat mit dem Tode des Protektors verging, aus den Ruinen des gestürzten Kaiserthums aber in unseren Tagen ein neues, das als die Fortsetzung des ersten auftritt, sich erheben konnte. Der vornehmste Grund liegt darin, daß Cromwell die socialen Verhältnisse, wie sie einmal gebildet waren, erhalten vorfand und eher in Schutz nahm als umzustürzen suchte, so daß sie nach seinem Abgang eine ihnen analoge Regierung nothwendig machten. Dagegen fand Napoleon eine sociale Revolution in den größten Dimensionen durchgeführt vor; er brauchte sie nur zu consolidiren und mit seiner militärischen Gewalt zu durchdringen, um ein neues Imperium aufzurichten.«

(Ranke: Geschichte Wallensteins. Leipzig: Duncker & Humblot [3]1872. S. 237–241, 313 f.)

b. Dichterische Darstellungen

Der Wallenstein-Stoff ist auch nach Schillers »Geschichte des Dreißigjährigen Kriegs« und der »Wallenstein«-Trilogie vielfach dramatisch, musikalisch und episch gestaltet worden. Doch die meisten der Wallenstein-Behandlungen sind wegen ihrer geringen Bedeutung in Vergessenheit geraten.

Dramatische Behandlungen:

W. Meinhold: Wallenstein in Stralsund. (1846)
F. de la Motte Fouqué: Der Pappenheimer Kürassier. Szenen aus der Zeit des dreißigjährigen Krieges. (1842)
O. Ludwig: Leben und Tod Albrechts von Waldstein. Tragische Historie in fünf Aufzügen. Entwurf. (1861–65)
J. Schmal: Wallenstein vor Schwalbach. (1886)
F. Dittmar: Wallenstein in Altdorf. (1894)
A. Strindberg: Gustav Adolf. Schauspiel in fünf Akten. (1900)
F. Langer: Der Obrist. (1923)
P. Gurk: Wallenstein und Ferdinand II. (1927)
G. Schmückle: Dämonen über uns. (1934)

Musikalische Behandlungen:

Adelburg: Wallenstein. Oper nach Schillers ›Wallenstein‹. (1860)
Smetana: Wallenstein. Symphonisches Tongemälde von Jos. Rheinberger. (1866)
Musone: Wallenstein. Oper nach Schillers Tragödie. (1873)
Denza: Wallenstein. Oper. (1876)
Ruiz: Wallenstein. Oper nach Schillers gleichnamigem Trauerspiel bearbeitet von Panzacchi und Lanzières. (1877)
Conca: Wallenstein. Oper. (1881)
Schmidt: Die Wallenstein-Trilogie. Symphonisches Tongemälde. (1885)

Epische Behandlungen:

K. Herloßsohn: Wallensteins erste Liebe (1844); Die Tochter des Piccolomini (1846); Die Mörder Wallensteins (1847)
J. v. Wickede: Herzog Wallenstein in Mecklenburg. (1865)
R. Huch: Der große Krieg in Deutschland. (1912–14)
W. Flex: Wallensteins Antlitz. (1918)

A. Döblin: Wallenstein. (1920)
J. Durych: Bloudění. Větší valdštejnská trilogie. (1929/30)
J. Zerzer: Das Bild des Geharnischten. (1934)
G. Bohlmann: Wallenstein ringt um das Reich. (1937)
F. Schreyvogl: Der Friedländer. (1943)

Von den epischen Wallenstein-Darstellungen des 20. Jahrhunderts verdienen die Arbeiten von Ricarda Huch, Alfred Döblin und Jaroslav Durych besondere Erwähnung;[9] Friedrich Schreyvogls »Friedländer« ist die vorläufig letzte dichterische Behandlung des Stoffes.

Ricarda Huchs (1864–1947) umfänglicher Roman »Der große Krieg in Deutschland« ist in drei Teilen erzählt:[10]

»Das Vorspiel. 1585 bis 1620« endet mit der Exekution von dreiundvierzig böhmischen Adligen, die nach der Schlacht am Weißen Berge bei Prag (8. November 1620) des Hochverrats an Kaiser Ferdinand angeklagt sind und deren Güter der Kaiser gern und eilig einzieht. »Den größten Gewinn«, schließt dieser Teil, »trug Albrecht von Wallenstein davon, der, weil er eine geringe Meinung von den evangelischen Herren und ihren Aussichten hatte, dem Kaiser treu geblieben war« (S. 300). Der zweite Teil, »Der Ausbruch des Feuers. 1620 bis 1632«, endet mit Gustav Adolfs Tod in der Schlacht bei Lützen (16. November 1632).
Über Wallensteins Untergang wird am Anfang des dritten Teils, »Der Zusammenbruch. 1633 bis 1650«, berichtet. Der Leser erfährt dort sehr wenig von der Dramatik der Vorgänge in Pilsen und Eger. Denn die Erzählerin bedient sich über weite Strecken der distanzierenden indirekten Rede und wendet sich häufiger dem Unbedeutenden als dem Bedeutsamen zu.
Der Pilsner Revers wird nur beiläufig erwähnt; an die betrügerisch unterschlagene Klausel erinnert nur den un-

9. Vgl. hierzu Paul Robert Wallenstein, Die dichterische Gestaltung der historischen Persönlichkeit, gezeigt an der Wallensteinfigur. Ein Versuch zur Beleuchtung der Problematik von Dichtung und Geschichte unter dem Gesichtspunkt der Wertbegegnung. Würzburg: Triltsch 1934. Das Wallensteinbild Schillers, S. 50–62; das Wallensteinbild Ricarda Huchs, S. 62–68; das Wallensteinbild Alfred Döblins, S. 69–75.
10. Ricarda Huch, Der große Krieg in Deutschland. Roman (1912–14; u. d. T. Der dreißigjährige Krieg, 1937). In: R. H., Gesammelte Werke. Hrsg. von Wilhelm Emrich. Köln: Kiepenheuer & Witsch 1967. Bd. 3.

terrichteten Leser ein Wort von Gallas. Statt dessen hört man auf Nebenschauplätzen gleich zweifach von dem kaiserlichen Patent über Wallensteins Entfernung vom Kommando. Auch in der Hauptsache weicht die Erzählung auf eine Nebenepisode aus. Der Mord an Wallenstein wird ausgespart. Der Leser erfährt davon post festum zusammen mit dem ahnungslos überrumpelten Gesandten Herzog Franz Albrecht von Sachsen-Lauenburg:

»Nach einer halben Stunde tauchten die braunen Mauern von Eger auf, tief in den zartblauen Himmel schneidend. Soeben kam der Leutnant an die Kutsche geritten und fragte munter, wie es Franz Albrecht vorkommen würde, wenn er ihn in Kaisers Namen gefangennähme?
Der Lauenburger verwies ihm den ungebührlichen Scherz und fragte, wie der Herzog von Friedland sich befinde?
›Sehr wohl‹, lachte der Leutnant, ›er ist gestern nacht ermordet worden und liegt kalt wie eine Kröte auf der Burg‹« (S. 867).

In Ricarda Huchs historischem Kolossalgemälde vom großen Krieg verbindet die Angst vor dem schicksalhaften Unglück die großen und die kleinen Geister. Vielleicht hat der Roman gerade deswegen am Vorabend des Ersten Weltkrieges soviel Beachtung gefunden.

Für Alfred Döblin (1878–1957) ist die Geschichte kein vernünftiger Prozeß, sondern ein absurdes, unerklärbares Geschehen, das alle Vorstellungskraft des Menschen übersteigt. Darum vermittelt Döblin dem Leser seines Wallenstein-Romans den Eindruck chaotischer Undurchsichtigkeit, indem er in sechs Büchern eine Unmenge historischen Materials der Jahre 1620 bis 1634 in einer atemlosen Folge gleichwertiger Szenen ohne historisch reflektierenden Erzähler aufeinanderfolgen läßt.
Die Begleitumstände der Haupt- und Staatsaktion erscheinen dabei in grellem Licht, während die politischen Ereignisse nur beiläufig erzählt werden.
Im Zentrum steht nicht eigentlich Wallenstein, der im Bild des Drachens (wie seine Generale) zur Bestie und zum Untier gesteigert erscheint, sondern sein überlegener Gegenspieler Ferdinand II., die Verkörperung eines religiösen Ideals.

Als Textprobe der stilistisch vom Expressionismus beeinflußten Darstellung seien hier die Mordszenen von Eger wiedergegeben:

»Der gedungene Oberst Butler war des Wartens schon lange überdrüssig. Als der Einfluß des Herzogs auf sein eigenes Regiment sichtbar zu werden begann, als Trzka frohlockte, Bernhard von Weimar rücke von Süden an, Arnim von Norden, das ehemalige friedländische Heer sei noch in voller Unordnung, sie würden ein leichtes Schlachten haben, kam Butler mit Slawata überein, augenblicklich in dieser Nacht die Exekution vorzunehmen und den Herzog samt seinen Begleitern vom Leben zum verdienten Tode zu befördern. Der Kommandant Egers mußte eingeweiht werden, weil man vor Beginn der Nacht ein paar Dutzend zuverlässige Dragoner, die draußen im Freien kampierten, einlassen wollte. Man konnte diesen Mann, der entsetzt war, einen Obristleutnant Trzkas, nicht gewinnen; er war nur bereit, diese Nacht das Kommando an Butler selbst abzugeben. Aber sie konnten sich damit nicht abfinden; der Kommandant mußte seine Wohnung in der Zitadelle zu einem Bankett hergeben, mußte dem Bankett vorsitzen.
Es war des feinen Grafen Slawata letzte Bewegung in dieser Sache. Sie ließ ihn, wie sie vor der Vollendung stand, los. Eine Schlaffheit befiel ihn, er ging in Unruhe durch die Gassen; Ratlosigkeit, Mißtrauen höhlte ihn aus. Vor einem verendenden Pferde stand er neben dem Karren des Schinders; übel lief es ihm im Mund zusammen. Er bewegte sich zitternd fort. Aus der Stadt weg verlangte ihn. Vor dem Pachhelbelschen Haus strich er; ob er mit Kinsky sprechen sollte; worüber? An den Vorbereitungen zum Bankett nahm er nicht teil.
Die friedländischen Vertrauten gaben sich nach den schweren Erregungen der Tage gern zu einem Fest her, in dieser düsteren Stadt, vor der ihnen schauderte. Sie tauten auf, der gewalttätige Ilow, der blonde Graf Trzka, Kinsky mit der unglücklichen Miene, der schmächtige trotzstarke Rittmeister Neumann, unter der munter zusprechenden Gesellschaft. Sie tranken und tranken; das herrliche Bankett im Pilsener Lager erstand vor ihren Augen. Schon angetrunken, in himmlischer Stimmung gingen sie zur Durchsicht eben abgegebener Depeschen in ein Nebenzimmer, ließen sich das Konfekt

nachtragen. Da folgten ihnen auf ein Zeichen irländische und italienische Hauptleute und Oberstwachtmeister, voran ein gewisser Deveroux, gegen den ein Haftbefehl wegen Erpressung und gemeiner Notzucht vom Herzog vorlag, mit Piken, gezückten Degen und Pistolen in das abseits gelegene Zimmer, stießen, sich anfeuernd, das Gebrüll: ›Es lebe Ferdinand!‹ ›Wer ist gut kaiserlich?‹ ›Viva la casa d'Austria!‹ beim Eintritt in das Zimmer aus.
Das Zimmer hatte nur eine Kerze, vor der die vier Herren lasen. Der Kommandant nahm die Kerze vom Tisch; wie Kinsky, der heulend auf die Knie sank, zwischen Hals und Kragen durchbohrt sich lang ausstreckte, stürzte dem zitternden Kommandanten die Kerze aus der Hand. In einer Zimmerecke wurden Ilow und Trzka, die rasend mit bloßen Armen schlugen, da sie im Gedränge nicht an ihre Degen herankamen, durch Schläge der Piken, zahllose Degenstöße im Finstern niedergemacht; sie wurden so zerdrückt, daß man sie kaum an Armen und Beinen aufheben konnte, als man sie zum Fenster hinaus auf den Hof werfen wollte. Der Rittmeister Neumann entwischte im Dunkeln aus dem Raum, auf dem Gang zum Bankettsaal lief er in die vorgehaltenen Partisanen der Posten.
Deveroux, rasselnd mit dem metallbeschlagenen Mantel, torkelte unter Gebrüll und Gejubel mit einigen Dragonern durch die mondhellen Gassen von der Zitadelle in die Stadt, auf den Markt. Er schlug in seiner Betrunkenheit mit seinem Degen Funken aus den Steinen vor Wallensteins Haus, schmähte laut den Herzog, lachte, bis Butler ihn tief erschrocken hereinzog. Die Wache an der fackelhellen Treppe zu Friedlands Zimmer wollte der lauten Gesellschaft den Weg versperren; sie warfen den Posten die Stufen herunter. Grölten, schoben sich gedankenlos von Stufe zu Stufe.
Da kreischte hinten einer, krachte die Treppe herunter, das Geländer schwankte. Sie sahen sich vorne um. Ein schmächtiger rasender Mann drängte sich, einen Dolch schwingend, durch sie herauf, zischte. Sie wichen verblüfft seitlich. Oben schlug er Deveroux, der die Arme in den Hüften aufgestemmt sich über das Geländer bückte, mit den Fäusten und dem Dolchknauf ins Gesicht. Lief, wie der stöhnend den Kopf beiseite wandte, vor ihm in den Gang zur Kammer des Herzogs.
Ein Kammerdiener stand da mit einer Kerze, der eben dem

Herzog auf einer goldenen Platte eine Arzenei in Bier bringen wollte. An der Tür der Kammer schrie der leichenblasse Mensch mit dem Dolch – seine schmutzige Kappe fiel hinter ihn, die langen blonden Locken hingen ihm strähnig wild über die Augen – nach dem Oberst. Verzweifelt kreischte er: ›Weg! Weg hier! Wo ist Butler!‹ Heulend, mit schnarrenden Zähnen bibbernd lag Slawata unten im engen Gang auf den Knien, streckte bettelnd den Arm nach ihnen aus. Sie hatten die Wämser zerrissen, die Stiefelschäfte herabgetreten, die Hosen von Wein und stürzenden Speisen und Fisch besudelt; die blutbeschmierten Gesichter streckten sich vor. Sein Mund öffnete sich weit, im Schuß stürzte Erbrochenes heraus. Er stöhnte: ›Holt den Oberst. Geht eurer Wege.‹ Als sie über die Lache traten, tastete er sich hoch. Er wimmerte, raste in Haß und Entsetzen. Seine Stimme überschlug sich, er schwang schützend vor der antrampelnden Horde rechts und links seinen Dolch. Hinter ihm wurde die Tür geöffnet. Er stürzte nach rückwärts lang vor die Kammer, von einem entsetzlichen Partisanenhieb quer über den Kopf zertrümmert.

Dem Herzog, der im weißen Schlafhemd mit ausgespannten Armen neben Slawatas zuckendem Körper stand, riß die Partisane die halbe Brust auf.

Die Worte: ›Schelm, du mußt sterben!‹ tönten in der verwüsteten Schlafkammer noch von den Tosenden, als er schon längst ausgeblutet war. Butler trat mit Peitsche und Pistole unter sie und jagte sie aus dem Zimmer.

Von der verschneiten Zitadelle wurden Knechte befohlen, die Friedlands Kanzlei besetzten. Sie ergriffen einige höfische Begleiter in den Betten. Der Astrolog Zeno wurde aus seiner Stube geführt; er war im Begriff, den Zeitpunkt einer neuen Aktion zu bestimmen; man zog ihm viertausend Kronen aus dem Beutel, die Friedland für Berechnungen vorausgezahlt hatte.

In vorgerückter Nacht sprengte man die Tür zur Stallung eines Privatmanns. Die Kutsche wurde auf die Gasse gerollt. Soldaten spannten sich vor. Der tote Friedland war in den roten bluttriefenden Fußteppich seines Zimmers eingeschlagen. Holterpolter zerrten drei Mann ihn die Treppe herunter, zur Haustür heraus. Ließen ihn beim Mondenlicht rasseln über die Steine, den dünnen Schnee, die Frost-

schalen der Wassertümpel. Quer lag er im Wagen; der Teppich hing zu beiden Seiten heraus.
Sie konnten an ihm tun, was sie wollten. Das war nicht mehr Wallenstein.
Ein gurgelnder Blutstrom war aus dem klaffenden Loch an seiner Brust hervorgestoßen, wie von Dampf brodelnd.
Mit ihm war er davon.
Wieder eingeschlürft von den dunklen Gewalten. War schon aufgerichtet, getrocknet, gereinigt, gewärmt. Sie hielten ihn murmelnd, die starblinden Augen zuckend, an sich.«

(Döblin: Ausgewählte Werke in Einzelbänden in Verbindung mit den Söhnen des Dichters hrsg. von Walter Muschg. Bd. [10] Wallenstein Olten u. Freiburg i. Br.: Walter 1965. S. 718 bis 720.)

Die im Jahre 1929 erschienene Wallenstein-Trilogie des Tschechen Jaroslav Durych (1886–1962) schildert unter dem Titel »Bloudění« (Irrwege) die Zeit von 1620 bis 1634 aus streng katholischer Sicht (1933 wurde sie unter dem Titel »Friedland« von M. Hartmann-Wagner ins Deutsche übersetzt). Wie Sir Walter Scott in seinen historischen Romanen sieht Durych davon ab, den geschichtlichen Helden in den Mittelpunkt seiner Erzählung zu stellen. Er wählt statt dessen zwei unhistorische Nebenfiguren: den tschechischen Ketzer Jiří (Georg) und dessen Geliebte, die spanische Katholikin Andělka (Angelika). Nach A. Novák versinnbildlichen Jiří und Andělka, die beide im Dienst der Familie Wallenstein stehen, das tragische Verhältnis zwischen dem unterliegenden böhmischen Protestantismus und der siegreichen katholischen Gegenreformation. Die Liebenden finden erst zusammen, nachdem Jiří auf seinem Irrweg umkehrt und sich wieder zum katholischen Glauben bekennt. Der religiöse Glaube, der politische Zweck und die kreative Leidenschaft ziehen sich leitmotivisch durch die 24 Kapitel des wohlkomponierten Buches. (Nach Kindlers Literatur Lexikon. Begr. von Wolfgang von Einsiedel. Zwölfbändige Sonderausgabe. Darmstadt 1971. Bd. 2. S. 1554.)
Friedrich Schreyvogls (1899–1976) Buch schildert in neun Kapiteln die Zeit von der Entsetzung Gradiscas im Friauler Krieg (1617) bis zu Wallensteins Tod.[11] Die Dar

11. Friedrich Schreyvogl, Der Friedländer. Ein Wallenstein-Roman Salzburg u. Stuttgart: Verlag Das Berglandbuch ⁴1959.

stellung, die nicht in allen Einzelheiten den gesicherten Tatsachen folgt, sondern frei zu deuten versucht und dabei gelegentlich mystifiziert, legt einen besonderen Schwerpunkt auf das Problem der Zeit. Wallenstein fragt, was zu seinem wahren Glücke fehle: »Kepler seufzte: ›Was uns allen fehlt, die in das Tagwerk Gottes sehen: Zeit, Fürstliche Gnaden!‹ Er hob sich aus seinem Stuhl: ›Zeit! Zeit!‹ Dann sah er sich erschrocken um, als hätte ein anderer das Wort hinausgeschrien. ›Ich weiß nicht, ob Gott auch wirklich die Eigenschaften hat, die alle Priester an ihm preisen. Aber die eine hat er gewiß, die ihn zum erhabenen Herrn der Welten macht. Er hat die Zeit! Ja, er ist die Zeit selbst. Wir aber sind nur ihre welkenden Geschöpfe‹« (S. 195).

In der Mordnacht sieht Wallenstein ein, was ihm gefehlt hat: »Zeit zur eigenen Vollendung.«

»Er wollte nicht mehr schlafen. Das erstemal fühlte er im Innersten, was Zeit war. Hatte er nicht so viel Macht über die Menschen gewonnen, weil er sie, die Zeit, nie gefürchtet hatte? Er hatte warten können, als trüge ihn der Strom, in dem alle anderen ertranken. Aber nun wußte er, wie er es künftig besser zu halten hatte. Die Zeit wollte er lieben, nur die Zeit. Jeden Augenblick wollte er bewahren, um etwas aus ihm zu ernten. Ob er dann freilich noch das große Spiel gewinnen konnte?

Es war ihm nicht mehr wichtig. Mochten es nur endlich die anderen aufgeben, etwas von ihm zu erwarten und immer auf neue Art mit ihm zu rechnen! Er gab ihnen gelassen ab, was sie forderten. Er zahlte einen hohen Preis, den höchsten, den er früher niemals hätte bieten können. Seine ganze Macht gab er ihnen. Er wollte nichts mehr dafür haben als Zeit« (S. 376).

Als ihm sein Mörder gegenübertritt, heißt es: »Es war noch zu früh zum Gericht. Zeit brauchte er. Zeit, um zu zeigen, wie er in Wahrheit war!« (S. 379).

Posthum wird dieses Verlangen erfüllt. Maximiliane Gräfin Tertschka findet noch in derselben Nacht einen Blumengruß ihres Schwagers aus Gitschin: »Sie schrie auf vor Entzücken. Unter der schützenden Kuppel des Erdziegels wuchsen aus einem zweiten Stück Rasen Schneeglöckchen, Hiesel hatte sie wohl im Glashaus gezogen. Der Herzog hatte ihr damit zeigen wollen, daß der Mensch, wenn er nur die rechte

Liebe daran wendet, auch die Zeit zu überwinden vermag« (S. 381).
Gräfin Kinskys Schreckensnachricht von den Morden an ihren Gatten läßt die verwirrte Gräfin Tertschka vergleichsweise kühl: »Im Geist Maximilianens ging etwas Merkwürdiges vor. Sie fühlte es; ein Haus brach über ihr zusammen, und sie hatte keine Hoffnung mehr, zu entkommen. Was nützte es ihr da, wenn sie die Mauer anfaßte, die um sie stürzte? [...]
›Ich muß Wallenstein die Blumen bringen‹, sagte sie dann und ging mit kleinen, spitzen Schritten an der Gräfin vorbei. [...] Im Hinabschreiten hörte Maximiliane noch, wie die Gräfin Kinsky zu Boden schlug. Die Besinnung hatte sie verlassen« (S. 383 f.).
Maximiliane kommt dazu, wie Wallensteins Leiche im roten Teppich auf einen Gemüsekarren gelegt wird.
»Sie legte die Schneeglöckchen neben das Haupt des Toten. Das Mondlicht warf seinen Traumglanz über das seltsame Bild. Es war, als ruhe Wallenstein in dunklem Purpur, nur die weißen, kleinen Köpfe der Schneeglöckchen schwankten neben dem Schlaf eines Königs. [...]
Maximiliane sah dem Wagen nach, bis er um die Ecke drehte, dann fiel sie mit einem tiefen Seufzer um« (S. 384).
Buttlers Beichtvater Taaffe resümiert: »Der Tod macht den, den er fällt, größer als er je im Leben war. Es ist die geheimste Rechnung der Welt: wer sein Leben verliert, kann damit seine Ewigkeit gewinnen« (S. 387).
Und Diodati, der die Rechtfertigung für den Wiener Hof schreiben soll, ahnt: »Wallenstein löschte man nicht mehr aus der Zeit, den toten noch weniger als den lebendigen« (S. 387).

IV. Dokumente zur Entstehungsgeschichte

Die Entstehung des »Wallenstein« ist vor allem durch Schillers Briefwechsel mit Körner, Humboldt, Goethe, mit dem Verleger Cotta und Theaterdirektoren wie Iffland und Kotzebue dokumentiert.

1. Beginn der Arbeit

Schillers Idee zu einer Wallenstein-Dichtung entsprang der Arbeit an der »Geschichte des Dreißigjährigen Kriegs«. Gelegentliche Andeutungen darüber liegen in seinen Briefen seit Januar 1791 vor:

Da heißt es bald, daß ihm »die Feder nach dem Wallenstein« jucke (25. 5. 92), bald, daß er zweifelt, »ob der Wallenstein sogleich daran kommen wird« (21. 9. 92). Dann, im Jahre 1793, gerät der Plan über das Studium der »Kritik der Urteilskraft« von Kant und die Arbeit an den Briefen »Über die ästhetische Erziehung des Menschen« scheinbar lange in Vergessenheit. Im März des folgenden Jahres erst hört man wieder über den Plan: »Nach und nach reift dieser doch zu seiner Vollendung heran, und ist nur der Plan fertig, so ist mir nicht bange, daß er in 3 Wochen ausgeführt seyn wird« (17. 3. 94). Solche Fehleinschätzungen sollten für Schillers Äußerungen über die Arbeit am »Wallenstein« kennzeichnend werden. Schon bald mußte Schiller bekennen: »Vor dieser Arbeit ist mir ordentlich angst und bange« (4. 9. 94), denn »ein Machwerk wie der Carlos« ekelt ihn nun an, und der »Wallenstein« müßte ganz anders werden. Ein anderer Plan, der zu einem Malteser-Drama, drängt sich vor, denn »dieses Stück ist noch einmal so leicht als Wallenstein« (20. 9. 94). Nach dieser Bemerkung, die auch später wieder fällt, wenn die Arbeit am »Wallenstein« stockt, bleibt der Plan zum »Wallenstein« gut anderthalb Jahre liegen, bis in einem Gespräch mit Goethe am 16. März 1796 die endgültige Entscheidung fällt und die eigentliche Arbeit am »Wallenstein« beginnt.

Wie bereits dieser Anfang der Entstehungsgeschichte vermuten läßt, geben die Briefe ein bewegtes Bild von Schillers wechselnden Plänen, Hoffnungen, Anstrengungen, Zweifeln und Rückschlägen durch neue Einsichten oder häufige Erkrankungen während der Arbeit. Doch diese menschliche Seite der Entstehungsgeschichte, die für die Biographie wichtiger ist als für das Werk, soll hier nicht weiter verfolgt werden. Der interessierte Leser sei in diesem Punkt auf die Briefe selbst verwiesen oder auf Thomas Manns kurze Erzählung »Schwere Stunde«, in der Schillers Ringen dichterisch dargestellt ist.[1] Auch die objektive Chronologie der Entstehung, soweit sie sich aus den Zeugnissen erschließen läßt, soll hier nicht wiederholt werden. Man findet sie knapp zusammengefaßt im achten Bande der Nationalausgabe (S. 399–407). Wichtige Bemerkungen über die Entstehung einzelner Szenen und Motive sind in die Wort- und Sacherklärungen eingegangen. Der Schwerpunkt der folgenden Briefzeugnisse liegt auf der dramaturgischen Entwicklung während Schillers Arbeit am »Wallenstein«.[2]

2. *Die Kritik am »Don Carlos«*

Den Beginn der neuen Schaffensperiode kennzeichnet zunächst die Kritik an den vorausgegangenen Dramen. Vor allem den Freunden dieser Dramen möchte Schiller seine Wandlung anzeigen. Er nennt Körner gegenüber den »Carlos« ein »Machwerk«, das ihn ekelt, und er versichert dem Freund mit Bezug auf den »Wallenstein«: »Von meiner alten Art und Kunst kann ich freilich wenig dabei brauchen« (21. 3. 96).
An Wilhelm von Humboldt geht der erste Brief, aus dem man eine Begründung dieser Kritik und erste Einzelheiten von dem »Keime zu einem höhern und ächteren dramatischen Interesse« erfährt. Schiller schreibt am 21. März 1796:

1. Thomas Mann, Gesammelte Werke in zwölf Bänden. [Frankfurt a. M.]: S. Fischer 1960. Bd. 8 Erzählungen. S. 371–379.
2. Vgl. auch die Ausführungen zur Entstehungsgeschichte von: Helmut Koopmann, Friedrich Schiller. Bd. 2 1794–1805. Stuttgart: Metzler 1966. S. 32 ff. – Gerhard Storz in: Friedrich Schiller, Wallensteins Lager. Die Piccolomini. Wallensteins Tod. [Reinbek:] Rowohlt 1969. S. 271 ff. – Reinhard Buchwald, »Schiller zwischen ›Don Carlos‹ und ›Wallenstein‹« und »Schaffensstufen und Einheit der Wallenstein-Dramen«. In: R. B., Das Vermächtnis der deutschen Klassiker. Frankfurt a. M.: Insel-Verlag 1962. S. 193–213 u. S. 242–265. – Die meisten Interpreten befassen sich auch mit der Entstehungsgeschichte des Werks; vgl. Kap. V, 6.

»Vordem legte ich das ganze Gewicht in die Mehrheit des Einzelnen; jetzt wird Alles auf die Totalität berechnet, und ich werde mich bemühen, denselben Reichtum im Einzelnen mit eben so vielem Aufwand von Kunst zu verstecken, als ich sonst angewandt, ihn zu zeigen, und das Einzelne recht vordringen zu lassen. Wenn ich es auch anders wollte, so erlaubte es mir die Natur der Sache nicht, denn Wallenstein ist ein Character, der – als ächt realistisch – nur im Ganzen, aber nie im Einzelnen interessieren kann.
Ich habe bey dieser Gelegenheit einige äuserst treffende Bestätigungen meiner Ideen über den Realism und Idealism bekommen, die mich zugleich in dieser dichterischen Composition glücklich leiten werden. Was ich in meinem letzten Aufsatz über den Realism gesagt, ist von Wallenstein im höchsten Grade wahr. Er hat nichts Edles, er erscheint in keinem einzelnen LebensAkt groß; er hat wenig Würde u. dgl., ich hoffe aber nichtsdestoweniger auf rein realistischem Wege einen dramatisch großen Character in ihm aufzustellen, der ein ächtes Lebensprincip in sich hat. Vordem habe ich wie im Posa und Carlos die fehlende Wahrheit durch schöne Idealität zu ersetzen gesucht, hier im Wallenstein will ich es probieren, und durch die bloße Wahrheit für die fehlende Idealitaet (die sentimentalische nehmlich) entschädigen.
Die Aufgabe wird dadurch schwerer und folglich auch interessanter, daß der eigentl. Realism den Erfolg nöthig hat, den der idealistische Character entbehren kann. Unglücklicher Weise aber hat Wallenstein den Erfolg gegen sich, und nun erfodert es Geschicklichkeit, ihn auf der gehörigen Höhe zu erhalten. Seine Unternehmung ist moralisch schlecht, und sie verunglückt physisch. Er ist im Einzelnen nie groß, und im Ganzen kommt er um seinen Zweck. Er berechnet alles auf die Wirkung, und diese mißlingt. Er kann sich nicht, wie der Idealist, in sich selbst einhüllen und sich über die Materie erheben, sondern er will die Materie sich unterwerfen, und erreicht es nicht. Sie sehen daraus, was für delicate u verfängliche Aufgaben zu lösen sind, aber mir ist dafür nicht bange. Ich habe die Sache von einer Seite gefaßt, von der sie sich behandeln läßt.«

(Jonas IV, 436 f.)

Im Gegensatz zu den frühen Dramenfiguren wie Carlos und Posa, deren fehlende Wahrheit durch idealistisch überhöhende Charakterisierung zugedeckt worden ist, soll Wallensteins echt realistischer Charakter in unverbrämter Wahrheit gestaltet werden.
Die Unterscheidung zwischen Idealismus und Realismus, die Schiller »in dieser dichterischen Composition glücklich leiten« soll, hat er kurz zuvor auf den letzten zehn Seiten der Abhandlung »Über naive und sentimentalische Dichtung« niedergelegt.[3]
Der realistische Charakter Wallensteins erfordert danach, daß »alles auf die Totalität berechnet« wird, weil Wallenstein »nur im Ganzen, aber nie im Einzelnen interessieren kann«, denn, so liest man in dem erwähnten Aufsatz: »Sein Charakter hat Moralität, aber diese liegt, ihrem reinen Begriffe nach, in keiner einzelnen Tat, nur in der ganzen Summe seines Lebens.«
Die Kernschwierigkeit besteht nun darin, das realistische »Lebensprincip«, das sich nicht in einem einzelnen großen »LebensAkt« fassen läßt, auf die Bühne zu bringen.
Von diesem Ansatz, das ist nachträglich leicht zu sehen, führt ein direkter Weg zu dem Prolog-Vers 118: »Sein Lager nur erkläret sein Verbrechen« und zu der außerordentlichen Stoffülle der ganzen Trilogie.
Schillers Ablehnung des Carlos hat also einen moralischen und einen ästhetischen Grund: zum einen ist die Parteinahme für den idealistischen Charakter zu billig, und zum anderen verfehlt die punktuelle Darstellung einer einzigen großen Tat nach Schillers neuer Auffassung die umfassendere Wahrheit eines wirklichen Lebens. Schiller führt in dem theoretischen Aufsatz dazu aus:

»Will man also dem Realisten Gerechtigkeit widerfahren lassen, so muß man ihn nach dem ganzen Zusammenhang seines Lebens richten; will man sie dem Idealisten erweisen, so muß man sich an einzelne Äußerungen desselben halten, aber man muß diese erst herauswählen. Das gemeine Urteil, welches so gern nach dem einzelnen entscheidet, wird daher über den Realisten gleichgültig schweigen, weil seine einzelnen Lebensakte gleich wenig Stoff zum Lob und zum Tadel geben; über den Idealisten hingegen wird es immer

3. Vgl. den Auszug in Kap. VI.

Partei ergreifen und zwischen Verwerfung und Bewunderung sich teilen, weil in dem einzelnen sein Mangel und seine Stärke liegt.«

Und weiter unten:

»Jener ist zwar ein edleres, aber ein ungleich weniger vollkommenes Wesen; dieser erscheint zwar durchgängig weniger edel, aber er ist dagegen desto vollkommener; denn das Edle liegt schon in dem Beweis eines großen Vermögens, aber das Vollkommene liegt in der Haltung des Ganzen und in der wirklichen Tat.«

3. *Die schöpferische Krise*

Schiller studiert nun Sophokles und Shakespeare. Über der Lektüre und in den Gesprächen über epische und dramatische Kunst mit Goethe, der gerade an dem Versepos »Hermann und Dorothea« arbeitet, verstärkt sich seine Überzeugung, daß, um aus Wallenstein »auf rein realistischem Wege einen dramatisch großen Charakter« zu machen, in der Darstellung eine Verlagerung des Akzents vom Sentimentalischen zum Naiven nötig ist.[4] »Daß ich auf dem Wege den ich nun einschlage, in Göthens Gebiet gerathe und mich mit ihm werde messen müssen ist freilich wahr, auch ist es ausgemacht, daß ich hierinn neben ihm verlieren werde«, schreibt Schiller am 21. März 1796 an Humboldt.
Durch die folgende Bemühung um Goethes natürliche Art der Welterfassung und Darstellung ruft Schiller in seinem eigenen, ganz anders gearteten Schaffensprozeß eine Krise hervor. Zwei Briefe vom 28. November 1796, an Goethe und an Körner, geben Einblick in diese Entwicklung:

»Was ich *will* und *soll*, auch was ich *habe*, ist mir jetzt ziemlich klar; es kommt nun noch bloß darauf an, mit dem was

4. Nach dieser typologischen Unterscheidung, die Schiller aus dem Vergleich seiner selbst mit Goethe gewonnen hat (vgl. Schillers Brief vom 23. 8. 1794 an Goethe), ist der Dichter entweder naiv (bzw. intuitiv) mit der Natur verbunden und strebt als Realist unbefangen nach »möglichst vollständiger Nachahmung des Wirklichen«, oder er versucht sentimentalisch (bzw. spekulativ) seine durch Kultur und Zivilisation verursachte Distanz zur Natur zu überwinden, indem er als Idealist alles Wirkliche auf eine Idee bezieht.

ich in mir u: vor mir habe, das auszurichten, was ich will und was ich soll. In Rücksicht auf den *Geist*, in welchem ich arbeite, werden Sie wahrscheinlich mit mir zufrieden seyn. Es will mir ganz gut gelingen, meinen Stoff außer mir zu halten und nur den Gegenstand zu geben. Beynahe möchte ich sagen, das Sujet interessiert mich gar nicht, und ich habe nie eine solche Kälte für meinen Gegenstand mit einer solchen Wärme für die Arbeit in mir vereinigt. Den Hauptcharacter so wie die meisten Nebencharactere tractiere ich wirklich biß jetzt mit der reinen Liebe des Künstlers; bloß für den nächsten nach dem Hauptcharakter, den jungen Picolomini, bin ich durch meine eigene Zuneigung interessiert, wobey das Ganze übrigens eher gewinnen als verlieren soll.
Was die dramatische Handlung, als die Hauptsache anbetrift, so will mir der wahrhaft undankbare und unpoetische Stoff freilich noch nicht ganz parieren, es sind noch Lücken im Gange, und manches will sich gar nicht in die engen Grenzen einer TragödienÖconomie herein begeben. Auch ist das Proton-Pseudos[5] in der Catastrophe, wodurch sie für eine tragische Entwicklung so ungeschickt ist, noch nicht ganz überwunden. Das eigentliche Schicksal thut noch zu wenig, und der eigne Fehler des Helden noch zu viel zu seinem Unglück. Mich tröstet hier aber einigermaaßen das Beyspiel des Macbeth, wo das Schicksal ebenfalls weit weniger Schuld hat als der Mensch, daß er zu Grunde geht.«

(Jonas V, 119)

»Der Stoff ist, ich darf wohl sagen, im höchsten Grad ungeschmeidig für einen solchen Zweck; er hat beynahe alles, was ihn davon ausschließen sollte. Es ist im Grund eine Staatsaction und hat, in Rücksicht auf den poetischen Gebrauch, alle Unarten an sich, die eine politische Handlung nur haben kann, ein unsichtbares abstractes Objekt, *kleine* und *viele* Mittel, zerstreute Handlungen, einen furchtsamen Schritt, eine (für den Vortheil des Poeten) viel zu kalte trockene Zweckmäßigkeit, ohne doch diese biß zur Vollendung und dadurch zu einer poetischen Größe zu treiben;

5. griech., ›die erste Lüge‹; falsche Voraussetzung, aus der andere Irrtümer gefolgert werden. In der Philosophie die erste falsche Prämisse eines Syllogismus, durch die der ganze Schluß falsch wird.

denn am Ende mislingt der Entwurf doch nur durch Ungeschicklichkeit. Die Base, worauf Wallenstein seine Unternehmung gründet, ist die Armee, mithin für mich eine unendliche Fläche, die ich nicht vors Auge und nur mit unsäglicher Kunst vor die Phantasie bringen kann: ich kann also das Object, worauf er ruht, nicht zeigen, und ebenso wenig das, wodurch er fällt; das ist ebenfalls die Stimmung der Armee, der Hof, der Kaiser. – Auch die Leidenschaften selbst, wodurch er bewegt wird, Rachsucht und Ehrbegierde, sind von der kältesten Gattung. Sein Character endlich ist niemals edel und darf es nie seyn, und durchaus kann er nur furchtbar, nie eigentlich groß erscheinen. Um ihn zu erdrücken, darf ich ihm nichts großes gegenüber stellen; er hält mich dadurch nothwendig nieder. Mit einem Wort, es ist mir fast alles abgeschnitten, wodurch ich diesem Stoffe nach meiner gewohnten Art beykommen könnte, von dem Innhalte habe ich fast nichts zu erwarten, alles muß durch eine glückliche Form bewerkstelligt werden, und nur durch eine kunstreiche Führung der Handlung kann ich ihn zu einer schönen Tragödie machen.

Du wirst dieser Schilderung nach fürchten, daß mir die Lust an dem Geschäfte vergangen sey, oder, wenn ich dabey wider meine Neigung beharre, daß ich meine Zeit dabey verlieren werde. Sey aber unbesorgt, meine Lust ist nicht im geringsten geschwächt, und ebenso wenig meine Hofnung eines treflichen Erfolges. Gerade so ein Stoff mußte es seyn, an dem ich mein neues dramatisches Leben eröfnen konnte. Hier, wo ich nur auf der Breite eines Schermessers gehe, wo jeder Seitenschritt das Ganze zu Grunde richtet, kurz, wo ich nur durch die einzige innere Wahrheit, Nothwendigkeit, Stätigkeit und Bestimmtheit meinen Zweck erreichen kann, muß die entscheidende Crise mit meinem poetischen Character erfolgen. Auch ist sie schon stark im Anzug; den ich tractiere mein Geschäft schon ganz anders, als ich ehemals pflegte. Der Stoff und Gegenstand ist so sehr ausser mir, daß ich ihm kaum eine Neigung abgewinnen kann; er läßt mich beynahe kalt und gleichgültig, und doch bin ich für die Arbeit begeistert. Zwey Figuren[6] ausgenommen, an die mich Neigung fesselt, behandle ich alle übrigen, und

6. Max und Thekla.

vorzüglich den Hauptcharacter, bloß mit der reinen Liebe des Künstlers, und ich verspreche Dir, daß sie dadurch um nichts schlechter ausfallen sollen. Aber zu diesem bloß objectiven Verfahren war und ist mir das weitläuftige und freudlose Studium der Quellen so unentbehrlich; denn ich mußte die Handlung wie die Charactere aus ihrer Zeit, ihrem Lokal und dem ganzen Zusammenhang der Begebenheiten schöpfen, welches ich weit weniger nöthig hätte, wenn ich mich durch eigne Erfahrung mit Menschen und Unternehmungen aus diesen Klassen hätte bekannt machen können. Ich suche absichtlich in den Geschichtsquellen eine *Begrenzung*, um meine Ideen durch die Umgebung der Umstände streng zu bestimmen und zu verwirklichen; davor bin ich sicher, daß mich das Historische nicht herabziehen oder lähmen wird. Ich will dadurch meine Figuren und meine Handlung bloß *beleben*; *beseelen* muß sie diejenige Kraft, die ich allenfalls schon habe zeigen können, und ohne welche ja überhaupt kein Gedanke an dieses Geschäft von Anfang an möglich gewesen wäre.
Auf dem Weg, den ich jezt gehe, kann es leicht geschehen, daß mein Wallenstein durch eine gewisse Trockenheit der Manier sich von meinen vorhergehenden Stücken gar seltsam unterscheiden wird. Wenigstens habe ich mich bloß vor dem Extrem der Nüchternheit, nicht wie ehemals vor dem der Trunkenheit zu fürchten.«

(Jonas V, 121–123)

Wie aus der Reihe sich wiederholender Sätze und Bemerkungen dieser Briefe hervorgeht, entschlägt sich Schiller nun fast gewaltsam aller Leidenschaft für seinen dramatischen Gegenstand. Denn eben die Leidenschaft des Dichters hatte ja zu der verpönten Idealisierung und dem rhetorischen Pathos in den frühen Dramen geführt.
Gemäß dem Kantischen Satz (Kritik der Urteilskraft § 2): »Das Wohlgefallen, welches das Geschmacksurteil bestimmt, ist ohne alles Interesse«, bemüht sich Schiller jetzt um emotionale Distanz zu seinem Stoff. Er betont: »Es will mir ganz gut gelingen, meinen Stoff außer mir zu halten«, und: »das Sujet interessiert mich gar nicht«. Er spricht von seiner »Kälte« für den Gegenstand, weist auf die »viel zu kalte trockene Zweckmäßigkeit« der Staatsaktion und auf Wallensteins Leidenschaften, die »von der kältesten Gattung« sind,

so daß auch der Dichter »beynahe kalt und gleichgültig« bleibt.
Der ungeschmeidige, unpoetische Stoff, dem der Dichter »kaum eine Neigung abgewinnen kann«, wird »mit der reinen Liebe des Künstlers«, d. h. des Malers, in einem »objectiven Verfahren« behandelt, so daß am Ende nicht ein mit subjektiver Leidenschaft vorgetragener *Inhalt* zur Wirkung kommt, sondern die *ästhetische Form:* »von dem Innhalte habe ich fast nichts zu erwarten, alles muß durch eine glückliche Form bewerkstelligt werden«, heißt es.
Aber diese Selbstverleugnung dichterischer Leidenschaft und die Aufwertung der ästhetischen Form haben wenig mit der Intuition des naiven Dichters zu tun, sondern gerade der Rückgriff auf eine philosophisch durchdachte Ästhetik ist seinem Wesen nach spekulativ-sentimentalisch. Allein der Wunsch nach mehr Wirklichkeit im Drama und nach größerer Wahrheit durch abgerundete realistische Charaktere zielt noch auf das Naive. Weil jedoch auf diesem Gebiet noch wenig gewonnen zu sein scheint, möchte Schiller seinem großen Vorbild des naiven Dichters vorerst nicht begegnen. Am 24. Januar und 7. Februar 1797 schreibt er an Goethe:

»Mit der Arbeit gehts aber jetzt langsam, weil ich gerade in der schwersten Krise bin. Das seh ich jetzt klar, daß ich Ihnen nicht eher etwas zeigen kann, als biß ich über alles *mit mir selbst* im reinen bin. Mit mir selbst können Sie mich nicht einig machen, aber mein Selbst sollen Sie mir helfen mit dem Objekte übereinstimmend zu machen. Was ich Ihnen also vorlege, muß schon mein Ganzes seyn, ich meine just nicht mein ganzes Stück, sondern meine ganze Idee davon. Der radikale Unterschied unserer Naturen, in Rücksicht auf die Art, läßt überhaupt keine andere, recht wohltätige Mittheilung zu, als wenn das Ganze sich dem Ganzen gegenüber stellt; im einzelnen werde ich *Sie* zwar nicht irre machen können, weil Sie fester auf Sich selbst ruhen als ich, aber Sie würden mich leicht über den Haufen rennen können. Doch davon mündlich weiter.«

(Jonas V, 146 f.)

»Von meiner Arbeit und Stimmung dazu kann ich jetzt gerade wenig sagen, da ich in der Crise bin, und mein beßtes feinstes Wesen zusammennehme, um sie gut zu überstehen.

Insofern ist mirs lieb, daß die Ursache die Sie abhält hieher zu kommen, gerade diesen Monat trift, wo ich mich am meisten nöthig habe zu isolieren.«

(Jonas V, 157)

4. Die Lösung

Knapp zwei Monate später hat Schiller die Krise überwunden. Am 4. April 1797 teilt er Goethe mit:

»Ich finde, je mehr ich über mein eigenes Geschäft und über die BehandlungsArt der Tragödie bei den Griechen nachdenke, daß der ganze Cardo rei[7] in der Kunst liegt, eine poetische Fabel zu erfinden. Der Neuere schlägt sich mühselig und ängstlich mit Zufälligkeiten und Nebendingen herum, und über dem Bestreben, der Wirklichkeit recht nahe zu kommen, beladet er sich mit dem Leeren und Unbedeutenden, und darüber läuft er Gefahr, die tiefliegende Wahrheit zu verlieren, worinn eigentlich alles Poetische liegt. Er möchte gern einen wirklichen Fall vollkommen nachahmen, und bedenkt nicht, daß eine poetische Darstellung mit der Wirklichkeit eben darum, weil sie absolut wahr ist, niemals coincidieren kann.«

(Jonas V, 167 f.)

Schillers erlösende Erkenntnis liegt diesem Briefe nach darin, daß die Handlung des Wallenstein-Dramas, die nun einmal eine kalte, trockene Staatsaktion ist, poetisiert werden muß. Die angestrebte Wahrheit liegt nicht, wie zuerst vermutet, in den »Zufälligkeiten und Nebendingen«, nicht in dem »Leeren und Unbedeutenden« der Wirklichkeit und des wirklichen, sprich historischen Falles, sondern in der poetischen Fabel, die erfunden werden muß. Dann, wenn die Erfindung geglückt ist, ist die »poetische Darstellung« der »Wirklichkeit« überlegen, »weil sie absolut wahr ist«. Das heißt, die ehemalige Idealität des dramatischen Charakters (Carlos, Posa) wird nun von einer Idealität der dramatischen Fabel abgelöst.

Schiller geht nun an »die poetische Ausführung« (7. 4. 97) des Plans. Das heißt, um es vorwegzunehmen, er beginnt zu

7. Angelpunkt.

stilisieren und zu idealisieren: Er versifiziert die Sprache, achtet auf symbolische Bedeutsamkeit der Handlungselemente (der Astrologie zum Beispiel) und stellt dem historischen, realistischen Charakter Wallensteins den erfundenen, idealistischen Charakter des jungen Piccolomini zur Seite. Für diese Arbeiten verschafft sich Schiller zunächst einen Überblick. Ich entwerfe, schreibt er, »ein detailiertes Scenarium des ganzen Wallensteins, um mir die Übersicht der Momente und des Zusammenhangs auch durch die Augen mechanisch zu erleichtern« (4. 4. 97, an Goethe).
Vierzehn Tage später heißt es:

»... und dann wird mein erstes Geschäft seyn, ehe ich weiter fortfahre, die poetische Fabel meines Wallensteins mit völliger Ausführlichkeit niederzuschreiben. Nur auf diese Art kann ich mich versichern, daß sie ein stetiges Ganzes ist, daß alles durchgängig bestimmt ist. Solang ich sie bloß im Kopfe herumtrage muß ich fürchten, daß Lücken übrig bleiben; die ordentliche Erzählung zwingt zur Rechenschaft.«

(Jonas V, 178 f.)

Schillers frühere Vermutung, daß sein kritischer Ansatz, nämlich die Ablehnung der idealistischen Charaktere, »eine gewisse Trockenheit der Manier« (28. 11. 96) mit sich bringen könnte, hat sich bewahrheitet. Die neue Beurteilung der dramatischen Handlung aber gestattet, ja verlangt nun doch nach einer größeren »poetischen Liberalität«. Leider wird nicht deutlich, worin Schiller ›die poetische Organisation des Stoffes zu einer reinen tragischen Fabel‹ sieht. Sein Brief an Goethe vom 2. Oktober 1797 bleibt in diesem Punkt sehr allgemein; Schiller schreibt:

»Indem ich die fertig gemachten Scenen wieder ansehe, bin ich im Ganzen zwar wohl mit mir zufrieden, nur glaube ich einige Trockenheit darinn zu finden, die ich mir aber ganz wohl erklären und auch wegzuräumen hoffen kann. Sie entstand aus einer gewißen Furcht, in meine ehemalige rhetorische Manier zu fallen, und aus einem zu ängstlichen Bestreben, dem Objekte recht nahe zu bleiben. Nun ist aber das Objekt schon an sich selbst etwas trocken, und bedarf mehr als irgend eines der poetischen Liberalität; es ist daher hier nöthiger als irgendwo, wenn beide Abwege, das *Prosaische*

und das *Rhetorische*, gleich sorgfältig vermieden werden sollen, eine recht reine *poetische* Stimmung zu erwarten.
Ich sehe zwar noch eine ungeheure Arbeit vor mir, aber soviel weiß ich, daß es keine faux frais[8] seyn werden; denn das Ganze ist poetisch organisiert und ich darf wohl sagen, der Stoff ist in eine reine tragische Fabel verwandelt. Der Moment der Handlung ist so prägnant, daß alles was zur Vollständigkeit derselben gehört, natürlich, ja in gewißem Sinn nothwendig darinn liegt, daraus hervorgeht. Es bleibt nichts blindes darinn, nach allen Seiten ist es geöfnet. Zugleich gelang es mir, die Handlung gleich vom Anfang in eine solche Praecipitation und Neigung zu bringen, daß sie in stetiger und beschleunigter Bewegung zu ihrem Ende eilt. Da der Hauptcharacter eigentlich retardierend ist, so thun die Umstände eigentlich alles zur Crise und dieß wird, wie ich denke, den tragischen Eindruck sehr erhöhen.«

(Jonas V, 270 f.)

5. *Die Versform*

Ein wichtiger Schritt beim ›Poetisieren‹ des Dramas war die Umwandlung der freien in die gebundene Rede. In einem früheren Brief vom 28. November 1796 an Körner schrieb Schiller noch:

»Humboldt meynt, ich solle den Wallenstein in Prosa schreiben; mir ist es, in Rücksicht auf die Arbeit ziemlich einerley, ob ich Jamben oder Prosa machen. Durch die ersten würde er mehr poetische Würde, durch die Prosa mehr Ungezwungenheit erhalten. Da ich ihn aber im strengen Sinne für die theatralische Vorstellung bestimme, so wird es wohl besser gethan seyn, Humboldten hierin zu folgen.«

(Jonas V, 124)

Am 4. November 1797 trägt Schiller in seinen Kalender ein: »Angefangen, den Wallenstein in Jamben zu machen.« »... um auch die letzte Foderung zu erfüllen die an eine vollkommene Tragödie gemacht wird«, erklärt er in einem Brief an den Verleger Cotta (14. 11. 97); und an Körner:

8. vergebliche Mühe.

»... ich begreife kaum, wie ich es je anders habe wollen können, es ist unmöglich, ein Gedicht in Prosa zu schreiben« (20. 11. 97). Die ausführlichste Begründung für den Entschluß geht am 24. November 1797 an Goethe:

»Ich habe noch nie so augenscheinlich mich überzeugt, als bei meinem jetzigen Geschäft, wie genau in der Poesie Stoff und Form, selbst äusere, zusammenhängen. Seitdem ich meine prosaische Sprache in eine poetisch-rhythmische verwandle, befinde ich mich unter einer ganz andern Gerichtsbarkeit als vorher; selbst viele Motive, die in der prosaischen Ausführung recht gut am Platz zu stehen schienen, kann ich jetzt nicht mehr brauchen; sie waren bloß gut für den gewöhnlichen Hausverstand, dessen Organ die Prosa zu seyn scheint; aber der Vers fodert schlechterdings Beziehungen auf die Einbildungskraft, und so mußte ich auch in mehreren meiner Motive poetischer werden. Man sollte wirklich alles, was sich über das gemeine erheben muß, in Versen, wenigstens anfänglich, concipieren, denn das Platte kommt nirgends so ins Licht, als wenn es in gebundener Schreibart ausgesprochen wird.
Bei meinen gegenwärtigen Arbeiten hat sich mir eine Bemerkung angeboten, die Sie vielleicht auch schon gemacht haben. Es scheint, daß ein Theil des poetischen Interesse in dem Antagonism zwischen dem Innhalt und der Darstellung liegt: ist der Innhalt sehr poetischbedeutend, so kann eine magre Darstellung und eine bis zum Gemeinen gehende Einfalt des Ausdrucks ihm recht wohl anstehen, da im Gegentheil ein unpoetischer gemeiner Innhalt, wie er in einem größern Ganzen oft nöthig wird, durch den belebten und reichen Ausdruck poetische Dignität erhält. Dieß ist auch meines Erachtens der Fall, wo der Schmuck, den Aristoteles fodert, eintreten muß, denn in einem poetischen Werke soll nichts gemeines seyn.
Der Rhythmus leistet bei einer dramatischen Production noch dieses große und bedeutende, daß er, indem er alle Charactere und alle Situationen nach Einem Gesetz behandelt, und sie, trotz ihres innern Unterschiedes, in Einer Form ausführt, er dadurch den Dichter und seinen Leser nöthiget, von allem noch so characteristisch verschiedenem etwas Allgemeines, rein menschliches zu verlangen. Alles soll sich in dem Geschlechtsbegriff des Poetischen vereinigen, und die-

sem Gesetz dient der Rhythmus sowohl zum Repraesentanten als zum Werkzeug, da er alles unter Seinem Gesetze begreift. Er bildet auf diese Weise die Atmosphaere für die poetische Schöpfung, das gröbere bleibt zurück, nur das geistige kann von diesem dünnen Elemente getragen werden.[9]«

(Jonas V, 289 f.)

Später, bei der praktischen Theaterarbeit, ergaben sich noch besondere Schwierigkeiten, die Verse »für die bequeme Recitation des Schauspielers« einzurichten. Schiller klagt in seinem Brief an Goethe vom 23. Oktober 1798:

»Die Umsetzung meines Texts in eine angemessene, deutliche und maulrechte Theatersprache ist eine sehr aufhaltende Arbeit, wobei das schlimmste noch ist, daß man über der nothwendigen und lebhaften Vorstellung der Wirklichkeit, des Personals und aller übrigen Bedingungen allen poetischen Sinn abstumpft. Gott helfe mir über diese Besogne[10] hinweg.«

(Jonas V, 451)

Und dem Stuttgarter Theaterdirektor, Herrn Haselmeyer, läßt er durch seinen Verleger Cotta ausrichten, »daß das Vorspiel nicht anders als in gereimten Versen gespielt werden kann und darf, und daß es eine Schande für jedes Theater seyn würde, das sich vor gereimten Versen fürchtete, nachdem es in Weimar mit Glück ausgeführt worden« (19. 10. 98).[11]

Vorläufig, bei der Abfassung des Textes, sieht Schiller, daß durch die Versifizierung wie bereits durch die Bemühungen um detailliertere Wirklichkeit wiederum der Umfang des Dramas wächst. Er schreibt an Goethe am 1. Dezember 1797:

»Es ist mir fast zu arg, wie der Wallenstein mir anschwillt, besonders jetzt, da die Jamben, obgleich sie den Ausdruck

9. Vgl. hierzu Schillers Bearbeitung der Kellermeister-Szene in dem Berliner Bühnenmanuskript, Kap. II, 2.

10. Arbeit, Beschäftigung.

11. Der Glogauer Dramaturg Karl Friedrich Wilhelm Fleischer half den Schauspielern, indem er in seiner Bearbeitung die Verszeilen auflöste. Er schreibt 1802: »Mit Fleiß sind die Verse nicht abgetheilt, damit die Darsteller keine Abtheilung sehen, und damit der Sufleur nicht scandiren möge.«

verkürzen, eine poetische Gemüthlichkeit unterhalten, die einen ins Breite treibt. [...] Es kommt mir vor, als ob mich ein gewisser epischer Geist angewandelt habe, der aus der Macht Ihrer unmittelbaren Einwirkungen zu erklären seyn mag, doch glaube ich nicht, daß er dem dramatischen schadet, weil er vielleicht das einzige Mittel war, diesem prosaischen Stoff eine poetische Natur zu geben.«

(Jonas V, 292 f.)

6. *Das moralische Urteil über Wallenstein*

Der eingeschlagene Weg erweist sich als richtig. Die Nüchternheit in der Planung der Tragödie und die Wahl des realistischen Helden zahlen sich aus. »Ich finde, daß mich die Klarheit und Besonnenheit, welche die Frucht einer spätern Epoche ist, nichts von der Wärme einer frühern gekostet hat«, schreibt Schiller am 5. Januar 1798 an Goethe. Er fährt fort:

»Ich werde es mir gesagt seyn lassen, keine andre als historische Stoffe zu wählen, frey erfundene würden meine Klippe seyn. Es ist eine ganz andere Operation, das realistische zu idealisieren, als das ideale zu realisieren, und letzteres ist der eigentliche Fall bei freien Fictionen. Es steht in meinem Vermögen, eine gegebene bestimmte und beschränkte Materie zu beleben, zu erwärmen und gleichsam aufquellen zu machen, während daß die objective Bestimmtheit eines solchen Stoffs meine Phantasie zügelt und meiner Willkühr widersteht.«

(Jonas V, 316)

Diese Äußerung Schillers zeigt an, wie sich der Schwerpunkt in dem gegensätzlichen Begriffspaar ›real–ideal‹ verschoben hat. In der Carlos-Kritik am Anfang der Arbeit ging es zunächst nur um die Charaktere des Idealisten und des Realisten und um die Wahrheit beider, die im Verhältnis zum Wirklichkeitsgehalt ihrer Darstellung gesehen wurde. Die größere Wahrheit und Vollkommenheit des Realisten beruhte nicht zuletzt auf dem zu seiner Darstellung notwendig größeren Wirklichkeitsgehalt, auf der Vielzahl wirklichkeitsnaher, historisch abgesicherter Einzelheiten und deren objektiven Vortrag. Solche Einbettung des Charakters

in historisch-realistische Faktizität hatte allerdings jene »Trockenheit der Manier« (28. 11. 96) zur Folge, die nur durch eine erfundene »poetische Fabel« (4. 4. 97) und durch andere »poetische Liberalität« (2. 10. 97) in der Behandlung aufgehoben werden konnte. Dieses Verfahren, »die objective Bestimmtheit« des historischen Stoffes zu poetisieren, nennt Schiller nun, »das realistische zu idealisieren«.
Es verwundert nicht, daß Schiller, dem diese Arbeitsweise gegenwärtig zusagt, die Ausführung der frei erfundenen idealistischen Liebesbegegnung zwischen Max und Thekla seit dem 12. Dezember 1797 immer wieder aufschiebt, bis die Figur Wallensteins auch in ihrem kritischsten Punkt poetisiert oder idealisiert worden ist. Das Subjekt, das für Carlos und Posa zu leicht zu viel getan hatte, muß angesichts der Wallensteinischen Verbrechen besondere Anstrengungen unternehmen, »um das Objekt in der poetischen Höhe zu erhalten«.
Am 27. Februar 1798 schreibt Schiller an Goethe:

»Ich lege doch jetzt ganz unvermerkt eine Strecke nach der andern in meinem Pensum zurück und finde mich so recht in dem tiefsten Wirbel der Handlung. Besonders bin ich froh, eine Situation hinter mir zu haben, wo die Aufgabe war, das ganz gemeine moralische Urtheil über das Wallensteinische Verbrechen auszusprechen und eine solche in sich triviale und unpoetische Materie poetisch und geistreich zu behandeln, ohne die Natur des moralischen zu vertilgen. Ich bin zufrieden mit der Ausführung und hoffe unserm lieben moralischen Publikum nicht weniger zu gefallen, ob ich gleich keine Predigt daraus gemacht habe. Bei dieser Gelegenheit habe ich aber recht gefühlt, wie leer das eigentlich moralische ist, und wieviel daher das Subjekt leisten mußte, um das Objekt in der poetischen Höhe zu erhalten.«

(Jonas V, 351)

7. Die Breite der Darstellung und die Teilung des Dramas

Seit Schiller erkannt hatte, daß die Wahrheit nicht in den »Zufälligkeiten und Nebendingen« der Wirklichkeit, sondern in der poetischen Fabel liegt (4. 4. 97), konnte die anfänglich so hochgeschätzte Realität für ihn nicht mehr der oberste Wert dichterischer Darstellung sein. Die Breite der Darstellung, die zuerst nötig schien, um dem realistischen Charakter, der nicht in einer einzelnen großen Tat zu erfassen war, gerecht zu werden, verteidigt Schiller darum jetzt als »ein höheres poetisches Gesetz«. Er schreibt am 24. August 1798 an Goethe:

»Es ist zuverlässig, man könnte mit weniger Worten auskommen, um die tragische Handlung auf- und abzuwickeln, auch möchte es der Natur handelnder Charaktere gemäßer scheinen. Aber das Beispiel der Alten, welche es auch so gehalten haben und in demjenigen was Aristoteles die Gesinnungen und Meinungen nennt, gar nicht wortkarg gewesen sind, scheint auf ein höheres poetisches Gesetz hinzudeuten, welches eben hierinn eine Abweichung von der Wirklichkeit fodert. Sobald man sich erinnert, daß alle poetische Personen symbolische Wesen sind, daß sie, als poetische Gestalten, immer das allgemeine der Menschheit darzustellen und auszusprechen haben, und sobald man ferner daran denkt, daß der Dichter so wie der Künstler überhaupt auf eine öffentliche und ehrliche Art von der Wirklichkeit sich entfernen und daran erinnern soll daß ers thut, so ist gegen diesen Gebrauch nichts zu sagen.[12] Außerdem würde, däucht mir, eine kürzere und lakonischere Behandlungsweise nicht nur viel zu arm und trocken ausfallen, sie würde auch viel zu sehr realistisch, hart und in heftigen Situationen unausstehlich werden, dahingegen eine breitere und vollere Behandlungsweise immer eine gewisse Ruhe und Gemüthlichkeit, auch in den gewaltsamsten Zuständen, die man schildert, hervorbringt.«

(Jonas V, 418)

Das Anschwellen des Materials führt endlich zur Teilung des Wallenstein-Dramas. Den Entschluß dazu faßte Schiller in einer Beratung mit Goethe am 13. oder 14. September 1798, nachdem Goethe schon früher, am 22. Mai und am 1. Dezember 1797, zur Teilung und zyklischen Behandlung des umfangreichen Stoffes geraten hatte.
Der ursprüngliche Prolog soll nun ein selbständiges Vorspiel werden:

12. Vgl. den letzten Absatz des Prologs, V. 129–138.

»Hiebei ergab sich nun, daß um ihn zu diesem Zweck geschickter zu machen, zweierlei geschehen muß:

1) muß er als Character- und Sittengemählde noch etwas mehr Vollständigkeit und Reichthum erhalten, um auch wirklich eine gewisse Existenz zu versinnlichen, und dadurch wird auch das

2te erreicht, daß über der Menge der Figuren und einzelner Schilderungen dem Zuschauer unmöglich gemacht wird, einen Faden zu verfolgen und sich einen Begriff von der Handlung zu bilden, die darinn vorkommt.

Ich sehe mich also genöthigt, noch einige Figuren hinein zu setzen, und einigen die schon da sind etwas mehr Ausführung zu geben.«

(Jonas V, 431)

Letzteres schreibt Schiller am 18. September 1798 an Goethe. Und in aller Eile entstehen wenige Tage vor der Uraufführung von »Wallensteins Lager« am 12. Oktober 1798 der jetzige Prolog, die Kapuzinerpredigt und das Soldatenlied. Vgl. dazu die Anm. zu L-484 und das Soldatenlied Kap. II, 3.

8. Die Liebesszenen

Erst nachdem »Wallensteins Lager« zur Neueröffnung des restaurierten Weimarer Theaters gespielt worden ist und Ruhe die hektische Zeit der Vorbereitungen abgelöst hat, wendet sich Schiller der Ausführung der Liebesszenen zu. Vor zwei Jahren hatte er bereits angedeutet, daß ihn allein an Max und Thekla »Neigung fesselt« (28. 11. 96), mithin für ihre Gestaltung nicht jene rigoristische Objektivität zum Prinzip gemacht würde. Im Gegenteil, die »kalte trockene Zweckmäßigkeit« (28. 11. 96) der Staatsaktion erfordert, »daß sich die Liebe nicht sowohl durch Handlung, als vielmehr durch ihr ruhiges Bestehen auf sich und ihre Freiheit von allen Zwecken der übrigen Handlung, welche ein unruhiges planvolles Streben nach einem Zwecke ist, entgegensetzt und dadurch einen gewissen menschlichen Kreis vollendet« (12. 12. 97).

Um so etwas herausbilden zu können, bedarf es nicht mehr »uninteressierten Wohlgefallens« nach Kantischer Art; Schil-

ler fürchtet vielmehr: »... wenn ich meine Liebesscenen nicht schon fertig in die Stadt bringe, so möchte mir d[er] Winter keine Stimmung dazu geben« (7. 9. 98).
Dennoch wird es November, bis Schiller Goethe mitteilt (9. 11. 98):

»Ich bin seit gestern endlich an den poetisch-wichtigsten, bis jetzt immer aufgesparten Theil des Wallensteins gegangen, der der Liebe gewidmet ist, und sich seiner frey menschlichen Natur nach von dem geschäftigen Wesen der übrigen Staatsaction völlig trennt, ja demselben, dem Geist nach, entgegengesetzt. Nun erst, da ich diesem letztern die mir mögliche Gestalt gegeben, kann ich mir ihn aus dem Sinne schlagen und eine ganz verschiedene Stimmung in mir aufkommen lassen, und ich werde einige Zeit damit zuzubringen haben, ihn wirklich zu vergeßen. Was ich nun am meisten zu fürchten habe ist, daß das überwiegende menschliche Interesse dieser großen Episode an der schon feststehenden ausgeführten Handlung leicht etwas verrücken möchte, denn ihrer Natur nach gebührt ihr die Herrschaft und je mehr mir die Ausführung derselben gelingen sollte, desto mehr möchte die übrige Handlung dabey ins Gedränge kommen. Denn es ist weit schwerer ein Interesse für das Gefühl als eins für den Verstand aufzugeben.«

(Jonas V, 459)

9. Das astrologische Motiv

Die Sorge, »daß das überwiegende menschliche Interesse dieser großen Episode« von Wallenstein und der Haupthandlung ablenken könnte, scheint unbegründet. Denn die Liebesidylle zwischen Max und Thekla ist keine Konkurrenz für die hochdramatische Staatsaktion; wohl aber bringt der idealistische Charakter des jungen Piccolomini gerade jenen Maßstab ins Spiel, an dem gemessen der Realist Wallenstein im allgemeinen Urteil verlieren muß. (Vgl. Kap. VI, die Stellen aus der Abhandlung »Über naive und sentimentalische Dichtung«.)
Um so mehr also mußte Schiller daran gelegen sein, Wallenstein in jeder vertretbaren Weise zu rechtfertigen. Den entscheidenden Handgriff hierzu, nämlich Wallensteins Sternen-

glauben »poetische Dignität« zu geben, tat Schiller ganz zuletzt.

Am 9. März 1797 fragt Schiller bei Körner an: »Weißt Du mir keine Astrologische Bücher nachzuweisen?« Wenig später, am 7. April, heißt es: »Für Deine astrologischen Mittheilungen danke ich Dir sehr: sie sind mir wohl zu statten gekommen. Ich habe unterdessen einige tolle Producte aus diesem Fache vom 16ten Säculum in die Hand bekommen, die mich wirklich belustigen.« Und an Goethe unter demselben Datum:

»Unter einigen cabbalistischen und astrologischen Werken, die ich mir aus der hiesigen Bibliothek habe geben lassen, habe ich auch einen Dialogen über die Liebe, aus dem Hebräischen ins lateinische übersezt, gefunden, das mich nicht nur sehr belustigt, sondern auch in meinen astrologischen Kenntnißen viel weiter gefördert hat. Die Vermischung der chemischen, mythologischen und astronomischen Dinge ist hier recht ins Große getrieben und liegt wirklich zum poetischen Gebrauche da. Einige verwundersam sinnreiche Vergleichungen der Planeten mit menschlichen Gliedmaßen lasse ich Ihnen herausschreiben. Man hat von dieser baroken VorstellungsArt keinen Begriff, biß man die Leute selbst hört. Indessen bin ich nicht ohne Hofnung diesem astrologischen Stoff eine poetische Dignität zu geben.«

(Jonas V, 173)

Diese Lektüre im Frühjahr 1797 gilt aber nur der Orientierung. Die Ausführung des astrologischen Motivs erfolgt erst zwanzig Monate später beim Abschluß der Arbeit am »Wallenstein«.

Schiller wendet sich dazu am 4. Dezember 1798 um Rat an Goethe:

»Ich muß Sie heute mit einer astrologischen Frage behelligen, und mir Ihr ästhetischkritisches Bedenken in einer verwickelten Sache ausbitten.

Durch die größere Ausdehnung der Piccolomini bin ich nun genöthigt, mich über die Wahl des astrologischen Motivs zu entscheiden, wodurch der Abfall Wallensteins eingeleitet werden und ein muthvoller Glaube an das Glück der Unternehmung in ihm erweckt werden soll. Nach dem ersten Entwurf sollte dieß dadurch geschehen, daß die Constellation glücklich befunden wird, und das Speculum astrologicum sollte in dem bewußten Zimmer vor den Augen des Zuschauers gemacht werden. Aber dieß ist ohne dramatisches Interesse, ist trocken, leer und noch dazu wegen der technischen Ausdrücke dunkel für den Zuschauer. Es macht auf die Einbildungskraft keine Wirkung und würde immer nur eine lächerliche Fratze bleiben. Ich habe es daher auf eine andere Art versucht, und gleich auszuführen angefangen, wie Sie aus der Beilage ersehen.

Die Scene eröfnete den Vierten Akt der Piccolomini, nach der neuen Eintheilung,[13] und gienge dem Auftritte, worinn Wallenstein Sesins Gefangennahme erfährt und worauf der große Monolog folgt, unmittelbar vorher, und es wäre die Frage, ob man des astrologischen Zimmers nicht ganz überhoben seyn könnte, da es zu keiner Operation gebraucht wird.

Ich wünschte nun zu wissen, ob Sie dafür halten, daß mein Zweck, der dahin geht, dem Wallenstein durch das Wunderbare einen augenblicklichen Schwung zu geben, auf dem Weg den ich gewählt habe, wirklich erreicht wird, und ob also die Fratze, die ich gebraucht, einen gewißen tragischen Gehalt hat, und nicht bloß als lächerlich auffällt. Der Fall ist sehr schwer, und man mag es angreifen wie man will, so wird die Mischung des thörigten und abgeschmackten mit dem Ernsthaften und Verständigen immer anstößig bleiben. Auf der andern Seite durfte ich mich von dem Character des Astrologischen nicht entfernen, und mußte dem Geist des Zeitalters nahe bleiben, dem das gewählte Motiv sehr entspricht.

Die Reflexionen, welche Wallenstein darüber anstellt, führe ich vielleicht noch weiter aus, und wenn nur der Fall selbst dem tragischen nicht widersprechend und mit dem Ernst unvereinbar ist, so hoffe ich ihn durch jene Reflexionen schon zu erheben.«

(Jonas V, 466 f.)

Goethe rät ab von Wallensteins Aberglauben an das Buchstaben-Orakel und gibt in seinem Brief vom 8. Dezember dem astrologischen Motiv mit folgender Begründung den Vorzug:

13. Vgl. die Astrologische Szene in Kap. II, 2.

»Der astrologische Aberglaube ruht auf dem dunklen Grunde eines ungeheuren Weltganzen. Die Erfahrung spricht, daß die nächsten Gestirne einen entschiedenen Einfluß auf Witterung, Vegetation usw. haben, man darf nur stufenweise immer aufwärts steigen und es läßt sich nicht sagen, wo diese Wirkung aufhört. Findet doch der Astronom überall Störungen eines Gestirns durch das andere. Ist doch der Philosoph geneigt, ja genötigt, eine Wirkung auf das Entfernteste anzunehmen. So darf der Mensch im Vorgefühl seiner selbst nur immer etwas weiter schreiten und diese Einwirkung aufs Sittliche, auf Glück und Unglück ausdehnen. Diesen und ähnlichen Wahn möchte ich nicht einmal Aberglauben nennen, er liegt unserer Natur so nahe, ist so leidlich und läßlich als irgend ein Glaube.«

(Friedrich Schiller. Briefe. Hrsg. von Gerhard Fricke. München: Hanser 1955. S. 515)

Schiller ist von Goethes Urteil über die Astrologie sofort überzeugt und bedankt sich am 11. Dezember 1798 für Goethes Rat; er schreibt:

»Es ist eine rechte Gottesgabe um einen weisen und sorgfältigen Freund, das habe ich bei dieser Gelegenheit aufs neue erfahren. Ihre Bemerkungen sind vollkommen richtig und Ihre Gründe überzeugend. Ich weiß nicht welcher böse Genius über mir gewaltet, daß ich das astrologische Motiv im Wallenstein nie recht ernsthaft anfaßen wollte, da doch eigentlich meine Natur die Sachen lieber von der ernsthaften als leichten Seite nimmt. Die Eigenschaften des Stoffes müssen mich anfangs zurückgeschreckt haben. Ich sehe aber jetzt vollkommen ein, daß ich noch etwas bedeutendes für diese Materie thun muß und es wird auch wohl gehen, ob es gleich die Arbeit wieder verlängert.«

(Jonas V, 469)

»Die Piccolomini« schlossen damals noch den ersten und zweiten Akt von »Wallensteins Tod« mit ein. Denn, so erklärte Schiller: ». . . eine reife Überlegung der Forderungen, welche das Publikum einmal an ein Trauerspiel macht, hat mich bewogen, die Handlung schon im zweiten Stück weiter zu führen, denn das dritte kann durch das tragische seines

Innhalts sich auch, wenn es kleiner ist, in der gehörigen Würde behaupten« (24. 12. 98 an Iffland; vgl. die Akt- und Szeneneinteilung der Weimarer Uraufführung, Kap. V, 7).
Obgleich die erste Aufführung der »Piccolomini« bereits für den 30. Januar 1799 angesetzt war, fehlte in dem Manuskript, das Schiller am 24. Dezember für Iffland in Berlin fertigstellte, noch immer die astrologische Szene. Die konnte erst vier Tage später nachgeschickt werden. An Goethe schreibt Schiller am 24. Dezember 1798:

»Ich setze mich mit einem sehr erleichterten Herzen nieder um Ihnen zu schreiben, daß die Piccolomini so eben an Iffland abgegangen sind. Er hat mich in seinem Briefe so tribuliert und gequält zu eilen, daß ich heute meine ganze Willenskraft zusammen nahm, drei Copisten zugleich anstellte, und (mit Ausschluß der einzigen Scene im astrologischen Zimmer, die ich ihm nachsende) das Werk wirklich zu Stande brachte. Eine recht glückliche Stimmung und eine wohl ausgeschlafene Nacht haben mich secundiert, und ich hoffe sagen zu können, daß diese Eile dem Geschäft nichts geschadet hat. So ist aber auch schwerlich ein heiliger Abend auf 30 Meilen in der Runde verbracht worden, so gehezt nehmlich und qualvoll über der Angst nicht fertig zu werden. [...]
Ich werde nun diese Woche anwenden, das Exemplar des Stücks für unser Weimarisches Theater in Ordnung schreiben zu lassen, die astrologische Scene überdenken, und dann auf die nächste Woche, etwa den 2ten, wenn die Witterung und mein Befinden es zulassen, zu Ihnen kommen.«

(Jonas V, 475 f.)

Die eigentliche Bedeutung des astrologischen Motivs für die Gestalt Wallensteins bleibt in den Briefen zwischen Schiller und Goethe unausgesprochen. Hermann Pongs (1889–1979), der die Astrologie im »Wallenstein« als ein Beispiel für das Symbol im Drama nimmt, erläutert Schillers letzten dramaturgischen Handgriff folgendermaßen:

»Er stellt Wallenstein dar als den verschlagenen Realisten, den dämonischen politischen Abenteurer: ›Er hat nichts Edles, er erscheint in keinem einzelnen Lebensakt groß, er hat wenig Würde.‹ Aber Schiller will ihm doch die volle

Würde des Tragischen geben. Er soll nicht pathologisch wirken, sondern symbolisch, eben durch sein Schicksal, an dem sich das Unerforschliche der Geschichte als Idee offenbart, es soll ein Schicksal von der erhabenen Unentrinnbarkeit der griechischen Tragödie werden. [...] Was ihm fehlte, war ein bindendes Element, das als Zeichen des Schicksalsganzen auf ein oberstes Leitendes hindeutet und Menschendasein und Schicksal, Leben und Idee umgreift. Eben das wird ihm ganz zuletzt erst zuteil und nur durch die Aufgeschlossenheit für das Irrationale, die die nahe Berührung mit Goethe ihm gibt. Es ist das ›astrologische Motiv‹ [...].
Gerade damit ist Schiller gegeben, was er braucht: das poetische Medium für das dunkle Gefühl eines ungeheuren Weltganzen, vor dem das geschichtliche Geschehen abrollt. Der Sternenglaube knüpft Wallensteins Inneres an dieses ungeheure Weltganze an und legt dem Politiker die Dimension zu, durch die er in die tragische Würde gehoben wird. Wallenstein, der an die Sterne glaubt, ist mehr als der unbegrenzte Machtmensch und der politische Abenteurer, er hat ein Gefühl in sich für die Berufung des geborenen Führers, der der Gunst der Stunde bedarf, die ihn und nur ihn beruft. Aus diesem im Grunde religiösen Gefühl der Berufung nimmt der Politiker die Kraft, den Kampf gegen die Welt des Hergebrachten, gegen den Kaiser zu unternehmen. Der Sternenglaube aber leuchtet auch in die andere Seite dieser doppeldeutigen Natur, er macht Wallensteins Herrschsucht in ihrer hybrishaften Übersteigerung offenbar: in dem Willen, an den Sternen Ort und Stunde zu berechnen, um selber den Schicksalslauf zu lenken. So kann es geschehen, daß Wallenstein in der Hybris seines Sternenglaubens, im Übermaß der Freiheit, der Zauderer wird, der doch ohne Bedenken Landesverrat übt, und daß er im Starren nach den Sternen den Instinkt für Menschen und die Gunst des Augenblicks verliert, und während er das Schicksal ganz zu meistern glaubt, gefällt wird von den tatsächlichen geschichtlichen Mächten. Dadurch verwirklicht sich im Sternensinnbild die kosmische Ordnung als faktische Macht im Drama und wird, indem sie Wallenstein vernichtet, Ausdruck für Schillers dämonisches Geschichtsgefühl: daß zur geschichtlichen Tat mehr gehört als Macht, Klugheit und Willkür der großen Persönlichkeit, daß dieses alles voraus-

gesetzt Fügung und Einklang mit dem Ganzen hinzukommen muß, die Stunde die die Griechen den Kairos nannten.«

(Pongs: Das Bild in der Dichtung. Bd. 2 Voruntersuchungen zum Symbol. Marburg: Elwert ²1963. S. 14–16)

10. *Abschluß der Arbeit*

Am 29. Dezember 1798 liest Schiller »Die Piccolomini« zum erstenmal ganz hintereinander. Die Länge des Stückes erschreckt ihn, so daß er noch einmal »400 Jamben«, gemeint sind wohl Verse, herauskürzt. Am 4. Januar 1799 trifft Schiller in Weimar ein, »um durch persönliches Treiben und Bemühen eine erträgliche Darstellung« der »Piccolomini« zum Geburtstag der Herzogin am 30. Januar zu bewirken.
Von da an ist der persönliche Verkehr zwischen Schiller und Goethe so lebhaft, daß der Briefwechsel, nur noch ein Austausch kurzer Notizen, keine wesentlichen Einblicke mehr in die Arbeit am »Wallenstein« bietet.
Am 7. März 1799 schreibt Schiller an Goethe:

»Das dritte Stück wird durchbrechen wie ich hoffe.
Ich habe es endlich glücklicher weise arrangieren können, daß es auch fünf Akte hat, und den Anstalten zu Wallensteins Ermordung ist eine größere Breite sowohl als theatralische Bedeutsamkeit gegeben worden. Zwey resolute Hauptleute, die die That vollziehen sind handelnd und redend eingeflochten, dadurch kommt auch Buttler höher zu stehen, und die Präparatorien zu der Mordscene werden furchtbarer.«

(Jonas VI, 17)

Acht Tage später heißt es lapidar: »Montags erhalten Sie den Wallenstein ganz. Todt ist er schon und auch parentiert[14], ich habe nur noch zu beßern und zu feilen.«
Nach Abschluß der langen und mühevollen Arbeit am »Wallenstein« fühlt sich Schiller unerträglich leer. Was er sich jetzt wünscht, ist bezeichnenderweise ein Stoff, der seiner

14. Soviel wie ›feierlich bestattet‹; eine Parentation, von lat. parentatio, ist eine Totenfeier.

Neigung entgegenkommt. »Neigung und Bedürfniß« aber fühlt Schiller »zu einem bloß leidenschaftlichen und menschlichen Stoff«. So schreibt er am 19. März an Goethe:

»Ich habe mich schon lange vor dem Augenblick gefürchtet, den ich so sehr wünschte, meines Werks los zu seyn; und in der That befinde ich mich bei meiner jetzigen Freiheit schlimmer als der bisherigen Sklaverei. Die Masse, die mich bisher anzog und fest hielt, ist nun auf einmal weg, und mir dünkt als wenn ich bestimmungslos im luftleeren Raume hienge. Zugleich ist mir, als wenn es absolut unmöglich wäre, daß ich wieder etwas hervorbringen könnte; ich werde nicht eher ruhig seyn, bis ich meine Gedanken wieder auf einen bestimmten Stoff mit Hofnung und Neigung gerichtet sehe. Habe ich wieder eine Bestimmung, so werde ich dieser Unruhe los seyn, die mich jetzt auch von kleineren Unternehmungen abzieht. Ich werde Ihnen, wenn Sie hier sind, einige tragische Stoffe, von freier Erfindung, vorlegen, um nicht in der ersten Instanz, in dem Gegenstande, einen Mißgriff zu thun. Neigung und Bedürfniß ziehen mich zu einem frei phantasierten, nicht historischen, und zu einem bloß leidenschaftlichen und menschlichen Stoff; denn Soldaten, Helden und Herrscher habe ich vor jetzt herzlich satt.«

(Jonas VI, 20)

Obgleich die ersten Aufführungen des »Wallenstein« am 20. April 1799 in Weimar und am 17. Mai in Berlin sowie der schnelle Absatz der ersten Auflage des Buches seit Ende Juli 1800 beachtlichen Publikumserfolg bewies, schrieb Schiller am 13. Mai 1801 an Körner:

»In meiner jetzigen Klarheit über mich selbst und über die Kunst die ich treibe, hätte ich den Wallenstein nicht gewählt.«

(Jonas VI, 276 f.)

V. Dokumente zur Wirkungsgeschichte

1. Die ersten Aufführungen in Weimar und Berlin (1798/99)

Am Ende des 18. Jahrhunderts beherrschten Autoren wie Iffland und Kotzebue die deutschen Bühnen. In der Zeitung stand allerdings, daß das Hamburger Publikum die trivialen, moralisierenden Stücke aus der um die Jahrhundertmitte für das Theater entdeckten bürgerlichen Welt allmählich satt habe. Schiller folgerte: »Wenn dieß einen analogischen Schluß auf andere Städte erlaubt, so würde mein Wallenstein einen günstigen Moment treffen. Unwahrscheinlich ist es nicht, daß das Publikum sich selbst nicht mehr sehen mag, es fühlt sich in gar zu schlechter Gesellschaft« (31. 8. 1798 an Goethe; Jonas V, 423 f.). Der Erfolg des »Wallenstein« in Weimar, Berlin und anderen Städten gab der Vermutung recht.
Goethe, der Schiller immer gedrängt hatte, den ersten Teil des Dramas zur Neueröffnung des Weimarer Theaters fertigzustellen, ließ es sich nicht nehmen, das Ereignis (am 29. 9. 98) öffentlich anzukündigen. Die Augsburger »Allgemeine Zeitung« brachte am 12. Oktober unter dem Titel »Weimarischer, neudecorirter TheaterSaal. Dramatische Bearbeitung der Wallensteinischen Geschichte durch Schiller« seine Beschreibung des von Thouret aus Stuttgart renovierten Hoftheaters und eine ausführliche Vorstellung des Dramas.
Schiller selbst bemerkte nach der Uraufführung des »Lagers« in einem Brief an Körner, daß die mittelmäßigen Schauspieler »thaten was sie konnten«, »das Publicum ergötzte sich«. »Die große Masse staunte und gaffte das neue dramatische Monstrum an, einzelne wurden wunderbar ergriffen.« Er selbst und Goethe hielten den Prolog für das beste; der hat »viel Sensation gemacht«.
In der öffentlichen Würdigung der »Piccolomini«-Uraufführung in der Allgemeinen Zeitung vom 31. März 1799 urteilt Schiller viel vorsichtiger. Mit gesellschaftlichem Takt lobt er:

»In der gefühlvollen Darstellung unsers Graff erschien die dunkle, tiefe, mystische Natur des Helden vorzüglich glück-

lich; was er sprach, war empfunden und kam aus dem Innersten. Seine pathetische Rezitation des Monolog[1], seine ahnungsvollen Worte (in der Szene mit der Gräfin Terzky), als er den unglücklichen Entschluß faßt, die Erzählung des oben angeführten Traums riß alle Zuhörer mit sich fort. Nur daß er zuweilen, von seinem Gefühl fortgezogen, eine zu große Weichheit in seinen Ausdruck legte, der dem männlichen Geist des Helden nicht ganz entsprach.[2]
Vohs, als Max Piccolomini, war die Freude des Publikums, und er verdiente es zu sein. Immer blieb er im Geist seiner Rolle, und das feinste zarteste Gefühl wußte er am glücklichsten auszudrücken.
Der Auftritt, wo er Wallenstein von der unglücklichen Tat zurückzubringen bemüht ist, war sein Triumph, und die Tränen der Zuschauer bezeugten die eindringende Wahrheit seines Vortrags.
Thekla von Friedland wurde durch Dem[oiselle] Jagemann zart und voll Anmut dargestellt. Eine edle Simplizität bezeichnete ihr Spiel und ihre Sprache, und beides wußte sie, wo es nötig war, auch zu einer tragischen Würde zu erheben. Ein Lied, welches Thekla singt, gab dieser vorzüglichen Sängerin Gelegenheit, das Publikum auch durch dieses Talent zu entzücken.«

(SA XVI, 115 f.)

Ähnlich wohlwollend erwähnt Schiller noch ein Dutzend Darsteller und entspricht damit ganz dem Ton der Weimarer Theaterkritik.
Einer der Hauptkritiker in Weimar war der hochgelehrte, etwas übereifrige Gymnasialprofessor Karl August Böttiger (1760–1835). Im örtlichen »Journal des Luxus und der Moden« hebt Böttiger die sentenzhafte Diktion des Dramas hervor. Er vermutet: »Einige hundert Verse daraus müssen bald Denksprüche im Munde der Gebildeten unsrer Nation werden.« Angesichts dieser dichterischen Vorzüge verbietet Böttiger sich und »dem gemeinen Zuschauer, der nur Getümmel und leeres Schaugepränge auf der Bühne zu sehen und zu beklatschen gewohnt ist,« den Mangel an

1. Gemeint ist der Monolog im 4. Akt alter Einteilung, jetzt »Wallensteins Tod«, I, 4: »Wär's möglich? Könnt' ich nicht mehr, wie ich wollte?«
2. Nach Böttigers Kritik verbesserte sich Graff in der zweiten Aufführung.

Wallenstein, Max und Thekla (»Wallensteins Tod« III, 21). Radierung von A. Nahl

dramatischer Bewegtheit dieser großen Exposition zu beklagen. Bei seiner Würdigung der Darsteller versucht Böttiger zugleich eine Deutung der Rollen zu geben. Mit der Charakterisierung Octavios, der Gräfin Terzky und Wallensteins stößt er auf Schillers Widerspruch. Die Schauspieler, meint Schiller (1. 3. 99), hätten die Intention des Dichters nicht klar gemacht. Es sei nicht seine Absicht gewesen,

»... daß sich Octavio Piccolomini als einen so gar schlimmen Mann, als einen Buben, darstellen sollte. In meinem Stück ist er das nie, er ist sogar ein ziemlich rechtlicher Mann, nach dem Weltbegriff, und die Schändlichkeit, die er begeht, sehen wir auf jedem Welttheater von Personen wiederholt, die, so wie er, von Recht und Pflicht strenge Begriffe haben. Er wählt zwar ein schlechtes Mittel, aber er verfolgt einen guten Zweck. Er will den Staat retten.«

Ebenso vergreife sich die Gräfin Terzky nur in den Mitteln. Wallenstein dagegen sei nicht der große Held, für den Böttiger ihn nehme:

»Der historische Wallenstein *war* nicht groß, der poetische *sollte* es nie seyn. Der Wallenstein in der Geschichte hatte die Präsumtion[3] für sich, ein großer Feldherr zu seyn, weil er glücklich, gewaltthätig und keck war, er war aber mehr ein Abgott der Soldateska, gegen die er splendid und königlich freygebig war, und die er auf Unkosten der ganzen Welt in Ansehen erhielt. Aber in seinem Betragen war er schwankend und unentschlossen, in seinen Planen phantastisch und excentrisch, und in der letzten Handlung seines Lebens, der Verschwörung gegen den Kaiser, schwach, unbestimmt, ja sogar ungeschickt.«

(Jonas VI, 13 f.)

Später, so schließt Schiller seinen Brief an Böttiger, wenn das Drama durch den Druck bekannter geworden sei, wolle er mehr zu diesem Punkt sagen.
Inzwischen schien Iffland als Octavio in seiner Berliner Einstudierung der Absicht Schillers nähergekommen zu sein. Man liest in den »Jahrbüchern der preußischen Monarchie« (1. Bd. Januar–April 1799):

3. den Ruf.

»Ganz so wie er vom Dichter gezeichnet ist, wurde Octavio von Iffland dargestellt, nur daß dieser Meister ihn in solchen Stellen, wo es zweifelhaft ist, ob der Dichter ihn blos mit dem Verstande und nach Berechnung seines Zweckes, oder mit überfliessendem Herzen reden läßt, gänzlich in der Sprache dieses letzten nahm. Dadurch wurde die Anhänglichkeit des stets berechnenden Mannes für die alte Ordnung der Dinge und das Kaiserhaus begeisternd, und dadurch wurde es völlig begreiflich, wie er trotz seiner Vorsicht das gefährlichste Amt vom Hofe übernahm.«

(Braun II, 355)

Wie Böttiger, mit dem Schiller ihn abfällig vergleicht,[4] bemerkt der Berliner Kritiker die Schönheit des historisch-poetischen Rankenwerks, von dem er meint, daß es, obwohl gerechtfertigt, doch die Handlung zu sehr aufhalte. Im übrigen gehe das Stück über das Vermögen des Publikums, das »weit mehr das Interesse der Neugierde, als des Kunstsinnes« mitbringe und zum Teil auf Grund falschverstandener Aufklärung Wallenstein ablehne, weil er sich mit Astrologie beschäftigt.
Über die Aufnahme des letzten Dramenteils in Weimar meldet Schiller einhelligen Beifall (Brief an Körner vom 8. 5. 99): »Der Wallenstein hat auf dem Theater in Weimar eine außerordentliche Wirkung gemacht, und auch die Unempfindlichsten mit sich fortgerissen. Es war darüber nur Eine Stimme, und in den nächsten acht Tagen ward von nichts Anderem gesprochen.«

(Jonas VI, 29)

2. *Gesellschaftliche und wirtschaftliche Anerkennung*

Schiller wird dem König und der Königin von Preußen vorgestellt, die nach Weimar kommen, um die Aufführung zu sehen, die unter den Augen des Dichters einstudiert wurde. Auch der König von Schweden besucht die Weimarer Aufführung und schenkt dem Dichter einen kostbaren Brillantring. Die kaiserlichen Herrschaften aus Petersburg haben sich angesagt und nehmen Notiz von dem Stück. Die Her-

4. in seinem Brief vom 26. Juni 1799 an Goethe.

zogin von Weimar dediziert dem Dichter ein silbernes Kaffeeservice; und als dieser die ersten Einkünfte aus den Aufführungen empfängt, bemerkt er: »Der Geist des alten Feldherrn führt sich nun als ein würdiges Gespenst auf, er hilft Schätze heben.« Das bleibt kein Geheimnis. Bald wollen auch andere mit »Wallensteins« Hilfe Schätze heben: englische Übersetzer und Verlage bemühen sich um den Text und prellen Schiller um sechzig Pfund; und kaum hat der Verleger Cotta den »Wallenstein« im Druck veröffentlicht, sind auch schon die ersten Nachdrucker in Bamberg und Wien auf dem Plan.

3. Die Kritik nach dem Erscheinen der Druckfassung Ende Juni 1800

Wie die Theaterkritiken loben die Buchbesprechungen ausnahmslos die vollendete dichterische Sprachgebung. Zugleich wird aber immer wieder gefragt, ob die anspruchsvolle Ausdrucksweise rollengerecht sei und ob die dadurch hervorgerufene Breite nicht die dramatische Wirkung beeinträchtigen müsse. Kritisiert werden die Widersprüche in Wallensteins Charakter, auch der astrologische Aberglaube, vor allem aber die Dreiteiligkeit des ganzen Stückes und die daraus folgende Verwicklung der dramatischen Ökonomie.
In den »Göttingischen Anzeigen von gelehrten Sachen« vom 11. August 1800 heißt es:

»Jeder Abend im Schauspielhause muß ein vollendetes Ganzes liefern, denn wenn das Publicum im Theater auch ganz aus den nähmlichen Personen, die am Tage zuvor da waren, bestehen sollte, was aber nie der Fall seyn wird; so erhält sich doch in dem langen Zwischenraume von einem Abend zum andern die gehörige Stimmung des Zuschauers nicht. [...] In den Piccolomini ist aber nicht Eine dramatische Handlung von Wichtigkeit beendigt. Die Charakter sind angelegt, aber Wallenstein's Charakter noch nicht einmal vollkommen entwickelt. Verwickelung ist genug da, aber die Auflösung von Allem geschieht erst in dem dritten Stücke, gleichfalls in fünf Aufzügen, in Wallenstein's Tod. Die Piccolomini haben kein Ende, aber Wallensteins Tod hat keinen Anfang; man kann weder die Charaktere, noch die

Handlung recht begreifen, wenn man beide Stücke, die wegen ihrer Länge nicht in einem Abend aufgeführt werden können, von einander trennt.«

(Braun II, 387 f.)

Die Kritik richtet sich im wesentlichen gegen die von Schiller wohlbedachte Verknüpfung der Dramenteile. Auch statt der von Schiller angestrebten realistischen Darstellung des Helden hätte der Rezensent lieber mehr idealische Folgerichtigkeit in Wallensteins Charakter gesehen; er schreibt:

»In der wirklichen Welt lassen sich freylich die meisten auch der entschlossensten Charakter durch Umstände bestimmen, aber von dem theatralischen Helden, für den wir uns sehr lebhaft interessiren sollen, fordern wir, daß er nach einem angelegten festen Plan handle. Der Verrath, den Wallenstein an Buttler durch den nach Wien geschriebenen Uriasbrief, um seine Ernennung zum Grafen zu hintertreiben, begangen hat, ist ein empörender, kleiner, falscher Streich, wodurch uns der Held, dem wir wohl große Verbrechen, aber keine niedrige Handlung verzeihen, verächtlich wird. Wallenstein's lebhafte Freundschaft für Max, die wir erst bei der Nachricht von Maxens Tode recht gewahr werden, scheint auch mit dem aus Ehrgeitz herrührenden festen Entschluß, seine Tochter nicht an Max zu vermählen, im Widerspruch zu stehen. Auch anscheinende Widersprüche der Art werden sich in der wirklichen Welt genug finden; aber der Dichter soll uns nicht den ganzen Menschen mit allen seinen streitenden Leidenschaften, sondern nur die vornehmsten Grundzüge schildern, weil sonst das Bild schwer zu fassen seyn, und der Total-Eindruck geschwächt wird.«

(Braun II, 389)

In Berlin veröffentlicht am 27. Januar 1801 der Livländer Garlieb Merkel (1769–1850) seinen einundzwanzigsten »Brief an ein Frauenzimmer über die wichtigsten Produkte der schönen Litteratur«. Unter dem scheinheiligen Motto »Die Kunst ist schwierig, der Tadel leicht«, liefert der Literaturbrief einen gründlichen Verriß des »Wallenstein«. Das »Lager« sei »ein noch viel müßigeres Hors d'œuvre, als das Schiffsverzeichniß in der Iliade«, heißt es da; die »Piccolomini« bringen nicht viel mehr: »Gestern meldeten uns die Soldaten die Forderung des Kaisers; heute meldet sie der

Gesandte. Gestern wollten die Soldaten sich verbinden, ihren Feldherrn zu unterstützen; heute thun es die Generale. Es geht nichts Neues vor, als daß die letztern zu einer Unterschrift überlistet werden und daß Octavio seine Feindschaft gegen Wallenstein verräth. Das heißt die Geduld des Zuschauers doch wahrlich zu sehr auf die Folter spannen.« Wer nun den Knalleffekt noch im letzten Teil erwartet hat, wird bitter enttäuscht: »Der Vorhang wird gezogen und zeigt uns den Helden – in sorglicher Berathschlagung mit seinem Astrologen. Wir schütteln den Kopf.« Wallensteins Betrug an Buttler »macht ihn uns vollends verächtlich!« Als Trost bleibt nur die wundervolle Sprache des poetisch-historischen Gemäldes (Braun III, 22–24).
Die »Allgemeine Literatur-Zeitung« aus Jena und Leipzig stellt in ihrer Ausgabe vom 30./31. Januar 1801 fest: »Die Willkühr des Dichters in der ungewöhnlichen Ausdehnung seines Stoffs hat sich durch mehrere Fehler in der Ökonomie des Stücks ganz natürlich selbst bestraft« (Braun III, 38).
Nicht weniger respektlos, aber wesentlich sachlicher als Merkels Literaturbrief sind die »Kritischen Bemerkungen über Schillers Wallenstein«, die gleichfalls Januar 1801 in Berlin erschienen. Der Verfasser bekennt, wie das Hamburger Publikum der seichten Konversationsstücke überdrüssig zu sein. Er spricht von dem allgemeinen Wunsch und der Sehnsucht nach Idealischem auf der Bühne, macht für seinen Teil dann aber viele Einschränkungen in seiner Würdigung des »Wallenstein«. Mit dem »Lager« weiß er nichts Rechtes anzufangen. Er mutmaßt:

»Schiller scheint es wohl gefühlt zu haben, daß es ihm in den Piccolomini's und in Wallensteins Tod nicht ganz gelang die wahre Größe seines Helden darzustellen. Deswegen schickt er uns hier ein Vorspiel, das Lager, voraus, das den Zuschauer von jener Größe überzeugen soll. Dieses *Vorspiel* scheint also in Schillers Geiste ein *Nachspiel* gewesen zu seyn; und dieses nöthige, aber nicht glückliche Supplement des ganzen Charakters Wallensteins stellt er jetzt an die Spitze, und läßt uns darin so viele Versicherungen von Andern darüber hören, bis wir es endlich, aber freilich nicht zum Vortheil der beiden übrigen Stücke, zu glauben anfangen. Denn dort streitet jede Scene mit dieser Überzeugung, und zwingt uns, sie wieder fahren zu lassen. [...]

Der jüngere Piccolomini verkündiget von ihm: geworden ist ihm eine Herrscherseele; dem widerspricht nun der Schillersche Wallenstein jeden Augenblick, er wird selbst ewig beherrscht und erlangt keine Herrschaft über sich selbst oder über andere; kurz, wir können es nicht begreifen, daß dies der Mann seyn solle, den uns das Lager und seine Freunde so herrlich ankündigten. Dramatischer wird dieser Charakter freilich durch jene schwankenden Umrisse, aber auch uninteressanter und leerer. Sein astrologischer Wahn setzet ihn auf den untersten Grad kindischer Schwäche herab.«
Der Verfasser, der wie Merkel eher einen Helden nach dem Schnitt der früheren Dramen von Schiller erwartet hatte, ist enttäuscht. Er findet, Max sei unstreitig der »schönste und interessanteste« Charakter im ganzen Stück. Aber gerade hier bei Max müsse man die Glaubwürdigkeit der Darstellung bezweifeln: »Ein schwärmerischer Jüngling weich und zart gestimmt für die feinsten, höchsten Empfindungen der Liebe, findet sich schwerlich im Lager.« Die Erziehung durch Wallenstein und fünfzehn Jahre Krieg hätten Max wahrscheinlich weniger empfindsam werden lassen. Theklas größere Entschlossenheit jedenfalls, »schadet dem Charakter des jungen Helden, der in dem Grade verweiblichet wird, als Thekla männlich erscheint«. Kurzum: »Aus dem jungen Piccolomini spricht die Phantasie mit goldner Zunge. Die ganze Figur schwimmt in einem poetischen Zauberelement.«
Der springende Punkt ist: »Schiller kann Idealität und Realität, Poesie und Geschichte nur schwer und selten richtig mit einander verbinden. Beide erscheinen bei ihm gewöhnlich wie verschiedene Elemente, die sich nicht durchdringen. Eine sehr auffallende Probe davon ist die weitläuftige Erklärung, welche der Kellermeister während des Banketts mit vielen gelehrten Anmerkungen von einem Becher giebt. Die wichtigste Scene bei der Tafel hält im Hintergrunde und wartet, bis der gelehrte, schwatzhafte Kellermeister mit seiner Becherexegese fertig ist.«
Folgerichtig macht auch dieser Kritiker die dichterische Ausmalung, die »poetische Gemütlichkeit«, wie Schiller es nannte, für die unbefriedigende Teilung des Dramas verantwortlich: »Nicht die Länge und füllende Mannichfaltigkeit der Begebenheiten machen diese Theilung nöthig; bloß die übermäßige Länge der Reden, der rhetorische Schmuck!

das *Willkührliche*, geben diesem Theile des Wallensteins die unproportionirte Ausdehnung, die den Schluß zu einem eignen, zweiten Theile extendiret. Der Dichter hätte mit einer weisen Aufopferung mancher an sich schöner, aber mit der Sache nicht nothwendig verbundener Gemälde zum Vortheil des Ganzen füglich *ein* Drama aus diesen zwei Theilen schaffen können.«

(Braun III, 54, 71, 73–76)

4. Die Kritik im Verlauf des 19. Jahrhunderts

Das die dramatische Handlung bestimmende Verhältnis zwischen Charakter und Schicksal war um die Jahrhundertwende das Hauptthema in der theoretischen Erörterung des Dramas. Auf dieses Problem hatte Schiller seine Aufmerksamkeit gerichtet, als er Sophokles und Shakespeare studierte; dieses Problem bewegte ihn im kritischsten Augenblick der Entstehung des »Wallenstein«. Er schrieb seinerzeit an Goethe:

»Was die dramatische Handlung, als die Hauptsache anbetrift, so will mir der wahrhaft undankbare und unpoetische Stoff freilich noch nicht ganz parieren, es sind noch Lücken im Gange, und manches will sich gar nicht in die engen Grenzen einer TragödienOeconomie herein begeben. Auch ist das Proton-Pseudos in der Catastrophe, wodurch sie für eine tragische Entwicklung so ungeschickt ist, noch nicht ganz überwunden. Das eigentliche Schicksal thut noch zu wenig, und der eigne Fehler des Helden noch zu viel zu seinem Unglück. Mich tröstet hier aber einigermaaßen das Beyspiel des Macbeth, wo das Schicksal ebenfalls weit weniger Schuld hat als der Mensch, daß er zu Grunde geht.«[5]

(Jonas V, 119)

Am Begriff des Schicksals knüpft dementsprechend auch die Untersuchung des Philologen und preußischen Kultusbeamten Johann Wilhelm Süvern (1775–1829) an. Süvern, der sich an der griechischen Tragödie orientiert, schreibt:

»Sobald [...] der Mensch, das Reich der Freyheit verlassend, seinen Gedanken eintreten läßt in die Außenwelt, ihn

5. Vgl. diesen Brief vom 28. November 1796 in Kap. IV, 3.

mit Kräften paart, wo es nicht allein auf ihn mehr ankommt, ob er bestehn soll, sobald verfällt er ins Gebiet der Nothwendigkeit, der Ausgang, aber auch nur dieser, ist nicht sein mehr, denn er gab jetzt Andern Antheil an sich selbst, und nur, wer alle Kräfte klug für sich zu bannen weiß wird Sieger. Doch kann alles Drängen der Menschen niemand so weit zwingen, wenn anders er will, daß er sich seiner selbst entsagt, nun ihren Kreisen folgt, und, statt kräftig in ihr Getriebe zu fassen und selbsständig sich aus dem Netze zu erheben, in seiner Verschlingung sich fortziehn läßt. Es thun, ist Aufwallung der Leidenschaft, ein Augenblick der Verblendung, und hier gerade liegt des Herzogs Fehler; glauben, daß man's thun müsse, ist selbst geschaffne Täuschung. Und was aus solcher That erfolgt, das ist dann auch nicht zu erwehren, das ist der ernsten Rachegöttin Finger.«

Diese Selbsttäuschung Wallensteins und die Art seines Untergangs beeinträchtigen nach Süvern die Wirkung der Katastrophe:

»Denn wenn es Hauptneigung der Tragödie ist, eine tragische Handlung, *von der Seite des Schicksaals aufgefaßt*, darzustellen, wenn sie also, wie es in der vorliegenden geschieht, alles häuft, was diese Darstellung groß, voll und stark machen kann, so mag sie wohl heilige Scheu und Demuth erwecken, auch mag sie erhabne Gefühle erregen, *so lange* man den Helden mit jener übermenschlichen Gewalt ringen sieht. Aber durch seinen Fall schlägt er nieder und verwundet tief; so wie er erliegt verschwinden diese Gefühle, in Kleinmuth mögen sie sich verwandeln, wenn von jener Niederlage nichts übrig bleibt, das sie höher stimmt, und der Anblick einer allgemeinen Verwüstung, aus der kein Phönix sich erhebt, Erbitterung oder Ängstlichkeit zurücklassen.«

Am Ende, stellt Süvern fest, »sehn wir in der allgemeinen Verwüstung keine Spur mehr des Lebens, alle Größe, alle Schönheit ist verschlungen in den schwarzen Schlund des Todes, und keine Ahnung hebt uns in das Gebiet der Freyheit, die bleibt und wenn alles vergeht.«

(Süvern: Über Schillers Wallenstein in Hinsicht auf griechische Tragödie. Berlin: Buchhandlung der Königlichen Realschule 1800. S. 61–63, 156 f., 210)

Ganz ähnlich wie Süvern empfand Georg Wilhelm Friedrich Hegel (1770–1831):

»Der unmittelbare Eindruck nach der Lesung Wallenstein's ist trauriges Verstummen über den Fall eines mächtigen Menschen, unter einem schweigenden und tauben Schicksal. Wenn das Stück endigt, so ist Alles aus, das Reich des Nichts, des Todes hat den Sieg behalten; es endigt nicht als eine Theodicee.«

Was Süvern als Wallensteins Selbsttäuschung hervorhob, beschreibt Hegel als »Schicksal des Bestimmtwerdens eines Entschlusses«: Wallensteins »erhabene, sich selbst genügende, mit den größten Zwecken spielende und darum charakterlose Seele kann keinen Zweck ergreifen, sie sucht ein Höheres, von dem sie gestoßen werde; der unabhängige Mensch, der doch lebendig und kein Mönch ist, will die Schuld der Bestimmtheit von sich abwälzen, und wenn nichts für ihn ist, das ihm gebieten kann, – es darf nichts für ihn seyn – so erschafft er sich, was ihm gebiete; Wallenstein sucht seinen Entschluß, sein Handeln und sein Schicksal in den Sternen«.
Am Ende siegt der Fatalismus: »... es steht nur Tod gegen Leben auf, und unglaublich! abscheulich! der Tod siegt über das Leben! Dieß ist nicht tragisch, sondern entsetzlich! Dieß zerreißt das Gemüth, daraus kann man nicht mit erleichterter Brust springen!«

(Hegel: Über Wallenstein [um 1800]. In: G. W. F. H., Sämtliche Werke. Jubiläumsausgabe hrsg. von Hermann Glockner. Bd. 20 Vermischte Schriften aus der Berliner Zeit. Stuttgart: Frommann ³1958. S. 456–458)

Von einer niederschlagenden Wirkung des »Wallenstein« spricht auch der anonyme Nekrologist der »Allgemeinen Literatur-Zeitung«:

»... frühzeitig erkennen wir in dem schwankenden Wallenstein ein dem Verderben geweihtes Opfer, und indem wir ihn, Schritt für Schritt, dem blutigen Opferaltar langsam zuschreiten sehen, ist uns so beklommen, als folgten wir einem Leichenzuge, dessen Ende kein anderes seyn kann, als daß uns theure Überreste einer geliebten Person nun auf ewig entrissen werden; wodurch ein pathologischer, aber nicht ästhetischer Schmerz entstehen kann. Deswegen soll denn dieser Wallenstein überhaupt zum Helden einer Tragödie nicht taugen.«

(Über Friedrich von Schiller. In: Intelligenzblatt der Allgemeinen Literatur-Zeitung. Nr. 98 vom 19. Juni 1805. Sp. 798)

Nicht viel anders als Süvern und Hegel beurteilt Ludwig Tieck (1773–1853) den Fall. Er schreibt im Januar 1823 in der Dresdner »Abend-Zeitung«, Schiller mache aus dem Begriff des Schicksals etwas zu Beschränktes und Beschränkendes:

»So wird Wallenstein von vielen, ja *zu vielen* Motiven seinem Untergange entgegen getrieben, Selbständigkeit, Kampf ist nicht mehr möglich und er erliegt den Umständen, der herbeigeführten Notwendigkeit; es legt sich dies selbsterregte Schicksal, wie die Schlangen des Laokoon, dicht und dichter um die Brust des Leidenden und erdrückt ihn. Der freie Herkules auf dem Öta, Ajax, Ödipus und Niobe sind aber ohne Zweifel größere Aufgaben für die Tragödie, als jener Laokoon.«

Das Unbefriedigende am Ende sind für Tieck die vielen offenen Fragen:

»Wird nun, nach des Helden Tode, der Kaiser ihn vermissen? Wird die Armee noch dieselbe bleiben? Werden die Schweden jetzt nicht ohne Widerstand das Land beherrschen? Von allen diesem, selbst von Octavios Schicksal erfahren wir nichts, können auch nichts ahnen und das ganze Gedicht ist also auch hier, wie so manches neuere, unmittelbar an den einzigen Mann geknüpft; er fällt und alles ist vorüber, ohne daß dasjenige gelöset würde, was doch oft genug im Werke selbst unsere Aufmerksamkeit fordert.«

(Die Piccolomini. Wallensteins Tod. In: Tiecks ausgewählte Werke. Hrsg. von Georg Witkowski. Leipzig: Hesse [1903]. Bd. 4. S. 62 u. 71 f.)

Johann Peter Eckermann (1792–1854) spürt im »Wallenstein« eine gewisse Unnatürlichkeit, die er auf Schillers theoretische Bemühung zurückführt:

»Es geht mir mit Schiller eigen«, sagt er am 14. November 1823 zu Goethe, »einige Scenen seiner großen Theater-

Stücke lese ich mit wahrer Liebe und Bewunderung, dann aber komme ich auf Verstöße gegen die Wahrheit der Natur, und ich kann nicht weiter. Selbst mit dem Wallenstein geht es mir nicht anders. Ich kann nicht umhin, zu glauben, daß Schillers philosophische Richtung seiner Poesie geschadet hat; denn durch sie kam er dahin, die Idee höher zu halten als alle Natur, ja die Natur dadurch zu vernichten. Was er sich denken konnte, mußte geschehen, es mochte nun der Natur gemäß oder ihr zuwider seyn.«

Vier Jahre später äußert sich Goethe ähnlich:

»Schillers Wallenstein ist so groß, daß in seiner Art zum zweyten Mal nicht etwas Ähnliches vorhanden ist; aber Sie werden finden daß eben diese beyden gewaltigen Hülfen, die Geschichte und Philosophie, dem Werke an verschiedenen Theilen im Wege sind und seinen reinen poetischen Succeß hindern.«

(Eckermann: Gespräche mit Goethe in den letzten Jahren seines Lebens. Hrsg. von H. Houben. Leipzig: Brockhaus [22]1939. S. 57 u. 211 f.)

Otto Ludwig (1813–65), der ein halbes Jahrhundert nach Schiller den Plan zu einer eigenen Wallenstein-Tragödie faßte, geht in seinen »Shakespeare-Studien« mit Schillers »Wallenstein« hart ins Gericht. Der Hauptangriff der Kritik richtet sich wiederum auf die Handlungsschwäche, dann aber auch auf die moralische Verwerflichkeit des Helden. Für Otto Ludwig ist Wallenstein »immer der schwache Charakter, der jedesmal das ist, wozu ihn die Situation macht, der nie die Situation macht, sondern jedesmal von der Situation gemacht wird«.

»Er ist nicht mehr und weniger als ein Hamlet, der, Gott weiß, wie das möglich war – früher einmal ein Coriolan oder dergl. gewesen, und der nun den Macbeth spielen will, aber nicht den wilden Schotten, sondern einen für die deutschen Damen.«

»[. . .] man könnte glauben, Schiller habe in dem Drama den Satz ausführen wollen: die Noth ist die Mutter aller Thaten und das einzige Gesetz der Helden.«

»Das Schlimmste: wir sehen ihn kleine Künste ausüben, die Pappenheimer zu beschwätzen, den Max mit Sophismen zu umspinnen ist er unbedenklich genug.«

Aber: »Er, der sich eben noch als einen ganz gemeinen Realisten gezeigt, der die Kürassiere, dann den Max mit Sophismen zu sich herüber lenken wollte, der Buttler auf so gemeine und kleine Art in seine Gewalt gebracht hat, er ist nun [am Ende, W-1683 f.] das gerade Herz, das darum so leicht zu betrügen war. Wenn er das Jemand weiß machen wollte, wo es ihm nützen könnte, da möchte es gehen; aber er sagt sich das selbst.«

Überdies, meint Otto Ludwig, würde der Zuschauer bei Schiller bestochen, »in der Poesie ein Thun zu bewundern, das uns im wirklichen Leben mit Widerwillen erfüllt«. Denn Schiller biete »das Schlimme [...] unter dem glänzenden Firniß des Schönen und Liebenswerthen«.

»[...] er war ein so streng sittliches Gemüth, daß ihm das Schöne immer ohne daß er es weiß in's Gute übergeht. Was ihn persönlich entschuldigt, das ist eben in seinem Wallenstein das Gefährliche, daß, wo er uns blos ästhetisch für das Schlimme interessiren will, er uns zugleich moralisch dafür gewinnt.«

(Ludwig: Shakespeare-Studien. Aus dem Nachlasse des Dichters hrsg. von Moritz Heydrich. Leipzig: Cnobloch 1872. S. 57–60 u. 229 f.)

Nachdem namhafte Kritiker bereits in der ersten Hälfte des 19. Jahrhunderts mit Beharrlichkeit auf bestimmte Schwächen des »Wallenstein« hingewiesen hatten und Schillers Ansehen während der zweiten Hälfte im Zeichen des literarischen Realismus ganz allgemein stark gesunken war, konnte Karl Bleibtreu (1859–1928) am Ende des Jahrhunderts ein vernichtendes Urteil über Schiller und den »Wallenstein« sprechen. Auf eine Umfrage zur Vorbereitung der Säkularfeiern kamen eine Menge läppischer Lobesworte zusammen. Karl Bleibtreu indessen, der sich die Mühe machte, ausführlicher zu antworten, stellt fest, Schiller habe überhaupt kein Werk bleibender Art hinterlassen, seine »angebliche schöne Sprache« sei »schwülstige Empfindsamkeit«. »Wie hätte der gewaltige historische Wallenstein, dieser mißglückte Bismarck, über Max und Thekla gelacht!« Nicht die Qualität der Dichtung habe Schiller zum obersten Lieblingsdichter der Philister werden lassen: »Nein, die große Lärm- und Reklametrommel der Theaterbühne gehörte dazu und für sie allein, diese mißgeschaffene Spottgeburt der Poesie, war Schiller geschaffen. Hier war er ohne weiteres ein Genie, sowie man ja auch von Geschäftsgenie und dergleichen in unsrer fortgeschrittenen Ära zu schwatzen liebt. Schlechterdings niemand hat je so viel ›Theaterblut‹ besessen, einen geradezu phänomenalen Instinkt für alle Bedürfnisse der Halbbildung und des geistigen Pöbels, woraus sich ja das gesamte Theaterpublikum rekrutiert. [...] So glitt sein an sich genialer Griff nach dem Wallenstein-Stoff unwillkürlich ab. Die Geschichte selber liefert uns Wallensteins tragische Schuld, daß er, der nationalfühlende großdeutsche Staatsmann, sich aus wüstem Ehrgeiz als Kondottiere herumtrieb, bis seine eigene bemakelte Vergangenheit ihm den Weg zu nationalem Heldentum versperrte und seine höheren Motive zum Verrat am Hause Habsburg verfälschte. Es wäre zu viel gesagt, daß Schiller diesen gewaltigen Konflikt, der freilich einen Meister der Psychologie erforderte, nicht von fern geschaut hätte. Die ausgezeichnete Szene mit dem schwedischen Unterhändler, die einzige bei ihm, die einen großen historischen Stilzuschnitt hat, läßt darauf schließen. Aber gleich stellte sich neben der Selbsterkenntnis, daß er solchem Stile nicht gewachsen sei, bei ihm jene akademische Ästhetik ein, die etwas ›Allgemeinmenschliches‹ heischte: zu deutsch Liebschaften und nassen Familienjammer, eine Abart dessen, was er bei Kotzebue verspottete. Auch sein Wallenstein will im Grunde nur silberne Löffel stehlen und den Pranger wagen, ›Soldatenpflicht und Ehre‹ oder ›was beißt mich da?‹, ein öder äußerlicher Konflikt zwischen Fahneneid und Insubordination aus gekränktem Ehrgeiz kommt zu stande. Dies ewige ›Ich will es lieber doch nicht tun‹ paßt zum historischen Wallenstein und zum wirklich vorschwebenden Thema wie die Faust aufs Auge, angelesene Reminiscenz aus Hamlet, wie im übrigen ein falscher Macbeth hier nachgedichtet. Die Flötentöne ›O bleibe bei mir, geh' nicht von mir, Max!‹ dieses biedern Familienvaters stammen aus einem unheroischen Spießbürgergemüt, dessen schwächliche Sentimentalität ebensowenig weiß, wie es einem historischen Helden und Verbrecher zu Mute ist, als wie ein echter Idealist sich äußert. [...] Um so besser gelang das umrahmende schildernde Beiwerk; so nahe berührte dies äußerliche Säbelgerassel sein künstlich aufgeregtes Naturell, daß er zum ersten Mal unter Goethes belebendem Einfluß und dem Eindruck der zeitgenössischen Heroica sich in ›Wallensteins Lager‹ und der Banketszene der ›Piccolomini‹ einen bärbeißig realistischen Humor abzwang und im Pappenheimerlied echte Töne fand.«

(Schiller im Urteil des zwanzigsten Jahrhunderts. Stimmen über Schillers Wirkung auf die Gegenwart. Eingeführt von Eugen Wolff. Jena: Costenoble 1905. S. 144 f. u. 148–150)

5. *Die frühen Literaturhistoriker und die Interpreten im 20. Jahrhundert*

Der liberale Literaturhistoriker Georg Gottfried Gervinus (1805–71), der mit seiner »Geschichte der poetischen National-Literatur der Deutschen« (1835) Schillers Ruhm zu befestigen half, tadelt bei aller Bewunderung für den »Wallenstein« die Behandlung des Schicksals und das Künstliche der Max-Thekla-Handlung.
Das Urteil von Gervinus wurde durch geringere Literaturhistoriker verbreitet. So auch von seinem politischen Gegner, dem orthodoxen Protestanten August Friedrich Christian Vilmar (1800–68), dessen »Geschichte der deutschen National-Literatur« (1843) den Auflagen nach die erfolgreichste Literaturgeschichte des 19. Jahrhunderts war. Vilmar spitzt die Kritik von Gervinus zu: die Max-Thekla-Geschichte ist so »völlig verfehlt«, »daß man beim Lesen des Wallenstein diese Episode überschlägt«. Durch die Art der Katastrophe wird »die tragische Teilnahme an dem Helden [...] nicht allein gemindert, sondern sogar bis auf einen gewissen Grad abgestumpft«.
Der positivistische Literaturhistoriker Wilhelm Scherer (1841–86) gibt in seiner »Geschichte der Deutschen Literatur« (1883) eine ausführliche Paraphrase des »Wallenstein«. Dabei kommt Scherer zu der Ansicht, Schiller habe einen konservativen Standpunkt eingenommen: »Schiller, in dessen ›Carlos‹ auch die idealen Figuren es um der vermeinten guten Sache willen mit Treue und Redlichkeit nicht sehr genau nehmen, steht jetzt streng auf Seite der Pflicht, der Treue, des Gesetzes, auf Seite der erhaltenden Tugenden und der alten Ordnungen, welche die Willkür dämmen. Er streitet gegen die Revolution, wie Goethe.«
Die Absicht Schillers zielt nach Scherers Meinung auf die

ästhetische Erziehung des Menschen[6]: »Der Idealist ist einseitig und der Realist ist einseitig, lehrt Schiller: nur beide zusammen gewähren das vollkommene Bild der Menschheit. Die Aufgabe der Poesie aber ist nach Schiller, der menschlichen Natur ihren möglichst vollständigen Ausdruck zu geben. Diese Aufgabe will auch sein ›Wallenstein‹ lösen.«
Dementsprechend versteht Scherer die ästhetisierenden Momente im »Wallenstein«: »Schon die erhebende Ordnung in den Charakteren, die planmäßige Vertretung der Gegensätze, das Typische der Individuen entfernt den ›Wallenstein‹ als Kunstwerk von der Wirklichkeit. Streng hielt Schiller darauf, daß die Kunst nur Schein, nur Spiel geben dürfe [...]. Durchgängig charakterisiert er mehr durch das, was seine Figuren über sich und andere von ihnen aussagen, als durch Handlungen, aus denen wir selbst die Charakterzüge entnehmen könnten.«

(S. 595–597)

Die meisten namhaften Literaturwissenschaftler des zwanzigsten Jahrhunderts haben sich mit dem »Wallenstein« beschäftigt.[7] In ihren Deutungen tritt die ursprüngliche Fatalismuskritik zurück. Dilthey, der den neueren Deutungen die Hauptrichtung weist, nimmt »Wallenstein« als ein historisches Drama und hebt die Macht des geschichtlichen Augenblicks hervor, von dem die Figuren abhängen. Max und Thekla gelten ihm als »Maßstab des Ideals für die Beurteilung der handelnden Personen«. Korff, Cysarz und Pongs folgen im wesentlichen der Auffassung Diltheys.
Den Konflikt zwischen Idealismus und Realismus, der in den Entstehungszeugnissen eine bedeutende Rolle spielt, machen Fricke, Gumbel und May zur Grundlage ihrer Deutungen. Für sie ist »Wallenstein« die Tragödie des (gewissenlosen, skrupellosen oder dämonischen) Realisten.
Guthke und J. Müller suchen in der Gegensatztypisierung, hie Max, da Wallenstein, zu vermitteln. Für H. Schneider wiederum ist Wallenstein am Ende seines Lebens zum Idealisten geläutert.

6. Vgl. den Ausschnitt aus Schillers Abhandlung »Über naive und sentimentalische Dichtung« in Kap. VI.
7. Vgl. zu den hier nur flüchtig genannten Interpreten die meist leicht zugänglichen Titel unter Punkt 3 der Literaturhinweise; darüber hinaus die umfangreiche, allerdings unsortierte Deutungsliteratur in der Bibliographie von Vulpius.

Sengle sieht den Kern des Dramas in seinem politischen Problem. Wallenstein ist ihm kein Charaktertyp und kein Vertreter einer historischen Idee, sondern ein weltgeschichtlicher Machthaber, der gerade durch den Mangel an einer verpflichtenden historischen Idee gelähmt ist.
Paulsen versucht das Drama aus Schillers Geschichtsverständnis zu deuten. Geschichte sei für Schiller »nicht nur Materie, an der er sich als schaffender Mensch zu bewähren vermochte, sondern gleichzeitig auch ein System von Ordnungen, aus dem er hoffen durfte, das absolute Gesetz menschlicher Ordnung überhaupt herleiten zu können«.
Für B. v. Wiese und (mit Einschränkungen) Heselhaus ist der »Wallenstein« eine »Tragödie der Nemesis[8]«, die aus dem spannungsvollen Zusammenspiel von »menschlicher Freiheit, geschichtlichem Handeln und göttlicher Nemesis« lebt: Wallenstein, ein »Mann der Nemesis«.
Storz schließlich widerspricht den Deutungen des »Wallenstein« als Nemesis-Tragödie, weil auch hierbei eine wertende Eindeutigkeit vorauszusetzen sei, die Schiller bewußt vermieden habe. So bleibt bei den weltanschaulichen Deutungen alles offen.

6. *Das Werk des Nationaldichters im Streit der Parteien*

Die erste literaturwissenschaftliche Kritik am »Wallenstein« ging von einem zeitgemäßen Gesichtspunkt aus und berührte in den Punkten Charakter und Schicksal beziehungsweise Katastrophe jedesmal den Kern des Dramas. Doch obgleich sich die verschiedensten Untersuchungen immer wieder in dem gleichen gravierenden Urteil, dieser Wallenstein eigne sich nicht recht zum tragischen Helden, trafen, setzte sich die oft wohlbegründete Kritik an der dramatischen Struktur nicht durch. Statt dessen bewies Schillers Sprachgewalt, die auch alle Kritiker beeindruckte, eine ungeheure Wirkung auf das Publikum. Man hatte genug von den läppischen Konversationsstücken und verlangte – auf der Suche nach einem ›vaterländischen‹ Dichter – nach Idealischem und

8. Nemesis (griech., Unwille, Tadel), im griech. Mythos die Rachegöttin, die den Übermut im Glück (Hybris) bestraft; hier: »die geheime wiederherstellende Macht der Geschichte selbst« (Wiese).

Pathetischem. Die hinreißende Sprachgebung des »Wallenstein« genügte, um in Schiller, dessen Meisterruhm damals noch ganz auf seinen Jugenddramen gründete, den »deutschen Shakespeare«, den »Nationaldichter«, den »Führer der Nation« ahnen zu lassen. Die Verehrung für Schillers Person und seine Ideale machte die kleinen Geister blind für Schillers Fehler und setzte die größeren, sobald sie kritisierten, dem Verdacht des Neids und der Mißgunst aus.

Tieck eröffnete seine »Wallenstein«-Kritik vorsichtig mit einer umfassenden Anerkennung:

»Unter diese blassen Tugendgespenster jener Tage trat Wallensteins mächtiger Geist, groß und furchtbar. Der Deutsche vernahm wieder, was seine herrliche Sprache vermöge, welchen mächtigen Klang, welche Gesinnungen, welche Gestalten ein echter Dichter wieder heraufgerufen habe. Als ein Denkmal ist dieses tiefsinnige, reiche Werk für alle Zeiten hingestellt, auf welches Deutschland stolz sein darf, und ein Nationalgefühl, einheimische Gesinnung und großer Sinn strahlt uns aus diesem reinen Spiegel entgegen, um zu wissen, was wir sind und vermögen.«

(Die Piccolomini. Wallensteins Tod. In: Tiecks ausgewählte Werke. Hrsg. von Georg Witkowski. Leipzig: Hesse [1903]. Bd. 4. S. 57)

Diese Captatio benevolentiae hat Tieck nicht vor Angriffen der Schiller-Verehrer geschützt, obgleich Goethe Tiecks um Objektivität bemühte Ausführungen einen »bedeutenden Aufsatz« nannte. Das war allerdings 1826. Im Augenblick der Aktualität war das Weimarer Doppelgestirn durchaus nicht auf Kritik erpicht. Schiller, der tatsächlich meist besser als jeder Kritiker wußte, wo es mit seinen Stücken im argen lag, ging nicht auf die kluge Darlegung ein, die Süvern ihm schickte. Körners Änderungsvorschläge, die Hebbel immerhin bedenkenswert finden sollte, wies er kurzerhand ab. Schillers Schwägerin Caroline von Wolzogen (1763 bis 1847), die in ihrer idealisierenden Schiller-Biographie für die vielen »seelenergreifenden Worte und Reden« im »Wallenstein« schwärmt, bemerkt:

»Seitdem sich Schiller im Wallenstein aufs Neue an das Herz des deutschen Publicums geworfen, und die so lebendige, liebevolle Aufnahme gefühlt hatte, entschlug er sich aller Empfindlichkeit über fremdes Urtheil; das kleinliche journalistische Wesen war für ihn nicht da.«

(Schillers Leben. Bd. 2. Stuttgart u. Tübingen: Cotta 1830. S. 186)

Mit ihrer aufeinander bezogenen Selbstgenügsamkeit und Loyalität förderten Goethe und Schiller ihren Aufstieg als nationale Klassiker; einer vernünftigeren Auseinandersetzung mit ihrem Werk aber sollte diese Stilisierung, die dem Bedürfnis des großen Publikums entgegenkam, nachhaltig im Wege stehen.

Schiller hat die in seinen Briefen geäußerten Vorbehalte gegenüber Wallensteins Charakter (vgl. an Böttiger 1. 3. 99) nicht wie beabsichtigt veröffentlicht. So war es möglich, daß der ehemalige Jungdeutsche Ferdinand Gustav Kühne (1806–88) anläßlich eines Leipziger Schillerfestes im Jahre 1852 Schillers Wallenstein mit kaum verhohlenem nationalen Dünkel dem Franzosen Napoleon als deutschen Helden gegenüberstellt:[9]

»Napoleon Bonaparte – Wallenstein! Wie glühende Meteore zogen sie über eine schwühle, bange, dumpf in sich verworrene Welt. Beide, Lieblinge des Glückes, Söhne des Mars, Könige des Lagers, von einer begeisterten Soldateska auf die Schultern, auf die Schilde gehoben. Beide gleich sehr erfüllt von ihrer Aufgabe, aus dem Chaos eine neue Welt zu gestalten, Beide voll Glauben an sich und ihre Mission, Beide von demselben Ideal erfüllt, das sie im römischen Cäsar erblickten. Beide freilich auch grundverschieden nach Art ihres Zeitalters, ihres Bodens, ihrer Nation. Napoleon ein vulkanisches Gebilde; der Held des deutschen Gedichtes, wie fast alle Gestalten der deutschen Geschichte, eine neptunische Geburt. Der Eine Erbe der französischen Revolution, der Andere Erbe einer noch tieferen Auflösung die der große Religionskrieg über Deutschland gebracht hatte. In der Benutzung der Mittel, in der Benutzung der Begeisterung die sich ihnen darbot, Beide einander sehr ähnlich; aber Jener rücksichtslos in der Entfaltung aller Kräfte, von

9. Der einflußreiche liberale Literaturhistoriker Georg Gottfried Gervinus hatte in seiner Literaturgeschichte auf Wallenstein als divinatorisches Vorbild für Napoleon hingewiesen.

That zu That schreitend, Dieser in den Sternen sein Schicksal suchend, wo Jener nur aus der Constellation der Dinge um ihn her seine Berechnung zog. Napoleon Bonaparte vor keiner That sich scheuend, über jede Schwelle schreitend, und wenn sie in Blut schwamm; Wallenstein vor der Schwelle die zur letzten That führen sollte, stille stehend und philosophirend: Noch ist sie rein, noch schritt das Verbrechen nicht über sie hinweg! Jener ganz Schnellkraft, nach gelungener That erst reflectirend über ihre Möglichkeiten; Dieser, ein Cunctator, ein deutscher Hamlet der über die That so lange brütet bis die Tücke der Hinterlist ihn ereilt.[10]«

(Kühne: Schiller als Prophet. In: Europa. Chronik der gebildeten Welt. Nr. 94 vom 18. November 1852. S. 748)

Als die nationalen, liberalen und demokratischen Kräfte Schiller derart für sich in Beschlag nahmen und die volkstümlichen Schillerfeste zum hundertsten Geburtstag des Dichters zu politischen Demonstrationen in ihrem Sinne umzufunktionieren suchten, meldete auch die christlich-konservative Partei ihren Anspruch auf Schiller an.
»Nie hat ein Dichter irgend welcher Zeit so vertraut zu seinem Volke gestanden wie Schiller«, hatte Kühne geschwärmt. Der konservative Beiträger der »Neuen Preußischen Zeitung« streitet dagegen Schillers Volksverbundenheit rundweg ab; selbst Karl Moor sei »ein ziemlich aristokratischer Räuber« gewesen. Und dann geht das Gerangel um den Beweis für Schillers konservativen Geist los:

»Aus den *späteren* Dramen fällt die Blumenlese für den Liberalismus äußerst dürftig aus und würde sich höchstens auf einige allgemeine und abstrakte Freiheitsworte beschränken, während wir durchaus concrete Stellen von einem nicht der Freiheit, wohl aber dem Liberalismus entgegengesetzten Sinne, in Menge nachweisen könnten. So aus ›Wallenstein‹:

. . . Es können sich
Nur Wenige regieren, den Verstand
Verständig brauchen. Wohl dem Ganzen, findet

10. Vgl. Heinrich Manns Aufsätze »Geist und Tat« (1910) und »Voltaire – Goethe« (1910); dort werden ähnliche Vergleiche mit entgegengesetzten Vorzeichen angestellt.

Sich einmal Einer, der ein Mittelpunkt
Für viele Tausend wird, ein Halt sich hinstellt,
Wie eine feste Säul', an die man sich
Mit Lust mag schließen und mit Zuversicht. [P-414–420]

Ferner:

Mein Sohn, laß uns die alten, engen Ordnungen
Gering nicht achten! [... usw. P-463–478]

Ferner:

Herr Gott im Himmel, hat man hier zu Lande
Denn keine Heimath, keinen Heerd und Kirche?« [W-303 f.]

Nachdem auch der »Tell«, »Maria Stuart« und die »Jungfrau von Orleans« rücksichtslos ausgeschlachtet worden sind, heißt es:

»Wir enthalten uns noch mehrerer Anführungen und bemerken [...]: Im ›Wallenstein‹ die gerichtete Anmaßung des Kriegsfürsten gegen den rechtmäßigen Herrn [...].
Nach diesen zuletzt angeführten Worten [aus ›Demetrius‹] könnten wir Schiller ohne Weiteres zu den Unsrigen, zu der *kleinen Partei* zählen, die nur nach dem Gewicht, nicht nach der Zahl schätzt. So viel aber ist gewiß, daß die conservative Partei keinen Grund hat, Schiller's geschichtliche Dramen als liberale Tendenzstücke zu betrachten und sie demgemäß in tendenziöser Weise herabzusetzen.«

(Zur Schiller-Feier. In: Neue Preußische Zeitung, Nr. 263 vom 10. November 1859)

Schwierigkeiten besonderer Art machte der »Wallenstein« später dem marxistischen Lager. Der Vulgärmaterialist Eugen Dühring (1833–1921) lehnte Schiller weitgehend ab. In der literaturhistorischen Würdigung »Die Größen der modernen Literatur« von 1910 (zuerst 1893) wiederholt Dühring im wesentlichen die Fatalismuskritik des 19. Jahrhunderts. Er schreibt über die »undramatische Unentschlossenheit im Charakter des Schillerschen Wallenstein«:

»Sich vom Feldherrn zu einem Stück Souverän machen und so die böhmische Krone erzwingen, – das war bei der Zerfahrenheit des deutschen Reichs, und nachdem einmal mit der Reformation die Verselbständigung der Particularfürsten in Gang gekommen, keine sonderlich große Idee. [...]

Wallenstein *spielt* mit der Verrätherei mehr, als daß er sie ernstlich betreibt. Da man aber dieses Spiel auf der andern Seite *ernst* nimmt und es durch Gegenmaaßregeln kreuzt, so wird eben durch diese Kreuzung der Feldherr dazu gedrängt, es mit dem Abfall zu versuchen. Auf diese Weise hört seine Handlung auf, frei seine eigne zu sein. Er wird zum Werkzeug der Ereignisse, die ihn vorwärts schieben. Ein solches Geschobenwerden, zumal unter fortbestehendem Bedauern, daß die Wahl nicht mehr offenstehen solle, ist sicherlich keine *Helden*situation. Die Nothwehr hat hier mehr Antheil als etwa der Entschluß zu irgend einer kühnen Activität. [...]
Der *wirkliche* Wallenstein mag übrigens beschaffen gewesen sein, wie er will und wie man es, angeblich historisch, beliebt; in jedem Falle hat er in zwei Punkten über dem Schillerschen gestanden. Sein Verhalten muß dem Charakter einer wirklichen *Handlung* doch etwas näher gelegen haben, und unmöglich hat er die moralischen Bedenken hegen können, vermöge deren ihn Schiller'sche Gewissensskrupel nicht zum Entschluß kommen lassen. Auch wenn er thatsächlich nicht Etwas an sich gehabt hätte, was in dem Feldherrn an den Räuberhauptmann größern Stiles erinnert, so dürfte man ihn doch offenbar nicht als einen solchen Gewissensmenschen vorstellen, wie er unter den Händen unseres Dichters geworden ist.«

(Die Größen der modernen Literatur populär und kritisch nach neuen Gesichtspunkten dargestellt. 2., durchgearbeitete u. vermehrte Auflage. Leipzig: Thomas 1910. 2. Abt., 12. Kap. Schiller als schulphilosophirerischer Rauschlyriker und seine Versuche im Drama. S. 198 f.)

Inzwischen ist Schiller längst als ›Größe‹ im klassischen Erbe auch der marxistischen Literaturgeschichte rehabilitiert. Unter dem Gesichtspunkt des Klassenkampfes wird »Wallenstein« der »bonapartistische Typus, der das Volk verriet« und deshalb scheitern mußte. Hans-Jürgen Geerdts (geb. 1922) erläutert:

»Wallenstein geht bei Schiller tragisch zugrunde, weil er schwankt und zaudert, die Emanzipationshoffnungen der das Volk repräsentierenden Vertreter der Armee enttäuscht und im Bestreben, objektiv die nationale Sache zu fördern, mit den Feinden des Vaterlandes paktiert, weil er keine revolutionäre Basis findet. Seine Verschuldung erwächst einerseits aus seinem Charakter, wie ihn der Dichter meint, andererseits aus den konkreten Bedingungen seiner Klassenexistenz. Da der Dichter nicht in der Lage war, die moralisch-psychologischen Begründungen mit den historisch-gesellschaftlichen zu vereinen, blieb ein unaufgelöster Rest und damit – als einziger Ausweg – eine Annäherung an die Form der griechischen Tragödie. Freilich eine antike Tragödie ohne Götter; an ihre Stelle tritt als idealistische Klammer um den historischen Antagonismus im Ideologischen das ›unerklärbare‹ Gesetz des Geschichtsverlaufs selbst, der unaufhebbare Gegensatz zwischen Idealität und Leben.«

(Theorie und Praxis in Schillers Schaffen, dargestellt am ›Wallenstein‹. In: Weimarer Beiträge. Sonderheft 1959, S. 60)

Entsprechend der materialistischen Auffassung der Geschichte als einer Geschichte von Klassenkämpfen bemühen sich die sozialistischen Bühnen, »Wallenstein« »als die Tragödie eines Volkes« zu inszenieren. In einem Rückblick auf die Theaterjahre 1945 bis 1968 der DDR heißt es:

»Die sich 1947/48 zuspitzenden Klassenauseinandersetzungen in Deutschland erforderten eine politisch differenziertere Auswahl des Erbes. Die SED, die auf ihrem Ersten Kulturtag die marxistische Konzeption einer nationalen Kulturpolitik als Gegenkonzeption zum nationalen Verrat der imperialistischen Bourgeoisie entwickelte, machte vor allem auf die großen Geschichtsstoffe im klassischen Erbe aufmerksam. Inszenierungen von Schillers ›Wallenstein‹, ›Wilhelm Tell‹ und Goethes ›Egmont‹ sollten zur Stärkung eines demokratischen Nationalbewußtseins beitragen.«

Und über den »Wallenstein«-Regisseur am Deutschen Nationaltheater in Weimar:

»Karl Kayser war bemüht, das Deutsche Nationaltheater zur Pflegestätte einer progressiven Klassiker-Rezeption zu entwickeln. Diesem Anliegen dienten besonders die von ihm initiierten ›Festspiele der Klassik‹ sowie seine eigenen Klassiker-Inszenierungen, die vor allem die revolutionär-kämpferische, geschichtsbildende Kraft der Volksmassen in den Vordergrund stellten: ›Egmont‹ (1951), ›Wilhelm Tell‹

(1951 und 1955), die ›Wallenstein‹-Trilogie (1953), ›Götz von Berlichingen‹ (1953), ›Die Jungfrau von Orleans‹ (1954).«

(Theater in der Zeitenwende. Zur Geschichte des Dramas und des Schauspieltheaters in der Deutschen Demokratischen Republik 1945–1968. Hrsg. vom Institut für Gesellschaftswissenschaften beim ZK der SED Berlin, Lehrstuhl Kunst- und Kulturwissenschaften. Forschungsgruppe unter Leitung von Werner Mittenzwei. 1. Bd. Berlin: Henschel 1972. S. 45 u. 336)

7. *»Wallenstein« auf der Bühne*

Schillers »Wallenstein« war als Bühnenstück gefragt, noch ehe er fertig war. Die Theaterspielleiter Iffland, Kotzebue und Goethe rissen dem Dichter das Manuskript gleichsam aus den Händen. Nach der günstigen Aufnahme durch das Publikum bei den ersten Aufführungen der bekanntesten deutschen Bühnen[11] ging das Drama in das Repertoire der Theater über.[12] Ein bequemes Stück aber war es dort nicht. Denn so schwer es für den Verfasser gewesen war, den umfangreichen Stoff dichterisch zu bewältigen, so schwer wurde es nun für den Dramaturgen, die umfangreiche Trilogie den Bedürfnissen der Bühne und des Publikums anzupassen.[13]

11. Weimar 1798; Berlin 1799; Leipzig 1800; Hamburg 1806; Braunschweig 1806; Mannheim 1807; Karlsruhe 1810; Stuttgart 1810.
12. In Berlin bis 1930 13 Inszenierungen; in Mannheim von 1807 bis 1960 rund 20 Inszenierungen.
13. Horst Steinmetz untersucht in seiner Dissertation über »Die Trilogie. Entstehung und Struktur einer Großform des deutschen Dramas nach 1800« (Heidelberg: Winter 1968), wie es sich erklärt, daß trotz der dramaturgischen Probleme, die der »Wallenstein« aufwarf, Schiller mit seinem Monumentalwerk eine vierzigjährige Epoche der Trilogien auslöste. (Vgl. die bekanntesten Verfasser unter dem Stichwort Trilogie in Gero von Wilperts »Sachwörterbuch der Literatur«, Stuttgart: Kröner [5]1969, S. 803.)
Steinmetz versucht, einen »Einfluß von Kunsttheorie und Denkform der Romantik und des deutschen Idealismus auf Entstehung und Blüte der Trilogie in der ersten Hälfte des 19. Jahrhunderts« nachzuweisen. »Warum sollte man die Einzelstellung der Trilogie in Deutschland nicht damit erklären dürfen, daß die trilogische Form auf Grund der nur in Deutschland herrschenden Denkweise auch nur hier den fruchtbaren Boden für ihre Entstehung nach der Antike vorfinden konnte? Wenigstens bietet sich so überhaupt eine Erklärungsmöglichkeit des merkwürdigen Phänomens an« (S. 173).

In Weimar entschied sich Schiller für eine Aufführungsfolge an drei Abenden – allerdings in einer von der Buchfassung abweichenden Einteilung. An Iffland schrieb er darüber am 24. Dezember 1798:

»[...] eine reife Überlegung der Forderungen, welche das Publikum einmal an ein Trauerspiel macht, hat mich bewogen, die Handlung schon im zweiten Stück weiter zu führen, denn das dritte kann durch das tragische seines Innhalts sich auch, wenn es kleiner ist, in der gehörigen Würde behaupten.«

(Jonas V, 478)

Das »Lager« war am 12. Oktober 1798 nach Kotzebues »Corsen« aufgeführt worden; die »Piccolomini« (30. 1. 99) und »Wallenstein« (20. 4. 99) teilte Schiller folgendermaßen:

Heutige Einteilung	Uraufführung	Bühnenbilder:
Piccolomini	*Piccolomini* 30. 1. 1799	
I. II.	I.	alter gotischer Saal (6. Sz.) Saal beim Herzog von Friedland
III. IV.	II.	rotes Zimmer (verwandelt sich in:) Bankettsaal
V.	III.	Octavios Wohnung (= das gelbe Zimmer)
Wallensteins Tod		
I.	IV.	astrologisches Zimmer (= der blaue Saal)
II.	V.	Wallensteins Wohnung (= fürstliches Zimmer) (4. Sz.) Octavios Zimmer
	Wallenstein 20. 4. 1799	
III. 1–12	I.	Saal bei der Herzogin
13–23	II.	Saal beim Herzog
IV. 1– 8	III.	In des Bürgermeisters Hause zu Eger

9–14 V. 1– 2	IV.	Zimmer bei der Herzogin
3–12	V.	Buttlers Zimmer (ganz kurz); Saal mit Galerie

(Nach: Eugen Kilian: Schillers Wallenstein auf der Bühne. In: Bühne und Welt. Nr. 21, 1907, S. 353–362; und Gertrud Rudloff-Hille: Schiller auf der deutschen Bühne seiner Zeit. Berlin u. Weimar: Aufbau-Verlag 1969)

Später wurde es üblich, das »Lager« und die »Piccolomini« an einem Tag zu spielen und den »Wallenstein« am zweiten Tag. Da es aber nur wenigen Theaterbesuchern möglich war, die Aufführungen an zwei Tagen hintereinander zu sehen, behandelte man die Trilogie bald wie drei Einzelstücke und führte die Teile tatsächlich in beliebiger Reihenfolge auf. Dabei hatte das »Lager« als reines »Lust- und Lärmspiel« zwar beachtlichen Erfolg,[14] aber den »Piccolomini« fehlte die Konfliktlösung und dem »Wallenstein« die Vorgeschichte. Wollte man diesem Mißstand abhelfen, ohne Schauspieler und Publikum jedesmal in vielstündigen Festspielaufführungen zu erschöpfen, so blieb nur der Weg über einteilige Bearbeitungen.
Schiller hatte diese Möglichkeit zeitig erkannt und angedeutet, daß er sie nutzen wolle,[15] doch seine Bearbeitung für den Hamburger Theaterdirektor Jakob Herzfeld ging verloren, so daß es bis zur Wiederentdeckung dieses Hamburger Theatermanuskripts im Jahre 1958 anderen vorbehalten blieb, den »Wallenstein« durch Kürzungen spielbarer zu machen.
Die wichtigsten einteiligen Bearbeitungen sind die von:

14. In Weimar spielte man zwischen 1798 und 1814: das »Lager« 52mal, die »Piccolomini« 12mal, »Wallensteins Tod« 38mal; in Berlin spielte man zwischen 1799 und 1885: das »Lager« 87mal, die »Piccolomini« 37mal, »Wallensteins Tod« 201mal.
15. Vgl. Schillers Brief vom 16. November 1798 an Kotzebue: »Indeß könnten alle drei Stücke, wenn die Convenienz eines besondern Theaters es erfoderte, in ein einziges großes, 4 Stunden lang spielendes Stück zusammengezogen werden.«
Und am 5. Juni 1799 schrieb Schiller an Georg Heinrich Nöhden: »Auch die Wallensteinischen Schauspiele bin ich gesonnen in ein einziges Theaterstück zusammenzuziehen, weil die Trennung derselben tragischen Handlung in zwei verschiedene Repräsentationen auf dem Theater etwas ungewöhnliches hat und die erste Hälfte immer etwas Unbefriedigendes behält.«

Fleischer (Glogau 1800)
Hier werden die Verse in Prosa aufgelöst, um das epische Moment abzubauen, von dem Schiller sich zur Breite verlocken ließ. (Vgl. den Brief an Goethe vom 1. 12. 1797 in Kap. IV, 5.)

Vogel (Frankfurt a. M. 1801)
Eine einflußreiche Bearbeitung ohne »Lager«, die zugunsten der lyrischen Max-Thekla-Handlung nicht nur die Bankettszene, die Wrangel-Szenen und die Pappenheimer-Szene opfert, sondern auch ganz wesentliche Passagen Wallensteins.

Schiller (Hamburg 1801/02)
Bis 1958 verschollene Bearbeitung ohne Prolog und »Lager«; der Text ist um ca. ein Drittel organisch gleichmäßig gekürzt. (Vgl. die ausführliche Beschreibung des Hamburger Theatermanuskripts in Kap. II, 1.)

Körner (Dresden 1814)
Eine modifizierte Vogel-Fassung, die mehrere Wallenstein-Szenen wieder aufnimmt und mit Buttlers Aufbruch nach Wien endet.

Schreyvogel (Wien 1827)
Beginnt mit dem Gastmahl der Generale.

Immermann (Düsseldorf 1835)
Stilisiert Wallenstein zum ehrgeizigen Realpolitiker.

Wolzogen (Schwerin 1868)
Mit »Lager«, ohne Wrangel-Szenen.

Kilian (Berlin 1901)
Einflußreiches Modell nach Gustav Freytags klassizistischer Dramaturgie. Ohne »Lager«, mit folgender Einteilung:

Picc. I u. II	=	I.	Als Exposition, die mit Questenbergs Audienz endet.
Picc. III–V	=	II.	Steigende Handlung, endet mit der Nachricht von Sesins Gefangennahme.
Tod I	=	III.	Höhepunkt.
Tod II u. III	=	IV.	Fallende Handlung bis Maxens Aufbruch.
Tod IV u. V	=	V.	Katastrophe.

Heyme (Köln 1969)
Löst die Hauptdramen in 33 Einzelbilder auf und durchschießt ihre Folge mit 8 Szenen aus dem »Lager«. (Vgl. unten.)

Für die Zeitdauer der Aufführung erwies sich die Frage nach ein- oder mehrteiliger Einrichtung des Textes allerdings als gegenstandslos. Gustav Lindemann brachte es z. B. 1929 in Düsseldorf durch Einheitsdekoration und hohe Sprechgeschwindigkeit fertig, den fast ungekürzten Text aller drei Stücke in vier Stunden abzuspulen, während Karl Kayser 1955 in Weimar für seinen einteiligen »Wallenstein« sechs Stunden brauchte.

Besonders zeitaufwendig waren die historisch-realistischen Inszenierungen in der Nachfolge der Meininger. Die Meininger, ein berühmtes Schauspielensemble der Hoftheatergesellschaft Herzog Georgs von Meiningen, hatten es sich zum Ziel gesetzt, ihre Inszenierungen bedeutender Dramen in historisch stilechter Ausstattung und Kostümierung durch internationale Gastspiele (1874–90) als neues Bühnenprinzip bekannt zu machen. Zu ihrem Repertoire gehörte auch die an zwei Abenden gespielte »Wallenstein«-Trilogie. Fontane, der das Berliner Gastspiel von 1882 in der »Vossischen Zeitung« besprach, zeigte Vorbehalte gegenüber dem zum Prinzip erhobenen Kostüm- und Bilderprunk, der leicht das Nichtige zum Wichtigen mache und unerträglich lange Pausen verursache, nur um im nächsten Bild einen neuen Schrank zu zeigen.

Als Max Reinhardt die Trilogie 1914 in Berlin inszenierte, war der übertriebene Historizismus der Meininger fast vergessen; und den naturalistischen Echtheitstrieb, dem im Grunde die Verssprache zuwider gewesen war, begannen impressionistische Züge zu mildern. Reinhardt vermittelte durch seine Bearbeitung den Eindruck einer »fahlen, beklemmenden, spätherbstlichen Stimmung«. Er ließ »das ferne Wehen des Windes, das nahe Tosen des Sturmes vernehmen, und als die rebellischen Pappenheimer herannahen [... 110 Statisten!] ›ein tiefes, dumpfes Brausen‹«. Die beiden letzten Akte verlegte Reinhardt ins Freie; »anstelle des Bürgermeisterhauses tut sich ein Hof voll traulichen Stimmungsreizes auf, wo ›man Pferdeställe sieht, wo Schnee liegt‹«. Das Schlußbild war nicht minder stimmungsvoll: »... tiefer und tiefer ›senken sich im drückend-gedrückten Saal mit schmalen Seitengängen und einer sich weit nach hinten verlierenden Galerie die Schatten.‹«

(Schacht, S. 73–75)

Gustaf Gründgens spielte die Titelrolle 1953 in Düsseldorf, 1955 in Hamburg und 1959 bei der Festaufführung zu Schillers 200. Geburtstag in Stuttgart. Rolf Trouwborst schreibt über Gründgens als Wallenstein:

»In der Maske zeigte sich Gründgens als Wallenstein, wie Ranke ihn beschrieben hat: ein edler, schlanker Mann, mit der Signatur der Gedanken auf der Stirn, vorzeitig gealtert, doch beweglich und von einer großen Haltung. Gründgens ging indes schon im Porträt noch weiter. Er war ein fürstlicher Herr, der heimlich ersehnten Krone näher als dem Schlachtfeld, auf dem er seine Macht begründete. Um ihn war von Anfang an ein Hauch von Melancholie. Wunderbar, wie Gründgens sie im Schlußbild reif, gütig und wie abschiednehmend zu seiner Schicksalsmelodie werden ließ. Gründgens hatte das Hamletische im Wallenstein aufgedeckt und konsequent ausgespielt: die wachsende Vereinsamung, das grüblerische Spiel der Gedanken, die Furcht, den schmalen Grat zu übertreten, an dem die Versuchung zum Verbrechen werden kann, die Meditation zwischen Macht und Ohnmacht, die Tat des Verrates zu tun, nur weil sie gedacht.«

(In: Gründgens. Schauspieler, Regisseur, Theaterleiter. Hrsg. von Henning Rischbieter. Velber: Friedrich 1963. S. 62)

Während Gründgens in Westdeutschland Wallenstein als exzentrischen Charakter vorstellte, als »getriebenen, zagenden, hochstapelnden, neurotisch-genialen Parvenu«, gab Karl Paryla am 26. März 1959 im Deutschen Theater in Ost-Berlin eine richtungweisende marxistische Interpretation. Paryla folgte in seiner Bearbeitung der Auffassung Franz Mehrings, daß Wallenstein der deutsche Richelieu gewesen sei. Dementsprechend hob die in fünfzehn Bilder gegliederte Aufführung die »progressiven politischen Ziele Wallensteins« hervor, sein »Streben nach der nationalen Einheit und Unabhängigkeit und nach dem Frieden für Deutschland«. »Der aus taktischen Erwägungen von Wallenstein am Kaiser begangene Verrat wird also durch den subjektiven Verrat Octavios am Feldherrn in den Schatten gestellt.« Das astrologische Motiv wird fast vollständig gestrichen.

Sensation gemacht hat 1969 die Kölner »Wallenstein«-Inszenierung durch Hansgünther Heyme (geb. 1935).
Heymes Bearbeitung zerlegt die »Piccolomini« und »Wallensteins Tod« in 33 locker verknüpfte oder unverbundene Einzelbilder und durchschießt diese mit 8 Kurzszenen aus dem »Lager«. In Umbaupausen der an Brecht orientierten Bearbeitung erscheinen 25 Textprojektionen, meist aus Schillers »Geschichte des Dreißigjährigen Kriegs« und Diwalds Wallenstein-Biographie. Das Spiel – ohne Gräfin Terzky, aber mit Herzogin und Thekla – begleiten dröhnende Marschschritte und entnervende Kriegsgeräusche. Die Verssprache wurde ›aufgerauht‹. Als Beispiel für die tiefen Eingriffe in den Text kann der Prolog stehen:
Die 138 Prolog-Verse wurden auf 33 Verse zusammengestrichen. Von den 33 Versen wurden 13 Verse geändert (unten durch kursive Verszahlen kenntlich gemacht). Die 8 Schnitte geben dem ursprünglichen Gedankengang des Textes eine veränderte Richtung:

Möge eine Hoffnung, die wir lang gehegt, 20
Sich uns in Erfüllung zeigen *21*
Euch aus des Bürgerlebens engem Kreis 53
Auf einen höhern Schauplatz setzen. *54*
Ein Muster weckt Nacheiferung *22*
Und gibt dem Urteil höhere Gesetze. 23
Jetzt, wo wir den Kampf gewaltiger Naturen *63*
Um ein bedeutend Ziel vor Augen sehn, 64
Und um der Menschheit große Gegenstände, 65
Um Freiheit wird gerungen – *66*
Jetzt darf die Kunst auf ihrer Schattenbühne 67
Auch höhern Flug versuchen, ja sie muß, 68
Soll nicht des Lebens Bühne sie beschämen. 69
Sechzehn Jahre der Verwüstung, *80*
Des Raubs, des Elends sind dahingeflohn, 81
In trüben Massen gärt die Welt *82*
Und keine Friedenshoffnung strahlt von fern. 83
Auf diesem finstern Zeitgrund malt sich *91*
Ein Unternehmen kühnen Übermuts 92
Und ein verwegener Charakter ab. 93
Ihr kennet ihn – den Schöpfer kühner Heere, 94
Des Lagers Abgott und der Länder Geißel. 95
Seine Macht ist's, die sein Herz verführt, *117*

Sein Lager nur erkläret sein Verbrechen. 118
Wenn die Muse *129*
Ihr altes Recht, des Verses Spiel, *131*
Bescheiden wieder fordert – tadelt's nicht! 132
Ja, danket ihr's, daß sie das düstere Bild *133*
Der Wahrheit in das heitre Reich der Kunst 134
Hinüberspielt, die Täuschung, die sie schafft, 135
Aufrichtig selbst zerstört und ihren Schein 136
Der Wahrheit nicht betrüglich unterschiebt; 137
Ernst ist das Leben, heiter ist die Kunst. 138

Bei diesem freien Umgang mit dem Text entfernt sich Heyme gelegentlich in amüsanter Weise vom Original. Wo Schillers erster Jäger flottes Leben und Müßiggang verlangt und der Wachtmeister meint: »Das ließ' sich unter dem Wams da finden.« (L-255), da wird des Kaisers Rock bei Heyme zum Weiberrock: »2. Soldat (die Brust des Mädchens fassend). Was läßt sich unter dem Wams da finden?«
Merkwürdig, daß nicht die Philologen gegen diese Textbehandlung Einspruch erhoben. Wolfgang Schadewaldt schrieb eine Laudatio an Heyme, in der er bekannte: Die Kölner Aufführung »war mein stärkster theatralischer Eindruck seit den Reinhardt-Inszenierungen vom Anfang der zwanziger Jahre in Berlin. [...] ›Wallenstein‹ [...] hat mich in Ihrer Darstellung zum ersten Mal überzeugt.« (Schiller/Heyme, S. 9–11, 91 u. 145.)
Grundsätzliche Bedenken gegenüber dieser Form des Regietheaters kamen von den Theaterkritikern:

Joachim Kaiser (geb. 1928):

»Nach Peter Steins ›Tasso‹-Entmythologisierung ist ja die Anpassung klassischer Texte an bestimmte Standards des modernen Bewußtseins nicht nur eine Talent-, sondern eine Stilfrage geworden. Alle machen das jetzt. Heyme legte für mein Empfinden die Marke fest, wo moderner Eigensinn in modernistisches Krawall-Theater umschlägt. Wallenstein-Lärm ersetzte Wallensteins Lager, Schiller-Zitate traten an die Stelle zwingender Dialog-Bewegung. Wer nicht nur den sogenannten Geist der Sache neu produziert, sondern auch den Buchstaben in bloßes Umformungsmaterial verwandelt, gerät an die Grenze der Willkür, und von da ist es nicht weit bis zur Langeweile. Mit diesem Einzelurteil will und darf ich keineswegs ein Gesamturteil über Heymes Leistungen und Überlegungen aussprechen. Wohl aber war für mich der ›Wallenstein‹ ein entsetzlich heilsamer Schreckschuß. Dahin können falsche Freiheiten führen. Jede noch so gern gescholtene Staatstheater-›Maria-Stuart‹ ist demgegenüber ein Labsal für Kopf und Herz.«

(Theater heute. Sonderheft »Chronik und Bilanz eines Bühnenjahres« 1970. S. 28)

Georg Hensel (geb. 1923):
»Wenn etwas den Schimpfnamen Bildungstheater verdient hat, dann dieser abstrakte Geschichtsunterricht, diese allgemeine Belehrung über die Schrecken des Krieges durch Heyme: sie nimmt dem Zuschauer jegliche Freiheit vor Schiller, der gar nicht erst gespielt wird, und verpflichtet ihn autoritär auf die Interpretation, mit der Heyme die Bühne und den langen Abend füllt.«

(Theater heute. Sonderheft »Chronik und Bilanz eines Bühnenjahres« 1970. S. 31)

Bei den Aufführungen der gegen den Krieg gerichteten Kölner Inszenierung verteilte das Schauspieler-Ensemble eine Vietnam-Resolution mit der Bitte, das Publikum möge sich dem Aufruf durch Unterschrift anschließen.
Der politischen Stilisierung des »Wallenstein« im Sinne Brechts durch Heyme stellte Walter Felsenstein, Intendant der Komischen Oper in Ost-Berlin, 1972 in München eine sehr konventionelle zweiteilige Gastinszenierung gegenüber.[16] Die Journalisten fragten:

»Spiegel: In der DDR werden Klassiker als ›humanes Erbe‹ gepflegt und möglichst werkgetreu aufgeführt. In der Bundesrepublik überwiegen ›kritische Inszenierungen‹, die das Stück und seine Entstehung in Frage stellen. Wo stehen Sie?
Felsenstein: Ich finde es im Interesse unseres Berufes

16. Stilverwandt und nicht weniger konventionell wird Karl Kaysers sechsstündige Jubiläumsaufführung 1955 in Weimar gewesen sein. Martin Linzer bescheinigte dem Unternehmen »Mittelmaß«; er schrieb: »Da ist so mancher Operneffekt nicht gespart, da muß Schnee und Regen her, ein Aufwand an Kostüm und Bühnenbild, der des alten Herzogs von Meiningen würdig gewesen wäre« (Theater der Zeit. 10, 1955, H. 6. S. 51).

sehr bedauerlich, wenn vielerorts wertvolle dramatische Dichtungen für persönliche Originalitätssucht von Regisseuren mißbraucht werden. Es ist nicht schwer, ›Regieeinfälle‹ zu haben, aber es ist, auch wenn es ein wenig kitschig klingt, fast eine Gnade, einen Klassiker in allen Intentionen zu begreifen.«

(Der Spiegel Nr. 28. 26. Jg. 3. Juli 1972. S. 110)

Die »Chronik und Bilanz des Bühnenjahres« im jährlichen Sonderheft der Zeitschrift »Theater heute« verzeichnet die Spielpläne von 150 deutschsprachigen Bühnen. Aus diesen Aufstellungen geht hervor, daß der »Wallenstein« regelmäßig gespielt wird, doch viel seltener als Schillers Jugenddramen, von denen es der »Don Carlos« allein auf fast 20 Inszenierungen im Jahr bringen kann. Der nachfolgende Überblick zeigt, welche Bühnen in den letzten Jahren den »Wallenstein« gespielt haben:

1962/63	Hildesheim: Stadttheater	2. 9.	
	Neuwied: Landesbühne Rheinland-Pfalz	11. 9.	
1963/64	Augsburg: Städtische Bühnen	2. 5.	
	Wilhelmshaven: Landesbühne	1. 9.	*Lager/Picc.*
		8. 2.	*Tod*
1964/65	Memmingen: Schwäbisches Landesschauspiel	9. 9.	
	Wiesbaden: Hessisches Staatstheater	20. 2.	
1965/66	Bern: Stadttheater	4. 9.	Trilogie
	Detmold: Landestheater	8. 9.	
	Oldenburg: Staatstheater	17. 2.	
1966/67	Bonn: Stadttheater	13. 5.	
	Würzburg: Stadttheater	6. 12.	
1967/68	Bochum: Schauspielhaus	17. 4.	Abfall u. *Tod*
	Düsseldorf: Schauspielhaus	9. 3.	*Lager/Picc.*
		8. 6.	*Tod*
	Heilbronn: Kleines Theater	7. 9.	*Wall. I*
		21. 9.	*Wall. II*
	Linz: Landestheater	23. 9.	
1968/69	Bielefeld: Städtische Bühnen	13. 10.	
	Bremerhaven: Stadttheater Großes Haus	18. 9.	
1969/70	Köln: Bühnen der Stadt	9. 11.	

1970/71	Karlsruhe: Badisches Staatstheater	15. 11.	
	Darmstadt: Landestheater	3. 4.	*Tod*
	Hannover: Staatstheater	17. 4.	
1971/72	Koblenz: Theater der Stadt	11. 3.	
	München: Residenztheater	8. 7.	*Wall. I*
		9. 7.	*Wall. II*
1972/73	Verden: Landestheater Niedersachsen-Mitte	31. 3.	

8. »Wallenstein« in der Schule

Die hochfliegenden Gedanken und die klangvolle, fortreißende Rhetorik des »Wallenstein« begeisterten von Anbeginn das Herz der Pädagogen. Der Weimarer Gymnasialdirektor Böttiger hörte bereits bei der Uraufführung die künftigen »Densprüche im Munde der Gebildeten unsrer Nation« (vgl. Kap. V, 1). Doch der Deutschunterricht fristete damals an den humanistischen Gymnasien ein kümmerliches Dasein im Schatten der alten Sprachen. Erst der Erlaß vom 25. Juni 1812 für die preußische Reifeprüfung verlangte von den Schülern »Bekanntschaft mit den Hauptepochen in der Geschichte der deutschen Sprache und Literatur und den vorzüglichsten Schriftstellern der Nation«.[17]
In Anlehnung an den altsprachlichen Unterricht standen zunächst auch bei der Beschäftigung mit den »Schriftstellern der Nation« grammatische Sprach- und Stilübungen im Vordergrund. Vielfach wurde der deutsche Dramentext ins Lateinische übersetzt oder zur rhetorischen Schulung deklamiert.[18]

17. Vgl. Albert Ludwig, Schiller und die Schule. In: Mitteilungen der Gesellschaft für deutsche Erziehungs- und Schulgeschichte. 20. Jg. (1910) S. 62.
18. Vgl. die frühen lateinischen Bearbeitungen von Bartholomäus Anhorn (1631), Johann Micraelius (1633), Nicolaus Vernulz (1636/37), das anonyme jesuitische Schuldrama »Albertus Fritlandiae Dux« (1701) und die jüngeren Bearbeitungen für die Schule: Wallensteins Lager ins Lateinische übersetzt mit gegenüberstehendem deutschen Text von Gust. Griesinger. Tübingen 1830. – Wallenstein. Latein. Übersetzung von H. Corvinus. Braunschweig 1886. – Noch Hermann Hesse berichtet von solcher »Wallenstein«-Behandlung unter Rektor Bauer in der Göppinger Lateinschule 1890/91.

Erst nachdem Robert Hieckes in seinem Buch »Der deutsche Unterricht auf deutschen Gymnasien« (Leipzig 1842) klargemacht hatte, daß Goethe und Schiller wesentlich in den Mittelpunkt des Unterrichts gehörten, begann man sich mit den Texten um ihrer selbst willen auseinanderzusetzen. Allerdings standen die Bemühungen um Schiller in der Schule oft im ungünstigen Zeichen der Urteile Kobersteins, Gervinus' und vor allem Vilmars sowie der Schiller-Kritik zwischen 1870 und 1890. Dennoch wurde »Wallenstein« in den Gymnasien immer gelesen und allmählich durch zahlreiche Hilfsmittel für die Unterrichtspraxis erschlossen.[19] Auch heute noch findet man das Drama in den Stoffplänen für die Höheren Schulen aller Bundesländer und der DDR.

In der Literaturdidaktik des zwanzigsten Jahrhunderts steht »Wallenstein« als ›Meisterwerk der deutschen Klassik‹ unmittelbar neben Goethes »Faust«. Eine im Jahre 1961/62 an hessischen Gymnasien durchgeführte Statistik zeigt »Wallenstein« als zweithäufigste Ganzschrift der Oberstufe. In der Interpretation dieser Statistik, die 893 Schulklassen erfaßt, heißt es:

»Ein Vergleich zwischen den meistgelesenen Schriften in Klasse 12 und in Klasse 13 macht den Einfluß der Bildungspläne auf den Lektürekanon besonders deutlich: der Kanon stimmt im wesentlichen mit den als verbindlich bezeichneten Schriften überein. [...]

Der Lektürekanon tritt am deutlichsten auf der Liste der 75 meistgelesenen Schriften der Oberstufe in Erscheinung: Über 90 % aller Schüler haben ›Faust‹, ›Wallenstein‹ und ›Nathan den Weisen‹ kennengelernt.«[20]

Dennoch dürfte der »Wallenstein« im ganzen von weniger

19. Zum Beispiel: W. J. Diethe, Über Wallensteins Lager, mit Rücksicht auf die Lektüre dieser Dichtung mit den Schülern der obern Klasse einer höheren Unterrichtsanstalt. Dresden 1852. – Wallenstein. Ein dramatisches Gedicht von Fr. Schiller. Für Schule und Haus hrsg. von K. G. Helbig. Stuttgart u. Augsburg 1856. – Der erste Reclam-Text des »Wallenstein« erschien Leipzig 1868. 1886 erschienen Text und Kommentar in Schöninghs Ausgaben deutscher Klassiker, die siebente Auflage von 1901 enthält neben den »ausführlichen Erläuterungen für den Schulgebrauch und das Privatstudium von Schulrat Dr. A. Funke« unter anderem eine Sammlung von 103 Aufsatzthemen zum »Wallenstein«.

20. Hans Thiel, Der Lektürekanon der gymnasialen Oberstufe des Landes Hessen. In: Der Deutschunterricht. Beilage zu Heft 3/1965. S. 13.

Schülern gelesen werden als etwa der »Tell«, der als Modell zur Einführung in die Dramenliteratur bereits in den unteren Klassen behandelt wird.[21] Als gedanklich anspruchsvoller Text bleibt der »Wallenstein« der Sekundarstufe II vorbehalten. Dort aber sucht der heutige Deutschunterricht in seinen Lesestoffen wie das moderne Theater mit Vorliebe den gesellschaftskritischen Bezug zur Gegenwart und zieht darum Schillers Jugenddramen, in denen Gesellschaftskritik thematisiert ist, mitunter dem »Wallenstein« vor.

Die bildungsgeschichtliche Nebeneinanderstellung von »Faust« und »Wallenstein« erhellt einen anderen Nachteil des »Wallenstein« im Deutschunterricht. Anders als der »Faust« läßt sich der »Wallenstein« offenbar nicht so leicht in sukzessiv oder auch nur eklektisch zu behandelnde Einzelteile zerlegen. Der Tendenz zur einschränkenden Behandlung des »Faust« (Lektüre nur eines Teils oder in Auszügen) steht eine Tendenz zur ausweitenden Behandlung des »Wallenstein« gegenüber. In den Jahren 1958 bis 1964 war »Faust« elfmal und »Wallenstein« fünfmal Reifeprüfungsthema.[22] »Faust«-Themen, die sich auf einzelne Szenen stützen (z. B. erste Szene, Wald und Höhle oder auch nur »eine Szene von Faust, die Sie besonders beeindruckt hat«), zeigen, wie hier der gedankliche Anspruch des Textes durch Eingrenzung zurückgenommen werden kann. Die »Wallenstein«-Themen zielen dagegen eindeutiger in den Mittelpunkt des dramatischen Konflikts (Picc. II, 5 und Tod I, 4: »Vergleiche Wallenstein und Max«) oder gehen noch über den Rahmen der Trilogie hinaus (»Max und der Prinz von Homburg«, »Dämonie der Macht: Wallenstein, Pescara, Großtyrann«). Dieses Verhältnis scheint sich bei den Themen zur ersten Dienstprüfung für das Lehramt an Gymnasien zu wiederholen:

21. In den 25 Jahrgängen der zweimonatlich erscheinenden Pädagogenzeitschrift »Der Deutschunterricht« (1948 begründet von Robert Ulshöfer) sind nur drei Hefte thematisch Dichterpersonen gewidmet: eines davon Kleist (1961/2), die beiden anderen Hefte Schiller (1952/5 und 1960/2). Diese Tatsache sowie die Hefttitel »Zum Schillerproblem« und »Über Schillers Dichtertum« spiegeln die Einstellung der Pädagogen zu Schiller. Zum »Tell« erscheinen vier Beiträge, zum »Wallenstein« zwei.

22. Vgl. die »Reifeprüfungsthemen aus den Jahren 1950 bis 1957«. In: Der Deutschunterricht. Beilage zu Heft 6/1957 und die »Themen der Reifeprüfungsaufsätze 1958–1964«. In: Der Deutschunterricht. Beiheft zum 17. Jahrgang (1965).

Wie selbstverständlich stehen auch hier in einem dreizehn Jahre umfassenden Überblick »Faust« und »Wallenstein« wieder nebeneinander.[23] Am »Faust« interessiert der Stoff und seine Darstellung in der deutschen Literatur, am »Wallenstein« interessiert die dramatische Gattung: »Probleme des Geschichtsdramas, dargestellt an Wallenstein, Ein Bruderzwist in Habsburg, Agnes Bernauer« (1963).
Verwandte Themen wie: »Deutsche Geschichtsdramen von Schiller bis Hauptmann« (1959) und »Das deutsche Geschichtsdrama: seine Entstehung und seine Eigenart« (1965) zeigen, daß auch auf dieser Ebene der Rahmen für Schillers Trilogie vergleichsweise weiter gesteckt wird.
Die Literaturdidaktik, die im wesentlichen immer der literaturwissenschaftlichen Auseinandersetzung mit dem »Wallenstein« gefolgt ist,[24] kommt nach Überwindung der bequemen werkimmanenten Behandlung durch die historisierende, literatursoziologische Betrachtung und die Tendenz zur extensiven Behandlung mit dem »Wallenstein« in die Bedrängnis einer nicht mehr zu bewältigenden Stoffülle.
Freilich, der »Wallenstein« bleibt hochgeschätzt; das beweisen sieben Schulfunksendungen in sechs Jahren,[25] aber die zeitgemäße Aufbereitung: Wallenstein in der Reihe Dich-

23. Vgl. Bernd Naumann, Texte und Themen des Staatsexamens in Deutsch. Prüfung für das Lehramt an Gymnasien in Bayern 1955 bis 1968. München: Hueber 1968.
24. Die Deutungen von Clemens Heselhaus z. B. erschienen unmittelbar in der Zeitschrift »Der Deutschunterricht«: Wallenstein als Nemesis-Tragödie (1952/5), als Welttheater (1960/2).
25. Schulfunksendungen zum Thema Wallenstein brachten:
1956 der Bayrische Rundfunk:
Szenen aus Theateraufführungen, mit Kommentaren;
1956 der Westdeutsche Rundfunk:
Wallensteins Tod, Ausschnitte mit Zwischentexten;
1960 der Norddeutsche Rundfunk:
Szenen aus deutschen Dramen;
1968 der Hessische Rundfunk:
Möglichkeiten der dramatischen Form;
1968 der Süddeutsche Rundfunk:
Wandlung der Hauptgestalt;
1972 der Hessische Rundfunk:
Dreimal Wallenstein: Schiller, Ranke, Golo Mann;
1972 Radio Bremen:
in der Reihe »Dichtung und Wahrheit«.
Hörspielsendungen zum Thema »Wallenstein« brachten:
1955 der Süddeutsche Rundfunk:
Eine zweiteilige Bearbeitung von Leopold Lindtberg. Die Sendung wurde vom Hessischen Rundfunk übernommen;

tung und Wahrheit (Radio Bremen, 1972) oder: Dreimal Wallenstein; Schiller, Ranke, Golo Mann (Hessischer Rundfunk, 1972), zeigt, daß hier nicht mehr das Drama gemeint ist. Das dramatische Ereignis Wallenstein in der Inszenierung von Oliver Storz oder Heyme hat seinen Platz im Fernsehen – vorzüglich im Dritten Programm.[26]

1960 der Norddeutsche Rundfunk:
Eine Bearbeitung von Otto Stein, Gemeinschaftsproduktion mit dem Österreichischen Rundfunk;
1963 wurde die Sendung wiederholt.

26. Als Fernsehsendungen zum Thema Wallenstein erschienen:
1962 im Süddeutschen Rundfunk:
Die Verfilmung von Oliver Storz (zweiteilig);
1967 und 1972 wiederholt;
1972 im Dritten Programm des Westdeutschen Rundfunks,
1973 im Dritten Programm des Hessischen Rundfunks,
1974 im Dritten Programm des Westdeutschen Rundfunks wiederholt:
Die zweiteilige Heyme-Inszenierung.
(Anm. 25 und 26 nach Ermittlungen von Frau Ute Hartter im Rahmen eines Seminars an der Pädagogischen Hochschule Esslingen.)

VI. Text zur Diskussion

Schiller über den Realisten und den Idealisten

Wie die Entstehungsgeschichte (Kap. IV) gezeigt hat, haben die Begriffe Idealismus und Realismus in Schillers Denken vor der Jahrhundertwende eine bedeutende Rolle gespielt. Fast alle Interpreten des »Wallenstein« kommen auf dieses gegensätzliche Begriffspaar zu sprechen; Fricke, Gumbel, May und Schneider machen den Konflikt zwischen Idealismus und Realismus zur Grundlage ihrer Deutungen. Das häufig gestellte Aufsatzthema: »Welche gegensätzlichen Grundhaltungen zur Welt verkörpern Wallenstein und Max Piccolomini?« läßt darauf schließen, daß der Deutschunterricht gern diesen Deutungen folgt. Ohne die Beschäftigung mit dem »Wallenstein« auf diesen Zugriff einengen zu wollen, scheint es daher angebracht, ein Stück theoretischer Auslassung Schillers über dieses Problem zur Diskussion zu stellen.

Während der Periode seiner Beschäftigung mit Kant (1791 bis 1796) schrieb Schiller die Abhandlung »Über naive und sentimentalische Dichtung«, die in drei Folgen in der Zeitschrift »Die Horen« (1795/96) erschien.

Schiller deutet dort das charakteristische Interesse des 18. Jahrhunderts am vermeintlich Naiven in Mensch und Natur als Kompensation einer kulturhistorisch bedingten Entfremdung von Gefühl und Reflexion, Phantasie und Rationalität, gesellschaftlichem Zwang und individueller Freiheit. Das Naive, sagt Schiller, ist uns nicht mehr natürliche Gegebenheit, sondern allenfalls sentimentalische Erfahrung.[1] Rousseaus Forderung: »Zurück zur Natur!« hilft dem »Sündenfall des Selbstbewußtseins« nicht ab. Die durch Reflexion verlorene ursprüngliche Naivität kann nach Schiller nur in einer künftigen, Anschauung und Reflexion verbindenden Totalität des menschlichen Geistes (Vernunft) aufgehoben werden.[2]

1. Vgl. etwa Goethes »Werther«.
2. »Die Natur (der Sinn) vereinigt überall, der Verstand scheidet überall, aber die Vernunft vereinigt wieder; daher ist der Mensch, ehe er anfängt zu philosophieren, der Wahrheit näher als der Philosoph, der seine Untersuchung noch nicht geendigt hat« (Schiller, Anm. zum 18. Brief »Über die ästhetische Erziehung des Menschen«).

Die Briefe »Über die ästhetische Erziehung des Menschen« (1795) erklären, in welcher Weise die Kunst Mittel und Medium zu der neuen menschlichen Totalität sein kann.[3] Die Abhandlung »Über naive und sentimentalische Dichtung« versucht die auf die Zukunft ausgerichtete Kunst begrifflich zu definieren. Über die Beschreibung der naiven Dichtung, die durch »Nachahmung des Wirklichen« bestimmt ist, und die sentimentalische Dichtung, welche die »Darstellung des Ideals« sucht, gelangt Schiller im dritten und letzten Teil seiner Darlegung zu der psychologischen Unterscheidung zwischen Realisten und Idealisten. Schiller erläutert den Gedankengang des hier wiedergegebenen Schlußteils in einem Brief vom 9. Januar 1796 an Wilhelm von Humboldt:

»Auch der dritte Aufsatz wird interessieren. Nachdem ich darinn die beyden Abwege naiver und sentim. Poesie aus dem Begriff einer jeden abgeleitet und bestimmt, alsdann zwey herrschende Grundsätze welche das Platte und das Überspannte begünstigen geprüft habe (der eine ist, daß die Poesie zur *Erhohlung*, der andere, daß sie zur *Veredlung* diene) so trenne ich von beyden Dichtercharakteren das *poetische* was sie verbindet, und erhalte dadurch zwey einander ganz entgegengesetzte *Menschencharaktere* die ich den *Realism* und den *Idealism* nenne, welche jenen beyden DichterArten entsprechen und nur das prosaische Gegenstück davon sind. Ich führe diesen Antagonism durch das theoretische und praktische umständlich durch, zeige das Reale von beyden, so wie das Mangelhafte. Von da gehe ich zu den Carricaturen desselben, d. h. zu der groben Empirie und Phantasterey über, womit die Abhandlung schließt. Es sind also drey Gradationen von einem jeden Character aufgestellt, und es zeigt sich, daß die Spaltung zwischen beiden immer größer wird, je tiefer sie herabsteigen.

3. »Es lassen sich also drei verschiedene Momente oder Stufen der Entwicklung unterscheiden, die sowohl der einzelne Mensch als die ganze Gattung notwendig und in einer bestimmten Ordnung durchlaufen müssen, wenn sie den ganzen Kreis ihrer Bestimmung erfüllen sollen. [. . .] Der Mensch in seinem *physischen* Zustand erleidet bloß die Macht der Natur; er entledigt sich dieser Macht in dem *ästhetischen* Zustand, und er beherrscht sie in dem *moralischen*« (Anfang des 24. Briefes »Über die ästhetische Erziehung des Menschen«).

Naiver Dichtergeist *Sentiment. Dichtergeist.*
welche beyde darinn überein kommen, daß sie aus dem Menschen ein *Ganzes* machen, wenn gleich auf sehr verschiedene Weise.
Realism. *Idealism.*
welche darinn überein kommen, daß sie sich an das Ganze halten und nach einer absoluten Nothwendigkeit verfahren, daher sie in den Resultaten gleich seyn können.
Empirism. *Phantasterey.*
welche bloß in der Gesetzlosigkeit überein kommen, die bey dem Empirism in einer *blinden Naturnöthigung*, bey der Phantasterey in einer *blinden Willkühr* bestehet.«

(Jonas IV, 388 f.)

Realist und Idealist*

Da der Realist durch die Notwendigkeit der Natur sich bestimmen läßt, der Idealist durch die Notwendigkeit der Vernunft sich bestimmt, so muß zwischen beiden dasselbe Verhältnis stattfinden, welches zwischen den Wirkungen der Natur und den Handlungen der Vernunft angetroffen wird. Die Natur, wissen wir, obgleich eine unendliche Größe im ganzen, zeigt sich in jeder einzelnen Wirkung abhängig und bedürftig; nur in dem All ihrer Erscheinungen drückt sie einen selbständigen großen Charakter aus. Alles Individuelle in ihr ist nur deswegen, weil etwas anderes ist; nichts springt aus sich selbst, alles nur aus dem vorhergehenden Moment hervor, um zu einem folgenden zu führen. Aber eben diese gegenseitige Beziehung der Erscheinungen aufeinander sichert einer jeden das Dasein durch das Dasein der andern,

* Ich bemerke, um jeder Mißdeutung vorzubeugen, daß es bei dieser Einteilung ganz und gar nicht darauf abgesehen ist, eine Wahl zwischen beiden, folglich eine Begünstigung des einen mit Ausschließung des andern zu veranlassen. Gerade diese *Ausschließung*, welche sich in der Erfahrung findet, bekämpfe ich, und das Resultat der gegenwärtigen Betrachtungen wird der Beweis sein, daß nur durch die vollkommen gleiche *Einschließung* beider dem Vernunftbegriffe der Menschheit kann Genüge geleistet werden. Übrigens nehme ich beide in ihrem würdigsten Sinn und in der ganzen *Fülle* ihres Begriffs, der nur immer mit der Reinheit desselben und mit Beibehaltung ihrer spezifischen Unterschiede bestehen kann. Auch wird es sich zeigen, daß ein hoher Grad menschlicher Wahrheit sich mit beiden verträgt und daß ihre Abweichungen voneinander zwar im einzelnen, aber nicht im ganzen, zwar der Form, aber nicht dem Gehalt nach eine Veränderung machen.

und von der Abhängigkeit ihrer Wirkungen ist die Stetigkeit und Notwendigkeit derselben unzertrennlich. Nichts ist frei in der Natur, aber auch nichts ist willkürlich in derselben.
Und gerade so zeigt sich der Realist sowohl in seinem *Wissen* als in seinem *Tun.* Auf alles, was bedingungsweise existiert, erstreckt sich der Kreis seines Wissens und Wirkens; aber nie bringt er es auch weiter als zu bedingten Erkenntnissen, und die Regeln, die er sich aus einzelnen Erfahrungen bildet, gelten, in ihrer ganzen Strenge genommen, auch nur einmal; erhebt er die Regel des Augenblicks zu einem allgemeinen Gesetz, so wird er sich unausbleiblich in Irrtum stürzen. Will daher der Realist in seinem Wissen zu etwas Unbedingtem gelangen, so muß er es auf dem nämlichen Wege versuchen, auf dem die Natur ein Unendliches wird, nämlich auf dem Wege des Ganzen und in dem All der Erfahrung. Da aber die Summe der Erfahrung nie völlig abgeschlossen wird, so ist eine komparative Allgemeinheit das Höchste, was der Realist in seinem Wissen erreicht. Auf die Wiederkehr ähnlicher Fälle baut er seine Einsicht und wird daher richtig urteilen in allem, was in der Ordnung ist; in allem hingegen, was zum erstenmal sich darstellt, kehrt seine Weisheit zu ihrem Anfang zurück.
Was von dem Wissen des Realisten gilt, das gilt auch von seinem (moralischen) Handeln. Sein Charakter hat Moralität, aber diese liegt, ihrem reinen Begriffe nach, in keiner einzelnen Tat, nur in der ganzen Summe seines Lebens. In jedem besondern Fall wird er durch äußere Ursachen und durch äußere Zwecke bestimmt werden; nur daß jene Ursachen nicht zufällig, jene Zwecke nicht augenblicklich sind, sondern aus dem Naturganzen subjektiv fließen und auf dasselbe sich objektiv beziehen. Die Antriebe seines Willens sind also zwar in rigoristischem Sinne weder frei genug noch moralisch lauter genug, weil sie etwas anders als den bloßen Willen zu ihrer Ursache und etwas anders als das bloße Gesetz zu ihrem Gegenstand haben; aber es sind ebensowenig blinde und materialistische Antriebe, weil dieses andre das absolute Ganze der Natur, folglich etwas Selbständiges und Notwendiges ist. So zeigt sich der gemeine Menschenverstand, der vorzügliche Anteil des Realisten, durchgängig im Denken und im Betragen. Aus dem einzelnen Falle schöpft er die Regel seines Urteils, aus einer in-

nern Empfindung die Regel seines Tuns; aber mit glücklichem Instinkt weiß er von beiden alles Momentane und Zufällige zu scheiden. Bei dieser Methode fährt er im ganzen vortrefflich und wird schwerlich einen bedeutenden Fehler sich vorzuwerfen haben; nur auf Größe und Würde möchte er in keinem besondern Fall Anspruch machen können. Diese ist nur der Preis der Selbständigkeit und Freiheit, und davon sehen wir in seinen einzelnen Handlungen zu wenige Spuren.

Ganz anders verhält es sich mit dem Idealisten, der aus sich selbst und aus der bloßen Vernunft seine Erkenntnisse und Motive nimmt. Wenn die Natur in ihren einzelnen Wirkungen immer abhängig und beschränkt erscheint, so legt die Vernunft den Charakter der Selbständigkeit und Vollendung gleich in jede einzelne Handlung. Aus sich selbst schöpft sie alles, und auf sich selbst bezieht sie alles. Was durch sie geschieht, geschieht nur um ihrentwillen; eine absolute Größe ist jeder Begriff, den sie aufstellt, und jeder Entschluß, den sie bestimmt. Und ebenso zeigt sich auch der Idealist, soweit er diesen Namen mit Recht führt, in seinem Wissen wie in seinem Tun. Nicht mit Erkenntnissen zufrieden, die bloß unter bestimmten Voraussetzungen gültig sind, sucht er bis zu Wahrheiten zu dringen, die nichts mehr voraussetzen und die Voraussetzung von allem andern sind. Ihn befriedigt nur die philosophische Einsicht, welche alles bedingte Wissen auf ein unbedingtes zurückführt und an dem Notwendigen in dem menschlichen Geist alle Erfahrung befestiget; die Dinge, denen der Realist sein Denken unterwirft, muß er sich, seinem Denkvermögen unterwerfen. Und er verfährt hierin mit völliger Befugnis; denn wenn die Gesetze des menschlichen Geistes nicht auch zugleich die Weltgesetze wären, wenn die Vernunft endlich selbst unter der Erfahrung stünde, so würde auch keine Erfahrung möglich sein.

Aber er kann es bis zu absoluten Wahrheiten gebracht haben und dennoch in seinen Kenntnissen dadurch nicht viel gefördert sein. Denn alles freilich steht zuletzt unter notwendigen und allgemeinen Gesetzen, aber nach zufälligen und besondern Regeln wird jedes einzelne regiert; und in der Natur ist alles einzeln. Er kann also mit seinem philosophischen Wissen das Ganze beherrschen und für das Besondre, für die Ausübung, dadurch nichts gewonnen haben;

ja, indem er überall auf die *obersten* Gründe dringt, durch die alles möglich wird, kann er die *nächsten* Gründe, durch die alles wirklich wird, leicht versäumen; indem er überall auf das Allgemeine sein Augenmerk richtet, welches die verschiedensten Fälle einander gleichmacht, kann er leicht das Besondre vernachlässigen, wodurch sie sich voneinander unterscheiden. Er wird also sehr viel mit seinem Wissen *umfassen* können und wird eben deswegen wenig *fassen* und oft an Einsicht verlieren, was er an Übersicht gewinnt. Daher kommt es, daß, wenn der spekulative Verstand den gemeinen um seiner *Beschränktheit* willen verachtet, der gemeine Verstand den spekulativen seiner *Leerheit* wegen verlacht; denn die Erkenntnisse verlieren immer an bestimmtem Gehalt, was sie an Umfang gewinnen.

In der moralischen Beurteilung wird man bei dem Idealisten eine reinere Moralität im einzelnen, aber weit weniger moralische Gleichförmigkeit im ganzen finden. Da er nur insofern Idealist heißt, als er aus reiner Vernunft seine Bestimmungsgründe nimmt, die Vernunft aber in jeder ihrer Äußerungen sich absolut beweist, so tragen schon seine einzelnen Handlungen, sobald sie überhaupt nur moralisch sind, den *ganzen* Charakter moralischer Selbständigkeit und Freiheit; und gibt es überhaupt nur im wirklichen Leben eine wahrhaft sittliche Tat, die es auch vor einem rigoristischen Urteil bliebe, so kann sie nur von dem Idealisten ausgeübt werden. Aber je reiner die Sittlichkeit seiner einzelnen Handlungen ist, desto zufälliger ist sie auch; denn Stetigkeit und Notwendigkeit ist zwar der Charakter der Natur, aber nicht der Freiheit. Nicht zwar, als ob der Idealism mit der Sittlichkeit je in Streit geraten könnte, welches sich widerspricht, sondern weil die menschliche Natur eines konsequenten Idealism gar nicht fähig ist. Wenn sich der Realist auch in seinem moralischen Handeln einer physischen Notwendigkeit ruhig und gleichförmig unterordnet, so muß der Idealist einen Schwung nehmen, er muß augenblicklich seine Natur exaltieren, und er vermag nichts, als insofern er begeistert ist. Alsdann freilich vermag er auch desto mehr, und sein Betragen wird einen Charakter von Hoheit und Größe zeigen, den man in den Handlungen des Realisten vergeblich sucht. Aber das wirkliche Leben ist keineswegs geschickt, jene Begeisterung in ihm zu wecken, und noch viel weniger, sie gleichförmig zu nähren. Gegen

das Absolutgroße, von dem er jedesmal ausgeht, macht das Absolutkleine des einzelnen Falles, auf den er es anzuwenden hat, einen gar zu starken Absatz. Weil sein Wille der Form nach immer auf das Ganze gerichtet ist, so will er ihn der Materie nach nicht auf Bruchstücke richten, und doch sind es mehrenteils nur geringfügige Leistungen, wodurch er seine moralische Gesinnung beweisen kann. So geschieht es denn nicht selten, daß er über dem unbegrenzten Ideale den begrenzten Fall der Anwendung übersiehet und, von einem Maximum erfüllt, das Minimum verabsäumt, aus dem allein doch alles Große in der Wirklichkeit erwächst.
Will man also dem Realisten Gerechtigkeit widerfahren lassen, so muß man ihn nach dem ganzen Zusammenhang seines Lebens richten; will man sie dem Idealisten erweisen, so muß man sich an einzelne Äußerungen desselben halten, aber man muß diese erst herauswählen. Das gemeine Urteil, welches so gern nach dem einzelnen entscheidet, wird daher über den Realisten gleichgültig schweigen, weil seine einzelnen Lebensakte gleich wenig Stoff zum Lob und zum Tadel geben; über den Idealisten hingegen wird es immer Partei ergreifen und zwischen Verwerfung und Bewunderung sich teilen, weil in dem einzelnen sein Mangel und seine Stärke liegt.
Es ist nicht zu vermeiden, daß bei einer so großen Abweichung in den Prinzipien beide Parteien in ihren Urteilen einander nicht oft gerade entgegengesetzt sein und, wenn sie selbst in den Objekten und Resultaten übereinträfen, nicht in den Gründen auseinander sein sollten. Der Realist wird fragen, *wozu eine Sache gut sei*, und die Dinge nach dem, was sie wert sind, zu taxieren wissen; der Idealist wird fragen, *ob sie gut sei*, und die Dinge nach dem taxieren, was sie würdig sind. Von dem, was seinen Wert und Zweck in sich selbst hat (das Ganze jedoch immer ausgenommen), weiß und hält der Realist nicht viel; in Sachen des Geschmacks wird er dem Vergnügen, in Sachen der Moral wird er der Glückseligkeit das Wort reden, wenn er diese gleich nicht zur Bedingung des sittlichen Handelns macht; auch in seiner Religion vergißt er seinen *Vorteil* nicht gern, nur daß er denselben in dem Ideale des *höchsten Guts* veredelt und heiligt. Was er liebt, wird er zu *beglücken*, der Idealist wird es zu *veredeln* suchen. Wenn daher der Realist in seinen politischen Tendenzen den *Wohlstand* bezweckt, gesetzt,

daß es auch von der moralischen Selbständigkeit des Volks etwas kosten sollte, so wird der Idealist selbst auf Gefahr des Wohlstandes die *Freiheit* zu seinem Augenmerk machen. Unabhängigkeit *des Zustandes* ist jenem, Unabhängigkeit *von dem Zustande* ist diesem das höchste Ziel, und dieser charakteristische Unterschied läßt sich durch ihr beiderseitiges Denken und Handeln verfolgen. Daher wird der Realist seine Zuneigung immer dadurch beweisen, daß er *gibt*, der Idealist dadurch, daß er *empfängt*; durch das, was er in seiner Großmut aufopfert, verrät jeder, was er am höchsten schätzt. Der Idealist wird die Mängel seines Systems mit seinem Individuum und seinem zeitlichen Zustand bezahlen, aber er achtet dieses Opfer nicht; der Realist büßt die Mängel des seinigen mit seiner persönlichen Würde, aber er erfährt nichts von diesem Opfer. Sein System bewährt sich an allem, wovon er Kundschaft hat, und wornach er ein Bedürfnis empfindet – was bekümmern ihn Güter, von denen er keine Ahnung und an die er keinen Glauben hat? Genug für ihn, er ist im Besitze, die Erde ist sein, und es ist Licht in seinem Verstande, und Zufriedenheit wohnt in seiner Brust. Der Idealist hat lange kein so gutes Schicksal. Nicht genug, daß er oft mit dem Glücke zerfällt, weil er versäumte, den Moment zu seinem Freunde zu machen, er zerfällt auch mit sich selbst; weder sein Wissen noch sein Handeln kann ihm Genüge tun. Was er von sich fordert, ist ein Unendliches, aber beschränkt ist alles, was er leistet. Diese Strenge, die er gegen sich selbst beweist, verleugnet er auch nicht in seinem Betragen gegen andre. Er ist zwar großmütig, weil er sich andern gegenüber seines Individuums weniger erinnert; aber er ist öfters unbillig, weil er das Individuum ebenso leicht in andern übersieht. Der Realist hingegen ist weniger großmütig; aber er ist billiger, da er alle Dinge mehr *in ihrer Begrenzung* beurteilt. Das Gemeine, ja selbst das Niedrige im Denken und Handeln kann er verzeihen, nur das Willkürliche, das Exzentrische nicht; der Idealist hingegen ist ein geschworner Feind alles Kleinlichen und Platten und wird sich selbst mit dem Extravaganten und Ungeheuren versöhnen, wenn es nur von einem großen Vermögen zeugt. Jener beweist sich als Menschenfreund, ohne eben einen sehr hohen Begriff von den Menschen und der Menschheit zu haben; dieser denkt von

der Menschheit so groß, daß er darüber in Gefahr kommt, die Menschen zu verachten.
Der Realist für sich allein würde den Kreis der Menschheit nie über die Grenzen der Sinnenwelt hinaus erweitert, nie den menschlichen Geist mit seiner selbständigen Größe und Freiheit bekannt gemacht haben; alles Absolute in der Menschheit ist ihm nur eine schöne Schimäre und der Glaube daran nicht viel besser als Schwärmerei, weil er den Menschen niemals in seinem reinen Vermögen, immer nur in einem bestimmten und eben darum begrenzten Wirken erblickt. Aber der Idealist für sich allein würde ebensowenig die sinnlichen Kräfte kultiviert und den Menschen als Naturwesen ausgebildet haben, welches doch ein gleich wesentlicher Teil seiner Bestimmung und die Bedingung aller moralischen Veredlung ist. Das Streben des Idealisten geht viel zu sehr über das sinnliche Leben und über die Gegenwart hinaus; für das Ganze nur, für die Ewigkeit will er säen und pflanzen und vergißt darüber, daß das Ganze nur der vollendete Kreis des Individuellen, daß die Ewigkeit nur eine Summe von Augenblicken ist. Die Welt, wie der Realist sie um sich herum bilden möchte und wirklich bildet, ist ein wohlangelegter Garten, worin alles nützt, alles seine Stelle verdient und, was nicht Früchte trägt, verbannt ist; die Welt unter den Händen des Idealisten ist eine weniger benutzte, aber in einem größeren Charakter ausgeführte Natur. Jenem fällt es nicht ein, daß der Mensch noch zu etwas anderm da sein könne, als wohl und zufrieden zu leben, und daß er nur deswegen Wurzeln schlagen soll, um seinen Stamm in die Höhe zu treiben. Dieser denkt nicht daran, daß er vor allen Dingen wohl leben muß, um gleichförmig gut und edel zu denken, und daß es auch um den Stamm getan ist, wenn die Wurzeln fehlen.
Wenn in einem System etwas ausgelassen ist, wornach doch ein dringendes und nicht zu umgehendes Bedürfnis in der Natur sich vorfindet, so ist die Natur nur durch eine Inkonsequenz gegen das System zu befriedigen. Einer solchen Inkonsequenz machen auch hier beide Teile sich schuldig, und sie beweist, wenn es bis jetzt noch zweifelhaft geblieben sein könnte, zugleich die Einseitigkeit beider Systeme und den reichen Gehalt der menschlichen Natur. Von dem Idealisten brauch ich es nicht erst insbesondere darzutun, daß er notwendig aus seinem System treten muß, sobald er

eine bestimmte Wirkung bezweckt; denn alles bestimmte Dasein steht unter zeitlichen Bedingungen und erfolgt nach empirischen Gesetzen. In Rücksicht auf den Realisten hingegen könnte es zweifelhafter scheinen, ob er nicht auch schon innerhalb seines Systems allen notwendigen Forderungen der Menschheit Genüge leisten kann. Wenn man den Realisten fragt: Warum tust du, was recht ist, und leidest, was notwendig ist? so wird er im Geist seines Systems darauf antworten: Weil es die Natur so mit sich bringt, weil es so sein muß. Aber damit ist die Frage noch keineswegs beantwortet, denn es ist nicht davon die Rede, was die Natur mit sich bringt, sondern was der Mensch will; denn er kann ja auch *nicht* wollen, was sein muß. Man kann ihn also wieder fragen: Warum willst du denn, was sein muß? Warum unterwirft sich dein freier Wille dieser Naturnotwendigkeit, da er sich ihr ebensogut (wenngleich ohne Erfolg, von dem hier auch gar nicht die Rede ist) entgegensetzen könnte und sich in Millionen deiner Brüder derselben wirklich entgegensetzt? Du kannst nicht sagen, weil alle andern Naturwesen sich derselben unterwerfen, denn du allein hast einen Willen, ja, du fühlst, daß deine Unterwerfung eine freiwillige sein soll. Du unterwirfst dich also, wenn es freiwillig geschieht, nicht der Naturnotwendigkeit selbst, sondern der *Idee* derselben; denn jene zwingt dich bloß blind, wie sie den Wurm zwingt; deinem Willen aber kann sie nichts anhaben, da du, selbst von ihr zermalmt, einen andern Willen haben kannst. Woher bringst du aber jene Idee der Naturnotwendigkeit? Aus der Erfahrung doch wohl nicht, die dir nur einzelne Naturwirkungen, aber keine Natur (als Ganzes) und nur einzelne Wirklichkeiten, aber keine Notwendigkeit liefert. Du gehst also über die Natur hinaus und bestimmst dich idealistisch, sooft du entweder *moralisch handeln* oder nur nicht *blind leiden* willst. Es ist also offenbar, daß der Realist würdiger handelt, als er seiner Theorie nach zugibt, so wie der Idealist erhabener denkt, als er handelt. Ohne es sich selbst zu gestehen, beweist jener durch die ganze Haltung seines Lebens die Selbständigkeit, dieser durch einzelne Handlungen die Bedürftigkeit der menschlichen Natur.

Einem aufmerksamen und parteilosen Leser werde ich nach der hier gegebenen Schilderung (deren Wahrheit auch derjenige eingestehen kann, der das Resultat nicht annimmt) nicht erst zu beweisen brauchen, daß das Ideal menschlicher Natur unter beide verteilt, von keinem aber völlig erreicht ist. Erfahrung und Vernunft haben beide ihre eigenen Gerechtsame, und keine kann in das Gebiet der andern einen Eingriff tun, ohne entweder für den innern oder äußern Zustand des Menschen schlimme Folgen anzurichten. Die Erfahrung allein kann uns lehren, was unter gewissen Bedingungen ist, was unter bestimmten Voraussetzungen erfolgt, was zu bestimmten Zwecken geschehen muß. Die Vernunft allein kann uns hingegen lehren, was ohne alle Bedingung gilt und was notwendig sein muß. Maßen wir uns nun an, mit unserer bloßen Vernunft über das äußere Dasein der Dinge etwas ausmachen zu wollen, so treiben wir bloß ein leeres Spiel, und das Resultat wird auf nichts hinauslaufen; denn alles Dasein steht unter Bedingungen, und die Vernunft bestimmt unbedingt. Lassen wir aber ein zufälliges Ereignis über dasjenige entscheiden, was schon der bloße Begriff unsers eigenen Seins mit sich bringt, so machen wir uns selber zu einem leeren Spiele des Zufalls, und unsre Persönlichkeit wird auf nichts hinauslaufen. In dem ersten Fall ist es also um den *Wert* (den zeitlichen Gehalt) unsers Lebens, in dem zweiten um die *Würde* (den moralischen Gehalt) unsers Lebens getan.

Zwar haben wir in der bisherigen Schilderung dem Realisten einen moralischen Wert und dem Idealisten einen Erfahrungsgehalt zugestanden, aber bloß insofern beide nicht ganz konsequent verfahren und die Natur in ihnen mächtiger wirkt als das System. Obgleich aber beide dem Ideal vollkommener Menschheit nicht ganz entsprechen, so ist zwischen beiden doch der wichtige Unterschied, daß der Realist zwar dem Vernunftbegriff der Menschheit in keinem einzelnen Falle Genüge leistet, dafür aber dem Verstandesbegriff derselben auch niemals widerspricht, der Idealist hingegen zwar in einzelnen Fällen dem höchsten Begriff der Menschheit näher kommt, dagegen aber nicht selten sogar unter dem niedrigsten Begriffe derselben bleibet. Nun kommt es aber in der Praxis des Lebens weit mehr darauf an, daß das Ganze *gleichförmig* menschlich gut, als daß das einzelne *zufällig* göttlich sei – und wenn also der Idealist ein geschickteres Subjekt ist, uns von dem, was der Menschheit möglich ist, einen großen Begriff zu erwecken und Achtung für ihre Bestimmung einzuflößen, so kann nur der Realist sie mit Stetigkeit in der Erfahrung ausführen und die Gattung in ihren ewigen Grenzen erhalten. Jener ist zwar ein edleres, aber ein ungleich weniger vollkommenes Wesen; dieser erscheint zwar durchgängig weniger edel, aber er ist dagegen desto vollkommener; denn das Edle liegt schon in dem Beweis eines großen Vermögens, aber das Vollkommene liegt in der Haltung des Ganzen und in der wirklichen Tat.

Was von beiden Charakteren in ihrer besten Bedeutung gilt, das wird noch merklicher in ihren beiderseitigen *Karikaturen.* Der wahre Realism ist wohltätig in seinen Wirkungen und nur weniger edel in seiner Quelle; der falsche ist in seiner Quelle verächtlich und in seinen Wirkungen nur etwas weniger verderblich. Der wahre Realist nämlich unterwirft sich zwar der Natur und ihrer Notwendigkeit, aber der Natur als einem Ganzen, aber ihrer ewigen und absoluten Notwendigkeit, nicht ihren blinden und augenblicklichen *Nötigungen.* Mit Freiheit umfaßt und befolgt er ihr Gesetz, und immer wird er das Individuelle dem Allgemeinen unterordnen; daher kann es auch nicht fehlen, daß er mit dem echten Idealisten in dem endlichen Resultat übereinkommen wird, wie verschieden auch der Weg ist, welchen beide dazu einschlagen. Der gemeine Empiriker hingegen unterwirft sich der Natur als einer Macht und mit wahlloser blinder Ergebung. Auf das einzelne sind seine Urteile, seine Bestrebungen beschränkt; er glaubt und begreift nur, was er betastet; er schätzt nur, was ihn sinnlich verbessert. Er ist daher auch weiter nichts, als was die äußern Eindrücke zufällig aus ihm machen wollen; seine Selbstheit ist unterdrückt, und als Mensch hat er absolut keinen Wert und keine Würde. Aber als Sache ist er noch immer etwas, er kann noch immer zu etwas gut sein. Eben die Natur, der er sich blindlings überliefert, läßt ihn nicht ganz sinken; ihre ewigen Grenzen schützen ihn, ihre unerschöpflichen Hilfsmittel retten ihn, sobald er seine Freiheit nur ohne allen Vorbehalt aufgibt. Obgleich er in diesem Zustand von keinen Gesetzen weiß, so walten diese doch unerkannt über ihm, und wie sehr auch seine einzelnen Bestrebungen mit dem Ganzen im Streit liegen mögen, so wird sich dieses doch unfehlbar dagegen zu behaupten wissen. Es gibt Menschen genug, ja wohl ganze Völker, die in diesem verächtlichen Zustande leben, die bloß durch die Gnade des Natur-

gesetzes ohne alle Selbstheit bestehen und daher auch nur zu *etwas* gut sind; aber daß sie auch nur leben und bestehen, beweist, daß dieser Zustand nicht ganz gehaltlos ist.
Wenn dagegen schon der wahre Idealism in seinen Wirkungen unsicher und öfters gefährlich ist, so ist der falsche in den seinigen schrecklich. Der wahre Idealist verläßt nur deswegen die Natur und Erfahrung, weil er hier das Unwandelbare und unbedingt Notwendige nicht findet, wornach die Vernunft ihn doch streben heißt; der Phantast verläßt die Natur aus bloßer Willkür, um dem Eigensinne der Begierden und den Launen der Einbildungskraft desto ungebundener nachgeben zu können. Nicht in die Unabhängigkeit von physischen Nötigungen, in die Lossprechung von moralischen setzt er seine Freiheit. Der Phantast verleugnet also nicht bloß den menschlichen – er verleugnet allen Charakter, er ist völlig ohne Gesetz, er ist also gar nichts und dient auch zu gar nichts. Aber eben darum, weil die Phantasterei keine Ausschweifung der Natur, sondern der Freiheit ist, also aus einer an sich achtungswürdigen Anlage entspringt, die ins Unendliche perfektibel ist, so führt sie auch zu einem unendlichen Fall in eine bodenlose Tiefe und kann nur in einer völligen Zerstörung sich endigen.

(Schiller: Über naive und sentimentalische Dichtung. Hrsg. von Johannes Beer. Stuttgart: Reclam o. J. Universal-Bibliothek Nr. 7756 [2]. S. 110–124)

VII. Literaturhinweise

1. Ausgaben

Texte

Wallenstein ein dramatisches Gedicht von Schiller. Erster (und Zweyter) Theil. Tübingen, in der J. G. Cotta'schen Buchhandlung 1800. [Erstausgabe.]

Schillers Sämtliche Werke. Horenausgabe. Fünfzehnter Band. Herausgegeben von Conrad Höfer. München und Leipzig: Georg Müller [1914].

Wallenstein. Ein dramatisches Gedicht. I Wallensteins Lager. Die Piccolomini. II Wallensteins Tod. Stuttgart: Philipp Reclam jun. o. J. (Universal-Bibliothek Nr. 41 u. 42.) [Der Text folgt der Säkular-Ausgabe der Sämtlichen Werke, 5. Band. Die Orthographie wurde behutsam dem heutigen Stand angeglichen.]

Kommentierte Ausgaben

Schillers Werke. Hrsg. von Ludwig Bellermann. Kritisch durchgesehene und erläuterte Ausgabe. Bd. 4 (Wallenstein). Leipzig u. Wien: Bibliographisches Institut [1895].

Schillers Sämtliche Werke. Säkular-Ausgabe. Bd. 5 Wallenstein. Mit Einleitung und Anmerkungen von Jacob Minor. Stuttgart u. Berlin: Cotta [1905]. [Zitiert als SA.]

Schillers Werke. Nationalausgabe. Bd. 8 Wallenstein. Hrsg. von Hermann Schneider u. Lieselotte Blumenthal. Weimar: Böhlau 1949. [Zitiert als NA.]

Sämtliche Werke. Auf Grund der Originaldrucke hrsg. von Gerhard Fricke u. Herbert G. Göpfert in Verbindung mit Herbert Stubenrauch. München: Hanser ^{4}1965. Bd. 2. S. 269 ff. [Zitiert als SW.]

Ausgewählte Werke. Hrsg. u. eingel. von Ernst Müller. Dramen Bd. 3. Stuttgart: Kohlhammer 1954.

Illustrierte Ausgaben

Wallenstein. Ein dramatisches Gedicht. Mit Zeichnungen von Engelbert Seibertz, in Holz geschnitten von R. Brend'amour. Berlin: Grote 1869.

Wallenstein. Ein dramatisches Gedicht. Mit Steinzeichnungen von Hans Meid. Berlin: Maximilian-Gesellschaft 1914–1915. [Eine auf 300 Exemplare begrenzte Auflage mit 60 Zeichnungen.]

Wallenstein. Ein dramatisches Gedicht. Mit Ursteindrucken von Walo von May und Zeichnungen von B. Goldschmitt. 2 Bde. München: Weber 1917[–21]. [Numerierte Auflage.]

Wallensteins Lager. Mit sechs Radierungen von Lovis Corinth. Berlin: Tillgner 1922. [Numerierte Auflage von 300 Exemplaren.]

Wallenstein. Ein dramatisches Gedicht in drei Teilen. Mit einer Einführung: Wallensteins historische Gestalt und Schillers Trilogie von

Dr. O[ssip] D[emetrius] Potthoff. Berlin: Askanischer Verlag Carl Albrecht Kindle 1940. [Bibliophile Ausgabe auf Bütten, im Pergamentband nach einem Original der Zeit, mit 116 Abbildungen zeitgenössischer Stiche und Gemälde.]

2. Entstehung

Albrecht, Paul: Das ehemalige Stuttgarter Bühnenmanuskript von Schillers ›Wallensteins Tod‹. Nach dem Manuskript Ms germ. 4° 480 der Westdeutschen Bibliothek in Marburg neu untersucht. Maschinenschrift o.O.u.J. [um 1959].

Buchwald, Reinhard: Schaffensstufen und Einheit der Wallenstein-Dramen. In: R. B., Das Vermächtnis der deutschen Klassiker. Neue, wesentlich vermehrte Ausgabe, 21. bis 26. Tausend. Frankfurt a. M.: Insel-Verlag 1962. S. 242–265.

Grossmann, Walter: Das Harvard Manuskript von ›Wallensteins Tod‹. In: Euphorion 53 (1959) S. 303–312.

Guthke, Karl S.: Die Hamburger Bühnenfassung des ›Wallenstein‹. In: Jahrbuch der Deutschen Schillergesellschaft. 2. Jg. (1958) S. 68–82.

Jonas, Fritz (Hrsg.): Schillers Briefe. Kritische Gesamtausgabe. Bd. 4 bis 6. Stuttgart: Deutsche Verlagsanstalt 1893–95. [Zitiert als Jonas.]

Lecke, Bodo (Hrsg.): Dichter über ihre Dichtungen. Friedrich Schiller. Von 1795–1805. München: Heimeran 1970. S. 243–372.

Seidel, Siegfried: Neue Positionen in der Theorie Schillers während der Arbeit am ›Wallenstein‹. In: Weimarer Beiträge. 1959, S. 74–97. (= Kapitel ›Neue Positionen‹. In: S. S., Die Überwindung des subjektiven Idealismus im theoretischen Denken Schillers. Phil. Diss. Humboldt-Universität Berlin 1958.)

3. Deutungen

Bellermann, Ludwig: Schillers Dramen. Beiträge zu ihrem Verständnis. Berlin: Weidmann 1891. Bd. 2. S. 1–173.

Böckmann, Paul: Schillers Geisteshaltung als Bedingung seines dramatischen Schaffens. Dortmund: Ruhfus 1925. (Hamburgische Texte und Untersuchungen zur deutschen Philologie. 2,3.)

Böckmann, Paul: Gedanke, Wort und Tat in Schillers Dramen. In: Jahrbuch der Deutschen Schillergesellschaft. 4 (1960) S. 2–41.

Braemer, Edith u. Ursula Wertheim: Einige Hauptprobleme in Schillers ›Wallenstein‹. In: E. B. u. U. W., Studien zur deutschen Klassik. Berlin: Rütten & Loening 1960. S. 189–214. (Eine Kurzfassung des Aufsatzes erschien vorher in: Junge Kunst, 1959, H. 7.)

Buchwald, Reinhard: Schiller zwischen ›Don Carlos‹ und ›Wallenstein‹. In: R. B., Das Vermächtnis der deutschen Klassiker. Neue, wesentlich vermehrte Ausgabe, 21. bis 26. Tausend. Frankfurt a. M.: Insel-Verlag 1962. S. 193–213.

Cysarz, Herbert: Schiller. Halle a. d. S.: Niemeyer 1934. S. 309–334.
Dilthey, Wilhelm: Klopstock, Schiller, Jean Paul. In: W. D., Von deutscher Dichtung und Musik. Leipzig: Teubner 1933. S. 325–427, bes. S. 380–412.
Fricke, Gerhard: Die Problematik des Tragischen im Drama Schillers. In: Jahrbuch des Freien Deutschen Hochstifts. 1930, S. 3–68.
Fricke, Gerhard: Schiller und die geschichtliche Welt. Straßburg: Hünenberg-Verlag 1943.
Gumbel, Hermann: Die realistische Wendung des späten Schiller. In: Jahrbuch des Freien Deutschen Hochstifts. 1932/33, S. 131–162.
Guthke, Karl S.: Die Sinnstruktur des ›Wallenstein‹. In: Neophilologus. 42 (1958) S. 109–127.
Heselhaus, Clemens: Die Nemesis-Tragödie. In: Der Deutschunterricht. 4. Jg. (1952) H. 5. S. 40–59, bes. S. 50–55.
Heselhaus, Clemens: Wallensteinisches Welttheater. In: Der Deutschunterricht. 12. Jg. (1960) H. 2. S. 42–71.
Korff, Hermann August: Geist der Goethezeit. 2. Teil Klassik. Leipzig: Weber 1930. S. 238–263.
May, Kurt: Friedrich Schiller. Idee und Wirklichkeit im Drama. Göttingen: Vandenhoeck & Ruprecht 1948. Bes. S. 99–188. Vgl. auch K. M., Form und Bedeutung. Stuttgart: Klett 1957. S. 178–242.
Müller, Joachim: Schillers Wallenstein. Berlin: Matthiesen [2]1941.
Müller, Joachim: Die Tragödie der Macht. Bemerkungen zu Schillers Wallenstein-Drama. In: Die Sammlung. 2. Jg. (1947) H. 9. S. 514–526.
Müller, Joachim: Schillers ›Wallenstein‹. In: J. M., Das Edle in der Freiheit. Leipzig: Koehler & Amelang 1959. S. 129–137. [Zuerst 1957.]
Paulsen, Wolfgang: Goethes Kritik am Wallenstein. Zum Problem des Geschichtsdramas in der deutschen Klassik. In: Deutsche Vierteljahrsschrift für Literaturwissenschaft und Geistesgeschichte. 28 (1954) S. 61–83.
Petsch, Robert: Freiheit und Notwendigkeit in Schillers Dramen. München: Beck 1905. (Goethe- und Schillerstudien. 1.) S. 140–208.
Pongs, Hermann: Schillers Urbilder. Stuttgart: Metzler 1935. S. 21 bis 27.
Pongs, Hermann: [Das Symbol im Drama am Beispiel des astrologischen Motivs im Wallenstein]. In: H. P., Das Bild in der Dichtung. Bd. 2 Voruntersuchungen zum Symbol. Marburg: Elwert [2]1963. [1. Aufl. 1927–39.] S. 14–16.
Schneider, Hermann: Vom Wallenstein zum Demetrius. Stuttgart: Kohlhammer 1933. (Tübinger germanistische Arbeiten. 18.) S. 36–52.
Schneider, Hermann: Einführung in das Drama [Wallenstein]. In: Schillers Werke. Nationalausgabe. Bd. 8 Wallenstein. Hrsg. von Hermann Schneider u. Lieselotte Blumenthal. Weimar: Böhlau 1949. S. 357–398.
Seidlin, Oskar: Wallenstein: Sein und Zeit. In: O. S., Von Goethe zu Thomas Mann. 12 Versuche. Göttingen: Vandenhoeck & Ruprecht 1963. (Kleine Vandenhoeck-Reihe. 170 S.) S. 120–135. [Zuerst in: Der Monat 15, 1963, H. 6. S. 28–32.]

Sengle, Friedrich: Das deutsche Geschichtsdrama. Stuttgart: Metzler 1952. S. 39–42.
Singer, Herbert: Dem Fürsten Piccolomini. In: Euphorion. 53 (1959) S. 281–302.
Storz, Gerhard: Das Drama Friedrich Schillers. Frankfurt a. M.: Societäts Verlag 1938. S. 119–149.
Storz, Gerhard: Der Dichter Friedrich Schiller. Stuttgart: Klett 1959. 3., erweiterte Auflage 1963. S. 255–314.
Strich, Fritz: Schiller, sein Leben und sein Werk. In: Schillers Sämtliche Werke. Tempel-Klassiker. Bd. 13. Leipzig: Tempel Verlag 1912. S. 340–365.
Vowinckel, Hans August: Schiller, der Dichter der Geschichte. Eine Auslegung des ›Wallenstein‹. Berlin: Junker & Dünnhaupt 1938. (Neue deutsche Forschungen. 195. Abt. Neuere deutsche Literaturgeschichte. 16.) (Diss. Freiburg i. Br. 1938.)
Wiese, Benno von: Die Dramen Schillers. Politik und Tragödie. Leipzig: Bibliographisches Institut 1938. S. 64–91.
Wiese, Benno von: Die Deutsche Tragödie von Lessing bis Hebbel. Hamburg: Hoffmann und Campe 1948. [5]1961. S. 214–235.
Wiese, Benno von: Friedrich Schiller. Stuttgart: Metzler 1959. S. 625 bis 677.
Wittkowski, Wolfgang: Octavio Piccolomini. Zur Schaffensweise des ›Wallenstein‹-Dichters. In: Jahrbuch der Deutschen Schillergesellschaft. 5. Jg. (1961) S. 10–57. – Wiederabgedruckt in: Schiller. Zur Theorie und Praxis der Dramen. Hrsg. von Klaus L. Berghahn u. Reinhold Grimm. Darmstadt: Wissenschaftliche Buchgesellschaft 1972. (Wege der Forschung. Bd. 323.) S. 407–465.

4. Theater-Bearbeitungen

Kilian, Eugen: Der einteilige Theater-Wallenstein. Ein Beitrag zur Bühnengeschichte von Schillers Wallenstein. Berlin: Duncker 1901.
Kilian, Eugen: Schillers Wallenstein auf der Bühne. Beitrag zum Problem der Aufführung und Inszenierung des Gedichtes. München: Müller 1908. [Vgl. Bühne und Welt Nr. 21, 1907, S. 353–362.]
Kilian, Eugen: Schillers Wallenstein als Bühnenstück. In: Dramaturgische Blätter. Bd. 2 (1914) S. 173–185.
Modes, Theo: Die Urfassung und einteiligen Bühnenbearbeitungen von Schillers Wallenstein. Leipzig, Reichenberg u. Wien: Stiepel 1931.
Potthoff, Ernst: Wallenstein. Eine Tragödie in fünf Aufzügen und einem Vorspiel Wallensteins Lager nach Schillers dreiteiligem dramatischen Gedicht zu einem Stück zusammengezogen und für die Bühne bearbeitet. Leipzig: Reform-Verlag [1909]. (Theaterbibliothek. Bd. 1. S. 134–141.)
Schiller/Heyme: Wallenstein. Regiebuch der Kölner Inszenierung. Hrsg. von Volker Canaris. Frankfurt a. M.: Suhrkamp 1970. (edition suhrkamp 390.) [Zitiert als Schiller/Heyme.]

Schillers ›Piccolomini‹ auf dem königlichen Nationaltheater in Berlin. Ifflands Regiebuch zur Erstaufführung am 18. Februar 1799. Hrsg. von Julius Petersen. Berlin: Selbstverlag der Gesellschaft für Theatergeschichte 1941. (Schriften der Gesellschaft für Theatergeschichte. Bd. 53, Jahresgabe 1940.)

Waag, H.: Schillers ›Wallenstein‹. Bearbeitungen und Einrichtungen des Gedichts als einteiliges Theaterstück. In: Dramaturgische Blätter. Hrsg. vom Metzer Stadttheater 1915. H. 2.

5. Stoffgeschichte

Literarische Behandlungen[1]

Boxberger, Robert: Zur Quellenforschung über Schillers Wallenstein und Geschichte des dreißigjährigen Krieges. In: Archiv für Litteratur-Geschichte. Bd. 2. Leipzig: Teubner 1871. S. 159–178. (Nachweis der von Schiller [für die Geschichte des Dreißigjährigen Kriegs und den Wallenstein] benutzten Quellen.)

Irmer, Georg: Die dramatische Behandlung des Wallensteinstoffes vor Schiller. In: Nord und Süd. 15. Jg. (1891) Bd. 57, H. 170, S. 248–261.

Leitzmann, Albert (Hrsg.): Die Hauptquellen zu Schillers Wallenstein. Halle a. d. S.: Niemeyer 1915. (Quellenschriften zur neueren deutschen Literatur. 6.) Darin: Ausführlicher und gründlicher Bericht . . . (S. 1–72); Beyträge zur Geschichte . . . von Murr (S. 73–114); Epitaphia Wallensteiniana (S. 115–121); Auszug aus Herchenhahn, Geschichte Albrechts von Wallenstein (S. 122–136.) [Zitiert als Leitzmann.]

Vetter, Theodor: ›Wallenstein‹ in der dramatischen Dichtung des Jahrzehnts seines Todes. Micraelius. Glapthorne. Fulvio Testi. Frauenfeld: Huber 1894.

Wallenstein, Paul Robert: Die dichterische Gestaltung der historischen Persönlichkeit, gezeigt an der Wallensteinfigur. Ein Versuch zur Beleuchtung der Problematik von Dichtung und Geschichte unter dem Gesichtspunkt der Wertbegegnung. Würzburg: Triltsch 1934. S. 50–75.

Widmann, W.: ›Wallenstein‹ in der dramatischen Dichtung vor Schiller. In: Die deutsche Bühne. 6 (1914) Nr. 48.

Historische Behandlungen

Diwald, Hellmut: Wallenstein. Eine Biographie. München u. Esslingen: Bechtle 1969.

Hartung, Fritz: Der dreißigjährige Krieg. In: F. H., Deutsche Geschichte im Zeitalter der Reformation, der Gegenreformation und des 30jährigen Krieges. Berlin: de Gruyter ²1963. (Sammlung Göschen. Bd. 1105.) S. 94–126.

1. Vgl. auch die Titellisten in Kap. III, 3. 4. 6.

Jessen, Hans (Hrsg.): Der Dreißigjährige Krieg in Augenzeugenberichten. Düsseldorf: Rauch 1963, [2]1964. Auch: München: Deutscher Taschenbuch Verlag 1971. (dtv 781.)

Mann, Golo: Wallenstein. Sein Leben erzählt von G. M. Frankfurt a. M.: S. Fischer 1971.

Ranke, Leopold von: Geschichte Wallensteins. Hrsg. u. eingel. von Hellmut Diwald. Düsseldorf: Droste Verlag 1967. (Klassiker der Geschichtsschreibung.)

Steinberg, S. H.: Der Dreissigjährige Krieg und der Kampf um die Vorherrschaft in Europa 1600–1660. Autorisierte Übersetzung aus dem Englischen von G. Raabe. Göttingen: Vandenhoeck & Ruprecht 1967. (Kleine Vandenhoeck-Reihe. 261 S.) (The ›Thirty Years War‹ and the Conflict for European Hegemony 1600–1660. London: Arnold 1966.)

6. Wirkung

Allgemein

Becker, Eva D. (Hrsg.): Schiller in Deutschland 1781–1970. Materialien zur Schiller-Rezeption für die Schule herausgegeben. Frankfurt a. M.: Diesterweg 1972. (Texte und Materialien zum Literaturunterricht.)

Braun, Julius W. (Hrsg.): Schiller und Goethe im Urtheile ihrer Zeitgenossen. Zeitungskritiken, Berichte und Notizen Schiller und Goethe betreffend, aus den Jahren 1773–1812. 1. Abt. Schiller. Leipzig: Schlicke 1882. Bd. 2 1794–1800 [S. 337–340 u. 342–395]. Bd. 3 1801–1805 [S. 1–84]. [Zitiert als Braun.]

Herrlinger, R.: Der telegene Schiller. Wallenstein im Fernsehen. In: Neue Zeitschrift für ärztliche Fortbildung 51 (1962) H. 6, S. 414. [Besprechung des Films von Oliver Storz und Franz Peter Wirth.]

Loup, Kurt: Schönheit und Freiheit. Friedrich Schiller und das Düsseldorfer Schauspielhaus Dumont-Lindemann. Düsseldorf: Stern-Verlag 1959. [Wallenstein S. 177–184.]

Ludwig, Albert: Schiller und die Schule. In: Mitteilungen der Gesellschaft für deutsche Erziehungs- und Schulgeschichte. 20. Jg. (1910) S. 55–95.

Meyer, Herbert: Schillers ›Wallenstein‹ auf der Mannheimer Bühne 1807–1960. In: Jahrbuch der Deutschen Schillergesellschaft. 17. Jg. (1973) S. 304–317.

Oellers, Norbert (Hrsg.): Schiller – Zeitgenosse aller Epochen. Dokumente zur Wirkungsgeschichte Schillers in Deutschland Teil I: 1782 bis 1859. Frankfurt a. M.: Athenäum Verlag 1970. Teil II: 1860–1966. München: Beck 1976.

Rudloff-Hille, Gertrud: Schiller auf der deutschen Bühne seiner Zeit. Berlin u. Weimar: Aufbau-Verlag 1969. (Beiträge zur deutschen Klassik, hrsg. von Helmut Holtzhauer. Bd. 20.) [Bes. S. 107–130; Abbildungen S. 256–287.]

Schacht, Sven: Schillers Wallenstein auf den Berliner Bühnen. Olden-

burg i. O.: Schwartz 1929. (Forschungen zur Literatur-, Theater- und Zeitungswissenschaft. Bd. 6.) (= Kiel, Diss. 1928.) [Zitiert als Schacht.]
Schiller im Urteil des zwanzigsten Jahrhunderts. Stimmen über Schillers Wirkung auf die Gegenwart. Eingeführt von Eugen Wolff. Jena: Costenoble 1905.
Skopnik, Günther: Die Dramen Schillers auf den Bühnen der Deutschen Bundesrepublik seit 1945. In: Maske und Kothurn. Vierteljahresschrift für Theaterwissenschaft. 5. Jg. (1959) S. 193–207.
Wais, Kurt: Schillers Wirkungsgeschichte im Ausland. In: K. W., An den Grenzen der Nationalliteraturen. Vergleichende Aufsätze. Berlin: de Gruyter 1958. S. 62–100.

Wallenstein auf der Bühne

Estermann, Alfred: Die Verfilmung literarischer Werke [1895–1964]. Bonn: Bouvier 1965. (Abhandlungen zur Kunst-, Musik- und Literaturwissenschaft. Bd. 33.)
Goethe. Vierteljahresschrift der Goethe-Gesellschaft. Neue Folge des Jahrbuchs. Weimar 1937 ff. (Aufführungsstatistiken über Goethes und Schillers Dramen.)
Guthke, Karl S.: Lessing-, Goethe- und Schiller-Rezensionen in den ›Göttingischen Gelehrten Anzeigen‹ 1769–1836. In: Jahrbuch des Freien Deutschen Hochstifts. 1965, S. 88–167, bes. S. 147 f.

7. Bibliographien

Bode, Ingrid: Schiller-Bibliographie 1966–1969 und Nachträge. In: Jahrbuch der Deutschen Schillergesellschaft. 14. Jg. (1970) S. 584 bis 636. Vgl. auch die vorausgehenden Bibliographien: Paul Raabe u. Ingrid Bode, Schiller-Bibliographie 1959–1961, in: Jahrbuch der Deutschen Schillergesellschaft. 6. Jg. (1962) S. 465–553; I. B., Schiller-Bibliographie 1962–1965, in: Jahrbuch der Deutschen Schillergesellschaft. 10. Jg. (1966) S. 465–505.
Goedeke, Karl: Grundriß zur Geschichte der deutschen Dichtung aus den Quellen. Zweite ganz neu bearbeitete Auflage. Nach dem Tode des Verfassers in Verbindung mit D. Jacoby [u. a.] fortgef. von Edmund Goetze. Bd. 5. Vom Siebenjährigen bis zum Weltkriege. Abt. 2. Dresden: Ehlermann 1883. (Bes. § 255.1, S. 212–218.)
Schiller. Leben. Werk. Würdigung. Ein Bücherauswahlverzeichnis zur 200. Wiederkehr seines Geburtstages am 10. November 1959. Stuttgart: Kulturamt. Stadtbücherei 1959. (Gute, kommentierte Einführung in die Schiller-Literatur.)
Vulpius, Wolfgang: Schiller-Bibliographie 1893–1958. Weimar: Arion (bzw. Berlin: Aufbau-Verlag) 1959–1968. Bd. 1 1893–1958 (bes. Nr. 4776–4979b). Bd. 2 1959–1963 (bes. Nr. 1128–1174).
Vgl. auch die bibliographischen Anhänge der einzelnen Forschungsbeiträge; bes. bei R. Buchwald, J. Müller, F. Strich, H. Schneider und B. v. Wiese.

8. Tonbänder

Schiller, Friedrich: Die Piccolomini. Regie Walter Knaus. Musik Enno Dugend. Grünwald: Institut für Film und Bild in Wissenschaft und Unterricht 1968. (Tonband 20 0426. Compactcassette 22 0426.)

Schiller, Friedrich: Wallensteins Tod. Regie Walter Knaus. Musik Enno Dugend. Grünwald: Institut für Film und Bild in Wissenschaft und Unterricht 1968. (Tonband 20 0427. Compactcassette 22 0427.)

Inhalt

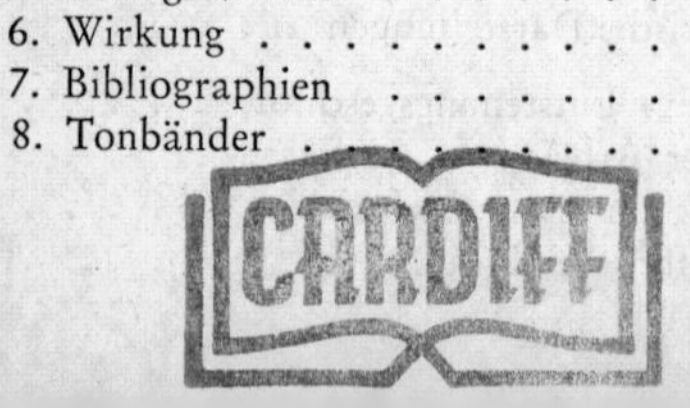
CARDIFF

Erläuterungen und Dokumente

zu Büchner, *Dantons Tod.* (J. Jansen) 8104 – *Lenz.* (G. Schaub) 8180 [2] – *Woyzeck.* (L. Bornscheuer) 8117
zu Chamisso, *Peter Schlemihl.* (D. Walach) 8158
zu Droste-Hülshoff, *Die Judenbuche.* (W. Huge) 8145
zu Dürrenmatt, *Der Besuch der alten Dame.* (K. Schmidt) 8130 – *Romulus der Große.* (H. Wagener) 8173
zu Eichendorff, *Das Marmorbild.* (H. H. Marks) 8167
zu Fontane, *Effi Briest.* (W. Schafarschik) 8119 [2] – *Frau Jenny Treibel.* (W. Wagner) 8132 [2] – *Grete Minde.* (F. Betz) 8176 – *Irrungen, Wirrungen.* (F. Betz) 8146 [2] – *Schach von Wuthenow.* (W. Wagner) 8152 [2] – *Der Stechlin.* (H. Aust) 8144 [2]
zu Frisch, *Andorra.* (H. Bänziger) 8170 – *Biedermann und die Brandstifter.* (I. Springmann) 8129 [2] – *Homo faber.* (K. Müller-Salget) 8179 [2]
zu Goethe, *Egmont.* (H. Wagener) 8126 [2] – *Götz von Berlichingen.* (V. Neuhaus) 8122 [2] – *Hermann und Dorothea.* (J. Schmidt) 8107 [2] – *Iphigenie auf Tauris.* (J. Angst u. F. Hakkert) 8101 – *Die Leiden des jungen Werthers.* (K. Rothmann) 8113 [2] – *Novelle.* (Ch. Wagenknecht) 8159 [2] – *Torquato Tasso.* (Ch. Grawe) 8154 [3] – *Die Wahlverwandtschaften.* (U. Ritzenhoff) 8156 [3] – *Wilhelm Meisters Lehrjahre.* (E. Bahr) 8160 [4]
zu Gotthelf, *Die schwarze Spinne.* (W. Mieder) 8161
zu Grass, *Katz und Maus.* (A. Ritter) 8137 [2]
zu Grillparzer, *Der arme Spielmann.* (H. Bachmaier) 8174 [2] – *König Ottokars Glück und Ende.* (K. Pörnbacher) 8103 – *Weh dem, der lügt!* (K. Pörnbacher) 8110
zu Hauptmann, *Bahnwärter Thiel.* (V. Neuhaus) 8125 – *Der Biberpelz.* (W. Bellmann) 8141
zu Hebbel, *Agnes Bernauer.* (K. Pörnbacher) 8127 [2] – *Maria Magdalena.* (K. Pörnbacher) 8105
zu Heine, *Deutschland. Ein Wintermärchen.* (W. Bellmann) 8150 [2]
zu Hoffmann, *Das Fräulein von Scuderi.* (H. U. Lindken) 8142 [2] – *Der goldne Topf.* (P.-W. Wührl) 8157 [2] – *Klein Zaches genannt Zinnober.* (G. R. Kaiser) 8172 [2]

zu Kafka, *Die Verwandlung.* (P. Beicken) 8155 [2]
zu Kaiser, *Von morgens bis mitternachts.* (E. Schürer) 8131 [2]
zu Keller, *Das Fähnlein der sieben Aufrechten.* (J. Schmidt) 8121 – *Kleider machen Leute.* (R. Selbmann) 8165 – *Romeo und Julia auf dem Dorfe.* (J. Hein) 8114
zu Kleist, *Amphitryon.* 8162 [2] – *Das Erdbeben in Chili.* (H. Appelt/D. Grathoff) 8175 [2] – *Das Käthchen von Heilbronn.* (D. Grathoff) 8139 [2] – *Michael Kohlhaas.* (G. Hagedorn) 8106 – *Prinz Friedrich von Homburg.* (F. Hackert) 8147 [3] – *Der zerbrochne Krug.* (H. Sembdner) 8123 [2]
zu J. M. R. Lenz, *Der Hofmeister.* (F. Voit) 8177 [2] – *Die Soldaten.* (H. Krämer) 8124
zu Lessing, *Emilia Galotti.* (J.-D. Müller) 8111 [2] – *Minna von Barnhelm.* (J. Hein) 8108 – *Miß Sara Sampson.* (V. Richel) 8169 – *Nathan der Weise.* (P. von Düffel) 8118 [2]
zu Th. Mann, *Mario und der Zauberer.* (K. Pörnbacher) 8153 – *Tonio Kröger.* (W. Bellmann) 8163 – *Tristan.* (U. Dittmann) 8115
zu Meyer, *Das Amulett.* (H. Martin) 8140
zu Mörike, *Mozart auf der Reise nach Prag.* (K. Pörnbacher) 8135 [2]
zu Nestroy, *Der böse Geist Lumpazivagabundus.* (J. Hein) 8148 [2] – *Der Talisman.* (J. Hein) 8128
zu Novalis, *Heinrich von Ofterdingen.* (U. Ritzenhoff) 8181 [3]
zu Schiller, *Don Carlos.* (K. Pörnbacher) 8120 [3] – *Die Jungfrau von Orleans.* (W. Freese / U. Karthaus / R. Fischetti) 8164 [2] – *Kabale und Liebe.* (W. Schafarschik) 8149 [2] – *Maria Stuart.* (Ch. Grawe) 8143 [3] – *Die Räuber.* (Ch. Grawe) 8134 [3] – *Die Verschwörung des Fiesco zu Genua.* (Ch. Grawe) 8168 [3] – *Wallenstein.* (K. Rothmann) 8136 [3] – *Wilhelm Tell.* (J. Schmidt) 8102
zu Shakespeare, *Hamlet.* (H. H. Rudnick) 8116 [3]
zu Stifter, *Abdias.* (U. Dittmann) 8112 – *Brigitta.* (U. Dittmann) 8109
zu Storm, *Hans und Heinz Kirch.* (H. A. Doane) 8171 – *Immensee.* (F. Betz) 8166 – *Der Schimmelreiter.* (H. Wagener) 8133 [2]
zu Tieck, *Der blonde Eckbert / Der Runenberg.* (H. Castein) 8178
zu Wedekind, *Frühlings Erwachen.* (H. Wagener) 8151 [2]
zu Zuckmayer, *Der Hauptmann von Köpenick.* (H. Scheible) 8138 [2]

Philipp Reclam jun. Stuttgart